정의의 미래 "공정"

부패동맹의 해체와 적폐청산

준평은 준엄하면서도 공평한 비평을 출판 철학으로 합니다.

정의의 미래 "공정"
부패동맹의 해체와 적폐청산

초판1쇄	2019년 11월 1일
초판2쇄	2019년 12월 24일
지은이	김인회
펴낸이	진승혁
진행	박정진, 박소해
디자인	아트퍼블리케이션 디자인 고흐
인쇄	알래스카 인디고
펴낸곳	도서출판 준평
주소	서울 서초구 방배로19길 18, 남강빌딩 302호
전화	02)6959-9921
팩스	070-7500-2050

© 2019 김인회
ISBN 979-11-968279-0-8(03300)
값 15,000원

이 도서의 국립중앙도서관 출판예정도서목록(CIP)은 서지정보유통지원시스템
홈페이지(http://seoji.nl.go.kr)와 국가자료종합목록 구축시스템(http://kolis-net.nl.go.kr)에서
이용하실 수 있습니다. (CIP제어번호 : CIP2019042792)

정의의 미래 "공정"

부패동맹의 해체와 적폐청산

김인회 저

준평

르네상스적 인간 김인회가 본 초과잉, 초격차 시대의 『정의의 미래』

이정우(한국장학재단 이사장, 경제학자)

김인회 교수는 대단히 부지런한 학자다. 잠시도 쉬지 않고 늘 글을 쓰거나 책을 쓰거나 무슨 일을 하는데, 이번에 또 책을 썼다. 원래 교수들이 하는 일이 책 쓰는 것이지만 이게 보기보다는 어렵다. 평생 여러 권의 책을 쓰는 다작형 교수도 있지만 그것은 예외적이고, 대부분의 교수는 소작형이라 평생 한 두권의 책을 쓸까말까다. 평생 공부한 건 많은데, 그걸 속으로만 넣어두고 한 권도 책을 쓰지 않는 교수도 꽤 많다. 그런 점에서 김인회 교수는 벌써 여러 권의 책을 썼으니 다작형, 즉 부지런한 유형에 속한다. 이건 큰 장점이다.

그 다음에는 저작의 품질을 따져야 한다. 김인회 교수의 책은 품질에서도 상급에 속한다. 김인회 교수가 몇 년 전 문재인 대통령과 공저한 책 〈검찰을 생각한다〉는 낙양의 지가를 올린 것으로 알고 있고, 지금은 출판된 지 세월이 좀 흘렀지만 마침 검찰개혁이 시대적 과제로 떠오른지라 사람들이 다시 찾아서 읽는 중요한 참고서가 되고 있다. 그 뒤 나온 〈정의가 희망인 이유〉도 법학의 테두리를 벗어나 다양한 관점에서 사회적 쟁점을 분석한 책인데, 아주 흥미롭게 읽었다.

이번에 나온 책은 시대적 화두인 정의, 공정이 미래 한국의 가장 중요한 과제임을 역설하고 있다. 미래학은 1972년 나온 〈로마클럽 보고서〉를 효시로 하여 한때 유행했던 분야인데, 대부분의 미래학 보고서는 성장, 인구, 자원 이런 변수를 분석 대상으로 삼았지 정의, 공정 이런 문제는 따지지 않았다. 김인회 교수가 말하듯이 노무현 정부의 역작이라 할 수 있는 『비전 2030』도 한국 최초의 국가 장기발전 비전으로 그 의의가 크지만 여기서 정의나 공정은 주요한 자리를 차지하지는 않았다. 하물며 기술우위론에 기울어 있는 카이스트의 미래전략이나 매경의 지식포럼에서 정의나 공정 개념을 찾기는 연목구어에 가깝다. 현재 4차 산업혁명, 인공지능 등이 시대의 대세인 듯 논의가 봇물을 이루지만 여기서도 정의나 공정과 연결하는 사고는 찾아보기 어렵다. 그럼 점에서 이 책은 미래 한국의 좌표 설정을 정의, 공정의 관점에서 시도하고 있어서 희귀하고 독특한 위치를 차지한다.

저자는 이 책에서 현대를 초과잉, 초격차의 시대로 정의한다. 과거 수천, 수만년간 인류의 역사는 항상 생산이 부족해서 굶주리는 시대였다면 지금은 오히려 생산이 과잉이 되어 물자가 남아도는 시대가 되었다는 것이다. 저자가 구체적 숫자로 잘 보여주듯이 매년 과잉생산으로 농민들을 울리는 쌀은 말할 것도 없고, 자동차, 휴대폰도 수요 부족이 문제이지 공급은 이미 과잉이다. 수요만 있으면 핸드폰 생산자 한 개 기업이 전 세계의 수요를 다 감당해낼 수가 있다. 남아도는 상품을 어떻게 파느냐 하는 문제로 일류 대기업들은 골머리를 앓고 있다. 따라서 지금은 초과잉의 시대다. 그러나 동시에 초격차의 시대다. 토마 피케티의 연구가 잘 보여주듯이 세계의 불평등은 지난 40년간 줄기차게 확대되어 왔다. 앞으로 불평등이 다시 줄어들 기미도 보이지 않는다. 세계적으로 불평등이 확대되어 왔고, 국내에서도 불평등, 양극화가 시대적 난제가 되었다. 따라서 앞으로 인류의 문제는 성장이 아니고 분배의 공정, 정의라는 저자의 주장은 상당한 설득력이 있다. 이것은 수천년, 수만년 인류 역사에서 처음 보는 새로운 시대다.

저자는 인간을 보는 관점을 자본 중심의 관점, 국가 중심의 관점, 인간 중심의 관점으로 나누어 논하면서 논리정연하게 인간 중심의 관점을 옹호한다. 그 이유는 현대 세계는 지나치게 자본의 권력과 국가의 권력이 비대하여 자칫하면 인간은 뒷전으로 밀리고, 인권은 무시된 채 자본의 논리, 권력의 논리가 지배하기 쉬운 구조 속에서 우리가 살고 있다고 보기 때문이다. 이 분석은 참으로 설득력이 있고 우리가 귀담아 들어야 한다. 얼마나 많은 사건, 사고가 바로 자본의 권력, 국가적 권력의 횡포에서 발생하고 있으며, 그 과정에서 인간은 얼마나 힘이 없고 왜소한가. 우리는 끊임없이 자본의 노예, 권력의 노예가 되지 않으려고 몸부림쳐야 하는데, 이것이 바로 인간성의 발전 과정이라고 할 수 있다. 다행히 자본의 권력도 최근에 와서는 기업의 사회적 책임이나, 기업시민 등의 개념에서 보듯 다소 순치되는 방향으로 가고 있다. 국가 권력도 과거 독재 시대에는 그야말로 무소불위여서 항상 공포의 대상이었으나 세계적으로, 그리고 국내적으로 민주주의의 신장 덕분에 이제는 과거의 야만성이 줄어들고 민주주의의 견제를 받고 있다.

여기서 김인회 교수가 한국 현대사를 분석하면서 30년 마다 오는 대폭발과 짧은 소폭발로 이루어져 있다고 보는 관점은 아주 흥미롭다. 즉, 한국 현대사에서 민주주의의 괄목할만한 발전은 1960년의 4.19혁명, 1987년의 6월 항쟁, 그리고 2016년의 촛불혁명을 계기로 이루어졌다고 보는 점이다. 그 결과 한국은 저자의 주장대로 2차대전 이후 거의 유일하게 민주화와 공업화를 동시에 이룬 모범국가가 되었다. 사실 최근 세계가 전쟁, 난민, 인종 갈등, 배타적 민족주의, 민주주의의 후퇴 등으로

몸살을 앓고 있다는 점을 생각하면 한국처럼 민주주의가 급신장하는 나라는 찾아보기 어렵다.

물론 한국 민주주의도 국회의 무능, 맹목적 정쟁, 지역 갈등, 보혁 갈등, 세대 갈등 등 적지 않은 문제가 있지만 그래도 큰 그림으로 보면 한국만큼 세 차례의 폭발적 민주화를 통해 단기간에 민주주의를 발전시킨 나라도 없기 때문에 우리 국민은 자부심을 느껴도 좋을 것이다. 요새 화제가 된 책 〈반일 종족주의〉의 저자들은 한국 국민을 거짓말만 한다고 비하하고 있지만 그것은 틀린 생각이고, 우리 국민은 참으로 대단한 잠재력을 갖고 있다고 생각한다. 훌륭한 지도자만 만나면 우리나라는 얼마든지 더 발전할 가능성이 있다.

여기에서 우리가 과거에 오랜 세월 귀에 익숙한 경제 일변도, 성장지상주의를 극복하고 저자가 역설하는대로 정의, 공정의 관점에 입각하여 우리 사회의 아픈 곳을 치유해나간다면 한국은 머지않아 최고 선진국 대열에 들어설 수 있을 것으로 본다. 다만 그 과정에서 사법개혁, 검찰개혁, 언론개혁, 재벌개혁 등은 필수적으로 요구되며, 저자가 강조하는대로 자본의 권력, 국가 권력은 통제하고, 인권을 신장하는 방향으로 대대적인 사회개혁이 요구된다고 하겠다. 다만 이 책의 논의에서 빠져 다소 아쉬운 점은 사법부의 소위 전관예우의 문제를 어떻게 할 것인가, 그리고 저자의 주장대로 수사권과 기소권의 분리가 필요하지만 그런 경우 경찰 권력의 비대라는 새로운 문제가 발생할 수 있으므로 경찰 권력의 민주적 통제방법 같은 논의는 더 필요할 것으로 본다.

이런 부분적 보완을 희망해보지만 그것은 다음 나올 저자의 책에서 다루어질 것으로 본다. 저자는 워낙 부지런하여 쉬지 않고 연구, 궁리하는 학자이므로 다음에 또 역작이 나올 것으로 기대해마지 않는다. 이 책에서 저자가 보여주는 다방면의 지식, 즉, 철학, 역사, 문학, 법학, 그리고 불교에 관한 깊은 이해는 놀라운 수준이다. 이 책이야말로 요즘 유행하는 학문 융합의 표본이다. 여러 분야의 학자들이 협력하여 융합하는 것도 좋지만 한 사람이 여러 분야를 공부하여 융합하는 것은 더 좋은 방법이다. 말하자면 다빈치형 학자, 르네상스적 인간의 표본이 김인회 교수다. 따라서 이 책을 읽는 독자들은 여러모로 배우는 바가 많을 것이다. 아무쪼록 많은 사람들이 이 책을 읽고 정의와 공정의 문제를 다시 생각해볼 계기가 되기를 바란다. 그리하여 이 책이 정의로운 나라, 공정한 나라로 가는 초석이 되기를 바란다.

Contents

머리말

미래는 항상 인간들의 중요 주제였지만 미래학은 현대의 산물입니다. 변화가 눈앞에서 벌어질 때 사람들은 미래를 고민합니다. 변화가 거의 없고 순환만 있는 고대 및 중세시대에는 미래학이 존재할 수 없습니다. 현대는 속도의 시대입니다. 근대부터 시작된 산업혁명은 변화의 속도를 높여왔습니다. 현대에 들어서면서 변화의 속도를 체감하기 시작했습니다. 한 사람이 평생 여러 사회를 살 만큼 사회가 많이 변화했습니다. 국가도 같습니다. 한국은 불과 50여 년 사이에 농경 국가에서 산업국가를 거쳐 정보화 국가로까지 변하고 있습니다. 이렇게 급격하게 변하자 과연 미래가 어떨 것인가를 고민하기 시작합니다. 미래학이 탄생한 것이지요.

지금은 변화의 속도가 너무 빠릅니다. 나의 10년 후의 모습, 사회와 국가의 20년 후의 모습은 상상하기 힘들 정도입니다. 정보통신 혁명으로 모든 것을 연결한 결과 시간과 장소의 한계를 뛰어넘어 엄청난 변화의 시대로 돌입했습니다. 4차 산업혁명, 인공지능, 빅데이터 등 엄청난 변화를 실시간으로 겪고 있습니다. 한 사람이 평생 여러 세상을 경험하는 것이 아니라 10년 단위로 여러 세상을 경험하고 있습니다.

바로 이 때문에 미래전망, 미래비전이 계속 시도되고 있습니다. 변화는 불안을 낳고 불안은 공포를 낳기 때문에 인간의 평화와 행복을 위협합니다. 공포는 무지에서 비롯되므로 미래에 대해 무지를 극복하면 공포를 극복할 수 있습니다. 공포가 극복되면 불안도 없어지고 평화와 행복의 기초를 마련할 수 있습니다. 이처럼 개인의 생존, 행복과 평화를 위해서 미래전망은 필요합니다.

개인의 행복과 평화를 좌우하는 국가, 공동체의 모습을 설계하기 위해서도 미래전망, 미래비전은 필요합니다. 전환기에는 더욱 필요합니다. 이런 이유로 지금 미래전망, 미래비전이 쏟아져 나오고 있습니다. 새해가 되었다고, 대통령이 바뀌었다고, 제4차 산업혁명이 시작되었다고, 정보통신 혁명이 시작되었다고 하면서 미래비전이 쏟아져 나오고 있습니다. 한국은 특히 미래전망, 비전에 민감합니다. 지금이 전환기일 뿐 아니라 변화의 속도 및 개방의 정도가 세계 최고 수준이기 때문입니다. 한국은 지금 성장 일변도의 경제지상주의 국가에서 개인의 삶과 행복을 중시하는 사람 중심 국가, 복지 중심 국가로 전환하고 있습니다. 또한 한국은 그 어떤 나라보다 개방의 정도가 높아 외국 열강들과 세계 정치 및 경제의 영향을 많이 받습니다. 한국은 미래전략에 따라 나라의 모습, 개인의 생존방식이 가장 크게 바뀔 국가 중의 하나입니다.

수많은 미래전략과 미래비전이 나오고 있습니다. 그런데 그중에 인간의 행복과 평화를 중심에 놓고 정의와 공정을 분석하는 글은 없습니다. 대부분의 논문과 책은 과학기술에 기반하여 경제적 추세를 분석합니다. 정치적 변화 역시 중요 분석 대상입니다. 과학과 경제가 인간 생활의 기본적인 동력이라는 점은 사실입니다. 정치 역시 개인과 공동체의 운명을 좌우하는 힘을 가지고 있습니다. 개인과 공동체에 직접적이고 포괄적이며 전면적인 영향을 미칩니다. 충분히 이해할 만합니다.

그러나 정의와 공정이 중심이 되는 미래전략, 미래비전이 없다는 것은 사실 이상한 현상입니다. 지금 이 순간 사회에서는 절박하게 정의와 공정을 이야기합니다. 그런데 미래전망에서는 정의와 공정을 이야기하지 않습니다. 미래에 정의와 공정이 살아남아 우리에게 영향을 미칠지, 중요해지기는 할 것인지, 중요해진다면 왜, 얼마나 중요해질 것인지, 정의와 공정 중 무엇이 어떻게 중요해질 것인지, 정의와 공정이 과학기술과 경제, 정치에 어떤 영향을 미칠 것인지를 분석하는 미래전략, 미래비전은 없습니다. 마치 미래에는 정의와 공정이 존재하지 않거나 존재하더라도 영향력이 미미하다고 생각하는 듯합니다. 하지만 정의와 공정은 인류의 역사와 함께 시작했고 인류와 함께 발전해왔습니다. 과학, 경제, 정치가 인류와 함께해 왔듯이 말입니다. 정의와 공정은 인류에게 엄청난 영향을 미쳤고 과학, 경제, 정치를 견제하고 폭주하지 못하도록 제어해 왔습니다. 독자적으로 여러 개념을 파생시키며 인류 문명의 핵심으로 자리 잡았습니다.

정의와 공정은 미래에도 여전히 우리에게 엄청난 영향을 미칠 것입니다. 경제, 정치, 과학이 중요해지는 만큼 그에 비례하여 정의와 공정은 중요해질 것입니다. 바로 지금 여기 한국에서는 정의와 공정을 가장 많이 이야기하고 있습니다. 문재인 대통령의 선거 과정에서 나온 구호, "기회는 평등하게, 과정은 공정하게, 결과는 정의롭게"라는 말은 많은 사람들의 마음을 울렸습니다.

그럼에도 마치 정의와 공정이 없는 것을 전제로 미래전략을 세우고 있습니다. 미래전략, 미래비전이 공허하고 실속이 없는 것은 당연한 결과입니다. 개인의 행복과 평화에 결정적인 영향을 미치는 정의와 공정을 제외하면 미래전략, 미래비전은 자본과 권력 중심의 미래전략이 되어 버립니다. 자본과 권력 중심의 미래비전은 바람직하지 않을 뿐 아니라 잘못된 것이기도 합니다. 미래전략, 미래비전에서 정의로운 국가, 공정한 사회가 빠진다면 아무리 과학기술이 발전하고 경제가 성장하고 정치권력이 강해지더라도 공동체와 개인의 행복과 평화는 보장될 수 없습니다. 오히려 자본과 권력이 강화되어 개인의 행복을 침해할 수 있습니다. 자본과 권력의 배분을 놓고 갈등은 높아지고 개인은 희생될 가능성이 높습니다. 공동체와 개인의 생존 가능성을 높이고 높은 수준의 생활을 누리려면 정의와 공정을 이야기해야 합니다.

이 책에서 저는 미래전략, 미래비전에서 정의와 공정이 어떤 역할을 할 것인가를 여러 독자들과 함께 생각해보려고 합니다. 인류와 함께해 온 지혜를 바탕으로 정의와 공정이 얼마나 중요한지, 미래비전에서 어떤 역할을 할지를 밝혀보려고 합니다. 종교와 철학, 동양과 서양, 인문학과 과학, 사회과학과 자연과학 등 인류 발전에 기여해 온 여러 이론을 바탕으로 인간의 본질을 탐구합니다. 미래사회에서 정의와 공정이 더욱 중요하게 된다는 사실을 밝히고 정의와 공정을 위하여 국가와 공동체가 많은 관심을 가져야 한다는 점을 주장합니다. 정의와 공정이 지켜지는 공동체 내에 살아가는 개인에게 행복과 평화의 가능성이 있습니다.

이 책은 이러한 문제의식을 바탕으로 다음과 같은 순서로 구성했습니다. 제1장은 정의와 공정을 탐구하는데 가장 기본이 되는 인간관을 살펴봅니다. 현재 유의미한 인간관은 세 가지입니다. 역사상 여러 인간관이 있었지만, 미래전략 수립에 중요한 역할을 하는 인간관은 세 가지입니다. 자본 중심의 인간관, 국가 중심의 인간관, 사람 중심의 인간관이 그것입니다. 정의와 공정은 인간관에서 파생됩니다. 인간관이 제대로 서야 정의와 공정의 역할을 정확히 알 수 있습니다.

제2장은 현대 사회의 특징을 다룹니다. 현대 사회의 특징은 관점에 따라 다양하게 정의되겠지만 정의와 공정의 관점에서 중요한 것은 개인의 등장과 공동체의 붕괴입니다. 정보통신 혁명의 등장으로 개인이 사회와 국가를 움직이는 단위로써 등장했습니다. 그에 걸맞게 억압적인 공동체는 붕괴했습니다. 하지만 개인의 해방이 반드시 행복을 보장해주는 것은 아닙니다. 현대 사회를 규정하는 또 다른 특징은 초과잉사회 속에서 벌어지는 불평등입니다. 이와 함께 급속히 확대되는 보편적 가치 역시 현대 사회의 정의와 공정을 부각시키는 중요한 특징입니다.

제3장에서 미래비전 탐구에서 정의와 공정이 어떻게 다루어지고 있는가, 구체적으로는 얼마나 부차적인 주제로 취급되는가를 살펴봅니다. 이를 통해 현재의 미래비전 탐구의 방향을 비판적으로 볼 수 있을 것입니다.

제4장은 미래 정의의 출발점을 다룹니다. 여기에서 본격적으로 정의와 공정을 탐구합니다. 정의의 발전과정을 과거지향적 정의에서 미래

지향적 정의로 나누어 살핌으로써 정의의 구체적인 내용을 확정합니다. 한편 정의의 출발점은 인간이므로 인간의 본성을 탐구합니다. 인간의 본성은 인간 자체의 본성을 말하면서도 한국인의 특징을 말하기도 합니다. 한국인의 특성이 과연 정의와 공정을 발전시킬 수 있는지를 검토합니다. 여기에서 주목하는 한국인 특징은 공업화와 민주화를 동시에 이룩한 자신감입니다.

제5장은 미래의 정의인 공정성을 어떻게 구축할 것인가를 구체적으로 살펴봅니다. 공정성 철학을 우선 국가의 철학, 공동체의 철학으로 세워야 합니다. 그리고 공정한 규칙을 만들어야 하고 공정한 규칙을 실행하는 기구를 만들어야 합니다. 공정한 기구는 사법부가 대표합니다. 사법개혁을 이야기하지 않을 수 없지요. 사법부를 필두로 하는 다양한 공정성 기구를 개혁하는 작업이 따라야 합니다. 이 과정에서 핵심적인 것으로서 엘리트 부패 카르텔을 추방하는 반부패 정책이 필요합니다. 부패와 특권은 공정성을 가장 크게 위협하는 요소입니다. 공정성은 높은 이념으로서 인권과 자유, 민주주의, 안전, 사회적 신뢰, 윤리와 깊은 관련이 있습니다. 공정이 이러한 의미의 가치에 영향을 주고 또 영향을 받을 때 공정은 진정한 힘을 발휘할 수 있을 것입니다. 이 과정을 통해 공정으로의 정의가 미래비전의 핵심이라는 사실을 확인하게 될 것입니다.

정의와 공정은 제가 계속 관심을 가져왔던 주제입니다. 변호사로 법률가를 시작한 이래 계속 관심을 가져왔습니다. 저는 노무현 대통령 당시 사법개혁위원회, 사법제도개혁위원회 활동 이후 검찰개혁, 공권력 개혁, 사법개혁에 적극적인 의견을 표현해 왔습니다. 검찰개혁과 사법개혁에 대해 책을 쓰고 의견을 냈습니다. 모두 정의와 공정이라는 추상적 가치를 어떻게 실천할 것인가를 고민한 결과입니다.

사법개혁, 검찰개혁, 경찰개혁, 반부패개혁의 길을 계속 걸어가다 보니 그 끝에는 정의와 공정이 있었습니다. 일찌감치 느끼고는 있었으나 본격적으로 연구하고 생각을 정리한 것은 사법개혁과 검찰개혁에 대한 제 생각이 정리된 이후입니다. 이 책은 지금까지 주장해온 여러 개혁과제와 깊은 관계가 있는 책이라고 할 수 있습니다. 원래 이 책은 윤리와 함께 기획되었습니다. 미래전략에서 정의와 공정만이 아니라 윤리 역시 매우 중요한 요소이기 때문입니다. 윤리는 다음번 책에서 다루려고 합니다. 미래전략에서 윤리를 고려하기는 해야 하는지, 만일 고려해야 한다면 어떻게 고려해야 하는지, 미래전략에서 윤리가 어떤 역할을 할지를 살펴보고자 합니다.

이제 감사의 말을 해야 할 때입니다. 이 책을 쓰게 된 배경에는 대통령 직속 정책기획위원회의 활동이 있습니다. 저는 정책기획위원회의 국민주권분과위원장으로서 민주주의, 정치, 사법, 권력기관, 과거사, 보훈, 정부 혁신, 언론, 부패와 청렴 등의 국정과제의 추진 상황을 지켜보았습니다. 주요 국정과제에 대해서는 보고서를 통해 위원들의 전문적인 의견을 전달하였습니다. 또한 저는 국민헌법자문특별위원회의 위원으로서 대통령 발의 헌법 개정안 초안 마련에 관여한 적도 있습니다. 이 모든 과정에서 많은 것을 보고 배웠습니다. 모두 한국과 세계의 미래를 전망하는 작업과 깊이 관련되어 있습니다. 정책기획위원회 활동을 할 수 있게 해 주신 문재인 대통령께 감사의 말씀을 올리며 정책기획위원회를 통하여 많은 교감을 나눈 정해구 위원장께도 존경과 감사의 말씀을 올립니다. 정책기획위원회 국민주권분과위원회 소속 위원님들께도 감사의 말씀을 드립니다. 정책기획위원회는 미래전략 수립을 위하여 미래 포럼을 운영한 바 있습니다. 미래 포럼은 반공개로 진행되었고 정치, 경제, 사회, 문화 등 모든 분야에 걸친 미래전략 수립을 고민했습니다. 저도 미래 포럼에 참석했고 한번 발표를 한 바 있습니다. 이때의 발표가 이 책의 주요 내용과 주제를 초안의 형태로 담고 있었습니다. 미래 포럼을 조직하고 운영한 이태수 정책기획위원회 국정과제지원단 단장께 감사 말씀드립니다.

경제학자이신 이정우 한국장학재단 이사장님께는 특별히 감사의 말씀을 올립니다. 이정우 이사장님은 저의 원고를 꼼꼼히 읽고 추천사를 써 주셨습니다. 여기에 교정까지 해 주셨습니다. 이사장님과 저는 노무현 대통령 당시 청와대에서 같이 근무를 하면서 경험을 공유한 적이 있습니다. 한국미래발전연구원에서는 이사장과 원장으로도 인연을 맺었습니다. 한국의 지성을 대표하는 이정우 이사장님과 같은 방향을 바라보고 고민을 공유하고 있다는 사실은 저로서는 자랑스러운 일입니다.

한편, 기업과 관련한 윤리, 인권의 문제는 포스코의 기업 시민위원회 활동 과정에서 깊은 생각의 계기를 가졌습니다. 포스코는 기업 시민이라는 개념으로 기업윤리의 새로운 장을 개척하려고 노력하고 있습니다. 포스코 용역 결과가 부분적으로 이 책에 반영되어 있습니다. 포스코 최정우 회장님을 비롯한 관계자분들께 이 기회를 빌려 감사의 말씀을 드립니다.

끝으로 원고를 꼼꼼히 읽고 편집을 방향을 같이 고민해 주신 진병춘 선생님께 감사의 말씀을 드립니다. 편집과 출판을 함께 고민하고 의논하는 동안 글은 더 깔끔해졌고, 내용은 더 선명해졌으며 책은 더 아름다워졌습니다. 내용을 더욱 잘 돋보이도록 하는 편집의 힘을 느끼는 순간이었습니다.

이 책이 정의와 공정을 고민하는 모든 이들의 생각 자료, 토론자료가 되기를 바랍니다.

2019. 10 김인회

제 1 장

정의와 인간관

정의는 인간관을 기초로 합니다. 인간관은 철학, 세계관이라고 할 수 있습니다. 어떤 인간관을 갖는가에 따라 서로 다른 정의관을 가지게 됩니다. 인간관은 인간이 어떤 존재이고 다른 존재와 어떤 관계를 맺는가 등 근본적인 철학입니다. 정의와 관련된 인간관, 미래비전과 관련한 인간관 중 살펴볼 만한 것으로는 자본 중심의 인간관, 국가 중심의 인간관, 사람 중심의 인간관이 있습니다. 인간에게 가장 큰 영향을 미치는 것을 중심으로 인간관이 성립합니다. 자본주의 사회에서 자본, 부가 인간에게 가장 큰 영향을 미친다고 생각할 수 있습니다. 아니 대부분 그렇게 생각합니다. 그래서 자본 중심의 인간관이 등장했고 지금 거의 전 사회를 지배하고 있습니다. 물질숭배 현상인 것이지요. 자본 중심의 인간관은 사람을 노동력의 공급자 및 생산품의 소비자로 봅니다. 이와 함께 현대에는 막강한 국가가 인간의 생활을 크게 좌우합니다. 사회복지를 중심으로 국가의 역할이 높아지면서 개인에게 미치는 영향도 커지고 있습니다. 국가 중심의 인간관은 사람을 국가에 대한 사회복지의 수요자 및 또한 세금 등의 의무 부담자로 봅니다. 마지막으로 사람 중심의 인간관이 있습니다. 사람에게 가장 중요한 것은 행복과 안전이므로 이를 어떻게 보장할 것인가를 중심으로 생각하는 인간관입니다. 욕망과 이기심을 줄이고 자신에게 집중함으로써 스스로 고통에서 벗어나는 인간관입니다. 인간관에 따라 정의관과 미래비전이 달라집니다. 미래전략을 수립할 때 인간관 검토는 출발점입니다.

chapter 1

정의와 인간관

미래비전과 정의와 공정의 관계를 생각하는 전제로서 인간관을 살펴볼 필요가 있습니다. 미래는 주어지는 것이 아닙니다. 사실 미래라는 것은 존재하지 않습니다. 아직 오지 않았기 때문입니다. 현재의 자신이 과거 행위의 집적, 쌓임이듯이 미래는 현재 행위의 집적, 쌓임입니다. 현재의 삶을 어떻게 사는가에 따라 미래는 결정됩니다. 현재 자신이 얼마나 충실하게 사는가, 어떻게 사는가를 잘 모르기 때문에 미래에 대해서 잘 모를 뿐입니다. 개인의 미래가 개인 행위의 집적, 쌓임이라면 사회의 미래는 개인들의 욕망과 의지, 조직의 힘, 공동체의 희망, 인간들 사이의 마찰 등 세상 모든 것이 한꺼번에 쌓여서 만들어지는 것이라 할 수 있습니다. 이때 미래 사회가 워낙 많은 힘이 작용하기 때문에 한 사람의 힘은 결정적인 요인이 될 수 없다는 점을 인정할 필요가 있습니다. 미래를 만드는 개인이 너무나 다양하기 때문에 미래는 예측할 수 없습니다. 그래서 '미래에 대한 단 하나의 정확한 예측은 어떤 미래를 예측하던 실제 우리가 볼 세상은 그와 다르다는 것이다'라는 말이 있습니다.

그럼에도 불구하고 국가적 단위의 미래비전은 일정한 방향을 보여줍니다. 노무현 대통령 당시의 『비전 2030』 역시 미래 국가의 모습을 보여주었습니다. 당시의 미래비전은 "함께 가는 희망 한국"이었습니다. 구체적인 모습은 다음과 같았습니다. 지금도 여전히 유효한 명제들입니다.

- 성장과 복지 간의 선순환 구조가 정착되어 지속적인 발전이 가능한 국가
- 경쟁에서 탈락한 자에게도 재도전의 기회가 제공되는 따뜻하고 포용력 있는 국가
- 성별·장애·학력 등으로 인한 차별이 없고 다양한 기회와 계층 간 원활한 이동이 보장되는 국가
- 공정하고 합리적인 경쟁원칙을 확립함으로써 열심히 일하는 사람에게 정당한 보상이 이루어지는 국가

『비전 2030』의 미래 국가의 모습은 여전히 유효합니다. 그런데 미래는 아예 존재하지도 않고 정해지지 않았는데 이런 모습을 그리는 것이 타당하기는 한 것일까요? 미래는 결정되지 않았지만, 미래비전을 만드는 것은 여전히 필요합니다. 인생은 무상하고, 무상한 것은 괴로운 것이고 괴로운 것은 자신이 아니고 자신의 것도 아니라는 불교사상을 가진 분들도 계획을 세웁니다. 계획을 세우면 훨씬 충실히 살아갈 수 있습니다. 같은 이치로 국가 단위의 미래계획을 세우면 훨씬 더 지금 충실하게 국가를 경영할 수 있습니다. 미래는 현재의 행위가 쌓여서 만들어집니다. 그러므로 현재에 충실해야 하는데 그 충실함을 계획이 반영할 수 있습니다. 미래 국가의 모습은 현재 국가의 행동에 의하여 결정되고 현재 국가의 행동은 행위의 가능성에 의하여 결정되고 행위의 가능성은 바로 계획, 국가의 의지에 의하여 결정됩니다. 개인의 미래비전을 위

해서 개인의 결단과 계획이 필요하듯 국가의 미래비전을 위해서는 국가의 결단과 계획이 필요합니다. 이때 결단을 맹세, 서원이라고 표현하기도 합니다.

국가의 결단, 맹세는 일정한 철학을 바탕으로 합니다. 성장 일변도로 갈 것인가, 아니면 성장과 복지의 동반 정책을 사용할 것인가, 아니면 공정에 초점을 두고 성장을 부차적인 목표로 둘 것인가 하는 것은 일종의 철학적 결단입니다. 철학적 결단은 인간을 어떻게 볼 것인가라는 인간관에 달려있습니다. 미래비전, 미래 국가의 모습은 인간관에 기초하고 있습니다. 인간관은 인간이 도대체 어떤 존재인가, 인간이 무엇을 가장 중요하게 여기고 무엇이 인간을 움직이는 근본 동력인가, 인간과 사회의 관계에서 인간이 차지하는 위치는 무엇인가 등으로 구성되어 있습니다. 인간관이 제대로 서야 인간의 행복과 안전을 위한 제대로 된 국가를 만들 수 있습니다. 국가는 구성원인 시민의 행복과 안전, 이익을 위하여 존재해야 하기 때문입니다. 인간을 이해하지 못하는 국가는 있을 수 없습니다.

정의와 공정 중심 미래비전의 가장 바탕에 있는 것은 인간관입니다. 인간관은 인간과 인간 외부, 즉 인간과 사회, 인간과 국가, 인간과 자연의 관계를 중심으로 형성됩니다. 이에 따라 인간관을 여러 방식을 분류할 수 있습니다만 인간과 세계를 움직이는 동력을 중심으로 인간관을 분류해 보면 경제를 중심에 놓는 인간관, 정치를 중심에 놓는 인간관, 윤리와 가치를 중심에 놓는 인간관을 생각할 수 있습니다. 이들 인간관은 각각 자본 중심의 인간관, 국가 중심의 인간관, 사람 중심의 인간관이라고 할 수 있습니다.

정의의 미래 "공정"

chapter 2

자본 중심의 인간관

노동력 공급자, 상품의 소비자

자본 중심의 인간관은 경제의 관점에서 보는 인간관입니다. 과학기술의 인간관도 이와 유사합니다. 과학기술이 반드시 인간을 자본처럼 보는 것은 아닙니다. 하지만 현재 미래비전에서 이야기하는 과학기술은 경제와 긴밀한 관계를 맺고 있습니다. 과학기술에서 보는 인간관도 자본 중심의 인간관과 거의 유사합니다. .

현재 미래비전 연구에서 가장 중요한 변수로 생각되는 것은 인구변화, 과학기술 발전입니다. 인구변화, 그중에서도 인구의 감소, 저출산 고령화 사회가 몰고 올 변화에 온통 관심이 쏠려있습니다. 인구 감소의 영향 분석에서 결정적으로 영향을 미치는 것은 경제적 관점입니다. 이 순간 인간은 오로지 노동력 공급자와 상품의 소비자로만 규정됩니다. 인구가 감소하고 저출산 고령화 사회가 되어 노인 인구가 다수를 차지하면 경제에 엄청난 위기가 온다고 봅니다. 노동력 공급이 줄어들어 생산이 줄어들고 소비자가 줄어들어 상품이 제대로 소비되지 않기 때문입니다. 생산과 소비가 모두 줄어들기 때문에 경제는 망한다는 것이 기본 줄거리입니다. 여기에서 인간은 오로지 경제 발전의 도구로만 파악되고 있습니다. 노동력 공급자이면서 상품의 소비자로서의 인간만이 존재하는 것입니다. 인간이 어떤 고통을 겪고 있는지, 인간을 행복하게 만들려면 무엇을 해야 하는지와 같은 근본 문제는 관심이 없습니다. 이것이 바로 자본 중심의 인간관입니다.

자본 중심의 인간관은 인간을 파편화된 개인으로만 봅니다. 인간을 사회적으로 다른 사람과 공존하는 인간, 타인과 소통하고 공감하고 윤리적이며 자비와 사랑이 있는 인간으로 보지는 않습니다. 그럼에도 자본 중심의 인간관은 미래비전에서도 가장 먼저 등장하고 가장 영향력 있는 인간관입니다.

자본 중심의 인간관은 인간을 두 가지 모순된 역할을 하는 존재로 파악합니다. 두 역할은 모순적이지만 경제발전, 자본 운동에는 필수적입니다. 하나는 노동력 공급자로서의 인간이고 다른 하나는 상품, 서비스의 소비자로서의 인간입니다.

노동력 공급자로서 인간은 자본에 대해서는 노동력을 공급하는 존재이고 자체적으로 노동력을 재생산하는 존재이어야 합니다. 이 두 기능은 모두 자본이 원하는 것입니다. 노동력 공급자로서 인간은 자본이 원하는 존재가 되어야 하지 자신을 위한 존재가 되어서는 안 됩니다. 자신을 위한 존재가 되어 노동을 공급하지 않고 소비도 하지 않으면 기업은 망하고, 자본은 확대재생산을 할 수 없고, 자본주의는 파산해 버립니다. 자본의 입장에서 보면 인간은 높은 교육을 받은 양질의 노동력, 세대 간의 분포가 적절한 건강한 노동력, 자본의 수요에 유연하게 응하는 풍부한 노동력, 임금 인상의 압력이 없는 산업예비군이 풍부한 노동력, 가족 등을 통하여 육체적인 재생산에도 문제가 없는 노동력, 노동조합은 만들지 않고 임금협상도 하지 않는 개별화, 파편화된 노동력이어야 합니다. 자본 중심의 인간관에서 보면 인구의 감소와 초고령화는 재앙입니다. 생산능력과 소비능력의 동시 감소를 의미하기 때문입니다.

인구예측 연구는 이런 공포를 활용하기 위하여 극단적인 표현도 사용합니다. 한국이 소멸할 것이라는 주장이 바로 그것입니다. 인구가 급격히 줄어 사실상 국가로서의 한국은 사라질 것이라고 주장합니다. 물론 인구의 중요성, 저출산 고령화 사회의 위험을 강조하기 위해 다소 과격한 말은 사용할 수 있지만, 이 표현은 지나칩니다. 당장 자본의 입장에서도 인구 감소로 인한 국가 소멸은 피해야 할 미래 중의 하나입니다. 인구가 제로가 되면 자본주의 역시 종말을 맞이해야 하기 때문입니다.

자본은 인구가 아무리 감소하더라도 산업예비군을 항상 마련합니다. 현재 자본의 초집중과 과학기술 발달로 일자리 감소 속도가 인구 감소 속도를 앞질렀습니다. 인구가 많거나 적거나 관계없이 일자리 감소는 자본이 추구하는 하나의 방향입니다. 지금은 일자리 측면에서 보면 인구과잉의 시대입니다. 자동화, AI, 빅데이터가 그 증거입니다. 현실에서 이미 아마존 고는 89명이 일하는 쇼핑점을 6명으로 운영합니다. 나머지 83명은 일자리를 잃었습니다. 자동화는 인구감소보다 더 빨리 진행되고 있습니다. 특히 서비스업에서 빨리 진행되고 있습니다. 누구나 알다시피 지금의 취업 위기는 인구의 감소보다 일자리의 감소가 더 빨라서 발생하는 현상입니다. 이처럼 인구가 아무리 줄어도 산업예비군은 줄지 않습니다. 자본주의 초기에는 산업예비군을 봉건제도에 묶여 있던 농노를 해방함으로써 마련했습니다. 토지를 개혁함으로써 그동안 땅에 묶여 있던 사람들을 해방시켜 노동력을 확보했습니다. 도시의 공업은 해방된 노동력을 흡수했지만, 그때에도 일자리는 부족했습니다. 일자리의 부족은 자본주의가 충분히 발전하지 않아서가 아니라 산업예비군을 만들고 유지하려는 자본주의의 법칙이 적용된 결과였습니다. 최근의 산업예비군은 급격한 과학기술의 발전으로 만들어지고 확대되고 있습니다. 향후 과학기술의 영향력은 더욱 강해질 것이고 일자리는 더 급속하게 줄어들 것입니다. 아무리 인구가 줄어들어도 이 속도는 따라잡을 수 없는 것이 현실입니다. 물론 언젠가는 인구의 감소가 일자리 감소를 앞지를 수 있다고도 상상할 수 있습니다. 하지만 최소한 미래비전이 시야에 두고 있는 미래에는 그 시대는 오지 않을 것입니다. 그리고 그 시대를 만드는 것은 과학기술이 아니라 인간의 선택일 것입니다. 일자리가 너무 줄어드니 인간으로서는 이에 적응하지 않을 수 없습니다. 지금의 인구감소는 일자리 감소에 적응하려는 인간의 노력일 수 있습니다. 이 노력이 극단적으로 되면 인구의 감소가 일자리 감소를 앞지를 수도 있을 것입니다. 사람들이 더 이상 아기를 낳지 않는 시대가 올 수도 있습니다. 종족 보존보다는 자신의 개체 보존이 더 중요하다고 생각하는 때가 올 수도 있습니다. 비극적인 예상입니다. 그러나 자본은 이를 허락하지 않을 가능성이 큽니다.

풍요로움과 자유

자본 중심의 인간관은 매우 강한 설득력을 가지고 있습니다. 경제가 세상을 지배하듯 자본 중심의 인간관이 세상을 지배하는 것은 이유가 있습니다. 바로 인간에게 상품과 서비스를 더 많이, 더 싸게, 더 편리하게, 더 다양하게 제공하기 때문입니다. 인간에게 편리함과 풍요로움을 주기 때문입니다. 다양한 상품과 서비스가 제공하는 풍요로움은 인간의 자율성, 능력을 높입니다. 자신이 지배하는 물건이 많아지거나 외부 세계에 대한 영향력이 높아지면 인간의 자유는 높아지는 경향이 있습니다. 인간의 자유의지로 선택할 수 있는 선택지가 늘어나기 때문입니다.

인간의 자유가 높아진다는 것은 할 수 있는 일이 많아진다는 것, 선택할 수 있는 일이 많아진다는 것을 의미합니다. 실제로 현대인들은 100년 전의 사람들보다 훨씬 많은 선택지를 가지고 있습니다. 태어나서 농사 이외에는 상상해보지 못한 선조들에 비하면 현대인들은 너무 많은 선택지를 가지고 있습니다. 생활을 편하게 하는 물건들의 수는 비교가 불가능할 정도입니다. 농사 이외에 직업이 수만 가지나 됩니다. 외국여행을 생각해보면 얼마나 큰 차이가 나는지 쉽게 이해할 수 있습니다. 100년 전 선조들은 외국에 나가려는 생각도 못 했고 나간다고 하더라도 전 재산을 들여서 엄청난 준비를 하고 매우 조심스럽게 나갔어야 했습니다. 지금은 그냥 스마트폰으로 검색해보고 호텔과 비행기를 예약하고 바로 외국으로 나갈 수 있습니다.

인간의 능력도 큰 차이가 있습니다. 인간의 본질적인 육체적, 생물학적 능력은 100년 전에 비하여 별 차이가 없다고 할 수 있으나 물건과 서비스를 만들어내는 생산력은 큰 차이가 있습니다. 인간의 생산력은 수십 배, 수백 배의 차이를 보입니다. 과거에는 생산하지 못했던 물건을 생산하고 같은 물건을 만들더라도 몇 배나 더 빨리, 더 싸게 생산합니다. 상품과 서비스에 대한 생산력이 높아진 것과 비례하여 지적으로도 엄청난 생산물을 내놓고 있습니다. 과거 인쇄기술이 가져왔던 정보혁명이 지금은 수십만 배의 규모로 진행되고 있습니다. 정보통신 혁명의 결과 인간이 생산하는 정보의 양은 하루가 다르게 늘어나고 있습니다. 이 모든 생산물은 인간에게 물질적 풍요를 보장하고, 물질적 풍요는 인간의 자유와 능력 확대를 통하여 삶의 질을 높이고 행복 증진에 도움을 줍니다. 물질적 풍요가 인간 행복의 전부는 아니지만 물질적 풍요가 인간 행복의 기초임은 분명합니다.

다만 이때 높아지는 인간의 자유가 진짜라고 단언할 수 없다는 점에 주의해야 합니다. 현재 세계가 당면한 가장 큰 문제 중의 하나는 일자리입니다. 직업은 사람이 사회에 의미 있는 일을 하는 존재라는 것을 타인과 사회로부터 인정받는 상징과 같습니다. 단순한 생활상의 방편에 머무르지 않습니다. 인간의 정체성과도 연관이 있는 것입니다. 그만큼 직장, 일자리는 중요합니다. 그런데 그 일자리가 부족하고 앞으로도 부족할 것으로 예상됩니다. 역사 이래 인간이 이렇게까지 자유로웠던 적은 없지만, 그리고 일자리의 종류가 이렇게까지 많아진 적은 없지만, 지금은 일자리 하나 선택할 자유가 없는 것이 냉혹한 현실입니다.

일반적으로 지배하는 물건이 많아지면 자유와 함께 자존감도 높아진다고 느낍니다. 자신이 사랑받을 만한 가치가 있는 소중한 존재이고 어떤 성과를 이루어낼 만한 유능한 사람이라고 믿는 마음, 즉 자신을 귀하게 여기는 자존감이 높아진다고 느낍니다. 하지만 이때의 자존감은 개인적인 자존감일 뿐입니다. 가짜 자존감일 가능성이 매우 높습니다. 진짜 자존감은 타인과의 건전한 관계에서 나오는 사회적 자존감입니다. 개인의 자존감은 건강한 사회가 뒷받침하지 않으면 '정신승리'가 되어 버립니다. 사회적 관계에서 핵심을 이루는 것은 사회에서 의미 있는 일을 한다는 객관적인 지위, 즉 직업입니다. 그리고 공동체의 정체성입니다. 사회적 관계에서 나오는 자존감이야말로 자율적이고 주체적인 자존감입니다. 한국인들이 가지는 민주주의 정체성은 공동체의 직접 경험에서 우러나온 것으로 자율적이고 주체적인 건전한 자존감입니다. 이에 비해 사회와 단절된 개인적 자존감은 상품과 외부 사물에 지배되는 자존감입니다. 그래서 새로운 상품을 사면 자존감이 높아지고 새로운 상품이 낡아버리면 자존감은 낮아진다고 느낍니다. 같은 사물인데

도 말입니다. 외부의 사소한 변화에 출렁이는 개인의 자존감은 자본이라는 모래성 위에 쌓은 허깨비일 뿐입니다. 사회구조의 민주화, 자유화, 해방이 전제되지 않는 자존감은 가짜 자존감일 뿐입니다(김태형, 2018).

기업이 물건과 서비스를 만들고 나아가 생산물을 사람들에게 제대로 분배하기 위해서는 사회적 제도가 완비되어야 합니다. 사회가 안정되지 못하면 아무리 자원이 풍부해도 제대로 생산할 수도 없고 그 생산의 결과를 개인에게 제대로 분배할 수 없습니다. 내란, 분열, 치안 부재, 권력형 비리, 부패, 특권계급의 횡포, 도로나 전력이나 상하수도 등 인프라의 부족, 정부 서비스 전달체계의 미비, 중앙집권적 사법체계의 부재, 사회적 신뢰 부족, 사회적 자본의 부족 등은 자유로운 생산과 유통을 방해합니다. 사회적 제도는 상품과 서비스 생산만큼 중요합니다. 자본주의, 경제의 발전은 생산과 분배에 부정적인 요소들을 제거하면서 사회적 제도를 만들어 온 역사이기도 합니다. 물론 그 과정에서 나온 사회적 제도가 반드시 근로 대중에게 유리한 것은 아니었습니다. 하지만 장기적으로 보면 사회적 제도는 합리성을 추구하면서 발전해 왔습니다.
자본 중심의 인간관은 안정적인 생산활동을 위한 사회적 제도를 요구합니다. 이 사회적 제도는 필연적으로 봉건 해방, 노동해방, 성 해방 등 인간해방을 필요로 합니다. 물론 완전한 해방은 아니지만, 봉건적 질서 혹은 비합리적인 억압, 가부장적 억압의 해체를 요구합니다. 이런 측면에서 보면 자본 중심의 인간관은 인간해방이라는 거대한 흐름과 일부 함께 함을 알 수 있습니다. 하지만 인간해방의 지평은 넓히지만 인간 소외라는 질적인 문제는 완전히 해결하지 못합니다. 상품과 서비스의 교환은 상호 대가를 원하는 것이므로 인간의 마음을 담는 것이 아니기 때문입니다.

욕망과 이기심

자본 중심의 인간관이 가져온 풍요로움과 사회적 제도는 인간 해방에 크게 기여했지만 인간의 근본적인 문제, 근본적인 고통은 해소하지 못합니다. 다만 외부의 사물을 지배하고 있다는 환상을 줄 뿐이고 실제로는 외부 사물에 대한 집착, 분별을 심화시킵니다. 인류 역사상 이렇게 풍요로움과 자유가 많았던 때는 없지만 그만큼 스트레스가 늘어난 것이 이를 증명합니다.

개인의 행복은 현재 심각하게 위협받고 있습니다. 이것을 표현하는 말이 바로 '헬조선'입니다. 물질적 풍요와 선택 가능성의 확대만으로는 인간의 행복을 보장할 수 없고 오히려 더 큰 고통을 초래할 수 있다는 사실을 우리는 지금 보고 있습니다. 의료비가 역사상 가장 많이 지출되고 있다는 것은 인간의 육체적 고통이 더욱 심각해졌다는 것을 말합니다. 정신병에 대한 의학이 발달하고 의약품이 많이 개발된 것은 정신병이 그만큼 심각하다는 것을 보여주는 하나의 증거입니다. 현대 사회는 질병을 일으키는 요소가 그 어느 때 보다 많습니다.

사회도 자본 중심의 인간관 때문에 고통을 겪고 있습니다. 사회적으로 개인 간, 집단 간 갈등은 그 어느 때보다도 극렬합니다. 이를 표현하는 말은 '각자도생'입니다. '헬조선'의 또 다른 표현이지요. 모두가 모두에게 친구가 되어도 행복할 수 있다는 보장이 없는데 지금은 모두가 모두에게 적이고 서로를 이용하는 상태입니다. 최근 카카오와 택시업계 사이에 카풀 서비스를 두고 벌어진 사회적 갈등은 우리의 갈등이 얼마나 극렬한 것인지를 잘 보여줍니다. 택시 운전자가 여러 명 분신해야 겨우 사회적 대타협 기구가 만들어질 정도입니다. 사회적 대타협을 한다고 했으나 타협의 결과는 분쟁의 종국적인 해결이 아니라 임시 미봉일 뿐이었습니다. 정치권은 이 문제를 해결할 능력이 없다는 것을 스스로 증명했고 오히려 갈등에 올라타 갈등을 더 조장했습니다. 이 사태는 우리에게 과연 사회적 대타협을 할 정도의 여유가 있는가를 반성하게 만듭니다. 정치의 갈등은 말할 것도 없습니다. 정치 세계는 가장 치열한 대립과 갈등을 보여줍니다. 사실 정치가 사회의 갈등과 분쟁을 해결해야 함에도 오히려 더 많은 갈등과 분쟁을 낳고 있습니다.

상품과 서비스의 소비자로서 인간은 자본의 순환, 축적, 확대재생산의 한 고리를 담당합니다. 최종 소비자가 없다면 상품과 서비스를 생산하는 것은 의미가 없습니다. 상품의 최종소비를 위하여 자본주의는 인간의 욕망과 이기심을 최대화합니다. 개인의 욕망, 집착을 새롭게 개발하고 이를 구체화합니다. 원래 인간이란 욕망을 가진 존재이고 이기적인 존재이기는 하지만 이를 미화하고 찬양하는 것은 또 다른 문제입니다. 미화와 찬양의 방식은 다양합니다. 천민 자본주의와 결탁한 대중문화는 천박함이나 선정성보다는 외로움과 불안을 조성하는 방법을 사용합니다. 광고를 보는 사람을 외롭게 하고 불안하게 합니다. '저것을 갖지 못하면 저기에 끼지 못하는구나'라고 생각하게 만듭니다. 외로워지고 싶지 않는 이들은 공포에서 벗어나고자 지갑을 열게 됩니다(김현진, 2018). 공포와 결합한 욕망만큼 강한 것은 없습니다.

인류 역사에서 욕망과 이기심은 최소한 대놓고 미화하고 찬양하는 존재는 아니었습니다. 욕망과 이기심을 칭송하는 것은 곧 악을 칭송하는 것과 같았습니다. 욕망과 이기심은 자신과 타인을 불행하게 만들고 공동체를 파괴하기 때문입니다. 하지만 지금은 완전히 다른 시대입니다. 역사상 이렇게 욕망과 이기심이 찬양을 받고 부자가 칭송받는 시대는 없었습니다. 앞으로 이 경향은 계속되고 확대될 것입니다. 부분적인 반성은 있겠지만 전면적인 전환은 어렵습니다. 자본 중심의 인간관이 세계를 지배하고 있기 때문입니다. 자본 중심의 인간관은 인간의 욕망과 이기심을 찬양하는 인간관입니다. 욕망을 충족하는 것이 용인되는 정도를 넘어서서 욕망을 적극적으로 개발하고 충족해야 바람직한 인간이라는 철학을 전파합니다.

하지만 욕망은 완전히 채워질 수 없습니다. 거대한 히말라야를 모두 금으로 바꾼다고 하더라도 단 한 명의 욕심을 채울 수 없습니다. 하나의 욕망을 채우면 다른 욕망이 발생합니다. 목표 달성 즉시 다른 목표가 제시됩니다. 그래서 중국 후한을 세운 광무제 유수도 잠팽에게 보낸 편지에서 "사람은 만족할 줄 몰라 고민한다. 이미 농(감숙)을 평정하게 되니 다시 촉(사천)을 바라보게 된다. 한번 군대를 동원할 때마다 머리가 그로 인해 하얘진다"고 하면서 목표에 이은 다른 목표, 더 큰 목표를 추구하는 자신을 탓한 적이 있습니다(진순신, 1995a). 욕망은 갈애를 낳고 갈애는 집착을 낳습니다. 인간 고통의 근본 원인 중의 하나입니다. 자본 중심의 인간관은 인간의 근원적인 고통을 해결할 수 없을 뿐 아니라 오히려 고통을 심화시킵니다. 개인의 차원에서나 공동체의 차원에서나 말입니다.

자본 중심 인간관의 모순

자본 중심의 인간관은 모순 관계를 포함하고 있기 때문에 불안정합니다. 모순 관계도 안정적인 모순이 있고 불안정한 모순이 있는데 자본 중심의 인간관은 불안정한 모순 관계에 속합니다. 과거 모순을 적대적인 모순과 비적대적인 모순으로 구분한 적이 있습니다(마오쩌둥, 2009). 적대적 모순은 혁명의 대상이고 비적대적인 모순은 공존의 대상이라고 보았습니다. 하지만 혁명의 시대가 사라지고 상호 간의 공존이 필요한 지금은 이러한 구분보다는 안정적 모순과 불안정한 모순으로 구분하는 것이 더 타당해 보입니다.

모순 관계는 변화를 의미합니다. 서로 대립하는 두 개의 존재가 서로 영향을 미치기 때문에 변할 수밖에 없습니다. 변화하는 모든 것은 모순 관계에 있습니다. 그런데 세상사 모든 것이 변합니다. 변하지 않는 것은 죽은 것뿐입니다. 따라서 세상의 모든 것은 모순 관계로 구성되어 있습니다. 변화하는 것은 무상한 것입니다. 그리고 무상한 것은 고통스러운 것입니다. 음과 양, 여자와 남자, 노동자와 사용자, 교사와 학생, 통치자와 피치자, 인력과 척력, 음극과 양극, 더위와 추위, 작용과 반작용 등 예를 들면 끝이 없습니다. 여기에는 인간 자신도 포함됩니다. 인간의 모순은 안과 밖의 모순입니다. 안과 밖이 서로 대립하면서 영향을 주기 때문에 인간도 변합니다. 인간도 무상하고 나의 것이라고 할 것이 없고 자아도 없고 나도 없습니다. 인간에게는 결국 행위의 결과, 행위의 기억만이 남을 뿐입니다. 이를 불교에서는 "아뢰야식에 업이 저장된다."라고 합니다. 어쨌든 모든 것은 변하기 때문에 모순 관계로 볼 수 있습니다.

이 모순 관계 중에는 상호 영향을 주면서도 안정적인 공존을 지향하는 관계도 있고 불안정한 공존인 관계도 있습니다. 음과 양, 여자와 남자의 대립은 안정적인 관계를 지향합니다. 하나는 다른 하나가 없다면 존재할 수 없고 둘이 모여 새로운 현상을 만듭니다. 물론 이 관계도 불안정이 없을 수는 없습니다. 남녀가 모여 가정을 꾸미지만 서로 맞지 않으면 이혼할 수 있는 것처럼 불안정할 수 있고 또 붕괴할 수도 있습니다. 그렇지만 음과 양, 여자와 남자의 관계는 안정이 주된 관계입니다. 서로의 근본적인 이해관계가 같기 때문입니다.

정의와 인간관

모순 관계 중에서 불안정한 관계도 있습니다. 노동자와 자본가의 관계는 불안정한 모순 관계입니다. 서로의 근본적인 이해관계가 다르기 때문입니다. 그렇다고 안정적인 측면이 없는 것은 아닙니다. 자본주의 체제에서는 두 집단이 공존하므로 안정적이어야 하는 요구도 있습니다. 하지만 주된 관계는 불안정한 관계입니다. 불안정한 관계는 작게는 불편함을, 크게는 고통을 줍니다. 그만큼 세심하게 관리되어야 하지만 관리로 완전히 고통을 없앨 수 없다는 점도 엄연한 현실입니다. 노동자와 자본가의 관계가 불안정한 만큼 자본 중심의 인간관 역시 불안정합니다.

첫째, 자본 중심의 인간관은 인간관 자체의 모순으로 불안정합니다. 이 인간관은 사람을 노동력 공급자와 상품 소비자로 보는데 이 두 기능은 서로 불안정한 모순 관계에 있습니다. 노동력 공급자로서 인간은 가능한 한 싼 가격에 노동력을 제공하도록 강요받습니다. 비정규직, 아르바이트 등은 자본 중심의 인간관이 만든 제도입니다. 투입비용은 작으면서 같은 일을 하는 노동자들이 필요합니다. 대체할 수 있고 규격화된 노동력을 원합니다. 한편 상품 소비자로서 인간은 가능한 한 비싼 가격에 새로운 물건을 계속 구매해야 합니다. 신상품의 계속 구매는 자본 중심 인간관이 개발한 인간의 욕망에 기초합니다. 이렇게 새로운 물건을 계속 비싼 가격에 구매하려면 돈이 있어야 합니다. 그런데 인간의 수입은 노동력 제공으로부터 나옵니다. 일부 계급은 토지, 빌딩, 예금, 주식으로부터 수입을 얻지만 절대다수 노동자의 수입은 노동력 제공에서 나옵니다. 그런데 노동력 제공에 따른 수입은 가능한 한 적어야 좋다는 것이 자본 중심 인간관의 또 다른 모습입니다.
이 두 개의 모습은 항시적인 갈등 관계, 불안정한 모순 관계에 있습니다. 이 문제를 해결하기 위하여 최저임금을 법률로 규정하고, 최저임금제를 넘어서는 기본소득이 논의됩니다. 여기에서 작동하는 것은 순수한 경제적인 논리가 아니라 정치의 논리, 정의와 공정의 논리입니다. 그런데 기본소득은 자본 중심의 인간관에서는 상상할 수 없는 제도입니다. 기본소득에 대해서는 자본의 반대가 극심할 것입니다. 자본은 어떻게든 불안정하지만 값싸고 풍부한 노동력과 함께 많은 물건을 소비하는 소비자를 원합니다.

둘째, 자본 중심의 인간관은 자본 사이의 갈등으로 불안정합니다. 자본과 노동 중 더 심각한 변화를 겪는 것은 자본입니다. 노동은 자본의 변화에 따라 변화합니다. 자본주의 체제는 경쟁체제이므로 생존을 위해서 불법적인 일까지 마다하지 않습니다. 자본이 생존과 축적을 위하여 범죄까지 마다하지 않는 현상은 한국 재벌의 사례에서 쉽게 확인할 수 있습니다. 재벌 회장 중에서 재판을 받고 구치소나 교도소를 거치지 않은 인물은 발견하기 어렵습니다. 2016년 발생한 국정 농단 사태 때에도 재벌은 어김없이 등장했습니다. 아직도 재판을 받고 있습니다. 자본 사이의 경쟁은 필연적으로 자본의 불안정, 노동의 불안정, 사회의 불안정을 낳습니다. 자본 경쟁의 결과인 독점 역시 자본 사이의 불안정을 통해 사회의 불안정을 초래합니다. 대자본과 중소자본의 갈등, 대자본의 갑질 등이 그것입니다. 이 갈등은 경쟁의 격화, 독점의 심화로 더욱 심각해질 것으로 보입니다. 이에 대한 해법은 공정경제입니다. 대자본의 갑질을 추방하기 위한 공정경제에서 중요한 역할을 하는 것은 공정거래위원회입니다. 공정거래위원회 역시 경제의 외부에서 경제의 한계를 설정해주는 정치, 정의와 공정에서 출발합니다.

셋째, 자본 중심의 인간관은 다른 가치와 갈등하기 때문에 불안정합니다. 자본 중심의 인간관은 우선 환경과 불편한 관계에 있습니다. 자본 중심의 인간관은 환경을 중요하게 보지 않습니다. 환경은 경제발전을 위한 원료 공급지일 뿐입니다. 환경문제를 일으키는데 아무런 문제의식을 느끼지 않습니다. 최근 심각해지는 환경 문제의 배후에 경제발전을 위해 환경을 희생시키는 논리가 있다는 것은 잘 알려진 사실입니다. 환경 문제의 뿌리에는 자본 중심의 인간관이 있습니다. 자본 중심의 인간관에서 파생된 또 하나의 세계관인 과학기술 중심의 세계관은 환경의 문제를 과학기술의 힘으로 해결할 수 있다고 주장합니다. 하지만 최소한 지금까지는 과학기술이 환경문제를 해결하지 못했습니다. 과학기술의 발전을 추구하는 것도 자본이고, 과학기술의 성과를 가져가는 것도 자본입니다. 현재 과학기술의 운명을 좌우하는 것은 자본입니다. 과학기술을 어떻게 사용할 것인가를 먼저 경제와 과학의 바깥에서 결정하지 않으면 과학기술이 아무리 발전해도 우리는 환경문제를 해결할 수 없을 것입니다.

다음으로 자본 중심의 인간관은 정의와 공정과 불편한 관계에 있습니다. 자본 중심의 인간관은 경제발전을 위해 모든 것을 희생시키는데 그중에 인간에게 필요한 정의와 공정이 포함되어 있습니다. 정의와 공정이 희생되면 사회적 신뢰라는 공적 가치가 없어지고 사회는 갈등 상태로 돌입합니다. 현대 사회에서 정의와 공정이 약해지고 있는 이유는 경제적 관점에서 모든 것을 해석하는 데서 비롯된 것입니다. 자본 중심의 인간관은 인간과 사회를 지탱하고 보호하는 주요 가치들과 충돌할 가능성을 안고 있으며 실제로 충돌하고 있습니다. 그럼에도 자본 중심의 인간관은 스스로 자제할 줄 모릅니다. 자본 중심의 인간관 바깥에서 이를 통제할 필요가 있습니다.

chapter 3

국가 중심의 인간관

◆

정치의 관점에서 바라보는 인간

국가 중심의 인간관은 정치의 관점에서 바라보는 인간관입니다. 현대 정치는 법률로 표현되는 경우가 많으므로 법률에서 바라보는 인간관이라고도 할 수 있습니다. 국가 중심의 인간관, 정치 중심의 인간관, 법률 중심의 인간관 모두 같은 말입니다. 국가 중심의 인간관은 사람을 한편으로 국가의 구성요소로 파악하면서도 다른 한편, 국가가 서비스를 제공해야 할 대상으로 파악합니다. 미래 정치와 관련하여 이 인간관은 정치적 의사결정권자, 민주주의를 결정하는 기본적 힘을 가진 주권자로서 개인을 바라보는 측면이 있습니다. 이 측면은 미래비전에서 '민주주의를 어떻게 확대, 강화할 것인가'라는 문제의식으로 등장합니다. 국민주권의 확대, 민주주의의 정착, 정치개혁, 선거개혁 등의 과제로 나타납니다. 국가 중심의 인간관이 갖는 다른 측면, 즉 사람을 국가가 서비스를 제공해야 할 대상으로 파악하는 관점은 주로 사회복지와 관련한 문제를 제기합니다. '인간다운 생활, 인간의 존엄성을 보장하기 위하여 어떤 수준의 복지를 제공할 것인가'라는 문제의식으로 등장합니다. 현재 미래비전과 관련해서 의미 있는 것은 사회복지 분야입니다.

전 세계에서 마련하는 미래비전의 핵심은 단연 사회복지 분야입니다. 현재 인간의 존엄성을 보장하는 생활 수준 제공이 국가의 기본적인 의무라는 생각이 점점 더 강해지고 있습니다. 특히 OECD 국가 차원에서는 사회복지 수준이 국가의 수준을 결정하는 핵심 요소라는 인식이 지배적입니다. 한국도 사회복지가 국가 미래비전에서 핵심이라는 점을 정확히 인식하고 있습니다. 참여정부 당시 만들어진 노무현 대통령의 『비전 2030』은 사회복지를 중심으로 마련되었습니다. 국가적 차원에서 사회복지에 관심을 가진 것은 훨씬 이전이었지만 이때 비로소 사회복지는 공식적인 국가적 과제, 미래비전의 핵심과제가 되었습니다. 당시의 비전이었던 "성장과 복지 간의 선순환 구조가 정착되어 지속적인 발전이 가능한 국가"라는 표현은 당시까지 성장 일변도였던 국가정책을 성장과 복지의 균형으로 바꾸겠다는 의지의 표현이었습니다. 이후 이명박, 박근혜 정부에서도 부침이 있기는 했으나 사회복지는 주요한 정책과제였습니다. 노인, 어린이, 여성, 장애인 등을 대상으로 하는 복지는 계속 확대되어 왔습니다. 우리의 복지 확대와 관련하여 이정표를 제시한 것은 무상급식으로 표현된 사회복지 논쟁이었습니다. 문재인 정부역시 미래비전의 핵심 요소로 사회복지를 꼽고 있습니다.

사회복지의 수요자

국가 중심의 인간관에 의하면 개인은 국가가 제공하는 사회복지 수요자이면서 복지비용 부담자라는 이중의 지위로 등장합니다. 여기에서

정의의 미래 "공정"

개인은 국민이라기보다는 시민입니다. 국민은 주권을 행사하는 국가의 구성단위라는 성격을 포착한 용어입니다. 이에 비해 시민은 사회의 구성요소라는 이미지도 있지만 이보다는 국가로부터의 자유를 추구하면서도 사회가 제공하는 각종의 복지를 누리는 주체라는 의미가 있습니다. 물론 시민의 의무도 있지만, 이때의 의무는 국민의 의무와 같은 딱딱하고 무거운 의미의 의무는 아니고 적극적이고 활기찬 느낌을 줍니다.

국가 중심의 인간관에 의하면 사람은 먼저 국가가 제공하는 사회복지의 수요자로 등장합니다. 정치 분야에서 시민이 국가의 방향을 결정할 수 있는 주권자로 등장하듯이 사회복지 분야에서 시민은 인간의 존엄성을 유지할 만한 생활을 요구하는 권리자로 등장합니다. 우리 사회에서 사회복지가 대중적으로 확산된 것은 무상급식 논쟁이었습니다. 무상급식은 무상교육, 무상 교복 등으로 확대되었고 보편적인 사회복지가 필요하다는 점을 잘 보여주었습니다. 무상급식 논쟁 이후 시민의 사회복지 수요는 팽창하고 있고 국가도 이에 발맞추어 확대하려고 노력하고 있습니다. 사회복지 확대정책은 정도의 차이가 있지만 여야, 진보와 보수의 구분이 별로 없습니다. 한국은 OECD 국가의 평균에도 한참 못미치는 사회복지를 공급하고 있으므로 사회복지는 최소한 10년 이상 계속 확대될 것으로 보입니다.

사회복지는 현대 사회의 많은 문제를 해결할 수 있습니다. 사회복지는 인간다운 삶을 보장함으로써 인권의 수준을 높이고 인간의 존엄성을 보장합니다. 사회를 건강하고 품위 있게 만듭니다. 주머니에 돈이 없더라도 건강과 기본 생활을 유지하게 함으로써 품위 있는 삶의 기초를 마련합니다. 하지만 사회복지가 모든 문제를 해결할 수 없다는 점 또한 분명합니다. 아무리 사회복지를 완비해도 다른 시스템이 사회복지와 함께 가동되지 않으면 사회복지는 제 역할을 할 수 없습니다. 예를 들어 노동시장이 왜곡되어 있으면 복지정책은 제대로 효과를 볼 수 없습니다. 청년들이 아예 취직을 못 하는 문제를 복지가 해결할 수는 없습니다. 일자리는 복지 이상의 것을 의미합니다. 비정규직의 임금이 정규직의 절반이라면 복지정책으로 이 간극을 메울 수 없습니다. 비정규직과 정규직의 문제는 노동시장에서 먼저 해결해야 합니다. 노동시장에서 벌어진 왜곡 현상, 즉 1차 분배구조에서 부의 초집중 현상이 발생하면 사회복지를 통해 아무리 재분배를 하더라도 빈익빈 부익부 현상과 이에 바탕을 둔 자본권력의 횡포를 해결할 수 없습니다. 원래 복지는 인간에게 최소한의 생활을 보장하는 것을 통해 불평등을 완화하는 것이 목적입니다. 불평등 자체의 타파가 목적은 아닙니다. 이 목표는 다른 정책으로 추진되어야 합니다.

사회복지는 근본적인 인간의 고통, 괴로움을 해결할 수 없습니다. 사회복지 역시 물건과 서비스로 구성되고 인간의 욕구에 바탕을 두기 때문입니다. 사회복지를 요구하는 이들의 요구를 충족시킬 정도로 사회복지가 풍부해질 수는 없습니다. 물품의 한계도 있고 예산상의 제약도 있고 사회 정서상의 걸림돌도 있습니다. 그리고 아무리 풍부하게 물품을 제공해도 인간의 욕망을 완전히 충족시킬 수는 없습니다. 사회복지는 인간의 문제 중에서 중요한 문제를 해결하지만, 그 한계 또한 명백합니다.

사회복지와 권리

국가 중심의 인간관이 다양한 사회복지 요구를 정당화하는 것은 인간이 권리를 가지고 있다고 보기 때문입니다. 개인의 권리는 국가에 대항하여 자신을 지킬 수 있는 수비형 방패이면서 국가에 일정한 행위를 강제하는 공격형 무기인 창이기도 합니다. 개인이 권리를 앞세우면 국가의 정책은 바로 그 지점에서 멈출 수밖에 없습니다. 그 권리가 인권과 같은 핵심적인 권리라면 더욱더 그렇습니다. 권리는 사람만이 가지는 것이므로 권리를 존중한다는 것은 곧 사람을 존중한다는 것을 의미합니다. 권리를 가진 인간은 국가에 대하여 은혜를 구걸하는 것이 아니라 국가에 대하여 일부 행위는 하지 말고 일부 행위는 할 것을 당당하게 요구합니다. 권리 주장은 인간 선언이라고 할 수 있습니다. 이런 면에서 국가 중심의 인간관은 자본 중심의 인간관보다는 훨씬 사람을 중심에 놓고 보는 철학이라고 할 수 있습니다.

권리는 원칙적으로 인간을 인간답게 만드는 핵심 요소이지만 단점도 있습니다. 권리가 과도할 때, 그리고 권리가 충돌할 때 문제가 생깁니다. 과도한 권리 주장, 권리와 권리의 충돌 현상은 일상적이어서 모든 국가는 이를 조정할 제도를 가지고 있습니다. 사법제도, 중재 제도 등 분쟁 해결 절차가 그것입니다. 이 사법제도, 중재 제도 등 분쟁 해결 절차가 신뢰를 잃게 되면 사회는 위기에 빠집니다. 분쟁 해결 절차가 신뢰를 잃는 경우는 분쟁 해결 절차가 불공정하게 구성된 경우, 실제 분쟁 해결 과정이 불공정한 경우, 예단과 편견으로 판단자가 구성된 경우, 사회적 약자가 조직적, 체계적으로 배제된 경우, 충분한 방어 기회를 보장하지 않은 경우, 분쟁 해결기구가 지역마다 빠짐없이 구비되어 있지 않은 경우, 판단자가 너무 적은 경우 등 다양합니다. 한마디로 공정한 절차가 보장되지 않을 때 사회는 갈등을 어떻게 해결해야 할지 몰라 우왕좌왕합니다. 한편, 공정성에 대한 불신은 공정성을 부당하게 흔들 수 있습니다. 불신이 불공정성을 과장하기 때문입니다. 과거의 불공정성이 현재의 공정성을 공격하는 빌미가 되는 경우가 여기에 해당합니다.

모든 사회복지 정책은 갈등을 내포하고 있습니다. 사회복지를 원하는 사람은 많은데 자원은 한정되어 있기 때문입니다. 어느 계층에 우선적으로 사회복지를 제공할 것인가를 두고 갈등이 벌어집니다. 또한 사회복지가 개인에게 초점을 두면서 다양화, 개별화되는 현상도 갈등의 소지를 낳습니다. 사회복지가 개인에게 초점을 두는 것은 공동체 붕괴에 따른 필연적인 대응입니다. 그렇지만 사회복지를 개별화, 다양화하면 사회복지 혜택을 입는 계급, 계층, 지역, 인종, 성별 등 정책대상 집단이 세분됩니다. 최근 갈등의 폭증 현상은 정책집단의 세분화로 인한 갈등의 세분화 현상과도 관련이 있습니다. 사회복지의 확대는 곧 갈등 관리의 필요성을 제기합니다. 갈등 관리의 시스템의 기본은 분쟁 해결 절차, 구체적으로는 사법절차입니다. 사법절차의 정비와 개선은 사회복지 확대라는 측면에서도 필요한 일입니다.

사회복지 비용의 부담자

국가 중심의 인간관은 다른 한편 개인을 사회복지비용 부담자로 봅니다. 모든 권리에는 책임이 따르기 마련입니다. 시민들은 사회복지에 대한 권리를 가지고 있는 만큼 사회복지에 대한 책임도 부담합니다. 사회복지가 확충되고 다양화되면 그에 따라 비용도 증가합니다. 증가하는 비용은 재정의 효율적 운용, 탈세 방지, 부패 추방 등을 통하여 어느 정도 감당할 수 있습니다. 하지만 이러한 방식은 곧 한계에 도달합니다. 결국 사회복지의 부담은 국민들에게서 나올 수밖에 없습니다. 증세가 필요합니다. 사회복지가 확충되면 증세는 피할 수 없습니다. 문제는 증세 과정에서 발생하는 갈등과 충돌의 최소화 방안 또는 해결방안으로 이동합니다.

증세 논쟁은 그 자체로 갈등을 낳습니다. 당장의 지출 증가는 가정과 개인에게 재정적인 어려움을 낳기때문에 저항을 불러일으킵니다. 그리고 누가 얼마나 더 부담해야 하는지를 두고 다툼이 발생합니다. 이론적으로야 부자가 더 많이 부담하고 가난한 자는 덜 부담하는 것으로 깔끔하게 정리할 수 있지만, 실무적으로는 그것이 그렇게 쉬운 일이 아닙니다. 갈등의 한복판으로 진입하게 될 것입니다. 여기에 그치지 않습니다.

증세 논쟁은 국가적 단위의 큰 갈등을 낳을 수 있습니다. 세대 간의 갈등이 바로 그것입니다. 사회복지비용 부담 문제는 세대 간의 약속이어서 세대 간 신뢰에 기초합니다. 현재 사회복지 혜택을 받는 세대는 비용을 부담하는 세대가 아닙니다. 현재 비용을 부담하는 세대는 당장의 혜택 대상이 아닙니다. 개인적, 사회적으로 상당한 시차를 두고 비용부담과 혜택이 교환됩니다. 세대 간의 약속, 깊은 신뢰가 없다면 사회복지비용 부담 문제, 증세 문제는 제대로 해결하기 어렵습니다. 이 약속과 신뢰가 명시적으로 이루어져야 한다는 것은 아닙니다. 묵시적으로 사회 분위기를 통해 이루어질 수도 있습니다. 세대 간의 신뢰도 사회적 신뢰의 일부이므로 사회적 신뢰에 영향을 받습니다. 사회적 신뢰의 일종인 세대 간 신뢰가 복지비용 확대를 둘러싼 증세문제의 해결 열쇠인 셈입니다.

한국 사회에서 사회복지 혜택과 비용부담 문제로 인한 세대 간 갈등은 불행하게도 확대되고 있습니다. 저출산 고령화 사회가 되면서 사회복지는 확충되지만, 비용부담은 젊은 세대에게 집중되는 경향이 있습니다. 젊은 세대의 입장에서는 자신들의 부담이 나중에 혜택으로 돌아올지 확신하기 어렵습니다. 인구는 줄어들고 성장은 정체되기 때문입니다. 노인 인구의 확대에 따라 노인들이 정치를 지배할 가능성이 커지면서 이 불신은 심각한 갈등으로 발전합니다. 청년들에게 "목소리를 높여라", "정치에 참여하라"고 요구하는 것은 소용이 없습니다. 청년들은 자신의 처지에서 이미 충분히 참여하고 소리치고 있습니다. 그렇지만 여전히 청년들은 정치에서 소외되어 있습니다. 정치인들이, 기성세대가 듣지 않을 뿐이지요. 청년 세대의 상대적 박탈감은 더 심각해집니다.

근본적으로 사회복지 수요자와 사회복지비용 부담자의 관계는 모순 관계입니다. 이 모순은 저출산 고령화 사회에서 더욱 심각해지고 있고 세대 간 갈등의 뿌리가 되고 있습니다. 여기에서도 갈등이 문제입니다.

사회복지 비용 부담을 둘러싼 세대 간의 갈등은 정치적 입장, 일자리 경쟁, 부동산 문제, 사고방식, 윤리와 공동체에 대한 인식 등으로 더욱 심각해집니다. 정치적 입장으로 인한 갈등은 소위 진보와 보수의 갈등을 말합니다. 최근 보수가 극단화되고 보수와 진보 상호 간의 소통이 점점 줄어들면서 노인과 청년 간의 갈등은 더 심해졌습니다. 지식인들 사이에서도 대화가 실종될 정도이니 매우 심각한 일입니다. 한국에서 과연 보수와 진보가 진짜 있기는 있는 것인지 의심스러울 때도 있습니다.

일자리와 부동산 문제는 경제적 측면에서 세대 간 대결이 벌어지는 현장입니다. 사고방식과 윤리와 공동체에 대한 인식의 차이는 일상생활에서의 갈등을 유발하고 있습니다. 일상생활의 갈등은 대부분 변화에 제대로 대응하지 못하고 과거의 행위 방식을 고집하는 구세대 측에서 야기합니다. 무례와 강압을 마치 정당한 권리 주장인 것처럼 행동하는 것을 보면 마음이 불편합니다. 물론 청년들 측에서도 문제를 야기하기도 합니다. 극단적인 개인주의로 인한 문제점, 공격적인 문제 제기 등이 주로 여기에 해당합니다. 세대 간의 갈등은 시대의 변화에 따라 일부는 자연스럽게 없어지기도 하지만 일부는 극단화되면서 사회적 문제점을 야기합니다.

사회복지가 불충분하고 세대 간 갈등으로 공적인 복지체제가 제대로 작동하지 않는 현실은 개인에게 미래를 대비할 책임을 넘깁니다. 미래에 대한 대비를 국가나 공동체가 모두 책임질 수는 없습니다. 개인이 준비해야 할 몫이 있습니다. 그렇지만 사회 복지가 확대되면 확대될수록 개인이 준비해야 할 몫은 줄어듭니다. 공동체가 이를 해결해주기 때문입니다. 복지국가에서는 공동체가 개인의 미래를 대신하여 대부분 준비해 줍니다.

국가나 공동체의 미래 대비가 부족하므로 현재 한국의 개인들은 개별적으로 미래를 대비하고 있습니다. 개인들은 국가 주도의 사회복지 이외에 사적 보험 형태의 복지에 큰 비용을 지출하고 있습니다. 자신의 미래를 위해 저축하는 것은 인간 생존의 기본 방식입니다. 대부분의 사람이 수입의 일정 비율을 미래를 위해 저축합니다. 보통 그 비용은 4분의 1정도가 바람직하다고 알려져 있습니다. 물론 어느 정도 먹고사는 문제가 해결된 중산층을 대상으로 하는 수치입니다.

실제 개인 수입의 4분의 1 정도가 한국에서는 공적 사회복지와 사적 보험에 함께 들어갑니다. 한국의 조세부담률은 2017년 현재 18.8%입니다. 거의 20%대에 육박합니다. 하지만 한국의 사회복지지출을 의미하는 공공사회지출은 2016년 기준으로 GDP 대비 10.4%로 OECD 평균인 21%의 절반 수준입니다. 조사대상 회원국 30개국 중에서 최하위입니다. 세금을 모두 사회복지에 쓸 수는 없으므로 사회복지지출이 조세부담률보다 낮은 것은 당연하지만 지나치게 낮습니다. 이 정도이면 미래가 불안한 것은 당연합니다. 개인으로서는 대응하지 않을 수 없습니다. 개인은 사회복지를 국가가 제공해주지 않으니 사적 보험으로 해결하고자 합니다. 사적 보험으로 미래의 불안을 해소하려고 비용을 기꺼이 지출합니다. 사적 보험이 공적 보험의 역할을 상당 부분 대신하고 있는 것은 건강보험의 사례에서 쉽게 찾을 수 있습니다. 세계적인 수준의 건강보험이 있음에도 불구하고 건강 관련 사적 보험이 엄청나게 발전해 있는 곳이 한국입니다.

사적 보험은 공적 보험을 대체할 수 없습니다. 당연히 사각지대가 발생하며 지속성이나 공공성, 책임성도 훨씬 떨어집니다. 만일 제도 설계만 잘해서 사적 보험으로 지출되는 자금을 국가 주도의 사회복지로 흡수한다면 사회복지의 공적 기능을 지금보다 훨씬 강화할 수 있습니다. 아주 바람직한 방향입니다. 그런데 이것이 쉬운 일이 아닙니다. 이미 사적 자본이 엄청나게 비대해졌습니다. 이전 정부에서 사적 자본의 공적 영역 진출을 허용하고 또 조장해 왔기 때문입니다. 그 결과 사적 보험이 사회복지에 엄청난 영향을 미치고 있습니다. 이 현상은 교육 현실과 유사한데 공교육이 아닌 사교육에 엄청난 돈이 투입되고 사교육이 공교육을 압박하는 교육 현실과 비슷합니다. 공교육과 사교육의 역전 상태를 뻔히 알면서도 이를 해소하지 못하는 것이 교육계의 현실이듯이 사회복지 분야에서도 같은 일이 벌어지고 있습니다. 이미 사회복지 분야에서는 사회복지를 산업으로 생각하는 자본 중심의 인간관이 깊숙이 자리 잡고 있습니다. 그러나 사회복지가 공적인 성격을 띠는 이상 공적 보험이 중심이 되어야 사회복지도 제대로 제공할 수 있습니다. 사립 어린이집에 어린이를 맡겼다가 벌어지는 여러 부작용이 반복되는 것을 방치해서는 안 됩니다.

국가 중심의 인간관이 보는 세계에서는 정치가 중요한 역할을 합니다. 이때의 인간은 주권을 가진 시민이기 때문입니다. 정치의 역할은 역시 갈등을 조정하고 완화하는 것입니다. 대화와 타협을 통하여 바람직한 정책을 모색하는 세계가 정치입니다. 사회복지를 중심으로 국가의 미래비전을 설정하는 것은 국가 중심의 인간관의 필연적인 결론입니다.

정의의 미래 "공정"

국가 중심의 인간관의 확장

국가 중심의 인간관은 교육을 중시하는 특징이 있습니다. 일반적으로 교육을 중시하면서도 특히 민주시민 교육을 강조합니다. 민주시민과 주권자로서 민주주의를 지탱하고 정치를 순화하며 정치인들을 통제하고 나아가 국가의 기초가 되는 인간이 될 것을 요구합니다. 이를 위한 최선의 선택은 역시 교육입니다. 인적 역량을 강화하여 민주주의의 뿌리를 튼튼하게 하는 것이기 때문에 매우 매력적인 방안입니다.

그런데 이때의 교육은 교육계의 자발적인 교육이라기보다는 국가 주도의 교육입니다. 집단적, 획일적인 성격을 지니며, 나아가 일정한 도덕적인 방향을 가집니다. 국가 주도의 교육이 갖는 특징입니다. 국가 주도의 교육, 이렇게 말하니 마치 독재 시대, 혹은 권위주의 시대가 떠오릅니다. 사람의 인적 역량을 높이는데 교육보다 좋은 대안은 없습니다만 국가가 내용까지 획일적으로 정하는 시대는 지나갔습니다. 주의해야 할 부분입니다.

국가가 도덕, 일정한 방향을 강조할 때에는 조심해야 합니다. 도덕 국가를 지향하는 현대 국가에서 도덕을 강조하지 않을 수 없지만, 국가가 나서서 하나의 도덕을 지나치게 강조하면 개인의 자유가 침해될 위험성이 높습니다. 이 때문에 민주시민 교육에 대한 반발이 생길 수 있습니다. 민주주의에 민감하고 인권과 성에 대해 높은 감수성을 가진 인간으로 교육하는 것은 도덕의 이미지를 강하게 풍깁니다. 그 결과 인간의 자유로움, 상상력, 개별적인 발전을 가로막을 가능성이 있습니다. 잘못하면 인간의 내면을 침해할 가능성이 있습니다. 교육을 이야기할 때에는 항상 한국 교육이 가지고 있는 경쟁, 폭력, 강압적인 측면을 고려해야 합니다. 교육이 필요하다고 하면서도 교육이 제대로 되지 않는 것은 한국 교육의 역사이고 현실입니다.

그런데 가만히 생각해 보면 교육을 중시하지 않는 인간관은 없다는 것을 알 수 있습니다. 다만 강조하는 부분에 차이가 있을 뿐입니다. 경제 중심, 자본 중심, 과학 중심의 인간관도 교육을 강조합니다. 자본 중심의 인간관은 인적 자원 개발을 강조합니다. 학습하는 능력을 길러 시대의 흐름에 맞추어 변신해야 한다고 가르칩니다. 이것이 극단적으로 구체화된 것이 직업교육입니다. 학교 교육에 적용하면 기업의 요구, 자본의 요구에 맞는 교육을 강조하게 됩니다. 교육도 인간관에 따라 중점이 바뀝니다. 교육도 당파성을 가지고 있는 것입니다.

사람 중심의 인간관도 교육을 강조합니다. 불교에서는 12연기를 통해 괴로움의 궁극적인 뿌리가 무명이라고 설명합니다. 무명이 명으로 바뀌면, 즉 지혜를 통하여 세상을 정확하게 보면 고통이 사라진다고 설명합니다. 이를 위해서 지혜를 얻는 공부가 필요하고 인욕을 의미하는 계율을 지켜야 하고 실천을 의미하는 선정이 필요하다고 합니다. 역시 공부가 중요한 것입니다. 교육 중시 입장은 특정 인간관에서만 강조하는 것은 아닙니다. 모든 인간관에서 강조하지만, 중점이 다릅니다. 교육은 모든 인간관에서 요구하는 것이지만 인간관에 따라 그 성과가 달라집니다. 인간관이 교육에 선행하여 먼저 수립되고 공유될 필요가 있습니다.

chapter 4

사람 중심의 인간관

사람 중심 사상의 등장

마지막으로 살펴볼 인간관은 사람 중심의 인간관입니다. 자본 중심의 인간관 또는 국가 중심의 인간관이 아닌 사람 중심의 인간관이라고 하면 우선 이런 인간관이 무엇이고 가능할까 하는 의문이 듭니다. 사람 중심의 인간관이라는 표현에서 알 수 있듯이 이 인간관은 의도적으로 자본 중심, 국가 중심의 인간관과 대립하는 인간관을 대표합니다.

사람 중심이라는 말을 요즘 부쩍 많이 사용합니다. '사람 사는 세상'은 노무현 대통령을 상징하는 말이 되었습니다. 실제로 노무현 재단의 정식명칭은 '사람 사는 세상 노무현 재단'입니다. '포용 사회'라는 표현은 문재인 정부의 5대 국정분과의 이름이고 '더불어 잘사는 경제'라는 표현은 국민성장 분야의 국정 목표입니다. '포용 사회', '더불어 잘사는 경제'와 같은 표현은 사람 중심의 정책을 펴겠다는 것을 의미합니다.

사람 중심이 강조된 배경에는 현대 사회가 사람을 중심에 놓고 운영되지 않기 때문입니다. 그렇다면 현대사회는 무엇을 중심으로 운영될까요? 앞에서 살펴본 대로 바로 자본과 정치에 의하여 운영됩니다. 자본과 정치가 사회를 장악하는데 여기에서 부의 분배가 왜곡됩니다. 즉 기득권층이 자본과 권력을 장악하고 있기 때문에 국민의 부가 체계적, 조직적으로 기득권층으로 이동합니다. 정당한 노동의 대가를 훨씬 뛰어넘는 부가 이동하는 것입니다. 이를 착취라고 부릅니다. 이런 구조에서 피해를 보는 계층은 항상 고정되어 있습니다. 흔히 서민이라고 부르는 사람들입니다. 기득권층은 이 구조에서는 손해를 보지 않고 항상 이익을 봅니다. 기득권층은 사회구조나 서민층을 의식할 필요도 없습니다. 뭔가 부당한 대우를 받아야 그 원인을 탐구할 것인데 부당한 대우를 받은 일이 없기 때문에 사회구조나 사회구조에 의하여 피해를 보는 서민, 피지배층을 생각할 필요가 없습니다. 기득권층의 머리에는 아예 서민이라는 존재가 없습니다. 그래서 서민을 억압한다는 생각도 없습니다. 시스템으로 부가 이동할 뿐입니다.

사람 중심 주장은 서민, 중산층, 보통 사람들이 세상의 주인이며 포용 사회의 주체이고 더불어 잘사는 경제의 혜택을 받는 사람들이라고 주장합니다. 자본의 횡포에 시달리고 권력의 남용에 지친 사람들이 각성하여 정치의 주체로 나서면 사람 중심을 외치지 않을 수 없습니다. 중산층, 시민들이 이윤이 아닌 사람을 먼저 생각하는 경제, 기계 중심이 아닌 사람을 행복하게 만드는 과학, 권력층이 아닌 일반 대중을 중시하는 정치를 주장하는 것은 당연한 현상입니다. 최근 이런 요구가 급격히 높아진 것은 자본가와 정치인들의 횡포가 극에 달했기 때문입니다. 한국에서는 그 횡포가 극에 달해서 마침내 폭발해 버렸습니다. 2016년에 터진 박근혜, 최순실의 국정 농단 사태가 그것입니다. 국정 농단 사태는 자본 중심, 권력 중심 인간관의 파탄을 보여주는 사건이었고 국정 농단 사태를 종결시킨 촛불혁명은 새로운 인간관의 등장을 알리는 신호탄이

정의의 미래 "공정"

었습니다. 국정 농단 사태를 만든 인물들의 행적은 바로 자본 중심, 정치 중심의 인간관이 낳은 것들입니다. 이전에도 사람 중심의 인간관은 존재했지만, 국가 경영, 국정의 핵심 목표로 전면적으로 등장한 것은 이때가 처음입니다. 사람 중심의 인간관은 자본 중심, 국가 중심의 인간관에 대한 반대 명제입니다.

사람의 중심은 행복, 고통을 없애는 것

사람 중심의 인간관은 사람의 주된 관심을 정의해야 하는 과제를 제기합니다. 사람의 주된 관심을 정확하게 정의해야 사람 중심의 인간관은 완성됩니다. 그런데 사람들이 가지는 관심은 너무 다양합니다. 물질적 욕망이 없는 자연인부터 돈이 행복의 기준이라고 보는 사람까지, 권력욕이 없는 사람부터 권력욕의 화신까지, 남을 해치는 사람부터 남을 먼저 배려하는 사람까지, 사람들은 너무 다양하고 사람들의 관심사 역시 너무 다양합니다. 과연 사람의 무엇에 대해 중심을 맞추어야 할까요?

사람 중심의 인간관이 사람의 행복에 중점을 두어야 한다는 것은 많은 사람들이 쉽게 동의할 수 있을 것입니다. 모든 사람은 괴로움을 벗어나 행복을 추구합니다. 최소한 이 명제에 대해서는 광범위한 공감대가 있습니다. 과거의 수많은 철학자도 동의한 명제이고 평범한 현대인들도 충분히 동의할 수 있는 명제입니다. 돈을 주고 구매하는 상품과 서비스, 친구들과 만남, 결혼, 출산, 육아, 직장에서의 노동, 공부, 취미생활, 사회참여, 공직 활동 등 인간의 모든 활동은 바로 행복을 구하기 위한 것입니다.

그러면 행복은 무엇으로 구성될까요? 행복의 구성 요소로 즐거움, 쾌락, 욕망의 충족, 이기심의 충족, 재산의 증식, 정보의 확보, 권력 쟁취 등을 생각할 수 있습니다. 기아와 핍박의 공포에서 벗어나 자유를 누리는 상태, 즉 물질적인 자유와 함께 사회적, 정치적으로 자유롭게 행동하는 것이 행복으로 보입니다. 자신의 부를 이용하여 자신이 하고 싶은 것을 거침없이 하는 것, 타인을 지배하고 마음대로 부리는 것, 멋진 외모, 강인한 체력, 화려한 명성 등이 행복이라고 보입니다. 한마디로 물질적 풍요와 사회적 성공이 행복의 요소라고 보입니다.

　하지만 물질적 풍요와 사회적 성공에는 결정적인 단점이 있습니다. 아무리 많이 모으고 아무리 많이 쌓아도 결코 충족될 수 없다는 것입니다. 아무리 많이 모으고 쌓아도 허망하기 때문에 이를 통해 행복을 달성할 수는 없습니다. 부처님의 말씀처럼 히말라야산맥을 모두 금으로 만든다고 해도 단 한 명의 욕심도 채울 수 없습니다. 인간의 욕심은 끝이 없기 때문입니다. 후한 광무제의 말처럼 농을 얻으면 촉을 바라는 것이 사람입니다. 집을 한 채 가진 사람은 두 채 가진 사람을 부러워하고, 두 채 가진 사람은 열 채 가진 사람을 부러워하고, 열 채 가진 사람은 백 채 가진 사람을 부러워합니다. 남들은 하나도 가지고 있지 못한 주식을 수천만 원어치 가진 사람은 수억 원어치 가진 사람을 부러워하고, 수억원 어치를 가진 사람은 수십억 원어치를 가진 사람을 부러워합니다. 수십억 원대 주식을 가진 사람은 백억 대 주식 보유자를 부러워하고, 백억대 주식보유자는 천억 대 주식 보유자를 부러워합니다. 구의회 의원은 시의회 의원을 부러워하고, 시의회 의원은 국회의원을 부러워하고, 국회의원은 장관을 부러워하고, 장관은 국회의원을 부러워합니다. 국회의원과 장관은 대통령을 부러워합니다. 그런데 아이러니하게도 대통령은 대통령직에서 물러나 평범한 시민이 되기를 희망합니다.

욕망과 이기심은 끝이 없습니다. 절대 채워지지 않습니다. 이 점은 너무나 명백해서 불교는 일찌감치 욕망의 충족은 행복에 도달하는 길이 아니라고 했습니다. 서양의 그리스 철학이나 스토아학파 역시 중용과 절제를 강조했습니다. 기독교에도 수도원과 같이 청빈을 강조하는 전통이 있습니다. 욕망의 충족은 행복에 도달하는 방법이 아닙니다.

욕망과 이기심은 충족되지 않는 단점 이외에 다른 단점이 있습니다. 그것은 나의 쾌락, 행복을 위해서 다른 사람의 쾌락, 행복을 희생시켜야 한다는 단점입니다. 물질과 권력은 제한되어 있으므로 다른 사람의 것을 빼앗지 않으면 남을 지배할 만한 충분한 크기의 물질과 권력을 얻을 수 없습니다. 여기에서 착취와 불평등이 발생합니다. 인간에 의한 인간의 소외도 발생합니다.

자연에서 얻는 것만을 모아서는 착취와 불평등이 생기지 않습니다. 아직도 원시생활을 하는 아마존 유역의 씨족들을 보면 착취와 불평등이 없는 원시공산사회를 상상할 수 있습니다. 다른 사람의 것을 빼앗는 법이 없습니다. 빼앗기에는 사람이 자연으로부터 얻거나 만들어 내는 것이 너무 적기 때문입니다. 원시 씨족의 생활을 보면 착취와 불평등은 없지만, 물질적 풍요와 정치적 권력도 없습니다. 자연과 일체가 된 생활로 해석할 수도 있지만, 현대인들은 단 하루도 견딜 수 없는 생활일 것입니다. 물질적 풍요가 없다면, 그리고 자연과 소통하고 자연을 이용하는 지식이 없다면 인간은 해방될 수 없습니다. 원시생활로 돌아갈 수는 없습니다.

자연에서 나오는 것만 모아서는 다른 사람을 지배하는 물질과 권력을 모을 수 없으니 다른 사람의 것을 빼앗아 와야 합니다. 다른 사람의 것을 빼앗는 순간 빼앗는 자는 행복에 다가갈 수 있는 것처럼 보이지만 빼앗기는 사람은 행복을 잃어버립니다. 이렇게 되면 사회적으로 행복은 플러스, 마이너스가 되어 제로가 되어 버립니다. 그런데 실제로 가만히 보면 제로가 아닙니다. 한계효용의 법칙에 따르면 부유한 자가 가난한 자의 물건을 빼앗으면 빼앗은 부유한 사람의 행복은 조금 증가하는데 비해 빼앗긴 가난한 사람의 행복은 큰 폭으로 감소합니다. 사회적으로 고통, 괴로움을 더 많이 생기는 것입니다. 이런 이유로 불평등은 인류가 탄생한 이후 지금까지 매우 위험한 것으로서 철학자들이 지적해 왔습니다. 개인과 공동체 모두에게 말입니다. 부유한 자의 행복이 증가한다는 보장도 없습니다. 다른 사람의 것을 가로챘는데 그 사람이 행복하다고 보는 것은 좀 이상한 감각입니다. 자신의 것이 아닌 것을 취하는 것, 도둑질은 모든 세상에서 엄격하게 금지된 행위입니다.

물질적 풍요와 사회적 성공의 반대편에 궁극적인 행복에 도달하는 방법이 있습니다. 평화, 안정, 고요함, 청정함, 놓아버리기, 마음 챙김, 명상, 청빈 등이 그것입니다. 바로 고통, 괴로움 그 자체를 없앰으로써 행복과 환희, 평화와 안정에 도달하는 것입니다. 버림으로써 채움을 얻는 방법입니다.

이 방법은 세 가지 특징이 있습니다. 첫째, 이 방법은 우선 온전히 자신에게 초점을 맞춥니다. 다른 사람과의 비교는 전혀 중요하지 않습니다. 사실 관심은 자신의 고통과 괴로움이므로 다른 사람과 비교할 수도, 비교할 필요도 없습니다. 보통 비교는 자신이 가진 것과 남들이 가진 것, 남들이 가진 좋은 것, 뛰어난 것을 비교하지 타인이 가지지 않은 것, 나쁜 것, 못한 것을 비교하지는 않습니다. 그래서 보통 비교를 하면 자신의 초라함을 발견하게 되고 자존감이 하락합니다.

행복을 추구하는 궁극적인 방법은 비교하지 않고 오로지 자신에게 집중합니다. 오로지 자신에게 집중함으로써 고통과 괴로움의 뿌리를 제

대로 볼 수 있게 됩니다. 그 고통과 괴로움을 벗어남으로써 자신을 진정
으로 해방합니다. 타인과 비교를 하지 않으므로 자존감이 하락하는 일
은 일어나지 않습니다.

둘째, 고통이나 괴로움을 없애는 행위는 자신의 고통과 괴로움을 없
애는 것에 그치지 않고 다른 사람의 고통도 없애는 특징이 있습니다. 이
방법은 자신의 고통과 괴로움을 없애는 데 초점을 맞추므로 다른 사람
으로부터 물건이나 권력을 빼앗는 것에는 관심이 없습니다. 다른 사람
의 물건이나 권력이 자신의 고통과 괴로움을 없애는데 아무 쓸모가 없
다는 것을 잘 알기 때문입니다. 오히려 이 방법은 다른 이들에게도 평
화, 안정, 고요함, 청정함, 놓아버리기, 마음 챙김, 명상, 청빈 등을 통해
고통과 괴로움을 없애도록 가르치려고 합니다. 자신에게도 이로운 것을
남에게도 베풀려고 합니다. 자신의 행복과 이익이 다른 사람의 행복과
이익과 관련되어 있다고 직관적으로 알기 때문입니다. 다른 사람의 고
통을 증가시키지 않고 다른 사람의 행복을 희생시키지 않고 함께 행복
을 성취할 수 있는 방법입니다. 그만큼 근본적인 방법입니다.

셋째, 이 방법은 윤리의 최고 단계와 통하는 것이고 가치의 세계와
곧바로 연결됩니다. 즉, 개인의 영적인 삶과 연결됩니다. 여기의 영적인
삶은 특정 종교를 의미하지 않습니다. 인류는 역사 이전부터 영적 체험
을 해 왔습니다. 인간의 본성 중의 하나입니다. 우리의 마음은 어떤 상
황에 처하더라도 '초월성'의 영역으로 통하는 통로를 완전히 차단해 버
리는 일이 없습니다(나카자와 신이치, 2005a). 인간은 초월의 세계와 연결
되어 있어 영적인 체험, 영적인 생활을 하도록 만들어져 있습니다. 조금
만 혼자 진지하게 생각을 집중해보면 도달하는 결론입니다. 이 지점은

인간의 가장 깊은 영역입니다. 인간을 둘러싼 자연을 이해하고 인간과 자연 속에 공존하려면 초월성이 반드시 필요합니다. 모든 사람이 이 초월성을 발전시켜 부처님이나 예수님, 간디나 데레사 수녀, 루터 킹 목사나 만델라 대통령과 같이 될 수는 없지만, 인간이 가진 영성을 부인할 방법은 없습니다. 고통과 괴로움을 없애는 방법은 고통과 괴로움의 세상으로부터 초월하는 것을 지향하기 때문에 인간의 가장 근본적인 요청과 닿아있습니다. 근본적이고 또 근본적입니다.

갈수록 심각해지는 인간의 괴로움

사람 중심의 인간관은 고통, 괴로움에서 인간을 벗어나게 합니다. 진정한 해방입니다. 그리고 자신만 해방시키는 것이 아니라 다른 사람도 해방시킵니다. 고통은 물질적 고통, 육체적 고통, 정신적 고통을 포함합니다. 고통이라고 하여 정신적인 고통에만 초점을 맞추고 정신적인 해방에만 집중해서는 안 됩니다. 현실은 불의와 불평등이 지배하고 폭력과 전쟁이 난무하는데 마음만 다스린다고 고통에서 벗어날 수는 없습니다. 개인은 공동체와 긴밀하게 연결되어 있고 정신은 물질의 인과에 따라 발생하는 것입니다. 좋은 기름과 좋은 심지가 있어야 좋은 촛불이 생겨나는 것처럼 말입니다. 현실은 지옥인데 자신만이 깨달아 피안의 세계에 갈 수는 없습니다. '정신승리'만을 말하는 것은 무력한 자의 핑계일 뿐입니다. 개인은 공동체와 함께 해방되어야 하고 정신적 풍요로움은 물질적 풍요와 함께 이루어져야 합니다. 한국의 민주화 성공에는 공업화, 근대화의 성공이 함께 있었습니다.

인간의 고통, 괴로움 중에서 가장 중요한 것이 무엇인지, 그리고 고통과 괴로움이 왜 생기는지는 여러 철학과 사상에서 설명하고 있습니다. 고통이 표면적으로 드러나는 것은 생로병사입니다. 이중 핵심은 죽음입니다. 나머지 고통은 죽음에서 파생됩니다. 늙어가고 아픈 것은 모두 죽음을 향해 가는 여정입니다. 태어난 모든 것은 죽기 마련이고 만들어진 모든 것은 무너지기 마련입니다. 여기까지는 대부분의 사람이 동의합니다.

현대 사회에서 고통은 점점 더 늘어납니다. 유사 이래 물질적으로 이렇게까지 풍요로운 적은 없었으나 또 불안과 공포, 고통이 이렇게 심각했던 적도 없습니다. 인류는 고통을 해결하기 위하여 각고의 노력을 다해 왔습니다. 그런데 실상은 괴로움을 해결한 것이 아니었습니다. 새로운 괴로움을 만들어 과거의 고통을 대체해 왔을 뿐입니다. 물건이 부족해서 물건을 만들었으나 물건을 만들면 만들수록 오히려 물건이 부족해지는 현상이 벌어졌습니다.

자동차를 생산하기 시작해서 한 세대가 지나자 한 가구에 차량 한 대 이상을 소유하게 되었습니다. 그러나 이에 만족하지 못하고 더 좋은 자동차, 더 비싼 자동차를 원합니다. 더 좋은 자동차를 더 많이 생산합니다. 자동차를 가지고 있으면서 더 좋은 자동차를 원하는 것처럼 욕망은 더 큰 욕망을 부르고 괴로움은 더 큰 괴로움을 초래합니다. 하지만 초과잉이 되도록 자동차를 생산해도 인간의 자동차에 대한 욕망은 채워지지 않습니다. 모든 사람이 차량을 한 대씩 가지면 욕망이 더 이상 생기지 않을까요? 그렇지 않을 것입니다. 그 정도가 되면 한 명이 두 대씩, 세 대씩 가지려고 할 것입니다. 정신적 황폐함을 해결하기 위하여 정보혁명을 시도했으나 정신은 더 공허해졌습니다. 정보가 너무 많아져서 이제는 너무 많은 정보 때문에 괴로움이 생기는 정도에 이르렀습니다.

육체적 고통, 역사 이래 최대의 의료비

육체적인 고통은 개인적으로나 집단적으로나 최고조에 달했습니다. 이 사실은 역사 시작 이래 가장 많은 의료비가 증명합니다. 한국의 경상 의료비는 2000년 25.4조 원(GDP 대비 4.0%), 2009년 70.4조 원(GDP 대비 6.1%)에서 2017년 131조 원(GDP 대비 7.6%)로 늘어났습니다(e-나라지표, GDP 대비 경상 의료비 추이). 거의 10년 단위로 두 배씩 늘어나고 있습니다. 급격한 고령화로 인한 것으로 추정되지만 의료비는 폭발적으로 증가하고 있습니다. 의료비의 증가는 그만큼 육체의 고통이 증가했다는 것을 말합니다.

육체적 고통은 죽음과 함께 가장 근본적인 고통입니다. 앞으로 의료비가 줄어들 가능성은 없습니다. 고령화 사회가 되어 더 많은 의료비가 필요할 것입니다. 현대 의학은 사람을 낫지도 않고 죽지도 않게 만듭니다. 사소한 증상에도 무조건 병원으로 달려가고 일단 병원에 가면 환자가 되고 그렇게 환자가 되고 병에 걸리면 완치되지 않습니다(오타니 노리오·가타히라 겐이치로, 2015). 한번 고혈압, 당뇨, 고지혈증 환자가 되면 평생을 약을 먹어야 합니다. 현대 의학은 어떻게 해서든지 죽는 것은 막지만 완치는 시도하지 않습니다. 우울증도 완치를 목표로 하지 않고 약으로 증상만 완화할 뿐입니다.

육체적 고통이 증가하면 직접 고통을 겪는 사람의 행복은 멀어집니다. 인생은 고통이라는 것을 실감합니다. 삶의 질은 형편없이 추락합니다. 고령화로 인한 육체적 고통은 본인에게도 고통이지만 돌보는 이들에게도 고통입니다. 돌보는 가족은 당연히 고통에 시달리고 돌봄 노동자들도 힘들어집니다. 돌봄 노동자에 대한 폭행, 협박, 성추행 등도 계속 발생합니다. 원래 돌봄이라는 것은 어느 정도의 친밀감이 있어야 합니다. 복지 자체가 그러한 친밀감을 바탕으로 합니다. 그래서 가족이 이를 부담하는 것이 병자 입장에서는 가장 바람직하고 자연스럽습니다. 다른 제도로 가족을 대체하는 것은 한계가 있습니다. 그러나 육체적인 고통으로 인한 괴로움을 가족이 온전히 다 떠맡는 것은 지나치게 가혹합니다. 다른 가족의 일방적인 희생을 전제로 하기 때문입니다. 돌봄 노동은 필연적인데 돌봄 노동은 친밀함이라는 측면에서 한계를 안고 있습니다. 현대 사회에서 고통을 완화하기 위한 도입한 제도 역시 고통의 증가를 완전히 없앨 수는 없습니다.

초고령사회가 되면 개인도 사회도 육체적 고통을 완화하는데 거의 모든 에너지를 사용하게 될 것입니다. 육체적 고통을 완화하지 않으면 삶이 너무나 괴롭습니다. 삶의 질은 형편없이 떨어집니다. 육체적 고통 해소가 우선인데 육체적 고통을 완화하는 과정에서 재정적 문제, 가정의 문제 등이 생깁니다. 가족 중 한 명이 아프면 가족 전체가 붕괴하는 현상도 발생합니다. 문재인 정부는 육체적 고통을 치료하는 과정에서 발생하는 문제를 최소화하기 위하여 문재인 케어와 치매 노인 국가책임제를 도입했습니다. 훌륭한 선택입니다. 너무나 많은 사람이 육체적 고통을 받고 있기 때문에 공동체가 이를 해결할 수밖에 없습니다. 그동안 발전해온 복지체제를 한 단계 더 발전시키는 좋은 제도들입니다.

육체적 고통 완화와 삶의 질 향상이 항상 비례하는 것은 아닙니다. 오히려 육체적 고통을 완화하는 치료와 죽음을 지연시키는 연명치료가 삶의 질이 떨어뜨리는 경우가 자주 발생합니다. 아픈 당사자는 기계장치의 도움으로 목숨만 연명할 뿐 의미 있는 삶을 살지 못합니다. 가정도 위기에 처합니다. 치료비로 가정이 위기에 처하거나 병간호 문제로 가족들이 싸우는 경우를 종종 목격합니다. 본인만이 아니라 가족들의 삶의 질도 고려하면 육체적 고통을 경감하기 위한 치료가 초래하는 불행은 결코 가볍지 않습니다. 개인이나 사회의 자원이 한정되어 있습니다. 소생의 가능성이 없음에도 불구하고 기계장치에 의하여 연명치료를 하는 것은 치료받는 개인에게도 불행이고 가족에게도 불행입니다. 가족은 한 명이 간병인으로 희생되어야 하고 재정적으로도 큰 어려움에 봉착합니다.

이 문제를 해결하기 위하여 연명치료 중단, 안락사, 존엄사 등이 등장했습니다. 그런데 연명치료 중단, 안락사, 존엄사는 윤리적, 법적으로 문제를 안고 있습니다. 삶의 질이 중요한 것은 틀림없지만 사람의 목숨을 빼앗는 행위는 좀처럼 정당화되기 어렵습니다. 이 문제는 순전히 의학이나 과학의 입장에서 해결할 수 없습니다. 의사 이외의 전문가, 시민의 참여가 필요합니다. 과학에 대한 통제는 다른 분야의 몫입니다. 과학 자체는 자신의 한계를 모릅니다. 과학은 가능한 것과 불가능한 것을 구분할 수 있을 뿐 올바른 것과 틀린 것, 바람직한 것과 바람직하지 않은 것을 구분할 수 없습니다(앙드레콩트 스퐁빌, 2010). 과학자가 이를 구분하더라도 이는 과학자의 입장이 아니라 윤리적인 입장에서, 일반 시민의 입장에서 또는 정치적인 입장에서 구분하는 것입니다.

생명윤리는 과학과 윤리의 관계를 가장 잘 보여주는 분야입니다. 생명윤리에 대해 국가 차원에서 책임을 지는 기구는 '국가생명윤리심의위원회'입니다. 국가생명심의위원회는 『생명윤리 및 안전에 관한 법률』 제7조에 따라 ①국가의 생명윤리 및 안전에 관한 기본 정책 수립에 관한 사항, ②공용기관생명윤리위원회 업무에 관한 사항, ③인간대상 연구의 심의 면제에 관한 사항, ④인간 대상 연구 기록 보관 및 정보 공개에 관한 사항, ⑤잔여 배아를 이용할 수 있는 연구에 관한 사항, ⑥연구의 종류 대상 및 범위에 관한 사항, ⑦배아줄기 세포주를 이용할 수 있는 연구에 관한 사항, ⑧인체 유래물 연구의 심의 면제에 관한 사항, ⑨

유전자 검사의 제한에 관한 사항, ⑩그 밖에 생명윤리 및 안전에 관하여 사회적으로 심각한 영향을 미칠 수 있다고 판단하여 국가위원회 위원장이 회의에 부치는 사항 등을 심의합니다.

국가생명심의위원회의 구성은 의사만으로 되어 있지 않습니다. 오히려 의사는 소수입니다. 구성은 당연직으로서 ①교육부장관, 과학기술정보통신부장관, 법무부장관, 산업통상자원부장관, 보건복지부장관, 여성가족부장관, ②생명과학·의과학(醫科學)·사회과학 등의 연구 분야에 대한 전문지식과 경험이 풍부한 사람 중에서 대통령이 위촉하는 7명 이내의 사람, ③종교계·윤리학계·법조계·시민단체 또는 여성계를 대표하는 사람 중에서 대통령이 위촉하는 7명 이내의 사람입니다. 육체적 고통, 생명에 대한 문제가 단순히 의료계, 과학계의 문제가 아님을 알 수 있습니다.

존엄사와 관련해서는 『호스피스·완화의료 및 임종 과정에 있는 환자의 연명의료 결정에 관한 법률』이 있습니다. 이 법률은 2018년 2월 4일 시행되었습니다. 보건복지부 통계에 의하면 연명의료결정에 관한 법률 시행 이후 1년 동안 사전연명의료 의향서를 작성한 사람은 11만 5,259명이고 임종 과정에 있는 환자에 대해 연명의료 유보나 중단 등 연명의료 결정을 이행한 경우는 3만 6,224명이었습니다. 결정 이행 중 유보는 처음부터 연명의료를 시작하지 않는 것이고 중단은 연명의료를 중단하는 것을 말합니다. 많은 사람들이 의미 없는 연명치료를 거부하고 죽음을 조용히 받아들이고 있습니다. 육체적 고통의 완화, 혹은 죽음의 회피가 사람들의 최우선 목표나 과제가 아님을 보여주는 하나의 증거입니다.

심리적 고통, 항우울제

심리적인 고통 역시 유사 이래 가장 심각합니다. 심리적인 고통의 심각성을 확인하기 위해 우울증의 증가와 항우울제 처방을 살펴볼 필요가 있습니다. 우울증이 심리적인 고통을 전부 반영하는 것은 아니고 일부이기는 하지만 우울증은 심리적 고통을 의학적으로 보여주는 하나의 지표입니다. '마음의 감기'라 불리는 우울증은 극도의 슬픔, 동기 상실, 무기력감 등의 감정적 증상뿐만 아니라 식욕 변화, 심한 두통과 소화 문제 등의 육체적 증상을 동반해 개인의 삶 전반에 영향을 미치는 질환이라 정의됩니다. 건강보험심사평가원 자료에 의하면 2013년 우울증 환자는 591,148명이고 요양급여비용총액은 2억 1,766만 원이었습니다. 그런데 2018년 환자는 751,930명으로 증가했고 요양급여비용총액은 3억 3,194만 원이 되었습니다. 불과 5년 사이에 20만 명이 증가했습니다. 매년 4만 명씩 증가하고 있는 질병입니다. 세계적으로 보면 더욱 심각합니다. 세계보건기구(WHO)는 인류에게 가장 큰 부담을 초래하는 10대 질환 중 우울증을 3위로 보고했고 2030년이 되면 1위가 될 것이라고 예측했습니다(박준혁·김기웅, 2011).

심리적인 고통은 지금도 심각하고 앞으로 증가할 것입니다. 개인화가 지금도 심각하고 앞으로는 더 심각할 것이기 때문입니다. 인간은 다른 사람들과 사회, 공동체를 이루어 자연 속에서 살아가는 존재이므로 이 관계가 위태로워지면 심리적, 정신적 고통에 시달립니다. 개인은 공동체, 자연, 영적 세계와 너무 떨어져 지내면 안 됩니다. 영적 세계는 꼭 죽음의 세계를 의미하는 것은 아닙니다. 나카자와 신이치에 의하면 조상신을 포함하여 여러 신의 세계이며 달리 표현하면 정령의 세계, 스피리트의 세계라고 합니다(나카자와 신이치, 2005a). 그렇다고 공동체, 자연, 영적 세계 속에만 살면 샤먼이나 무당이 되어 버립니다. 평상시의 일상생활이 되지 않습니다. 그래서 평시에는 공동체, 자연, 영적 세계와 떨어져 지내지만 특별한 때에는 공동체, 자연, 영적 세계와 일치하는 의례를 치르는 것이 고대인들의 삶의 방식이었습니다. 특별한 때의 의례, 이것이 고대로부터 이어져온 제사 의식이고 축제입니다. 축제의 흥청망청과 무질서, 귀신 놀이는 이런 경향을 반영한다고 나카자와는 봅니다. 이런 행사는 인간의 심리적, 정신적 고통을 치유하는 역할을 합니다. 그렇지만 현대인은 이런 의식을 잃어버렸고 축제는 돈벌이의 수단, 지역을 알리는 수단이 되어 버렸습니다. 최근 한국 각지에서 벌어지는 축제는 공동체, 자연, 영적 세계와의 일치라는 축제 본래의 의미는 없습니다. 그냥 지방을 알리는 행사, 지방정부의 치적 중의 하나, 경제 살리는 도구가 되었습니다. 그나마 있었던 치유의 축제가 사라지면서 인간의 고통은 더욱 심각해졌습니다. 개인화가 진행되면 될수록 공동체의 치유기능은 상실되고 고독에서 생겨나는 심리적 고통은 더욱 증가할 것입니다.

최근 심리적인 고통이 증가하고 있다는 사실을 보여주는 또 다른 사례는 심리학의 폭발적인 등장과 성장입니다. 서점에 가면 심리학책이 홍수처럼 진열되어 있음을 알 수 있습니다. 심리학 중 특히 개인의 자존감, 개인의 행복, 개인의 독립성을 강조하는 책이 엄청나게 많이 나와 있습니다. 깊게 관여하지 말자, 심각하게 생각하지 말자, 나에게만 신경 쓰자, 나의 작지만 소중하고 확실한 행복이 중요하다 등등 개인의 행복을 강조하는 책들이 주를 이룹니다. 심리학책의 홍수 사태는 개인이 이미 심리적으로 엄청난 고통을 받고 있다는 증거입니다. 스스로 해결할 수 없을 정도로 심각한 고통을 겪고 있다는 사실, 그래도 심각한 심리적 고통을 어떻게든 해결해야 한다는 절박한 심정을 표현하고 있습니다. 그러나 행복, 자존감은 개인 심리의 문제만은 아닙니다. 개인 심리학은 현대 개인의 문제를 해결할 수 없습니다. 개인은 사회 속에서 존재하기 때문입니다. 사회가 병들었고 개인을 보호해 주지 못하는데 본인의 마음만 다스린다고 본인의 자존감이 높아지고 행복해질 리 없습니다. 개인의 행복은 사회가 건강할 때 가능해지고 또한 사회가 행복할 때 개인도 행복하고 안정을 얻습니다.

정신적 고통, 혐오 범죄와 갈등

정신적 고통 역시 심각하고 또 심각해지고 있습니다. 정신적 고통은 심리적 고통과 달리 자신에게 향하는 고통만이 아니라 자신과 타인을 향하여 폭발하는 고통입니다. 심리적 고통이 자신을 죽이고 타인에게는 간접적인 피해를 준다면 정신적 고통은 자신만이 아니라 타인에게도 직접적인 고통을 가합니다. 대표적인 사례로는 혐오 범죄, 증오 범죄가 있습니다. 여기에 개인 간, 집단 간 갈등 증가도 정신적 고통을 반영합니다.

혐오 범죄, 증오 범죄는 가해자가 인종, 성별, 피부색, 국적, 종교, 성적 지향, 계급, 계층 등 특정 집단에 증오심을 가지고 그 집단에 속한 사람에게 해악이나 테러를 가하는 범죄를 말합니다. 보통의 범죄는 피해자가 특정되는데 혐오 범죄는 피해자가 개인으로 특정되지 않고 집단으로 특정됩니다. 피해자 개인은 왜 자신이 피해자가 되었는지 알 수 없습니다. 가해자는 개별 피해자가 누구인지는 전혀 신경을 쓰지 않습니다. 무차별 총격 사건에서는 특정 집단을 향해 총을 쏘고 개별 사건에서는 그 집단에 속한 사람 중 처음 만나는 사람을 대상으로 합니다. 가해자는 피해자를 이해하지 않고 피해자도 가해자를 이해할 수 없고 제 삼자는 도대체 이런 범죄가 왜 발생하는지 모릅니다. 혐오 범죄는 피해 자 집단 누구나가 직접 피해자가 될 수 있다는 점에서 피해자가 속한 집단 전체에게 큰 위협을 줍니다. 혐오 범죄는 혐오가 근거가 없는 것처럼 특별한 논리적인 근거가 없습니다.

혐오라는 감정은 구체적인 행위보다는 어떤 사람이 가지고 있는 영구적인 특징에 초점을 맞춥니다(누스바움, 2018). 대표적인 예로는 피부색과 인종이 있습니다. 혐오는 동물성을 상기시키는 것처럼 보이는 신체의 여러 측면, 즉 우리가 동물이라는 것을 상기시키는 여러 측면에 대한 강력한 기피입니다(누스바움, 2018). 흑백 분리정책은 이런 의미에서 이해할 수 있습니다. 혐오는 곧 그 대상과 접촉함으로써 오염이 발생한다는 아무런 근거 없는 공상에 근거합니다(누스바움, 2018). 혐오는 참으로 근거가 없는데 왜냐하면 인간의 동물성은 인간 모두 가지고 있는 것이기 때문입니다. 예를 들어 혐오를 일으키는 배설물도 모든 인간이 똑같이 배설합니다. 이점에서는 모든 사람이, 아니 모든 동물과 식물이 평등합니다.

혐오 범죄는 기존 범죄에 사회적 갈등 요소와 정신병 요소가 더해진 범죄입니다. 매우 복잡한 범죄로서 해결방법을 찾기 어렵습니다. 세 가지 요소가 서로 복합적으로 영향을 미친다고 생각됩니다.

첫째, 혐오 범죄의 형식은 기존의 범죄 형식과 같습니다. 하지만 그 내용은 다릅니다. 기존 범죄에서는 가해자와 피해자가 서로 특별한 관계에 있습니다. 한국형사정책연구원의 범죄와 형사사법통계정보에 의하면 살인 사건 중 30% 정도가 친족 간에 발생하고 친구와 애인을 살해하는 사례도 15% 정도입니다. 서로 아는 사이에서 벌어지므로 동기도 쉽게 확인할 수 있습니다. 하지만 혐오 범죄는 그렇지 않습니다. 피해자가 인종, 성별, 피부색으로 특정되지만, 개인으로는 특정되지 않습니다. 범죄의 형식은 같지만, 피해자와 가해자 관계가 완전히 다르기 때문에 위협요소로 등장합니다. 무지는 항상 공포를 동반합니다. 형식이 같기 때문에 처벌도 일반 범죄와 같아야 할 것 같은데 내용이 다르기 때문에 처벌을 달리해야 하는 것이 아닌가 의문이 발생합니다.

둘째, 혐오 범죄는 사회적 갈등요소를 포함하고 있습니다. 혐오 범죄가 인종, 성별, 피부색, 국적, 종교, 성적 지향, 계급, 계층 등 특정 집단에 대한 증오심을 가지고 있다는 사실 자체가 사회적 갈등 요소를 표현합니다. 인종 갈등, 성별 갈등, 종교 갈등이 심각해지면 혐오 범죄는 등장할 가능성이 커집니다. 사회적 갈등을 제도화된 평화적 절차를 통해 해결하지 않고 개별적으로 해결하려고 하는 시도가 많아지게 됩니다.

셋째, 혐오 범죄는 또한 정신병적 요소를 가지고 있습니다. 모든 혐오 범죄자가 정신병자는 아니지만, 정신병적 경향을 가지고 있습니다. 혐오라는 것 자체가 논리적인 근거가 없는 감정이므로 상대방을 혐오하려면 근거 없는 과장과 무조건적인 증오가 필요합니다. 근거 없는 과장, 무조건적인 증오는 정신병적 요소라 할 수 있습니다. 혐오 범죄자들에게는 조현병 등 정신병적 요소가 많이 발견됩니다. 범행의 방법은 잔혹하고 엽기적입니다. 혐오 범죄가 더 위험하게 보이는 것은 방법의 잔혹성 때문입니다. 혐오 범죄의 잔혹성은 정신병적 요소가 아니라면 설명하기 어렵습니다. 만일 정신병적인 요소가 없다면 혐오 범죄라고 하더라도 범죄 방법이 이렇게까지 잔혹하지는 않을 것입니다.

이상의 세 가지 요소가 서로 영향을 미치면서 혐오 범죄, 증오 범죄는 개인과 사회에 공포와 충격으로 다가옵니다. 여기에 더해 혐오 범죄 자체에 대한 무지 역시 혐오 범죄를 더욱 멀리하게 만듭니다. 만일 혐오 범죄에 사회갈등 요소가 있다면 사회갈등 요소를 줄이는 대책을 세워야 합니다. 역사적, 제도적으로 인종이나 성별, 피부색, 성적 정체성 등을 이유로 사회적 약자를 차별하고 격리하며 마치 더러운 존재인 것처럼 취급했다면 이를 반성하고 통합적인 정책과 교육을 해야 합니다. 그렇지 않고 차별하고 격리하는 정책과 관행을 그대로 둔 상태에서는 혐오라는 감정이 사라지기를 바랄 수 없고 혐오 범죄를 통제할 수 없습니다.

혐오 범죄에 정신병적 요소가 있다면 치료라는 대책이 필요합니다. 만일 조현병이 있다면 약물로 치료해야 하고 만일 생각이 잘못되었다면 교육을 통해 생각을 바로잡아야 합니다. 유색인종만 특히 더럽다는 생각에 사로잡힌 사람은 교육을 통해 그 생각을 바로 잡아야만 합니다. 성폭력 범죄에 대하여 성인지 감수성을 높이는 교육이 필요한 것과 같습니다.

하지만 우리의 현실을 보면 혐오 범죄자를 처벌하고 격리하는 대책만 쏟아집니다. 혐오 범죄에 대해 무지하기 때문에 혐오 범죄에 대한 제대로 된 대책이 나오지 않습니다. 혐오 범죄에 대한 무지는 논리에 기반한 대책이 아니라 공포에 기반한 강경 대응을 낳습니다. 혐오 범죄는 특히 장기적이고 종합적인 범죄 대책이 필요합니다. 혐오라는 감정은 역사와 제도에 기생하는 감정입니다. 단기간의 부분적인 대책으로는 효과를 볼 수 없습니다. 그런데 국회에서는 단기주의에 빠져 엄벌 위주, 격리 위주, 처벌 위주의 법안들을 생산해내고 있습니다. 이런 식이면 혐오 범죄를 해결할 수 없습니다.

혐오 범죄만으로도 현대 사회에 심각한 고통을 야기하는데 혐오 범죄를 둘러싼 갈등도 정신적인 고통을 더합니다. 혐오 범죄를 해결하는 과정이 혐오와 사회적 갈등을 줄이지 못하고 극단적인 갈등을 초래하기도 합니다. 최근 성별 대결이 주로 혐오 범죄를 중심으로 벌어지는 현상은 조심하고 주의해야 할 부분입니다. 한두 번이 아닌 하나의 경향이 된 범죄는 감정적 대응으로는 해결할 수 없습니다. 잔혹한 범죄를 저지른 범죄자 전부를 잔혹한 형벌로 처벌하더라도 범죄는 해결되지도 않고 예방되지도 않습니다. 거리에서 가해자를 극형에 처할 것을 주장한다고 하여 그 범죄 발생을 예방할 수 있는 것은 아닙니다. 거리에서 극형에 처할 것을 주장하는 것은 그냥 분노의 표현일 뿐입니다. 범죄에 대한 이성적인 대책은 아닙니다. 수준 높은 대화와 토론을 통한 정확한 대책이 필요합니다. 정신적, 사회적 고통이 심각하여 발생한 범죄를 해결하는 과정이 정신적, 사회적 고통을 더 낳으면 곤란합니다.

물질적인 고통, 양극화

현대의 물질적인 고통은 굶주림에 대한 공포가 아닙니다. 현대 사회는 유사 이래 최고의 풍족함을 누리고 있습니다. 풍족함 속에서 느끼는 상대적인 박탈감, 극심한 부의 집중, 빈익빈 부익부 현상 때문에 괴로움이 발생합니다. 달리 말하면 물건이 부족한 것이 아니라 물건이 편중되어 있기 때문에 발생하는 고통입니다.

삶의 규모를 줄이면 기본적인 생활은 가능한 것이 현대 한국의 현실입니다. 한국에서 먹을 것이 없었던 시대는 지났습니다. 쌀은 주민센터, 자원봉사단체, 기업, 시민단체에서 가져다줍니다. 무상급식을 제공하는 자원봉사단체도 많이 있습니다. 아직 자원봉사단체가 운영하는 무상급식으로 끼니를 해결하는 분들이 있는 것은 사실이지만 복지혜택은 갈수록 확대되고 있습니다.

주거시설도 눈을 낮추면 많이 있습니다. 전국에는 이미 많은 빈집이 있습니다. 통계청 국가통계포털 자료에 의하면 2017년 11월 1일 기준 전국의 빈집은 126만4,707호입니다. 이는 전국의 주택 1,712만2,573호의 7.4%에 해당합니다. 폐가는 제외됩니다. 전국적으로 빈집이 많아 치안이나 외관 면에서 문제가 있어 지방자치단체는 고심 중입니다. 빈집을 활용하는 것이 중요한 정책이 된 것입니다. 빈집에서 살면서 빈집을 관리하는 것도 하나의 방법이 될 수 있습니다. 물론 아파트는 빈집도 없고 재산 가치도 높지만, 지방의 단독 주택으로 눈을 돌리면 충분히 살만한 곳이 있습니다.

옷은 너무 많이 생산되어 문제입니다. 옷은 너무 많아 재활용품으로 버리는 것이 현실입니다. 최근 재난을 당한 지역을 돕는다고 보낸 옷이 모두 헌 옷이어서 문제가 된 적이 있습니다. 헌 옷, 입던 옷은 쳐다 보지 않을 정도로 흔해졌습니다. 의식주 해결은 해방 직후 대한민국의 목표였습니다. 배불리 먹고 따뜻하게 입고 잘 곳이 있는 나라를 만드는 것이 건국 후 목표였습니다. 그 문제를 이제 거의 다 해결했습니다.

그럼에도 불구하고 여전히 먹는 것, 사는 집, 입는 옷이 부족한 것처럼 느껴집니다. 부의 불평등이 확대되고 있기 때문입니다. 서민들이 생활의 고통에서 벗어난 것보다 훨씬 빨리, 훨씬 많이 기득권층은 부를 모았습니다. 갈수록 부의 집중 속도는 차이가 나고 있습니다. 빈자와 부자의 차이는 더욱 급속도로 벌어지고 있습니다. 사람들은 이미 생활에 지장이 없어도 새로운 물건을 찾아 헤맵니다. 소위 상대적 박탈감을 느끼면서 말입니다. 상대적 박탈감은 공허함과 마음의 고통을 초래합니다. 주관적으로 느끼는 박탈감이 최고조에 달했습니다. 남과 비교한다고 해서 행복해지지 않는다는 것을 알면서도 비교를 하게 되는 것이 또한 인간입니다. 여기에서 주관적으로는 상대적 박탈감, 객관적으로는 불평등을 어떻게 해결할 것인가가 중요한 과제로 떠오릅니다. 불평등은 상대적 박탈감의 물질적 기초입니다. 불평등을 줄이면 그만큼 고통은 줄어듭니다.

초월성과 인간관

사람 중심의 인간관은 고통, 괴로움에서 벗어나는 것을 목표로 합니다. 이것은 인간에게 고통, 괴로움이 필연적임을 전제로 합니다. 인생이 고통과 괴로움이라고 하니 염세적인 느낌이 물씬 풍깁니다. 인생을 고통과 괴로움으로만 본다면 그 철학은 염세적인 철학입니다. 그렇지만 사람 중심의 인간관은 염세적인 인간관은 아닙니다. 오히려 인생의 고통과 괴로움을 직시하고 그 고통과 괴로움의 근본 원인을 제거하여 행복과 평화를 지향하는 인간관입니다. 이 인간관은 윤리적이며 가치 지향적이며 영적인 인간을 지향합니다.

사람 중심의 인간관, 철학은 초월성을 지니고 있습니다. 인간은 구석기시대부터 초월성을 고민해왔고 초월적인 것과 함께 살아왔습니다 (나카자와 신이치, 2005a). 애니미즘, 조상숭배, 토테미즘, 정령, 다신교, 일신교, 불교, 기독교, 유대교, 이슬람교 등 인간은 항상 초월적인 것을 지향해 왔습니다. 인간에게 닥친 가장 큰 숙명인 죽음의 문제를 해결하고 인간과 동물, 인간과 자연, 인간과 인간을 통합하고 초월하고 균형을 유지하려고 노력해 왔습니다. 산 자의 세계와 죽음의 세계, 고통의 세계와 행복의 세계를 통합하려고 노력해 왔습니다. 사람 중심의 인간관, 인간의 고통과 괴로움을 직시하고 이를 해결하려는 인간관 역시 이 중의 하나입니다. 초월적인 것이 종교, 그것도 특정 종교의 독점물일 수는 없습니다. 불교, 기독교, 이슬람교를 모르는 자도 초월적인 것에 대하여 명상하고 실천할 수 있습니다. 인간의 근본 문제를 해결하려는 시도는 초월성, 영적인 성격을 가지고 있습니다.

과학과 경제는 물질을 공급함으로써 인간이 느끼는 현실의 고통과 괴로움을 없애려고 합니다. 의식주 문제도 제대로 해결하지 못하는 상태에서는 행복과 즐거움을 느낄 수 없습니다. 하지만 물건이 인간의 근본 문제를 해결하지는 못합니다. 물건은 어디까지나 자신의 밖에 있으며 자기의 것도 아니고 자아도 아니기 때문입니다. 정치와 법은 갈등을 해결함으로써 인간관계에서 생기는 고통과 괴로움을 해결하려고 합니다. 국가가 항상적인 갈등 상태, 치안 부재 상태, 심각하게는 전쟁이나 내전 상태에 있다면 그곳에는 행복이 있을 수 없습니다. 그래서 난민이 발생합니다. 치안이 불안하여 스스로 치안을 지켜야 하는 사회라면 행복의 절반은 이미 상실하고 있는 셈입니다. 정치는 이런 불안을 해소할 수 있습니다. 하지만 정치도 인간의 근본적인 문제를 해결하지 못합니다. 정치 역시 자신이 아니고 자기의 것도 아니며 자아도 아닙니다.

과학과 경제, 정치와 법은 인간의 고통 중 일부만을 해결할 뿐입니다. 인간의 고통 자체를 없애지 못하고 주위 환경을 개선하는 데 집중합니다. 가치, 영적 생활은 인간의 고통, 괴로움을 없애는 데 본질적으로 기여합니다. 인간의 문제를 직시하기 때문입니다. 이것이 지금까지 종교라는 이름의 초월성이 존속하고 있는 이유일 것입니다. 제대로 된 인간관, 세계관을 갖지 못하면 고통과 괴로움을 없앨 방법이 없습니다. 물질적 조건과 정치적 조건도 고통을 없애는 데 부분적으로 필요합니다. 세상을 움직이는 과학, 경제, 정치, 법, 윤리, 가치, 종교는 각자의 수준에서 각자의 방법으로 인간의 고통을 없애는 데 기여합니다. 다만 그 분야가 다르고 경중이 다릅니다.

사람 중심의 인간관의 적용 - 1. 사람 중심의 시스템

사람 중심의 인간관은 근본적입니다. 사람 중심의 인간관은 근본적이기 때문에 실제 정책에 영향을 미치되 구체적인 영향보다는 무대 장치와 같은 간접적인 영향을 미칩니다. 근본 철학은 개인, 기업, 사회, 국가 등 모든 곳의 모든 정책에 영향을 미칩니다. 구체적으로 어떻게 형상화될 것인가는 해당 조직과 해당 분야에 따라 달라집니다. 구체적인 정책을 만드는 주체의 역량에 따라 달라집니다. 이를 예상할 수는 없습니다. 외부에서는 구체적인 현실 상황을 정확히 알 수 없을 뿐 아니라 현실이 항상 변화하기 때문입니다. 그러나 대략 상상해볼 수는 있습니다. 이 중 하나의 예로 미래 일자리 변화에 대응하는 시스템 혁신으로 '사람 중심의 시스템 구축'을 제안한 사례가 있어 이를 살펴봅니다.

이승규에 의하면 미래 일자리 변화에 대응하는 사람 중심의 시스템 구축은 다음과 같이 구성됩니다(이승규, 2019).

(1) 미래역량을 수요자의 요구에 따라 상시 배양할 수 있는 교육 시스템
(2) 인간의 역량이 활발하게 발휘될 수 있고 다양한 경로와 지원 제도 아래에 경험의 다양성을 축적하면서 이를 잘 활용하는 시스템
(3) 혁신 지향적 시스템 - 혁신에 대한 노력과 성과가 제대로 평가받음으로써 산업혁신이 활발히 일어나는 시스템 또는 혁신 공유자본을 축적

하고 이를 바탕으로 제조업과 서비스업의 융합을 중심으로 다양한 혁
신의 발생이 촉진될 수 있는 환경과 시스템

(4) 사회안전망 제도 - 일자리 변화에 능동적인 대처가 어려운 계층을 보
호하고 성공적인 적응이 가능하도록 지원할 수 있는 시스템

이 사례에서 보듯이 사람 중심의 인간관은 '일자리에 관한 사람 중
심의 시스템'으로 한차례 구체화됩니다. 그리고 '일자리에 관한 사람 중
심의 시스템'은 사람에 대한 교육 시스템, 사람의 경험 축적 시스템, 평
가시스템, 사람에 대한 지원 시스템으로 다시 한번 구체화됩니다.

이처럼 사람 중심의 시스템은 사람 중심의 인간관을 바탕에 깔고
지금까지의 정책을 평가하고 새롭게 배치합니다. 과거에도 교육이 있었
고, 역량 발휘를 위한 지원제도가 있었습니다. 혁신지향 시스템도 있었
고 혁신을 독려해 왔습니다. 사회안전망 역시 이미 존재하던 것들입니
다. 이때 사람 중심의 인간관은 새로운 시스템을 발명하는 것이 아니
라 기존의 시스템을 재평가하고 재배열하고 서로 연결하는 것에 집중
합니다. 이를 통해 기존의 각 제도가 가지고 있던 능력을 최대화하
는 것입니다. 물론 연결하는 과정에서 새로운 시스템이 필요하다면 개
발해야 합니다. 연결을 통해 기존의 방식이 가진 장점을 최대화하고 단
점을 최소화합니다. 이것은 연결성을 고도화하는 현대 기술혁명의 방
식이기도 합니다.

여러 기술을 연결할 때에는 중심이 필요합니다. 기존 시스템을 재평
가하고 재배열하며 연결하는 기준점이 중요합니다. 기준점은 과학기술
일 수도 있고 효율성일 수도 있습니다. 사람 중심의 인간관은 이때 기
준점이 사람이라는 것, 사람의 역량이라는 것, 사람의 고통과 괴로움을
줄이는 것이라는 점을 강조합니다. 이런 기준점을 가질 때 제대로 된 연

결을 할 수 있습니다. 사람 중심의 인간관이 근본적이라는 점은 연결의 기준점이 무엇인지를 결정할 때 드러납니다.

사람 중심의 인간관 적용 - 2. 도덕경

사람 중심의 인간관은 근본적이기 때문에 고대부터 여러 분야에서 나타납니다. 크게 보면 인본주의 사상이 모두 사람 중심의 인간관이라고 할 수 있습니다. 여기에서는 사람 중심의 인간관이 적용되는 중국 고대의 사례를 살펴봅시다. 노자 『도덕경』의 말씀입니다. 노자는 넘치는 것은 잘라주고 모자란 것을 보충해야 한다고 주장합니다. 노자의 『도덕경』 77장 내용은 다음과 같습니다(노자, 2012).

> 하늘의 도는 활시위를 당기는 것과 같다.
> 높은 것은 누르고 낮은 것은 올린다.
> 남은 것은 덜어 부족한 것을 보충한다.
> 하늘의 도는 남는 것을 덜어 부족한 것을 보충하는데 사람의 도는 부족한
> 것을 빼앗아서 풍족한 사람을 받든다.
> 누가 능히 많이 있는 것을 빼앗아 천하에 부족한 사람에게 줄 것인가.
> 오직 도를 깨달은 사람만이 할 수 있다.
> 그러므로 성인은 일을 하고도 자랑하지 않고 공이 있어도 그곳에 머물지
> 않으며 자신의 현명함을 드러내지 않는다.

조금이라도 관심이 있는 사람이라면 도덕경 제77장의 내용이 현대사회의 복지이념과 연결된다는 것, 나아가 평등이념과 연결된다는 것을

알 수 있을 것입니다. 복지이념과 같이 구체적인 정책으로 나아가면 도덕경 제77장의 내용은 더 구체화되어야 하겠지만 근본이념은 이미 충분히 표현되어 있습니다. 노자의 이 이념은 평등이념과 같은 정치이념으로까지 발전할 수 있고 나아가 인간과 사회, 자연 사이의 관계를 설명하는 철학으로도 발전할 수 있습니다.

사람 중심의 인간관 관점에서 보면 노자는 사람을 중심으로 정치를 할 것을 주장합니다. 부족함에 시달리는 사람에게는 자비와 사랑을 바탕으로 이들의 부족함을 메워 주는 것이 우선입니다. 그리고 부유한 자, 권력자의 초과재산, 초과 권력을 잘라내어 권력자들을 통제, 견제하고 나아가 부자, 권력자의 초과재산과 권력을 사회에 부족한 부분을 보충하는 데 사용합니다. 이보다 더 훌륭하게 사회복지 사상, 평등이념, 정치사상, 사람 중심의 철학을 표현한 사례는 드물 것입니다. 노자의 도덕경 내용이 곧바로 구체적인 정책을 제시하지는 않습니다. 구체적인 정책이 아니라 정책 수립과 집행, 평가의 기준으로 작용합니다. 이 역시 사람 중심의 인간관 적용 사례 중 하나입니다.

환경 중심의 인간관

사람 중심의 인간관과 비교할 만한 인간관으로 환경 중심의 인간관이 있을 수 있습니다. 환경 중심의 인간관은 환경과 인간의 공존을 모색하는 인간관이라고 할 수 있을 것입니다. 하지만 여기에 머무르지 않습니다. 인간보다는 오히려 환경을 더 중시하는 철학으로 발전할 수도 있습니다. 환경을 보전하기 위하여 일회용 플라스틱 제품 사용을 줄이자는 것은 대중들이 충분히 수긍합니다. 그렇지만 환경 보전을 위하여 원자력 발전을 줄이고 재생에너지를 사용해야 한다는 주장은 아직 많은 대중의 호응을 얻고 있지 못하고 있습니다. 정확하게 표현하면 머리로는 동의를 하지만 몸으로는 선뜻 실행하기 어려운 듯 느낍니다. 여기에서 더 나아가 동물과 식물의 생명이 인간의 생명과 같은 값을 갖는다는 주장도 있습니다. 여기까지 나아가면 반발심이 생기기 시작합니다.

환경 중심의 인간관은 아직 형성 중입니다. 현재 환경 중심의 인간관은 환경을 파괴해서는 안 되고 환경과 공존하는 인간 사회가 되어야 한다는 주장으로 이해됩니다. 지속가능한 사회라는 틀에서 환경과 인간의 공존을 모색합니다. 따라서 인간 생활의 편리함이나 발전을 포기하는 것은 아니고 다만 인간의 환경에 대한 의무를 강조합니다. 환경 중심의 인간관이 가지는 자연존중, 공존, 생태 우선의 정신은 인간의 본성과도 잘 어울립니다. 인간은 자연으로부터 태어났고 자연 없이는 살 수 없습니다.

환경과 인간은 오랫동안 공존해 왔지만 최근 그 공존이 깨지고 있습니다. 인간의 수가 급격하게 늘어났고 인간의 생활방식이 환경을 이용하는 수준을 넘어 환경을 파괴하는 데까지 나아갔습니다. 문제는 인간의 수요를 감당하려면 환경을 적극적으로 변경하지 않을 수 없다는 점에 있습니다. 먹는 문제를 해결하려면 농작물과 가족을 공장식으로 경작하고 사육해야 합니다. 최근에는 물고기도 양식으로 키우고 있습니다. 이렇게 하지 않으면 인간의 곡물과 고기에 대한 수요를 감당할 수 없습니다. 대규모 공장식 경작과 사육 방식은 환경을 파괴하는 결과를 초래하고 있습니다. 그래서 '지속가능한 발전'이라는 개념이 제안 · 채택되어 하나의 지향점으로 세계 많은 곳에서 공유되고 있습니다.

지속가능한 발전이라는 개념에는 인간과 환경의 공존이 전제되어 있습니다. 그렇지만 현실은 그렇지 않습니다. 당장 기후변화와 지구온난화는 멈출 기미를 보이지 않습니다. 한국을 포함한 동아시아만 하더라도 미세먼지로 고통을 받고 있습니다. 앞으로 기후변화와 지구온난화는 더 심각해질 것으로 보입니다. 한반도가 아열대 기후가 될 것이라는 과학적 예측도 있습니다. 미래 전망은 모두 틀리겠지만 인구감소와 함께 온난화는 절대 거스를 수 없는 추세라는 주장도 있습니다.

　인간과 환경은 과거에는 공존했지만, 지금은 모순 관계에 빠져 있습니다. 인간의 존재 자체가 환경 파괴적이지 않을까 하는 의문도 있습니다. 환경 문제가 점점 심각해지면서 환경 중심의 관점에서는 인간을 어떻게 볼 것인가 그리고 사람 중심의 인간관에 어떤 영향을 미칠 것인가는 중요한 문제가 될 수 있습니다. 당장 환경 중심의 인간관은 에너지 전환과 관련하여 정의로운 전환을 주장합니다(윤순진, 2019). 그런데 정의로운 전환이란 과연 무엇일까요? 구체적으로 사회적 마찰과 배제를 최소화하고 에너지 복지를 실현하는 것이 중요하다고 합니다. 에너지 복지는 모두를 위한 에너지라고 합니다. 나아가 사회적 공감대 확대를 통한 가치 공유와 전 구성원의 이해와 참여가 필요하다고 합니다. 이론적으로 깔끔한 주장입니다. 그런데 이러한 요구를 구현하려면 현재의 에너지 정책으로 인하여 이익을 얻는 사람들의 양보가 필요합니다. 현재의 에너지 정책으로 이익을 얻는 사람이 매우 많고 이들이 변화에 격렬하게 저항하고 있다는 것이 현실입니다. 에너지 정책의 변화는 자본 중심의 인간관이 지배하는 현실에서는 사실상 불가능해 보입니다.

조화, 대칭성의 철학

환경 중심의 인간관은 조화를 중시하는 철학을 바탕으로 합니다. 사람에게 자연과의 조화, 환경과의 조화는 당연한 것이었습니다. 옛날부터 자연은 사람에게 먹을 것과 입을 것, 잘 곳을 마련해 주었습니다. 조화를 중시하는 생각의 기원은 인류가 호모 사피엔스로 등장하여 생존하기 시작한 때까지 거슬러 올라갑니다.

구석기 시대부터 사람들은 자연으로부터 모든 것을 얻으며 생활했기 때문에 자연으로부터 너무 많이 얻으면 안 된다고 생각했습니다. 자연을 착취하거나 자연이 줄 수 있는 것보다 더 많이 가져가서는 안 된다고 생각했습니다. 이러한 생각은 일신교가 등장하기 훨씬 이전의 신화에 매우 광범위하게 퍼져있었습니다(나카자와 신이치, 2001). 사람들이 배가 고플 때 숲의 신인 곰이나 바다의 신인 용왕이 짐승이나 물고기를 보내준다고 생각했습니다. 이때 인간이 감사의 마음을 표현하고 제대로 대응을 해야 하는데 돈이나 선물을 줄 수는 없습니다. 돈이나 선물은 너무 예의에 어긋나는 것이기 때문입니다. 숲의 신과 바다의 신이 준 선물이 너무 커서 물건으로 갚을 수 없습니다. 고마움을 표시하는 방법으로 사람들은 신들에게 무형의 선물을 줄 수밖에 없습니다. 그 방법은 뼈를 가지런히 하고 다시 숲이나 물로 보내는 것이었습니다. 즉 존경을 담은 정중한 의례를 통해 동물의 영혼을 되돌려 줍니다. 이것은 인간과 자연의 윤리, 공존을 표현한 것이었습니다(나카자와 신이치, 2001). 이런 신화는 아시아 고대인들과 북아메리카의 원주민들에게 널리 퍼져있었습니다. 이 신화에서는 인간과 동물이 원래 깊은 공생관계에 있고 지구상에서 인간이 특권을 가진 생물이 아니라고 주장합니다. 인간과 동물이 원래 형제, 부자지간, 결혼도 하는 잠재적인 인척 관계였다는 것입니다(나카자와 신이치, 2001).

　이만저만한 조화가 아닙니다. 인간과 동물이 한 가족이었다는 것이니 말입니다. 우리의 단군신화도 인간과 함께 생활하는 곰과 호랑이 이야기가 나옵니다. 곰과 호랑이도 인간과 함께 같은 자연을 배경으로 살아가는 존재입니다. 이중 곰이 각고의 노력 끝에 인간이 되어 하늘에서 내려온 환인과 결혼하게 됩니다. 그리고 인간인 단군을 낳습니다. 이 신화는 여러 의미를 품고 있습니다만 최소한 인간과 동물이 원래 결혼도 하는 인척 관계, 즉 하나의 자연 속에서 공존하는 존재라는 점을 잘 보여줍니다. 이처럼 과거의 이야기에서는 사람과 동물, 사람과 자연이 서로 엄격하게 대칭성을 유지하고 있었습니다.

　이것이 바로 인류의 가장 오래된 철학이라고 하는 신화의 세계입니다. 신화의 세계에서는 기본적으로 모든 것이 같은 차원에서 활동하고 있고 서로 소통합니다. 현실에서는 숲의 신인 곰과 인간이 서로 생존을 걸고 처절하게 대결합니다. 죽고 살기로 대결을 벌입니다. 지는 쪽이 먹히거나 희생당합니다. 하지만 신화의 세계에서는 공존합니다. 바다의 물고기와 인간의 관계도 같습니다. 먹을 것이 부족할 때 바다에서 갑자기 등장하는 물고기 떼나 조개는 용왕이 보내 준 것으로 충분히 생각할 수 있습니다. 이러한 조화, 대칭성을 유지하지 않으면 인간에 의한 일방적인 약탈 혹은 자연에 의한 일방적인 공격만이 있기 때문에 인간도 자연도 살아남을 수 없습니다. 고대인들은 현실의 투쟁과 공격을 신화의 차원에서 조화와 대칭성을 치유함으로써 정신의 통일성과 함께 인간과 자연의 통일성을 유지해 왔던 것입니다. 현대의 인지고고학은 현생 인류의 지적 능력은 3만여 년 전에 일어난 것으로 추정되는 대뇌조직의 비약적인 변화 이후로 본질적인 진화가 일어나지 않았다고 봅니다(나카자와 신이치, 2005b). 환경 중심의 인간관, 조화 중심의 철학은 결국 사람 중심의 인간관과 통한다고 볼 수 있습니다.

환경 중심의 인간관의 한계

환경 중심의 인간관이 사람 중심의 인간관과 친하고 서로 보충하는 개념일 가능성은 매우 높습니다. 그래서 사람 중심의 국가를 주장하는 정부일수록 친환경 정책을 취합니다. 환경이 좋아야 인간의 행복이 높아지는 것은 당연합니다. 이런 모습은 위에서 본 바와 같이 구석기시대부터 시작된 것으로 직관적으로도 너무 자연스러워 보입니다. 하지만 환경 중심의 인간관 또는 환경과 조화를 중시하는 철학은 세 가지 측면에서 고대 사상과 차이를 보입니다. 고대의 소박하고 원시적이며 직관적인 사상은 우리에게 많은 영감을 주지만 현대 사회에 그대로 적용할 수는 없습니다. 현대 사회의 환경은 그만큼 위기에 처해있습니다. 고대 사상만으로는 이 위기를 벗어날 가능성이 크지 않습니다.

첫째, 과학의 발전은 환경을 위기에 빠뜨리고 있습니다. 과학은 환경을 구체적으로 분석하고 환경의 힘을 제어하고 이용하는 단계에 이미 도달했습니다. 자연의 힘은 여전히 놀라울 정도로 파괴적이고 경이롭지만 이제 그러한 현상은 과학적으로 분석할 수 있습니다. 과학적으로 분석한다는 것은 분해하고, 예측하고, 통제하고, 이용할 수 있다는 것을 의미합니다. 자연의 신비로움은 현미경의 등장으로 사라져 버렸습니다. 신비로움과 함께 경외심도 사라졌습니다. 환경은 신화의 세계가 아닌 과학의 세계가 되었습니다. 물론 과학이 무조건 환경 파괴적, 환경 적대적이라는 것은 아닙니다. 과학 자체는 특정한 방향이 없습니다. 과학기술을 환경 파괴적으로 이용하는 것이 문제입니다. 하나의 과학기술이 오로지 환경 파괴적이라면 사용 중지를 결정할 수도 있습니다. 만일 플라스틱의 문제가 심각하다면 플라스틱의 생산을 중단시킬 수도 있습니다. 실제로 휘발유에 납을 넣어 성능을 개선하는 공정은 납의 유해성이 알려지면서 폐기되었습니다. 과학 외부의 힘에 의하여 과학기술의 사용을 중지시킬 수 있습니다.

　문제는 과학의 발전과 함께 환경의 이용 가능성이 점점 확대된다는 것입니다. 환경의 이용 가능성이 확대된다는 것은 궁극적으로 환경을 더 파괴한다는 것을 의미합니다. 신소재를 찾고 신물질을 만들고 신제품을 만드는데 환경을 개발하고 파괴하지 않을 수 없습니다. 스마트폰이나 첨단 무기에 사용하는 희토류 채굴이 엄청나게 반환경적이라는 점은 널리 알려져 있습니다. 과학과 환경, 경제와 환경이 함께 과연 조화로운 미래를 설계할 수 있는지에 대한 회의가 점점 더 심각해지는 것이 현실입니다. 과학과 환경, 경제와 환경이 조화롭게 발전할 수 있다는 믿음은 중요하지만, 현실에서는 하나를 희생하는 경우가 대부분입니다. 지속가능한 발전이라는 개념은 경제발전을 줄여야 환경을 보호할 수 있다는 신념을 바탕으로 합니다.

　아마존강 유역의 원주민들을 돕고 환경을 보존하기 위하여 아마존강 유역의 식물에 대한 지식을 원주민들로부터 수집한 사례가 있습니다. 원주민들은 아마존강 유역에 살면서 식물에 대한 지식을 오랫동안 쌓아왔습니다. 원주민들로부터 그 지식을 흡수함으로써 과학을 발전시키고 원주민들도 돕는다는 프로젝트였습니다. 하지만 이 프로젝트는 얼마 가지 못했습니다. 과학기술에 의한 식물 분석 작업이 훨씬 정확하고 효과적이고 경제적이었기 때문입니다. 앞으로도 상당 기간 과학과 환경, 경제와 환경은 긴장 관계에 놓일 것으로 보입니다.

둘째, 인간의 정체성은 환경으로부터 독립을 추구합니다. 그렇다고 환경에서 완전히 벗어나는 것은 아닙니다. 반쯤은 환경과 일체가 되어 생활하고 반쯤은 환경에서 독립하여 인간으로서 생활합니다. 그런데 인간과 환경의 관계가 일체성에서 점점 더 독립성으로 바뀌고 있습니다. 과학기술의 힘 때문입니다.

인간은 자연으로부터 독립하면서 인간으로서의 정체성을 확립해 나갑니다. 개인이 가족으로부터 독립할 때 진정한 개인으로 다시 태어나듯이. 인간은 자연에 의존하면서도 독립한 존재입니다. 인간의 독립성을 부정하면 인간의 문명과 문화를 모두 부정하는 결과가 됩니다.

여기에서 중요한 것은 균형입니다. 지금은 인간에게, 구체적으로는 과학기술과 자본에 너무 치우쳐 있습니다. 이를 바로잡으려는 노력이 지속가능한 발전이고 환경 중심의 철학입니다. 환경 중심의 철학이라고 하더라도 환경을 절대적으로 우선시하지는 않습니다. 과학기술이 사람을 위한다는 명목으로 환경을 지나치게 파괴하는 것을 반대합니다. 환경 중심의 철학이 공감을 얻는 이유는 인간에게 너무 치우친 환경의 이용, 즉 환경의 파괴라는 현실이 있기 때문입니다.

인간과 환경의 균형은 인간이 우위에 있는 균형일 수밖에 없습니다. 인간의 정체성은 환경으로부터 독립, 환경의 이용에서 시작되기 때문입니다. 그 파괴가 너무 심각하지 않도록 여러 장치를 만들 뿐입니다. 과거 구석기시대에 환경 파괴가 심각하지 않았을 때도 곰과 용왕의 신화를 만들어 환경을 보호하려고 했습니다. 지금은 환경 파괴가 과거와 비교할 수 없을 정도로 대규모로 진행되고 있습니다. 환경과 조화를 꾀하는 것은 인간의 본성 중의 하나지만 환경을 이용하여 살아가는 것 역시 인간의 본성입니다.

셋째, 환경과의 조화, 대칭성은 종합적인데 이 종합성은 이미 붕괴해 버렸습니다. 환경은 원래 종합적입니다. 자연환경과 인공환경이 서로 다르지 않고 자연환경 중 강과 산이 따로 존재하지 않습니다. 강도 한강, 낙동강이 서로 연결되어 있습니다. 환경만큼 서로 연결되어 있는 종합성을 잘 보이는 것도 없습니다. 하지만 환경의 연결성, 종합성은 현대 들어서서 극단적으로 분해되어 버렸습니다. 이를 다시 연결할 방법은 상실한 것처럼 보입니다.

환경 보호를 위해 화력발전과 원자력발전을 폐기하고 친환경 에너지를 만들자고 합니다. 여기에 대해서는 많은 이들이 공감하고 있습니다. 그런데 한쪽에서는 수백만 마리의 동물을 잔혹하게 죽이고 있습니다. 광우병, 구제역, 조류인플루엔자로 인간이 살처분한 동물의 수는 상상을 초월합니다. 살처분은 동물에게 고통을 가하지 않고 동물을 죽이는 방식이 아닙니다. 살아있는 동물을 그냥 파묻는 것은 아니고 안락사시켜서 파묻는다고는 하지만 이 과정에서 동물들도 고통을 느낍니다. 병에 걸리지 않은 동물도 한꺼번에 살처분합니다. 필요한 처분이라고 하지만 냉정하게 보면 이보다 잔인한 조치를 찾기 어려울 정도로 잔혹합니다. 2011년 구제역 사태 당시 350만 마리 이상의 소, 돼지, 사슴 등의 가축을 살처분했습니다. 2000년 이후 2018년까지 구제역으로 살처분된 소와 돼지 등은 총 391만7,447마리라고 합니다(에포크 타임스, 2019.2.2.). 이 정도의 생명을 병에 걸렸다고 살처분하는 것을 두고 누가 친환경적, 친자연적이라고 하겠습니까. 하지만 살처분은 방역의 기본조치로서 세계적으로 인정되는 방법입니다. 전 세계가 공통으로 취하는 방법입니다. 이러한 잔혹한 방법을 자연, 그중에서도 인간과 가까운 가축에게 사용하면서도 친환경을 이야기하는 것은 모순입니다.

환경의 종합성, 연결성을 회복하는 것이 우선 필요합니다. 이를 회복하지 않으면 아무리 많은 자원을 투입하더라도 환경과 인간의 조화는 불가능할 것입니다. 하지만 환경의 종합성, 연결성을 통찰하는 철학이 다수를 설득하지 못하고 있다는 것 역시 현실입니다.

자타불이의 세계

사람 중심의 인간관은 오해를 받을 수 있습니다. 모든 사상이 다 그러하듯이 말입니다. 생각할 수 있는 오해로는 첫째, 개별 사람을 중시하므로 오히려 이기심을 찬양한다는 오해, 둘째, 사람을 중시하므로 상대적으로 환경을 경시한다는 오해, 셋째, 세상 사물은 서로 연결되어 있는데 사람을 중심으로 구분하여 단절적으로 봄으로써 사람과 자연의 총체성을 포기한다는 오해 등이 있을 수 있습니다. 그러나 이러한 오해는 사람 중심의 인간관에 대한 오해일 뿐 정확한 비판은 아닙니다.

사람 중심의 인간관은 인간의 근본 문제인 고통과 괴로움을 직시하고 이를 해소할 방법을 찾습니다. 이를 위해서는 사물을 있는 그대로 보는 것이 필요합니다. 그런데 고통과 괴로움을 직시하고 이를 해결하려고 한 발을 내딛기만 하면 우리는 불교를 만나게 됩니다. 이미 2천5백 년 전에 부처님이 이 문제를 정면으로 해결하려고 시도했고 답을 제시했습니다. 이후 수많은 인류의 지성들이 그 길을 갈고 닦았습니다. 상좌부불교, 대승불교로 이어지는 불교의 역사는 부처님 입멸 후 5백 년, 1천 년 이후에도 계속 발전합니다. 수많은 위대한 사문들이 불교를 발전시켜 왔습니다. 불교라는 철학을 피하고는 인간관을 제대로 탐구할 수 없습니다. 인류 최고의 지성들이 만든 사상의 체계를 현대의 문제 해결에 활용하지 않는 것은 마치 선각자들의 경험을 참고하지 않고 또는 교과서가 있음에도 이를 이용하지 않고 무턱대고 문제를 해결하려고 하는 것과 비슷합니다. 불교 사상은 너무나 크고 방대하여 저는 부분만 이해할 뿐입니다. 부분적이지만 그래도 고통과 괴로움을 극복하는 가장 확실한 길을 알려주므로 살펴보지 않을 수 없습니다.

불교는 분별심, 즉 서로 나누어 보는 것을 극도로 경계합니다. 세상과 자신이 서로 연기하여 발생하는 것이기 때문에 세상과 자신을 나누어 파악하는 분별심은 잘못이라고 봅니다. 분별심 때문에 자신이 존재하고 자아가 존재하고 자기의 것이 있다고 보기 때문에 분별심을 버릴 것을 강조합니다. 분별심을 버리는 방법은 세상과 자신을 제대로 보는 것, 즉 정견(正見)에서 시작합니다. 불교의 수행 방법의 하나이고 부처님 말씀 중에 가장 핵심 중의 하나인 팔정도(八正道)의 처음은 정견(正見)입니다.

세상과 사람을 바르게 보면 물건이 자신의 바깥에 따로 존재하는 것도 아니고 주관적인 자아가 내부에 따로 존재하는 것은 아니라는 결론에 도달합니다. 예를 들면 지금 자기 앞에 밥이 있다고 합시다. 밥은 자신의 바깥에 있습니다. 그 밥을 먹으면 자신의 안에 있게 됩니다. 그런데 곰곰이 생각해보면 자신의 안에 있는 것이 아니라 그냥 자신의 일부인 것이지요. 그렇다면 밥은 자신의 바깥에 있는 것인가요 아니면 자신의 안에 있는 것일까요, 아니면 자신의 일부인 것인가요? 밥은 나와 조건에 따라서 나의 일부가 되고 나의 바깥이 되고 나의 내부가 되고 합니다. 밥은 내가 없다면 없는 것이 되어 버립니다. 그렇다면 도대체 무엇이 존재하는 것일까요? 불교에서는 오온(五蘊)만이 있다고 합니다. 오온은 색(色), 수(受), 상(想), 행(行), 식(識)을 말합니다. 오온만이 있는데 이것은 인간의 인식기관이 외부의 인식대상을 만나 생성된 의식만이 있다는 것을 의미합니다. 이 의식은 철저하게 인식기관과 외부의 인

89
정의와 인간관

식대상에 의존하고 있고 또 의식이 있어야만 인식기관으로 외부의 인식대상을 인식하므로 의식만이 유일하게 존재한다는 결론에 이릅니다. 이 의식은 유일하게 존재하는 것이지만 항상 변화하는 것으로서 무상합니다. 조금만 시간을 내어 자신의 의식을 조용히 바라보면 항상 변한다는 것을 알 수 있습니다. 사실 정확히 말하면 변하는 정도가 아니라 마구 날뛴다고 할 정도로 변화무쌍합니다. 항상 변화하므로 자신의 것도 아니고 자신도 아니고 자아도 아닙니다. 괴로움일 뿐입니다. 의식은 아뢰야식에 보존되고 자아는 없기 때문에 '업보는 있지만 작자는 없다'는 불교의 무아론(無我論)이 완성됩니다.

불교의 무아론을 이해하기 위한 출발점은 직접 느끼는 것입니다. 세상이 고정되어 있지 않고 변화한다는 것, 생겨난 것은 모두 무너진다는 것, 태어난 것은 모두 죽기 마련이라는 것을 이해하려면 직접 보고 느껴야 합니다. 직접 보고 느끼기 위해서는 감각이 예민하게 발달해야 합니다. 즉, 눈으로 세상 사물을 제대로 집중하여 관찰해야 합니다. 자신의 눈으로 자신을 포함한 세상 사물을 자세히 예민하게 집중적으로 관찰하면 모든 것이 변화한다는 것을 느낄 수 있습니다. 귀, 코, 혀, 몸도 같습니다. 감각의 문을 활짝 열고 외부 사물을 주체적으로 관찰해야 합니다. 그냥 외부 사물이 눈에 찍히듯이 보임을 당해서는 안 됩니다. 보임을 당하면 외부 사물은 아무런 생명도 없고 변화도 없는 정지화면처럼 보입니다. 변화가 없는 죽은 세계가 눈에 보일 뿐입니다.

열린 감각으로 주체적으로 보면 세상사물의 변화가 보입니다. 미묘하고 미세한 변화까지 보입니다. 그 미묘하고 미세한 변화에 눈을 뜨면 흘러가는 바람의 소리도 들을 수 있고 꽃잎이 피는 소리도 들을 수 있다고 합니다. 우리 선조들이 이야기하듯 산속 정자에서 비 오는 소리를 들으며 즐거움에 빠지는 경지에 도달하는 것입니다. 책을 보더라도 책

정의의 미래 "공정"

내용의 미묘한 변화를 체감하므로 책이 재미없을 수 없습니다. 포기자가 그렇게 많다는 수학도, 어렵기로는 수학에 뒤지지 않은 법률책도 재미있게 볼 수 있습니다. 왜냐하면 그 내용이 미묘하게 변화하고 있는 것을 느끼기 때문이고 그 내용에 따라 또 변하는 자신을 직접 볼 수 있기 때문입니다. 수학이 그 자체로 어렵고 재미없을 리 없습니다. 수학을 재미있어 하고 쉽게 하는 사람들이 당연히 있습니다. 수학을 공부하는 내가 있을 때 수학이 재미있거나 재미없거나 하는 것입니다. 수학과 내가 조건이 맞을 때 재미가 생겨나는 것입니다. 그런데 재미는 분명히 존재하지만, 실제로는 존재하지 않는 것이기도 합니다. 마치 촛불은 분명히 존재하지만 심지와 밀랍이 있어야만 나타나는 것이고 독립적으로는 존재하지 않는 것처럼 말입니다.

사람 중심의 인간관은 분별심을 경계하기 때문에 자신과 타인을 차별하지 않습니다. 이를 자타불이(自他不二)의 세상이라고 합니다. 자신과 세상이 하나라고 보기 때문에 자신과 타인을 차별하지 않습니다. 또한, 불교는 일체중생(一切衆生) 실유불성(悉有佛性), 즉 모든 중생은 부처의 가능성, 성불의 가능성을 가지고 있다고 보는 것처럼 모든 사람이 고통과 괴로움에서 벗어날 가능성이 있다고 봅니다. 불교는 아주 강력한 평등관을 가진 철학이자 종교입니다. 부처와 중생이 같다고까지 사고의 영역을 확장해 버립니다. 불교는 자신과 세상을 차별하지 않기 때문에 가장 높은 가치를 실현하는 인간관이 될 수 있습니다.

불교의 진리관은 곧바로 윤리와 통합니다. 윤리는 개체와 전체가 분리되어 있지 않고 서로 관계하고 있다는 것을 전제로 합니다. 불교는 상호연관성이야말로 세상의 모든 것이라고 봅니다. 심지어 나도 없고 나의 것도 없고 자아도 없고 오로지 연기하는 것, 인연으로 생기는 것만이 있다고 봅니다. 다른 것이 없다면 나도 없는 것입니다. 개체와 전체의 관계를 이렇게까지 선명하게 설명한 진리관은 없습니다. 개체와 전체의 총체성, 자타불이의 세상, 일체 중생이 부처라는 사상은 곧 가장 윤리적인 사상으로 발전합니다. 불교의 수행 중 남에게 베푸는 보시, 계율을 지키는 지계, 남이 때리거나 욕을 해도 참는 인욕 등은 바로 윤리의 최고 형태입니다. 사람 중심의 인간관은 자타불이의 윤리관을 포함하고 있습니다.

불교에 대한 이해를 바탕으로 사람 중심의 인간관을 설명해 보았습니다. 불교에 대한 이해가 낮은 저로서는 이 정도의 설명에 만족할 수밖에 없습니다. 불교의 이 주장은 초기 불교부터 계속되어 온 것이고 부처님 입멸 후 1000년이 지난 후 유식불교로 정리되었다고 합니다. 여기에서 확인할 수 있는 바와 같이 사람 중심의 인간관은 이기적이라거나 환경을 경시하거나 사람과 자연의 총체성을 부정하는 사상과는 오히려 반대편에 서 있습니다. 개체와 전체의 총체성을 바탕으로 한 완벽하게 평등하고 윤리적인 철학입니다.

제 2 장

현대사회의 특징

미래전략을 세우기 위해서는 현대사회의 특징 그중에서도 미래를 규정하는 특징을 알아야 합니다. 현대사회의 특징 중 가장 중요한 것은 바로 사회의 주인공으로서 개인이 등장했다는 것입니다. 사람들은 이전에는 계급, 민족, 인종, 남성이나 여성 등 집단의 구성원으로서 존재했습니다. 이제 사람은 집단으로부터 독립한 고독한 개인이 되었습니다. 개인은 자신의 공간을 바탕으로 사회와 국가, 세계에 엄청난 영향력을 행사하고 있습니다. 이때의 개인은 과거와 같이 권력을 가진 자, 집단의 대표자가 아닙니다. 평범한 개인일 수 있습니다. 개인의 영향력은 극대화되었지만 그만큼 개인이 감당해야 할 고통도 늘어났다는 점 역시 중요합니다. 현대사회의 두 번째 특징은 초과잉입니다. 상품과 물건이 모자라는 것이 아니라 너무 많아서 모두 소비할 수 없는 시대가 되었습니다. 정보도 우리가 실제 사용하는 것보다 너무 많이 너무 빨리 만들어지고 저장되고 유통됩니다. 소비하는 속도보다 더 빨리 더 많이 물건과 정보를 만들어내는 시대입니다. 초과잉시대에 쟁점이 되는 것은 불평등 문제입니다. 마지막으로 우리가 살펴보아야 할 중요한 특징은 지역과 국경, 성별과 인종, 계급과 민족을 뛰어넘는 보편적 가치가 등장했다는 점입니다. 평화, 행복, 정의, 공정, 인권, 환경, 지속가능성, 윤리, 사랑, 자비와 같은 보편적 가치가 국제적 단위에서 등장했고 이것이 하나의 체제, 질서로 자리 잡고 있습니다. 보편적 가치는 한국과 같은 개방된 사회에서는 특히 중요합니다. 개방사회에서는 보편적 가치가 미래를 결정하는 가장 근본적인 힘입니다.

chapter 1

주인공으로서의 개인

개인의 등장

미래의 가장 중요한 변수는 개인의 등장입니다. 개인의 등장은 단순히 사람이 중요하다는 것에 그치지 않습니다. 사회를 움직이는 동력이 바로 개인에게서 나온다는 것을 의미합니다. 이제 사람은 더 이상 국가, 민족, 계급, 계층, 인종, 부족, 남성이나 여성 등 집단의 이름 없는 구성원이 아닙니다. 덩어리의 일부가 아닙니다. 사람들은 이제 자신의 이름으로, 자신이 가지고 있는 역량으로 사회를 움직이는 기본 단위가 되었습니다.

현대 사회는 이미 개인주의가 지배하고 있습니다. 그렇지만 지금까지 사람들은 개인주의의 발달 속에서도 집단으로 등장했고 집단으로 사회를 움직였습니다. 자본가 계급과 노동자 계급, 제국주의 집단과 민족해방투쟁 세력 등의 대결이 대표적인 사례였습니다. 집단의 힘은 현대 국가를 탄생시켰습니다. 국가의 탄생 속에 개인들은 집단으로 안정을 누렸습니다. 정치는 개인의 힘에 의존하지 않고 집단의 힘에 의존하여 이루어졌습니다.

　사람들이 집단으로 활동하고 움직인 이유는 외부 환경이 가혹하고 외부 환경을 극복할 만한 수단을 집단 이외에는 가지고 있지 않았기 때문입니다. 제2차 세계대전을 생각해보면 이 사실을 절감할 수 있습니다. 국가 전체가 총동원되어야 국가, 사회, 개인이 살아남을 수 있었습니다. 신무기 개발이나 발명, 혁신은 모두 국가적 단위에서 이루어졌습니다.

　현대사회가 안정되면서 힘의 무게는 국가에서 기업과 개인으로 이동하고 있습니다. 기업과 개인은 자유의 정도가 다릅니다. 기업의 세계에서 자유로운 사람은 대표이사나 사장뿐이고 나머지는 모두 얽매인 노동자들입니다. 그렇다고 노예라는 것은 아닙니다. 사장의 지휘를 받는다는 점에서 얽매여 있다는 것입니다. 나머지 부분에서는 자유롭습니다. 보통 사회에서는 모든 개인이 자유롭습니다. 자신이 가지고 있는 자산을 바탕으로 자신이 하고 싶은 일을 모두 할 수 있는 것처럼 보입니다.

　그런데 여기에서의 자유가 반드시 긍정적이고 밝은 의미가 아니라는 점을 주의해야 합니다. 일반적으로 개인이 선택할 수 있는 가능성이 클 때 더 자유롭다고 합니다. 하지만 선택지가 많다고 하여 반드시 자유로운 것도, 행복한 것도 아닙니다. 기껏해야 비정규직과 아르바이트만이 선택지로 남아 있다면 이런 자유는 비참한 자유일 뿐입니다. 그럼에도 불구하고 이전에는 제공되지 않았던 선택지를 가지게 된 것은 바람직합니다. 비정규직과 아르바이트를 선택할 수 있을 만큼만 자유로워진 것이지요.

　힘의 무게가 국가에서 기업과 개인으로 이동했다는 것은 사회를 움직이는 단위가 기업과 개인이라는 것을 의미합니다. 기업은 국가와 비교하면 개인에 가깝기 때문에 결국 세상을 움직이는 것은 개인입니다.

젊은 나이에 세상을 좌우하는 구상을 하고 이를 실현한 애플의 스티브 잡스, 페이스북의 마크 저커버그, 구글의 세르게이 브린, 래리 페이지, 테슬라의 엘론 머스크 등은 창의성을 바탕으로 세상을 호령하는 기업을 만들었습니다. 기업이 거대화되면서 많은 사람이 참여하게 되었지만, 출발은 이들 창업자 개인의 힘이었습니다.

개인의 힘이 이렇게까지 극대화된 역사는 없었습니다. 앞으로 개인의 힘은 더욱 커질 것입니다. 개인의 등장은 다음 세 가지 의미를 가진다고 생각됩니다.

첫째, 개인의 영향력 확대. 개인은 지금 세상을 움직일 만한 힘을 이미 가지고 있고 앞으로 더 많은 힘을 가질 것입니다. 아무리 현대사회라고 하지만 과거 사람들이 집단으로 세상을 움직일 때와 비교해 보면 외부 자연환경은 크게 변한 것이 없습니다. 그러나 정보통신 혁명으로 개인의 힘은 연결성을 바탕으로 계속 커지고 있습니다. 개인은 자신이 속한 국가, 민족, 계급, 계층, 인종, 부족, 성 등의 집단으로부터 벗어나고 있고 또 이를 벗어나 사회에 큰 영향력을 행사하고 있습니다. 출발은 정보통신 혁명이라고 할 것이지만 신자유주의도 중요한 계기였습니다. 신자유주의는 경쟁을 정착시켜 개인화 경향을 더욱 강화했습니다. 신자유주의로 개인 간 경쟁은 찬양되었고 모든 사람이 경쟁에 뛰어든 결과 몇몇 개인은 눈부신 성공을 낳았습니다. 여성과 같이 이전에는 아예 성공의 대열에 낄 수도 없었던 계층에서도 성공한 사람이 나오기 시작했습니다. 물론 극소수이기는 하지만 말입니다. 청년 계층 중에서도 소수는 기회를 잡았습니다. 이들 소수 개인의 성공은 놀라운 결과를 낳았습니다. 정보통신 혁명으로 정보가 무제한 생산, 집적, 이용되면서 연결성을 바탕으로 한 새로운 사업의 기회가 열렸습니다. 이것은 과거 거대한 자본, 큰 공장, 넓은 땅, 거대한 기계가 필요했던 산업시대와는 완전히 다른 산업을 낳았습니다. 개인의 창의력이 기업의 운명을 좌우하는 시대가 된 것입니다.

몇몇 성공한 소수의 개인은 경제적 영향력을 바탕으로 사회에 엄청난 영향을 미치고 있습니다. 정보통신 혁명이 계속되고 사회의 연결성이 높아지면 개인의 영향력은 더욱 커질 것입니다. 굳이 거대 인터넷 기업을 만들지 않은 개인들도 정보통신 혁명을 이용하여 사회에 엄청난 영향력을 미칩니다. 유튜브 스타가 여기에 해당합니다.

둘째, 억압체제의 붕괴. 개인의 등장은 억압체제의 붕괴를 뜻합니다. 현대 사회가 발전하면서 억압체제의 물질적 토대였던 공동체가 퇴장, 소멸하고 있습니다. 억압체제의 붕괴, 공동체의 소멸은 개인의 해방으로 이어지고 개인의 해방은 억압체제의 붕괴와 공동체의 소멸을 가속합니다. 개인의 자유와 권리, 사상과 양심, 내밀한 세계가 중요하게 되고 이를 보장하는 체제가 중요한 시대가 되었습니다.

개인의 독립은 철학적으로 매우 중요합니다. 왜냐하면 개인이 온전히 독립되어야 자유와 자율성을 본격적으로 논의할 수 있기 때문입니다. 개인은 공동체에 의존하면서도 물질적, 정신적으로 공동체와 어느 정도 거리를 두고 독립된 생활을 해야 완전한 인간이 됩니다. 이것이 바로 자유와 자율성입니다. 개인의 독립, 억압체제의 해체가 전제되어야 자율성이 중요한 가치로 등장하고 자율성이 존중받습니다(누스바움, 2018).

억압체제의 붕괴는 이미 많이 진행되었지만, 억압체제 중 일부는 여전히 남아 있습니다. 대표적으로 차별로 남아 있습니다. 남아 있는 억압체제 역시 모두 해체되어야 합니다. 개인의 해방을 가로막는 기존의 모든 이데올로기, 신화, 미신, 체제, 법률, 규범, 관행, 윤리, 절차, 권위 등을 개인의 해방이라는 관점에서 해체하고 재편해야 합니다.

셋째, 개인의 고통과 괴로움의 증가. 개인의 등장이 반드시 좋은 결과만 있는 것은 아닙니다. 개인의 힘이 세지는 만큼 개인의 책임도 높아지고 감당해야 할 몫도 늘어납니다. 개인의 고통 증가는 특히 공동체의 소멸과 관련이 있습니다. 개인이 등장하려면 억압체제의 물질적 토대인 공동체의 힘이 약화되든지 아니면 소멸해야 합니다. 그런데 공동체의 소멸은 개인의 해방에도 기여하지만 개인에게 필요한 정체성, 평화, 안전, 소통, 공감, 치유 등을 없애 버립니다. 개인의 정체성, 평화, 안전, 소통, 공감, 치유 등의 상실은 개인의 불안, 고통, 괴로움 증가로 이어집니다. 최근 개인들이 느끼는 정체성 또는 자존감 위기는 공동체의 해체와 깊은 관련이 있습니다. 개인의 고통은 앞으로 계속 증가할 것입니다. 개인의 영향력이 확대되고 공동체가 해체되는 과정이 바로 개인의 고통을 낳기 때문입니다. 개인의 고통 증가는 고통과 괴로움을 어떻게 해결하고 극복할 것인가라는 인류의 본질적인 문제를 제기합니다.

개인 공간과 내밀한 세계

개인의 등장을 상징적으로 보여주는 것은 개인의 공간입니다. 과거 개인이 중요하지 않았을 때, 그리고 물질적으로 풍요롭지 않았을 때는 개인의 공간은 없었습니다. 개인의 공간이 없으니 개인의 사색이 없었고 개인의 사색이 없으니 개인의 행동이 없었고 개인의 행동이 없으니 개인의 영향력은 없었습니다. 공동체 생활에서 영향력을 가진 자는 공동체의 지혜를 가진 추장이나 어르신과 같은 노인들이었습니다. 추장이나 노인도 개인의 노력으로 지혜를 갖춘 것이 아니었고 공동체 생활 과정에서 지혜를 몸에 익혔습니다. 근대 들어 철학자들이 등장하는데 이들은 모두 자신의 공간을 가지고 있을 정도의 귀족들이었습니다. 데카르트처럼 그냥 침대에 누워 공상을 할 수 있을 정도의 공간을 가진 자만이 공동체의 경험이 아닌 개인의 사상에 기반한 철학을 만들 수 있었습니다.

개인의 공간이 생기자 이 모든 것이 바뀌었습니다. 개인의 공간은 개인의 사색으로, 개인적인 사색은 개인의 행동으로, 개인의 행동은 개인의 영향력으로 발전했습니다. 개인의 영향력은 개인의 지식과 지혜로 발전했고 사회를 움직이기 시작했습니다. 이 과정에서 개인은 자신의 지식을 공동체와 관계없이 적극적으로 습득하고 자신의 역량을 더욱 강화했습니다. 개인의 공간은 이 모든 것의 출발점입니다.

개인의 공간은 물리적 공간, 가상공간, 내면의 세계로 나눌 수 있습니다. 첫째, 물리적 공간은 각 개인에게 주어진 각자의 방이 상징합니다. 현대인에게 개인의 방은 개인주의를 상징하는 물리적 공간입니다. 주거 문화의 혁신, 물질적 풍요로 개인들에게 모두 하나의 방이 제공되게 되었습니다. 물론 아직도 한 방에서 생활하는 가족이 있기는 하지만 주택 공급 확대, 핵가족화, 1인 가구의 등장 등으로 이 비율은 줄어들고 있습니다. 가족들이 함께 살아도 개인의 공간은 침해하기 어려운 공간이 되었습니다. 물리적 공간은 모든 공간의 출발점입니다. 개인의 공상, 상상, 사색, 명상, 침잠 등 개인의 성장 과정에서 필요한 과정이 개인의 공간에서 일어납니다. 최근 논란이 되는 오타구 문화와 히키코모리, 즉 은둔형 외톨이 문제의 출발점도 개인의 방입니다.

둘째, 개인에게 생겨난 두 번째 공간은 가상공간입니다. 최근 가상공간을 가장 잘 보여주는 상징은 스마트폰입니다. 텔레비전과 스마트폰의 비교를 통해 가상공간의 위력을 생각해 봅시다. 텔레비전이나 스마트폰 모두 가상공간을 만듭니다. 그런데 텔레비전은 가구당 1개, 많아도 2개 정도가 있을 뿐입니다. 텔레비전을 보려면 가족들이 모여야 합니다. 물론 모인다고 하여 공감대가 형성되는 것은 아니지만 어쨌든 물리적으로는 같은 공간을 사용합니다. 같은 방향을 쳐다보면서 서로를 인식합니다. 텔레비전이 만드는 가상공간은 텔레비전을 보는 동안에는 한 개밖에 없습니다. 하나의 가상공간을 가족들이 공유하는 것입니다. 물론 텔레비전을 끄고 가족끼리 대화를 하면 가장 좋지만 가족 간의 대화를 매번 하는 것도 사실 단조로운 생활을 하는 현대인에게는 피곤한 일입니다.

스마트폰은 가족들이 1개씩 가지고 있습니다. 스마트폰을 가진 가족은 텔레비전 앞에 모일 필요가 없습니다. 심지어 텔레비전 앞에 모여서도 스마트폰을 합니다. 자신의 방에 있으면 자신만의 물리적 공간에서 가상공간을 마음껏 누리고 텔레비전 앞에서는 가족과 같은 공간과 스마트폰의 가상공간을 함께 즐깁니다. 사람은 멀티태스킹을 할 수 없기 때문에 실제로는 스마트폰만을 할 뿐입니다. 스마트폰은 가족을 상대로 하나의 가상공간을 만드는 것이 아니라 개인별로 하나의 가상공간을 만듭니다. 가족들은 같이 살아도 스마트폰이 만든 각자의 가상공간을 가지고 있습니다.

텔레비전은 켜져 있을 때만 가상공간을 만듭니다. 텔레비전은 항상 켜져 있지 않습니다. 텔레비전을 24시간 동안 틀어놓고 자다가도 텔레비전을 확인하고 텔레비전에 의지해 아침에 일어나지도 않습니다. 하지만 스마트폰은 24시간 켜져 있습니다. 대중교통으로 이동하는 동안에도, 학교에서 공부하는 동안에도, 직장에서 일을 하는 동안에도, 일과 후 친구들과 만나는 동안에도, 심지어 자는 동안에도 스마트폰은 켜져 있습니다. 사람들은 스마트폰을 통해 가상공간과 24시간 연결되어 있습니다. 24시간 가상공간과 연결된 현대인들은 수시로 메시지, SNS, 전화, 정보를 확인합니다. 사람들이 스마트폰을 사용하는 것을 보면 스마트폰이 없었을 때는 어떻게 살았을까 하는 의문이 들 정도입니다.

스마트폰의 가상공간은 감각적이어서 매우 강력합니다. 과거의 가상공간은 사색이나 책을 통한 공상으로 겨우 만들 수 있었습니다. 이 과정은 쉽지 않아 굉장한 집중이 필요했습니다. 그 이유는 감각적이지 않았기 때문입니다. 문자를 통해 상상한다는 것은 그 자체로 쉬운 일이 아닙니다. 책을 읽고 깊은 생각하는 등 의식적인 노력을 해야 겨우 자신의 가상공간을 만들 수 있었습니다. 하지만 스마트폰의 세계에서는 이런 노력은 필요가 없습니다. 스마트폰이 제공하는 정보는 모두 감각적입니다. 인간은 원래 감각적이고 감정적입니다. 어떤 정보를 받아들이는데 감각이 먼저 작용하고 감정이 먼저 생깁니다. 인류가 살아남기 위해서 발전시켜온 유전자의 특징입니다. 발생한 위험을 감각으로 먼저 인식하고 감정적으로 먼저 대응해야 살아남을 수 있었기 때문입니다. 감각적이고 감정적인 물건이나 정보에 훨씬 빨리 빠져들고 훨씬 빨리 중독되고 훨씬 깊이 집중합니다. 현재 스마트폰이나 전자기기가 제공하는 가상공간은 책이 제공하는 가상공간과는 완전히 다른 수준의 감각적인 정보를 제공합니다. 인터넷에서 정보를 주고받는 매체 중 유튜브가 가장 강력한 것은 이 때문입니다. 감각 중 가장 중요하고 가장 잘 자극받는 감각은 시각입니다. 이런 특징을 가진 스마트폰으로 중독 현상이 발생하는 것은 지극히 당연한 일입니다. 마약보다도 더 강력한 중독성을 가지고 있습니다. 최소한 마약은 인구의 90% 이상을 중독시키지는 못하니까요.

셋째, 개인에게 생겨난 세 번째 공간은 개인의 내밀한 세계입니다. 개인의 내밀한 세계는 개인의 정체성, 양심, 사상, 철학, 관점, 성적 지향 등이 모여있는 곳입니다. 이 모든 것이 모인 내밀한 세계는 남들에게 드러내 놓고 공개하기 힘든 내용이라는 공통점을 가지고 있습니다. 공동체가 획일적인 종교와 사상, 정체성과 성적 지향을 드러내놓고 강요할 때 이를 공개하는 것은 매우 위험한 일입니다. 현대에 들어서서는 과거만큼 생명을 위협할 정도로 위험하지는 않게 되었지만, 여전히 조심스럽게 다루어야 할 영역입니다. 과거 공동체가 중요했고 개인은 중요하지 않았을 때 개인의 내밀한 부분은 무시되었습니다. 사실 개인이 자신의 내밀한 세계를 형성할 가능성도 주어지지 않았습니다. 일신교로 무장한 종교 권력이 만들고 들여다볼 수 있는 공간이었습니다. 기독교 전통의 고백과 용서 구조는 개인의 내밀한 세계를 신과 사제 앞에 공개하는 것을 정당화시켰습니다. 종교개혁 이후 이 공간은 개인에게 맡겨졌습니다. 개인의 내밀한 공간이 인정됨에 따라 종교, 양심과 사상의 자유가 인정되었고 최근에는 정체성과 성적 지향, 육체에 대한 자기 결정권의 인정으로 발전했습니다. 이 공간은 국가도 건드릴 수 없는 곳으로 발전했습니다. 이 공간은 이제 신성한 곳으로까지 여겨지게 되었습니다. 공간이 양적으로 팽창한 것이 아니라 질적으로 비약한 것입니다. 성역화된 개인의 내밀한 공간은 개인의 자율성을 극대화합니다. 최근에는 개인의 내밀한 세계, 바깥에서 건드릴 수 없는 부분에 몸과 외모도 추가되었습니다.

개인의 내밀한 공간의 신성함을 보여주는 최근 두 개의 판례가 있습니다. 하나는 '대법원의 양심적 병역거부 무죄판결'이고 다른 하나는 '헌법재판소의 낙태죄 위헌결정'입니다. 개인의 내밀한 공간은 법률의 세계에서 헌법과 인권이라는 이름으로 보호되는 경지에 도달했습니다.

대법원은 양심적 병역거부 무죄판결에서 다음과 같이 양심의 자유를 설명합니다.

헌법은 기본권 보장의 체계로서 기본권이 최대한 실현되도록 해석·운용되어야 한다. 헌법 제10조는 모든 국민은 인간으로서의 존엄과 가치를 가지며 국가는 개인이 가지는 불가침의 기본적 인권을 확인하고 이를 보장할 의무를 진다고 선언하고 있다. 양심의 자유는 도덕적·정신적·지적 존재로서 인간의 존엄성을 유지하기 위한 필수적 조건이다.

정당한 사유로 인정할 수 있는 양심적 병역거부를 심리하여 판단하는 것은 중요한 문제이다. 여기에서 말하는 양심은 그 신념이 깊고, 확고하며, 진실하여야 한다. 신념이 깊다는 것은 그것이 사람의 내면 깊이 자리잡은 것으로서 그의 모든 생각과 행동에 영향을 미친다는 것을 뜻한다. 삶의 일부가 아닌 전부가 그 신념의 영향력 아래 있어야 한다. 신념이 확고하다는 것은 그것이 유동적이거나 가변적이지 않다는 것을 뜻한다. 반드시 고정불변이어야 하는 것은 아니지만, 그 신념은 분명한 실체를 가진 것으로서 좀처럼 쉽게 바뀌지 않는 것이어야 한다. 신념이 진실하다는 것은 거짓이 없고, 상황에 따라 타협적이거나 전략적이지 않다는 것을 뜻한다. 설령 병역거부자가 깊고 확고한 신념을 가지고 있더라도 그 신념과 관련한 문제에서 상황에 따라 다른 행동을 한다면 그러한 신념은 진실하다고 보기 어렵다.

인간의 내면에 있는 양심을 직접 객관적으로 증명할 수는 없으므로 사물의 성질상 양심과 관련성이 있는 간접사실 또는 정황사실을 증명하는 방법으로 판단하여야 한다(대법원 2018.11.1. 선고 2016도10912 전원합의체 판결).

대법원의 양심에 대한 정의는 별다른 설명이 필요 없을 정도로 명확해 보입니다. 대법원이 말하는 양심은 굉장히 엄격한 심사를 통과해야 하는 양심으로 보입니다. 왜냐하면 반대편에 국방의 의무라는 너무나 선명한 의무가 있기 때문입니다. 국방의 의무라는 무거운 의무를 면할 정도의 양심이라면 이 정도의 심사는 통과해야 한다고 말하고 있습니다. 이점은 타당하다고 생각됩니다. 하지만 모든 양심이 이렇게 엄격하고 무거운 심사를 다 통과해야 하는 것은 아닙니다. 또 이런 과정을 거쳐서 양심이 형성되는 것도 아닙니다. 양심은 그 반대편에 무엇이 있느냐에 따라 심사기준이 달라집니다. 사실 상당히 가벼운 양심도 있습니다. 길거리에 쓰레기를 버리지 않는 것도 하나의 양심입니다.

대법원도 인정하듯이 양심을 판별하는 것은 쉬운 일이 아닙니다. 판별하기가 쉽지 않지만, 양심이라는 내면의 세계가 있다는 사실, 그리고 양심이라고 인정되면 국가가 바로 그 앞에서 멈추어 서야 한다는 사실은 분명합니다. 지금은 양심적 병역거부에서 엄격한 의미의 양심만이 법적으로 보호를 받지만 앞으로 보호받는 양심은 늘어날 것입니다. 양심의 상대편에 있는 의무가 무거운 것이 아니라면 좀 더 가벼운 양심도 법적, 도덕적으로 보호해야 하는 양심이 됩니다. 개인의 내밀한 세계가 질적인 측면에서 확장되고 있는 것을 알 수 있습니다.

헌법재판소는 낙태죄 위헌 결정에서 자신의 몸에 대한 결정권을 거의 양심의 수준으로까지 높이는 결정을 내렸습니다.

자기 결정권은 인간의 존엄성을 실현하기 위한 수단으로서 인간이 자신의 생활영역에서 인격의 발현과 삶의 방식에 관한 근본적인 결정을 자율적으로 내릴 수 있는 권리다. 자기 결정권의 근거이자 동시에 목적인 인간의 존엄성은 국가에 인간의 존엄성을 존중하고 보호해야 할 의무를 부과한다. 인간은 그 자체로서 궁극적 목적이자 최고의 가치로서 대우받아야 하며,

어떠한 경우에도 인간이 다른 가치나 목적, 법익을 위한 수단으로 취급되어서는 안 된다.

이러한 자기 결정권과 '인간과 국가의 관계'가 남녀 구별 없이 여성에게도 동일하게 적용되어야 함은 자명하다. 특히 여성은 남성과 달리 임신, 출산을 할 수 있는데 이에 관한 결정은 여성의 삶에 중대한 영향을 미친다.

따라서 자기 결정권에는 여성이 그의 존엄한 인격권을 바탕으로 하여 자율적으로 자신의 생활영역을 형성해 나갈 수 있는 권리가 포함되고, 여기에는 임신한 여성이 자신의 신체를 임신상태로 유지하여 출산할 것인지 여부에 대하여 결정할 수 있는 권리가 포함되어 있다.

자기낙태죄 조항은 모자보건법이 정한 일정한 예외를 제외하고는 태아의 발달단계 혹은 독자적 생존능력과 무관하게 임신기간 전체를 통틀어 모든 낙태를 전면적·일률적으로 금지하고, 이를 위반할 경우 형벌을 부과하도록 정함으로써, 형법적 제재 및 이에 따른 형벌의 위하력(威嚇力)으로 임신한 여성에게 임신의 유지·출산을 강제하고 있으므로, 임신한 여성의 자기 결정권을 제한하고 있다.

임신·출산·육아는 여성의 삶에 근본적이고 결정적인 영향을 미칠 수 있는 중요한 문제이므로, 임신한 여성이 일정한 범위 내에서 자신의 몸을 임신상태로 유지하여 출산할 것인지 여부에 대하여 결정하는 것은 자신의 생활영역을 자율적으로 형성해 나가는 것에 관한 것으로서 인간의 존엄성과 자율성에 터 잡고 있는 것이다. 이러한 결정은 임신한 여성에게 신체적·심리적·사회적·경제적 결과를 가져오는 것으로서 이를 초래하는 상황은 임신한 여성이 처한 신체적·심리적·사회적·경제적 상황에 따라 복잡하고 다양한 양상을 보인다. 그렇기 때문에 임신한 여성이 자신의 임신을 유지 또는 종결할 것인지 여부를 결정하는 것은 스스로 선택한 인생관·사회관을 바탕으로 자신이 처한 신체적·심리적·사회적·경제적 상황에 대한 깊은 고민을 한 결과를 반영하는 전인적(全人的) 결정이다(헌재 2019.4.11. 2017헌바 127).

이 사건에서 대립하고 있는 두 개의 권리, 이익은 태아의 생명권과 임신한 여성의 자기 결정권입니다. 기존에는 태아의 생명권에 절대적인 우선권을 부여했습니다. 낙태죄는 이를 형벌로 보여주는 것이었습니다. 법률의 세계에서 생명권은 절대권이라고 불리며 절대적으로 우선됩니다. 사람이 살아 있어야 인간의 존엄성도 누리고 기타 권리를 누릴 수 있습니다. 살인은 인간이 생각할 수 있는 최악의 범죄이며 가장 심각한 형벌의 대상입니다. 태아의 생명권도 생명권의 일종이므로 절대적으로 보호되어야 한다고 생각되어 왔습니다. 그런데 헌법재판소는 그렇지 않다고 결정했습니다. 태아의 생명권은 임신부의 건강과 사회 경제적 사유와 긴밀하게 관련되어 있기 때문에 임신 기간에 따라 임신부의 자기 결정권이 앞서는 경우가 있을 수 있다는 것입니다. 이 결론이 옳은 것인가를 두고 오랜 기간 동안 많은 논쟁이 있었습니다. 헌법재판소의 결정으로 최소한 법률의 세계에서는 결론이 내려졌습니다. 이 문제는 종교와 윤리의 문제가 깊숙이 관련되어 있어 법률의 세계를 벗어나면 또 다른 논쟁을 피할 수 없습니다.

여기에서 지적하고 싶은 것은 절대권이라고 생각되어 온 태아의 생명권에 비해 임신부의 자기 결정권이 앞설 수 있다는 생각이 헌법재판소의 다수의견이었다는 점입니다. 임신부의 자기 결정권에는 건강상의 이유도 있고 사회경제적 사유도 있습니다. 결국 임신부의 내밀한 세계에서의 결정, 주체적인 결정이 태아의 생명권보다 앞선다는 것입니다. 어느 정도 기간까지이지만 말입니다. 개인의 자기 몸에 대한 결정권에 대해 국가나 공동체, 다른 개인이 더 이상 간섭할 수 없다는 것이 명확히 되었습니다. 배우자, 가족, 동거인, 공동체, 국가 기타 어떤 사람이나 조직보다 개인이 더 중요하다는 것이 확인된 것입니다. 개인의 내밀한 세계가 승리했습니다.

주목할 것은 양심적 병역거부와 낙태죄 사건이 인권의 관점에서 조명되고 있다는 것입니다. 현대 인권은 개인의 내밀한 세계를 인정하고 존중하며 이를 불가침으로 선언합니다. 인권은 개인을 전제로 합니다. 집단으로서 기본적인 권리도 있지만, 인권은 아무래도 개인적입니다. 개인이 등장한 이후 인권이 발전하기 시작했고 인권의 발전은 인간의 존엄성, 개인의 존엄성을 더욱 발전시켜 개인주의를 심화시켰습니다. 현대 인권은 개인의 성장과 함께 계속 확대 발전하고 있습니다. 개인의 내밀한 세계는 인권에 힘입어 계속 확대될 것입니다.

개인의 내밀한 세계가 존중받는 것은 바람직한 현상입니다. 개인의 해방이라는 측면에서도, 인권이라는 측면에서도 바람직합니다. 그동안 개인은 가족, 지역, 국가 등 여러 공동체에 의하여 지나치게 많은 통제와 개입을 받아 왔습니다. 이 억압적인 측면은 사라져야 합니다.

다만 개인의 내밀한 세계를 너무 강조하면 공동체와 멀어지는 문제가 있다는 점은 잊지 말아야 합니다. 공동체는 억압적인 측면과 함께 개인의 정체성을 형성, 강화하고 개인의 자유를 보장하는 역할도 합니다. 공동체로부터 파생되는 공동의 정체성이 사라지면 공동체의 기능은 현저하게 약해지고, 개인의 정체성 역시 약해집니다. 정체성이 약해지면 개인은 세상을 살아가기가 어려워집니다. 개인의 내밀한 세계의 신성함은 공동체를 약화시키는 단점이 있습니다. 누구도 다른 사람의 행태에 대해 간섭하지 않기 때문에 윤리적 생활, 예의, 공손, 품위 있는 생활을 확대할 가능성이 줄어듭니다.

가족 붕괴와 1인 가구 등장

개인 공간의 창출과 확대 현상은 물리적, 기술적, 철학적 기초를 가지고 있습니다. 물리적 기초란 독방 등 개인 생활공간을 말하고, 기술적 기초란 가상공간을 말합니다. 철학적 기초란 개인의 내밀한 공간을 말합니다. 개인 공간의 확대는 이처럼 기반이 있기 때문에 더욱 확대될 것으로 보입니다.

심리적으로도 개인 공간은 확대되고 있고 개인주의는 더욱 심해지고 있습니다. '가족 붕괴와 1인 가구 등장' 현상이 이를 잘 보여줍니다. 가족의 붕괴는 개인이 가족으로부터 독립한다는 것이 아닙니다. 그냥 가족 자체가 없어지고 있다는 것을 말합니다. 어쩌면 가족의 붕괴로 개인은 독립을 강요받고 있는지도 모릅니다. 과거에는 가족으로부터의 독립은 성인이 되는 가장 중요한 의식이었습니다. 부모로부터의 독립은 인간이 한 사람의 몫을 한다는 것을 의미했고 자신의 인생을 자신이 결정하고 자신이 가족을 부양한다는 것을 의미했습니다. 사회적으로는 가정이라는 울타리를 떠나 공동체 구성원이 되는 것을 의미했습니다. 공동체의 구성원으로서 권리와 의무를 지게 됩니다. 그래서 과거 유교가 지배하는 동양에서는 어른이 되는 시기를 중요하게 생각했습니다. 관혼상제에서 관례는 성인이 되는 의식을 말합니다. 임금에 충성하고 부모에게 효도하고 지역 사회에 봉사하는 그런 의무를 강조하는 행사였습니다. 그 흔적이 남아 지금도 성인식 혹은 성년의 날이라는 행사가 있습니다.

지금의 가족붕괴는 가족으로부터의 독립이 아닙니다. 가족, 가정에 대한 가치관이 바뀐 것을 말합니다. 가정은 더 이상 자신의 정체성을 형성하고 자신의 가능성을 펼치는 베이스캠프가 아닙니다. 평화와 안정, 안전과 돌봄, 사랑과 배려를 제공하는 장소도 아닙니다. 한마디로 가족은 더 이상 좋은 장소도, 더 이상 좋은 친구도 아닙니다. 개인의 공간이 더 좋은 장소입니다. 가족의 공간이 개인의 공간으로 분할되고 개인의 공간이 가족의 공간을 대체합니다. 개인의 공간은 물리적으로도 정신적으로도 가족의 공간과 분리되어 있습니다. 1인 가구의 등장은 이를 상징적으로 보여줍니다.

현대 사회에서 1인 가구는 찬미됩니다. 문화적으로 '혼밥', '혼술', '혼행' 등은 행복과 같은 의미로 사용됩니다. 개인의 독자적인 활동, 공간이 행복을 보장하는 것으로서 칭송됩니다. '혼밥', '혼술', '혼행' 등의 용어는 혼자 하는 일은 모두 좋다는 의미를 담고 있습니다. 하지만 혼자 살면 좋은 일만 있을 리 없습니다. 당연히 불편함과 불안감이 있습니다. 혼자 설거지도 해야 하고 혼자 청소도 해야 하고 혼자 빨래도 해야 합니다. 이것을 '혼설', '혼청', '혼빨'이라고 부르면서 좋은 의미를 담지는 않습니다. 혼자 하는 야근은 '혼야'라고 부르지도 않습니다. 혼자 해야만 하는 안 좋은 일에 대해서는 '혼' 또는 '혼자'라는 말을 잘 사용하지 않습니다. 혼자 살면 당연히 불안감도 증가합니다. 최근 반려동물이 폭발적으로 증가하는 현상은 혼자 살면서 발생하는 고독감과 불안감을 해소하기 위한 하나의 선택이라고 할 수 있습니다. 방범창이나 자물쇠로 외부의 침입을 막고 CCTV를 설치하는 것 역시 혼자 살기 때문에 벌어지는 현상입니다.

혼자는 곧 고독을 의미하는데 고독을 이렇게까지 칭송하는 현상은 철학적으로 이해하기 어렵습니다. 아침에 혼자 일어나고 저녁에 혼자 자는 생활이 즐거운 사람은 소수입니다. 원래 영적 생활을 하는 사람들은 고독을 친구로 삼지만, 일상생활을 하는 사람들은 고독을 즐기지 않습니다. 인간은 무엇보다도 함께 모여 사는 존재입니다.

혼밥, 혼술 등 1인 가구에 대한 칭송, 고독에 대한 찬미의 원인은 무엇일까요. 원인은 세 가지가 있다고 생각됩니다. 첫째, 과학기술에 의한 가상공간이 혼밥 문화를 확대합니다. 과학기술에 의해 가상공간이 창출되면서 편리함이 늘었습니다. 인간은 혼자 살면 공동생활을 하는 것보다 불편함과 고독감을 더 크게 느낍니다. 그래서 인간은 가족이나 공동체 속에서 생활해 왔습니다. 실제로는 가족이나 지역 공동체가 먼저 존재하고 인간은 그 속에서 태어나고 자라고 생활하고 죽습니다. 개인이 공동체를 만든 것이 아니라 공동체가 사실 개인을 만듭니다. 공동체는 우리에게 생활을 보장해줍니다. 살아갈 방법을 알려주고 제공합니다. 나아가 우리가 가지고 있는 많은 생각, 가치관, 정체성은 대부분 공동체가 제공해 준 것들입니다. 개인이 직접 마련한 것은 거의 없고 있다고 하더라도 매우 적습니다. 개인이 직접 그 다양한 지식과 지혜, 가치관, 정체성을 모두 만들고 습득하는 것은 사실상 불가능합니다. 대부분 공동체가 제공해줍니다. 우리가 가지고 있는 다양한 지식은 사실 학교라는 공동체가 제공한 것입니다. 하지만 공동체 생활이 주는 불편함이 있습니다. 억압적인 요소입니다. 공동체는 개인의 가능성, 개인의 존엄성을 좀처럼 인정하지 않습니다. 개인의 공간도 잘 인정하지 않습니다. 이것은 굉장히 불편하고 힘든 요소입니다. 불편함과 편안함, 이 두 가지 요소가 공동체에 공존합니다. 과거 사람들은 이 두 가지 중 불편함은 대부분 체념하고 공동체 생활을 받아들였습니다. 사실 공동체 생활을 받아들이지 않으면 살아갈 수 없었기 때문이지만 말입니다. 공동체가 주는 불편함은 당연한 듯 받아들였습니다.

이러한 태도는 과학기술의 발달로 바뀌게 됩니다. 과학기술의 발달로 편리함이 늘어나 혼자 살아도 생존하는 데 큰 문제가 없어졌습니다. 더는 공동체가 생존 수단을 제공해 주지도 않고 불편함을 해소해주지 않습니다. 생존수단은 가족이 아닌 외부 활동에서 구하고 편리함은 과학기술에서 구하면 됩니다. 이것이 혼밥, 혼술 등 고독을 찬미하는 첫 번째 이유입니다. 하지만 혼밥문화의 편리함은 표면적이고 인간 깊숙한 곳에 있는 정체성이나 본질적인 고독감은 과학기술도 어쩔 수 없는 문제입니다.

둘째, 자본에 의한 소비촉진이 혼밥 문화를 촉진합니다. 자본이 혼밥 문화를 만드는 것인지 아니면 따라가는 것인지는 논란의 여지가 있습니다. 현재의 상태는 자본이 혼자 사는 것을 예찬하는 혼밥 문화를 촉진하는 것처럼 보입니다. 자본은 혼자 사는 것에 대한 불편함과 불안감을 최소화하는 상품과 서비스를 공급하여 혼밥 문화를 퍼뜨리는 데 적극적인 역할을 합니다. 그렇지만 자본도 처음에는 혼밥 문화가 돈이 될 것이라는 상상하지 못했을 것입니다. 일부 소자본들이 이를 시도했고 그것이 성과가 있자 대기업들이 뛰어들었습니다. 이처럼 혼밥 문화가 먼저 있고 기업이 이 문화를 이용해 돈을 벌고 있다고 생각할 수도 있지만 이제는 자본이 혼밥 문화를 확대하여 이를 통해 이윤을 창출하는 단계까지 나아갔습니다. 혼자 살고 혼자 여행하고 혼자 밥 먹는 것이 멋있는 것처럼 광고하는 것이 그 증거입니다. 결과적으로 자본은 혼밥 문화를 적극적으로 이용하여 돈을 벌고 있고 이를 바탕으로 혼밥 문화는 더욱 발전하고 있습니다. 간편식을 넘어 로봇개까지 생산하는 단계에 이르렀습니다.

셋째, 초 연결성에 대한 염증이 혼밥 문화를 지탱합니다. 타인과의 연결, 세계와의 연결은 인간이 인간답게 살기 위한 조건 중의 하나입니다. 인간은 유적인 존재이므로 다른 인간과 공동체를 만들어 살아야 하고 이 과정에서 자신의 정체성을 형성하고 자신을 재생산합니다. 위에서 말한 바와 같이 개인이 가지고 있는 정체성의 대부분은 공동체가 제공한 것입니다. 한편, 개인은 공동체와 관계를 맺지만 독립적인 공간이 필요합니다. 이 두 가지가 서로 적절하게 균형을 이루어야 합니다. 그런데 과거에는 주로 공동체가 억압적이었습니다. 근대 시민혁명 등 인간 해방 혁명 이전에는 피지배계층 대다수에게 공동체는 억압적이었습니다. 혁명과 민주화 이후 공동체는 다수에게는 억압적이지 않게 되었지만, 사회적 약자에게는 여전히 억압적이었습니다. 사회적 약자들의 정체성은 인정받지 못했고 보호받지 못했습니다. 위에서 본 바와 같이 양심적 병역거부나 낙태죄가 대표적인 사례입니다. 최근에는 성적 정체성 또는 성적 지향이 문제가 되고 있습니다.

개인주의가 확대되고 개인의 공간이 생기면서 공동체와의 관계가 좀 더 자유롭게 되기를 많은 사람들이 희망하고 있습니다. 공동체와 좀 느슨한 관계를 맺고자 하는 것입니다. 공동체의 영향력도 과거와 같지는 않습니다. 개인주의의 폭발 이후에 공동체는 쇠퇴하고 있습니다. 하지만 공동체가 제공하는 연결성에 대한 요구는 여전히 남아 있습니다. 연결이 없다면 개인은 불안감, 고독감에 지치고 인간으로서 역할을 할 수 없기 때문입니다.

그런데 이 연결성, 타인과 연결되고 세계와 연결되는 연결성이 변하고 있습니다. 최근에는 연결성이 초 연결성으로 발전하면서 관계의 형태가 변화하고 있습니다. 시간과 공간을 초월하여 사람들과 얽매이는 관계가 새로 생겨나고 있는 것입니다. SNS의 등장이 그것입니다. 가상 공간을 통하여 수많은 친구를 만나고 사귀는 현상이 벌어지고 있습니다. 이러한 현상은 인간의 연결 욕구를 정보통신 도구로 구체화한 것으로서 쇠퇴하고 있는 공동체를 대신하고 있습니다. 하지만 SNS는 지나

114
정의의 미래 "공정"

치게 많고 표면적이고 부분적인 연결성으로 오히려 연결성에 문제를 일으키고 있습니다.

　SNS를 통한 관계 형성 혹은 업무 지시와 이행은 시간과 공간을 초월한 새로운 관계 형성이고 또 노동 형태입니다. SNS는 제한되고 간편한 관계라고 할 수 있으나 실제로는 24시간 장소와 관계없이 노출되는 문제가 있습니다. 쏟아지는 정보의 홍수도 24시간 정보망에서 살 것을 충동질합니다. 여기에 한국 사회 고유의 마치 진흙탕과 같은 관계 형성이 더해지면 초 연결성은 초 피곤으로 발전합니다. 만나자마자 나이, 출신지, 출신학교를 묻고 아는 사람을 찾아서 일단 서열을 정리한 다음 형, 언니, 오빠, 동생 관계를 정하는 한국의 문화는 인간관계를 맺을 때 적당한 거리를 허용하지 않습니다. SNS도 한국형으로 발전하고 있습니다. 정보기술혁명으로 가상공간을 바탕으로 한 초 연결성은 인간관계를 피곤하게 만듭니다. 이제 이러한 관계에서 잠시 벗어나 개인의 고독을 즐기는 듯한 생활이 필요한 때입니다. 물론 그렇다고 완전히 개인의 고독을 즐기는 것은 아닙니다. 개인의 고독을 즐기는 것을 SNS에 올리고 친구들이 읽고 '좋아요'를 누르기를 기대합니다. SNS의 초 연결성은 초 피곤을 낳고 초 피곤은 반대 현상으로 개인의 공간, 개인의 생활, 혼밥 문화를 만들어 냅니다. 자거나 밥 먹을 동안만이라도 자신의 공간이 필요하니까요.

　혼밥 문화가 아무리 발전하더라도 가족의 공간은 그대로 남아 있고 여기에 머무르는 사람도 있기 마련입니다. 이 공간에 남은 부모 세대는 큰 문제가 없습니다. 문제는 부모 세대에 기생하는 젊은이들입니다. 일본에서는 이미 이들이 '히키코모리'라고 하여 사회적 문제가 되고 있습니다. 부모의 연금이 부모와 함께 사는 아들, 딸의 생활자금입니다. 이 가족은 이미 붕괴했고 서로가 서로에게 고통과 괴로움을 주지만 그래도 남아있는 것이 현실입니다(우에노 지즈코, 2018). 아무리 혼밥 문화가 발전해도 독립할 수도 없는 일부의 현실은 사라지지 않을 것입니다.

폭발하는 개인의 영향력

현대 사회를 특징짓는 가장 큰 요소는 폭발하는 개인의 힘입니다. 개인의 힘은 개인의 공간에 기반하고 있습니다. 개인의 공간이 없다면 개인의 힘은 폭발적으로 증가할 수 없습니다. 개인의 공간의 주어짐에 따라 개인의 힘, 개인의 영향력이 증가하고 있습니다. 사회를 좌우하고 국가를 움직이며 심지어 세계를 뒤흔들 힘을 이제 개인이 가지게 되었습니다.

개인 공간의 창출은 생활의 단위가 가족이나 공동체에서 개인으로 바뀐 것을 의미합니다. 생산과 소비의 단위, 경쟁의 단위, 성공과 실패의 단위, 평가의 단위 등 모든 생활의 단위가 개인으로 바뀌었습니다. 이전에는 가족 중 한 명이라도 성공하면 같이 잘 살 수 있었는데 지금은 그 성공한 사람만 잘살고 나머지는 그의 성공과 무관합니다. 경쟁이 미화되면서 개인의 성공은 극단적으로 중요하게 되었습니다. 경쟁은 최고의 가치가 되었고 경쟁의 결과는 오로지 개인이 다 감당하도록 세뇌된 상태입니다. 개인이 노력하여 성공하면 엄청난 부를 누릴 수 있고 개인이 노력했음에도 실패하면 그에 대해 오로지 개인이 책임을 져야 합니다. 실제 개인의 성공 뒤에 있는 사회적 투자는 눈에 보이지 않습니다. 개인 성공 뒤에 있는 사회적 투자는 이전에는 가족의 희생이었고 지금은 무상교육이나 무상 의료 등 사회복지입니다. 신자유주의의 경쟁 논리는 이러한 무대 뒷면의 희생을 마치 존재하지 않는 것처럼 만들어 버렸습니다.

최근 공유경제로 주목받는 플랫폼 산업에서 개인의 성공은 현대판 성공 신화로 각광받고 있습니다. 엄청난 자본, 거대한 공장, 수많은 노동자, 골리앗처럼 큰 기계가 필요 없는 산업이 등장하고 있습니다. 이 산업은 기존의 산업을 붕괴시키고 재편하고 있습니다. 공유산업의 대표격인 자동차 공유 서비스 회사인 우버는 자동차 생산 회사보다 더 높은 기업가치를 가지고 있습니다. 숙박 중개 서비스를 제공하는 에어비앤비의 가치는 세계적인 호텔 체인 힐튼호텔의 기업가치를 추월했습니다. 이들 공유산업의 특징은 막대한 자본과 노동력의 투입이 필요 없다는 점, 거대한 물리적 공간이 아닌 인터넷 공간을 이용한다는 점, 기존에 사용되지 않던 자동차나 주택 등을 산업에 투입함으로써 물자 사용의 효율을 기한다는 점, 사용자와 공급자를 직접 연결하여 거래 비용을 획기적으로 낮춘다는 점, 기존의 산업을 파괴하고 있다는 점 등 여러 가지가 있습니다. 소수 개인의 창의성이 가장 중요하다는 점 역시 공유경제의 특징입니다. 인터넷 플랫폼을 이용하기 때문입니다. 막대한 자본과 노동력 투입이 필요 없으니 개인의 혁신적인 아이디어와 이를 구현하는 정보통신기술이 중요합니다. 개인의 역량으로 순식간에 세계적인 기업이 탄생한 것입니다. 개인의 역량, 창의성이 가장 중요한 자산으로 평가받는 시대가 되었습니다.

개인의 힘, 영향력 증대는 정보통신 혁명의 결과이면서 또 그 원인입니다. 개인은 정보통신 혁명의 결과를 적극적으로 이용해 정보를 수집하고 연결하고 가공함으로써 부를 창출합니다. 그 과정에서 개인은 정보통신 혁명을 더욱 발전시킵니다. 새로운 애플리케이션의 개발로 신산업을 출범시키면서 정보통신 혁명도 발전시키는 이중의 역할을 합니다.

정보통신 혁명을 이용한 개인의 영향력 증대는 유튜브와 같은 미디어 혁명에서 확인할 수 있습니다. 유튜브는 공중파가 아닌 인터넷을 이용하므로 개인이 자신의 의도대로 방송할 수 있는 장점이 있습니다. 방송 제작도 1인 방송이 가능할 정도로 편리합니다. 내용은 유행에 즉각적으로 반응합니다. 시청에도 제약이 없습니다. 언제 어디서든지 가능합니다. 보다가 중단하고 다시 보아도 문제없습니다. 현대인이 가장 약한 긴 호흡은 필요 없습니다. 여기에 더해 유튜브 방송을 통해 광고도 할 수 있고 수익도 얻을 수 있으므로 많은 이들이 더 많은 정보를 생산합니다.

　이에 비하여 기존의 매체는 불편하기 짝이 없습니다. 신문이나 방송은 소비자의 처지와 관계없이 정해진 시간에 신문사나 방송국이 만든 내용만을 생산합니다. 유튜브보다 불편하기 짝이 없고 유행에도 둔감합니다. 활자화된 정보는 유튜브에 비해 감각적이지 않고 중독성도 약합니다. 활자화된 정보를 다루는 출판시장도 사정은 마찬가지입니다. 출판시장도 많이 변하여 감각적인 내용을 다루고자 하지만 한계가 있습니다. 출판물은 오랜 시간 읽으면서 생각을 거듭하고 숙고를 하는 정보를 다루는데 능합니다. 정보통신 혁명으로 인간 생활의 편리함은 향상되었습니다. 인터넷 쇼핑은 편리함의 거의 최고지점이라고 할 수 있습니다.

　개인 미디어의 폭발은 정보에 대한 사람들의 갈애에 기반하고 있습니다. 정보는 황금과 같습니다. 정보화 사회에서 '정보는 돈'이라고 말을 하는데 이것은 단순한 비유에 그치지 않습니다. 가지면 가질수록 더 많이 가지고 싶다는 점에서 정보는 황금과 같습니다. 황금이 많으면 부자가 되듯이 정보가 많으면 현실에서 부자가 됩니다. 황금으로 남을 부리듯 정보로 남을 부릴 수 있습니다. 황금으로 자랑을 하듯 정보로 자랑을 하면서 자신의 가치를 높일 수 있습니다. 황금이 아무리 많더라도 물건과 교환을 하지 않으면 쓸모가 없듯, 정보도 다른 물건과 교환하지 않으면 쓸모가 없습니다. 사람들은 황금에 집착하듯 정보에도 집착합니다.

정보 자체에 대한 호기심은 과거에도 있었습니다. 과거에도 정보에 목말라했고 정보를 통하여 권력을 유지하고 기득권을 지켰습니다. 그러나 현대 정보통신 혁명으로 정보의 위상은 완전히 바뀌었습니다. 정보가 곧 자본이고 권력으로 되었습니다. 현대 사회에서 돈도 사실은 컴퓨터의 정보로만 존재합니다. 실제 현금이 없더라도 은행에 현금이 있는 것처럼 물건을 사고팝니다. 그러나 실제로 주고받는 것은 하나도 없습니다.

정보의 위상 변화에 더해 현대인의 심리가 정보의 유통을 폭발시켜 버렸습니다. 인간은 누구나 다른 사람 엿보기, 관찰심리가 있습니다. 몰래카메라 방송이 항상 인기가 있는 것은 이 때문입니다. 정보를 쉽게 만들고 유통할 수 있는 기술의 등장, 정보의 권력화, 현대인의 엿보기 심리 등이 작용하면서 정보에 대한 욕구는 폭발했습니다.

정보의 폭발에는 정보의 수요자와 공급자가 같아지는 현상이 있습니다. 개인의 의견, 이동 경로, 상품 구매목록, 상품평, 블로그, 여행 후기 등 모든 것이 정보화됩니다. 이전에는 정보를 수동적으로 소비했던 사람들이 다투어 정보를 통신망에 올립니다. 정보의 생산자가 된 것이지요. 자본과 권력의 입장에서 보면 이제는 자발적으로 올라오는 정보를 이용하기만 하면 됩니다. 과거에는 정보를 애써 수집해야 개인과 사회의 움직임을 예상할 수 있었으나 지금은 정보가 넘쳐나고 있습니다. 모든 개인이 정보를 올리고 있습니다. 심지어 불법적인 정보, 자신에게 형사상 불리한 정보도 즐겁게, 자랑스럽게 올리고 있습니다. 세상 모든 사람이 정보의 생산자가 되었습니다. 그것도 자발적으로 아무런 대가 없이 말입니다.

정보통신 혁명으로 디지털 세계에서 정보는 차고 넘칩니다. 검색 도구의 발달과 정보의 디지털 저장으로 정보를 누구나 쉽게 접하고 만들고 유통할 수 있게 되었습니다. 정보의 홍수는 개인에게 엄청난 기회를 주고 사회에도 큰 변화를 초래합니다. 시간과 공간의 한계, 기술의 한계를 돌파하는데 정보통신 혁명은 막대한 기여를 했습니다. 정보통신 혁명으로 모든 집단이 혜택을 보고 있지만, 특히 정보를 잘 다루는 소수 개인은 엄청난 혜택을 받고 있습니다. 정보통신 혁명으로 돈과 권력을 잡을 수 있기 때문입니다. 정보통신 혁명은 개인의 시대를 활짝 열었습니다.

개인의 영향력이 확대된 만큼 부작용도 큽니다. 특히 정보통신 혁명이 낳은 미디어를 이용한 개인의 영향력 확대는 많은 부작용을 낳고 있습니다. 리벤지 포르노나 몰래카메라의 유포, 가짜 뉴스의 배포, 명예훼손의 남발로 개인에게 치명적인 피해를 입히거나 사회를 혼란스럽게 만들고 있습니다. 개인 신체 부위에 대한 촬영과 유포, 성적 생활을 촬영한 영상물의 공유와 배포 등은 이제 일상의 일이 되었습니다. 너무나 쉽게 불법적인 정보도 생산하고 공유하고 있습니다.

어떤 일이 너무 쉬우면 그에 대한 죄의식은 약해집니다. 그래서 그 일을 더 많이 하게 됩니다. 타인의 신체 촬영과 사진의 공유가 여기에 해당합니다. 사진 촬영과 유포가 너무 쉬우니 죄의식이 없고 죄의식이 없으니 더 많이 하게 됩니다. 인터넷에 퍼진 정보는 삭제도 불가능합니다. 너무나 쉽게 복제가 되고 아날로그 정보와 달리 복제과정에서 정보의 감소도 없습니다. 원본과 아무런 차이 없이 복제할 수 있습니다. 복제도 실시간으로 이루어지기 때문에 가벼운 마음으로 혹은 장난으로 올린 정보도 삽시간에 퍼져나갑니다. 일단 저장된 정보는 정보망에서 완전히 없애는 것은 불가능합니다. 일기장에 쓴 일기는 태워버릴 수 있지만, 인터넷에 올린 댓글이나 사진을 영원히 지울 수가 없습니다.

정치 역시 정보통신 혁명이 낳은 미디어를 이용하면서 많은 단점을 낳고 있습니다. 미디어를 이용한 정치는 현대사회에서 필수적인 정치 형태입니다. 하지만 그 과정에서 발생하는 단점에 대해서는 충분한 주의를 해야 합니다. 정치가 왜곡되고 언론이 기형화되면서 미디어는 가짜 뉴스를 양산하고 개인의 음모론을 퍼뜨리는 장소가 되어 버렸습니다. 자체 검증 기능은 실종되었습니다. 정치가 이용하는 미디어는 정책을 알리는 것이 아니라 상대방을 무차별 공격하는데 전력을 다하고 있습니다. 정치기사의 댓글에는 욕설이 많이 있습니다. 댓글을 보다 보면 건전한 비판과 토론, 대화와 타협은 이미 사라진 것이 아닌가 의심스럽습니다. 정보통신 혁명이 낳은 미디어, SNS에서는 이미 비판과 토론, 대화와 타협은 불가능한 것으로 보입니다. 묻지마 지지, 묻지마 반대가 대세를 장악하고 있습니다. 욕설은 기본입니다. 진영 논리가 지배하면서 묻지마 지지 현상이 갈수록 심각해지고 있습니다. 사물과 사람, 말과 행동을 잘 구분하여 좋은 점은 칭찬하고 더 많이 하도록 도와주고 나쁜 점은 지적하고 더 적게 하도록 해야 하는 것은 인간 생활의 기본입니다. 어찌 한 사람의 모든 말과 행동, 어떤 진영의 정책과 지향이 다 좋고 다 나쁠 수가 있겠습니까? 좋은 점은 좋다고, 나쁜 점은 나쁘다고 말해야 합니다.

　　욕을 하면 듣는 상대방도 고통에 빠지고 욕을 하는 자도 고통에 빠집니다. 더 고통스러운 것은 바로 자신입니다. 욕을 했을 때 상대방이 욕에 대해 반응을 하면 욕은 상대방과 자신이 함께 나누어 가집니다. 마치 상대방에게 음식을 대접했을 때 상대방이 받아들이면 음식을 같이 나누어 먹는 것처럼 말입니다. 그런데 상대방이 욕을 듣지 않고 아무런 반응을 하지 않으면 그 욕은 자신이 치워야 합니다. 마치 상대방이 음식 대접을 받았는데 이에 응하지 않으면 주인이 그 음식을 모두 다

먹어야 하는 것처럼 말입니다. 부처님의 말씀입니다(일아, 2013). 욕을 하면 순간적으로는 속이 시원해지는 것 같지만 욕을 한 더러운 마음은 자신의 의식의 바닥에 그대로 남아 있습니다. 자신의 의식 속에 남아 있는 욕을 한 경험은 다음에 더 큰 욕을 하게 만듭니다. 욕을 하면 결국 더러워지는 것은 자신입니다. 욕을 들은 자는 아무런 반응을 하지 않으면 욕에 의하여 더러워지지 않습니다. 욕에 대한 가장 좋은 대응은 침묵이고 자비롭게 대하는 것입니다.

정보통신 혁명으로 한 개인이 미디어를 이용하여 다른 개인을 망가뜨리고 사회를 움직이며 심지어 국가 정책도 좌우하는 단계로 진입했습니다. 정보통신을 이용한 많은 신종범죄가 생겨나 사람들의 고통을 가중시킵니다. 해킹에 의한 피해는 개인을 넘어 국가를 위험하게 만들 정도입니다. 그러나 한 명만 이런 힘을 가지고 있는 것이 아닙니다. 정보를 다룰 수 있는 모든 사람이 이런 힘을 가지고 있습니다. 서로가 서로에게 피해를 주고 몰락시킬 충분한 힘을 가지고 있는 상태에 도달했습니다. 정보의 세계는 모두가 모두에게 가해자가 될 수 있는 투쟁의 세계입니다.

서로의 평화와 안전이 서로에게 달린 상태, 각자는 언제든지 디지털 세계를 통하여 상대방을 파멸시킬 수 있는 상태가 정보통신 혁명의 이면입니다. 공동체에 사는 이상 나의 행복과 복지를 다른 사람에게 어느 정도 맡길 수밖에 없는데 나의 행복과 복지를 좌우하는 다른 사람이 나를 파멸시킬 힘을 가지고 있는 것입니다. 미디어를 통하여 좋은 정보만 유통되는 것이 아니라는 사실에 유념해야 합니다. 공격적이고 파멸적이며 거짓의 정보도 엄청나게 유통되고 있습니다. 그 결과 개인과 공동체의 안전과 평화가 심각한 위험에 직면해 있습니다. 신체 촬영 때문에 언제나 신경을 써야 하고 자신에 대해 잘못된 뉴스가 있을지 경계해야 하는 세상, 거짓 뉴스가 넘쳐 뉴스를 들을 때마다 거짓인지 아닌지 선별해야 하는 세상은 바람직한 세상이 아닙니다.

안타깝게도 이 경향은 더욱 강화될 것으로 보입니다. 정보를 다루는 기술은 점점 편리해져 누구나 유튜브를 찍고 유통할 수 있는 단계에 이르렀습니다. 정보를 마음대로 생산하고 엄청난 규모로 유통할 수 있는 힘을 개인이 가지게 된 것입니다. 원래 학문, 과학, 기술 등은 처음에는 엄청 어렵지만 세월이 지나면 상식의 수준으로까지 확대됩니다(김민형, 2018). 상대성이론이나 불확정성원리처럼 처음에도 어려웠고 지금도 어려운 예외도 있지만, 대부분의 학문은 퍼지면 상식 수준으로까지 확대됩니다. 상대성이론이나 불확정성원리도 그 내용은 어렴풋이 알고 있습니다. 컴퓨터가 처음 개발되었을 때 이를 이용할 수 있었던 사람은 소수였으나 지금은 거의 모든 사람들이 컴퓨터를 이용합니다. 불교의 반야심경에 나오는 말로서 쿠마라지바(구마라집)가 번역했다는 놀라운 말, 색즉시공(色卽是空), 공즉시색(空卽是色)이라는 말도 지금은 상식적인 용어이지만 처음에 등장했을 때에는 소수의 깨친 사람들만이 이해할 수 있는 참으로 어려운 말이었습니다. 그렇다고 색즉시공, 공즉시색이 쉬운 말이라는 것은 절대 아닙니다. 이 의미를 정확하게 알면 모든 고통을 건널 수 있다고 하니 참으로 어려운 말입니다. 여기에서 상식 수준이라는 것은 널리 퍼져있다는 의미입니다.

정보통신 혁명은 계속 발전하여 더 많은 정보를 더 많은 사람들이 더 편리하게 이용할 수 있게 될 것입니다. 문제는 이렇게 많은 정보를 생산하고 유통하는데 아무런 검증 장치가 없다는 것입니다. 방송이나 신문 등 정통 언론인 경우에는 상호 검증하는 장치가 있어 가짜 뉴스를 걸러내고 의미 없는 정보도 걸러냅니다. 그런데 개인이 생산하고 유통하는 정보에는 이러한 검증 장치가 없습니다. 무차별적으로 불필요하거나 유해한 정보가 그대로 유통되게 된 것입니다. 이 과정에서 정보를 이용하여 자신의 영향력을 확대하고 권력을 휘두르려는 시도 역시 계속 확대될 것입니다. 정보통신 혁명은 과학기술에 근거하여 일어나지만 근본 이유는 인간의 정보에 대한 집착, 갈애입니다. 이 집착과 갈애가 기술과 만나면 이윤과 자본, 그리고 권력이 됩니다. 이윤과 자본, 권력이 자신에게 도움이 된다고 생각하므로 사람들은 정보에 더 집착합니다.

정보에 대한 갈애는 인간 뇌의 성격을 반영하므로 정보는 더 많이 생산되고 유통되고 이용될 것입니다. 사람의 뇌는 고통도 자극, 즐거움도 자극이라고 생각하여 이를 극단적으로 추구하는 경향이 있습니다. 마치 원숭이처럼 이리저리 뛰어다니는 생각을 하나하나 잡아서 붙잡아 기둥에 묶어야 쉴 수 있는데 사람의 뇌는 쉬지 않습니다. 자극을 계속 찾아갑니다. 피곤한 줄도 모르고 자극만을 추구합니다. 그 뿌리는 탐욕, 분노, 어리석음입니다. 코이케 류노스케 스님은 뇌가 깡패 같은 경향이 있다고까지 말합니다(코이케 류노스케, 2011).

이런 뇌의 성격을 정확히 반영하는 것이 바로 현대 사회의 정보입니다. 정보통신 혁명으로 정보는 즉각적, 감각적으로 뇌에 전달됩니다. 뇌는 정보의 종류와 관계없이 이를 자극이라고 보아 극단적으로 추구합니다. 쉼 없는 뇌의 활동은 그 자체로 피곤할 뿐 아니라 집중도 못 하고 하고 나아가 괴로움을 만듭니다. 그래서 코이케 류노스케는 생각을 버릴 것을 권합니다(코이케 류노스케, 2011). 생각 버리기, 삼매, 명상, 놓아버리기, 마음 챙기기, 그침, 집중 등을 통한 뇌 휴식을 권하는데 이것은 경쟁이 일상화된 현대 사회에서 극소수만이 할 수 있는 일일 뿐입니다.

결정도 책임도 개인의 몫

　개인의 등장은 개인의 자유가 높아지는 것을 의미함과 동시에 개인의 책임이 높아지는 것을 의미합니다. 자유가 보장되고 권한이 많아지면 그에 따른 책임은 당연히 높아집니다. 이제 개인은 자신에게 필요한 모든 문제를 직접 해결해야 합니다. 이전에는 상당히 많은 일을 공동체가 알아서 처리해주었습니다. 태어나서 자라고, 학교 가고, 학교를 졸업한 후 취직하고, 결혼하고, 애를 낳고 사는 일은 일정한 패턴에 따라 일정한 시간에 맞추어 일어났습니다. 부모를 포함한 주위의 모든 사람이 같은 일을 같은 시간에 하였으니 당연히 자신이 결정할 일은 상대적으로 적었습니다. 새로운 일을 하려면 강고한 인습의 벽을 깨야 했는데 이 벽을 깨는 일이 개인, 가족, 마을 공동체에 큰 충격을 주는 것이었습니다. 개인은 패륜으로 몰리고 가족은 공동체에서 배제됩니다. 이 충격 때문에 인습을 깨지 못한 일도 많았습니다. 그런데 공동체가 무너지자 공동체가 담당하던 선택을 이제 개인이 직접 해야 하는 상황이 발생했습니다.

　결혼을 예로 이 문제를 살펴봅시다. 가부장제가 살아있는 가족공동체에서는 결혼은 집안 사이의 결합, 일족 사이의 계약이었고 결정권자는 본인이 아니었습니다. 집안의 어른이 결정권자였습니다. 결혼의 당사자는 결혼 당일까지도 상대방이 누구인지 어떻게 생겼는지도 모르는 경우가 많았습니다. 이 체제는 가부장제에서 유래한 것으로서 자유연애라는 개인의 선택을 억압하는 것이었습니다. 개인이 이 결정을 피할 방법은 없었습니다. 개인이 결혼을 원하지 않더라도 그런 의사는 하나도 중요하지 않았습니다. 개인의 결혼 의사 여부 역시 가부장제에 의해 강요된 것이었습니다. 특히 여성의 경우 생계수단이 없었으므로 결혼 이외에는 다른 선택지도 없었습니다.

그런데 다른 한편으로 생각해보면 결혼 여부 및 결혼 당사자를 정하는 그 어려운 일을 자신이 아니라 집안 어른이 대신해주는 편리함도 있었습니다. 결혼에서 상대방을 결정하는 것은 매우 어려운 문제입니다. 결혼 생활은 함께 행복하게 사는 것이어야 하고 그 끝은 같이 생을 마감하는 것이어야 하겠지만 현실에서 절반 정도의 결혼생활은 이혼으로 끝납니다. 통계청 통계에 의하면 한국의 2018년 혼인 건수는 25만 7,600건으로 전년 대비 2.6% 감소했고 이혼 건수는 10만 8,700건으로 전년대비 2.5% 증가했습니다. 단순 비교하면 기혼자 중 2/5가 이혼한다는 결론이지만 혼인 건수가 줄어들고 이혼 건수가 늘어나고 있다는 점, 혼인과 이혼의 시차를 고려하면 결혼생활의 거의 절반 정도가 이혼으로 끝난다고 보입니다. 이혼이 일상화되면서 이혼에 대한 인식도 중립적으로 바뀌었습니다. 이혼을 주위에서 많이 보고 듣는 것이 이혼에 대한 거부감을 줄이는 역할도 합니다. 무슨 일이든 자주 벌어지면 쉽게 할 수 있게 됩니다. 어쨌든 여성의 독립성이 높아지면서 불행한 결혼생활을 지속할 합리적인 이유는 없어졌습니다. 그 가장 큰 이유는 여성에게 경제적 자립을 할 수 있는 노동시장이 열린 것입니다. 물론 여성에게 열린 노동시장은 질이 나쁜 노동시장이지만 말입니다.

어쨌든 배우자 결정은 이렇게 어려운 일입니다. 본인이 결정하면서도 확신할 수 없는 불안한 결정입니다. 가문의 입장에서도 결혼은 가문의 운명을 정하는 일이었습니다. 그래서 가문에서도 이를 매우 중요시했고 실수가 없도록 여러 절차를 만들었습니다. 번거롭지만 실수를 줄이기 위한 여러 방법을 개발했습니다. 상대방 가문을 본다든지 아니면 평판을 조사한다든지 하는 방법이 있었습니다. 그런데 개인이 해방되면 이 모든 어려운 절차를 자신이 직접 해야 하는 부담이 발생합니다. 즐거운 자유연애이지만 상대방 선택이 생각대로 쉬울 리가 없습니다. 당장 결혼까지 한 부부의 절반이 이혼을 합니다. 최소한 절반 정도의 사람들이 사람을 잘못 선택했다는 것입니다. 현대인에게는 당장 만남을 시작하기도 쉽지 않습니다. 최근 만남을 주선하는 회사까지 생겼습니다.

이처럼 공동체가 없어지고 개인이 전면에 등장하면서 개인이 직접 모든 일을 해야 하는 시대가 되었습니다. 고통도 같습니다. 개인은 아무런 완충장치 없이, 같이 아파할 사람 없이 혼자 고통은 맞아야 합니다. 병에 걸려 독방에 혼자 누워 병마와 싸울 때 느끼는 고독감과 고통은 이루 말할 수 없습니다. 함께 생활하는 공동체가 사라지면서 현대인에게 고통의 고독화는 일상화되었고 고독한 고통은 더 심한 고통으로 다가옵니다. 고통을 개인이 온전하게 혼자 감당해야 하는 시대가 된 것입니다.

인간은 원래 살아가면서 고통과 괴로움을 겪습니다. 인간이 살아가면서 겪는 고통과 괴로움은 탐진치, 즉 탐욕, 분노, 어리석음에 의하여 일어납니다. 세상을 있는 그대로 보면 자신의 것도 없고 자신도 없고 자아도 없으므로 괴로움에서 벗어날 수 있다고 불교는 말합니다. 하지만 이 경지는 깨달은 이, 아라한이나 부처의 경지로서 현대인들이 쉽게 도달하기 어렵습니다. 현대인들은 괴로움을 안고 이를 해결하지 못한 채 새로운 고통과 괴로움을 맞이하고 있습니다. 과거에는 고통과 괴로움을 공동체와 함께 나누었습니다. 이제는 주위에 가족과 같은 공동체가 없습니다. 그 괴로움을 혼자 해결해야 합니다. 그래서 개인의 심리를 조절하여 괴로움에서 벗어나려고 하는 심리학책이 홍수처럼 쏟아지고 있습니다.

확대되는 현대의 고통

물질적 풍요에도 불구하고 현대인의 고통, 괴로움은 최고조에 도달하고 있습니다. 현대인들은 물질적 풍요와 선택지의 확대, 자유와 평등의 확대로 제법 많은 고통과 괴로움에서 벗어났습니다. 정신적인 고통을 제외하면 현대인들은 굶주림, 추위와 더위, 헐벗음의 공포에서 벗어났고 자유와 평등의 확대로 인간의 존엄성을 누리고 있습니다. 하지만여전히 인간의 근본적인 고통 즉 생로병사의 고통에서 벗어나지는 못했습니다. 약간 완화하고 있을 뿐입니다.

개인의 고통 중 육체적 고통은 유사 이래 가장 많은 의료비가 증명하듯 이미 최고조에 도달했습니다. 초고령사회가 되면 될수록 육체적인 고통은 더욱 늘어날 것입니다. 그러나 돌보는 가족은 이제 없습니다. 가족은 해체되었습니다. 돌봄 노동이 확대되고 있지만, 아직 미흡합니다. 그리고 우선 급한 돌봄은 아동 돌봄입니다. 돌봄 노동이 가족의 기능을 대신하려 하지만 아무리 노력해도 가족의 유대를 대신할 수는 없습니다. 그렇다고 돌봄 노동을 가족이 떠맡을 수도 없습니다. 초고령사회에서 가족이 돌봄을 전담하게 된다면 가족 전체의 삶의 질이 형편없이 낮아질 가능성이 큽니다. 초고령사회가 되면서 개인의 육체적 고통만이 아니라 가족의 고통 역시 커지고 있습니다.

개인의 심리적 고통 역시 유사 이래 가장 많은 신경안정제, 항우울제 처방에서 보듯이 역시 최고조에 달했습니다. 마음의 평화는 찾기 어렵습니다. 모든 것을 경쟁하고 서로를 비교하는 세상이 우리의 세상입니다. 세계에서 가장 부자인 사람들도 서로 비교하면서 누가 더 돈이 많은지 따지고 앉아 있습니다. 본인은 그에 무관심하려고 해도 언론이이를 부추깁니다. 부자들은 자신과 같은 계층의 사람들과 비교할 뿐,

다른 계층과는 비교하지 않습니다. 이들도 언제 재산과 권력을 잃을지 몰라 전전긍긍합니다. 정신적인 고통과 물질적 고통도 역시 유사 이래 최대치가 되었습니다.

개인의 해방이 개인에게 행복을 가져다주어야 하는데 고통은 오히려 늘어났습니다. 일부의 고통은 해결했으나 다른 고통이 찾아왔습니다. 공동체나 다른 사람이 함께 할 수 없는 질적으로 다른 고통이 등장했습니다. 이 고통을 해결하지 않으면 개인의 해방이 가져다준 행복을 제대로 누릴 수 없습니다. 개인의 해방을 더 추진할 수도 없습니다. 고통이 극심하면 인간의 존엄성이 위태로워지기 때문입니다.

가족공동체 해체는 현대 사회 고통의 뿌리이므로 특히 유의해야 합니다. 가족공동체는 개인에게 평화와 안전, 안도감과 지속성, 사랑과 연민, 자신감과 낙관주의, 정체성과 공감 등 중요한 가치를 제공해 왔습니다. 개인은 살아가는 인생의 주요 가치를 가족에게서 배웁니다. 가족의 중요성은 정신분석이 발달함에 따라 더욱 명확해지고 있습니다. 인류 역사에서 가장 중요하고 가장 원초적이고 가장 기본적인 공동체는 역시 가족입니다. 물론 실질적인 가족관계는 이미 파탄이 났고 형식적으로만 남아 있는 가족도 있습니다. 이런 가족은 공동체로서의 기능을 상실했고 그 자체가 지옥이므로 빨리 벗어나야 합니다. 가족의 형태는 여러 가지 있을 수 있습니다. 현대 사회에서 남성과 여성으로 구성된 전통적인 가족만이 가족이라고 할 수는 없습니다. 그런데 중요한 것은 형태가 어떻든 가족이 현대 사회 들어서서 해체되고 있다는 점입니다.

가족의 해체는 곧 평화와 안전, 안도감과 지속성, 사랑과 연민, 자신감과 낙관주의, 정체성과 공감 등 중요한 가치를 배울 수 있는 장소를 상실한다는 것을 말합니다. 개인의 해방은 가족으로부터의 해방, 독립을 넘어서 가족의 해체로 이어지고 있습니다. 이전에도 개인이 성장하기 위해서는 당연히 가족으로부터 독립이라는 큰 과제를 해결해야 했습니다. 진정한 독립은 부모로부터의 독립이었고 지금도 이 명제는 여전히 옳은 명제입니다. 현대의 문제는 부모로부터 독립이 아니라 가족 자체가 붕괴되고 있다는 것입니다. 1인 가구의 증가는 이를 보여주는 하나의 증거입니다.

통계청의 『2010-2035 장래가계추계』와 『2015년 기준 인구주택총조사』에 의하면 1인 가구 수는 2010년 4백15만 가구였으나 2015년에는 5백20만 가구로 늘었습니다. 비율은 23.9%에서 27.2%로 증가했습니다. 2035년에는 1인 가구 수가 762만 가구(비율은 34.3%)가 될 것이라고 예상합니다. 2인 가구 수는 1인 가구 수와 거의 같습니다. 2015년 1인 가구, 2인 가구의 비율은 53%에 이르고 2035년에는 68%에 이를 것으로 예측됩니다. 3인 이상의 가구도 사실상 소통이 단절된 독립 가구와 다름없습니다. 앞에서 살펴본 바와 같이 가정은 가족의 공간이 아니라 개인의 공간으로 분할되어 버렸습니다. 개인 공간 속에 있는 이상 같이 모여 살아도 이들은 사실상 1인 가구인 셈입니다.

가족의 해체, 붕괴는 개인에게 정체성 상실만큼 많은 고통을 초래합니다. 가족이 제공하던 정체성, 평화, 안전, 안정감, 평화, 사랑, 공동체 의식, 연민, 자신감, 낙관주의 등을 모두 개인이 만들어야 하기 때문입니다. 이 모든 것을 개인이 마련하는 것은 사실상 불가능한 일입니다. 어느 정도까지만 마련하려고 해도 큰 비용과 시간이 듭니다. 정체성 형성만 하더라도 개인의 정체성은 대부분 자신이 직접 마련한 것이라기보다는 공동체가 마련해 준 정체성을 수용함으로써 형성됩니다.

예를 들어 한국인들이 가지는 민족주의 정서, 특히 일제강점기를 거치면서 형성된 민족주의 감정은 공동체가 형성한 정서를 개인이 수용함으로써 형성된 것입니다. 한국인들이 개인적으로 일본에 대해 반감을 품을 특별한 경험을 하지 않았어도 반일감정을 체화하고 있는 것은 이 때문입니다. 피억압 민족으로서 반제국주의 민족해방투쟁이 성공했을 때 민족이 주는 자존감은 그 무엇과도 바꾸기 어렵습니다. 우리의 경우만 하더라도 한때 제2차 세계대전 이후 공업화와 민주화를 함께 성공시킨 유일한 나라라고 자랑했습니다. 개인에게도 자존감이 필요하듯이 공동체에도 자존감이 있습니다. 개인의 자존감의 대부분은 사실 공동체가 제공하는 자존감이라고 해도 틀린 말이 아닙니다. 개인의 자존감은 순전히 개인이 쌓아 올린 것이 아닙니다.

평화, 안전, 안정감, 사랑, 공동체 의식, 연민, 자신감, 낙관주의 등도 모두 다른 사람과의 관계, 구체적으로는 공동체 속에서 자연스럽게 형성됩니다. 교육, 고용, 건강, 소득, 주거, 복지서비스 등 여러 정책도 하나의 묶음으로 제공됩니다. 이 모든 것은 공동체를 통하여 하나의 묶음으로 개인에게 제공됩니다. 교육을 일정한 수준으로 유지하려면 건강이나 소득도 일정한 수준을 유지해야 합니다.

구체적으로 안전을 예를 들어 봅시다. 공동체가 전반적으로 안전할 때, 치안의 수준이 높을 때 자신도 안전하다고 느낍니다. 최근 한국을 방문한 외국인들이 느끼는 한국의 치안 수준은 우리에게는 자연스러운 것이지만 그들에게는 놀라운 일입니다. 한국의 높은 치안 수준은 한국인들에게 자연스럽게 안전이라는 중요한 자산을 제공합니다. 이 안전이라는 자산을 누리지 못하는 사람들도 많이 있습니다. 세계적으로 비교해 보면 치안 수준은 나라마다 큰 차이가 있습니다. 이들 나라마다 그 국민이 느끼는 치안의 감각은 다릅니다. 한국 내부에서도 안전에 대한 감각은 서로 다릅니다. 특히 사회적 약자, 여성들이 느끼는 안전에 대한 감각은 사회적 다수, 남성들은 절대로 이해할 수 없을 것입니다. 사회적 약자의 안전에 대한 감각과 사회적 강자의 안전에 대한 감각은 서로 다릅니다. 물론 경찰을 바라보는 시각도 다릅니다. 치안이 불안한 사회에서 개인이 아무리 조심하여 거리를 걷고 집 앞에 자물쇠를 채우고 경비회사와 계약을 하더라도 완전히 안전을 확보할 수는 없습니다. 이처럼 공동체에 의하여 보장되는 가치는 개인이 도저히 마련할 수 없는 것들입니다.

여성들이 생계수단을 마련하기 위하여 장시간 노동을 할 수밖에 없어 어두운 밤길을 걸어 퇴근해야 하는 상태를 그대로 두고 방범창을 설치하고 가로등을 설치하여 성범죄를 예방하고 여성이 행복해지기를 바라는 것은 마치 나무에서 물고기를 구하는 것과 같이 불가능한 일입니다. 개인의 해방은 공동체가 제대로 기능을 할 때 완성됩니다. 공동체는 해체되었고 해체되고 있으나 다른 형태의 공동체는 여전히 필요합니다. 궁극적인 해방을 위해서는 더욱더 공동체가 필요합니다.

불경에 다음과 같은 이야기가 있습니다. 부처님의 시자였던 다문제일 아난다 존자가 어느 때 부처님께 말했습니다. "부처님, 좋은 우정, 좋은 교우관계는 청정한 삶의 절반입니다." 이에 부처님은 대답하셨습니다. "그렇지 않다. 아난다, 그렇지 않다. 좋은 우정, 좋은 교우관계는 청정한 삶의 전부이다. 왜냐하면 좋은 친구, 좋은 동료가 있으면 그로 인하여 여덟 가지 바른길을 연마하게 되고, 여덟 가지 바른길을 더 발전시키게 된다."(일아, 2013). 불교에서는 이처럼 부처님, 진리와 스님들의 공동체인 승가를 삼보라고 부르고 귀중하게 여깁니다. 새로운 형태의 공동체가 등장하지 않는 상태에서 공동체의 해체는 개인에게 아노미 현상을 일으킵니다.

개인 내면의 노출

개인의 고통 증가는 개인 내면의 노출과 관련이 깊습니다. 현대 사회 들어서서 개인의 내밀한 세계는 존중받게 되었습니다. 앞에서 자세히 살펴보았습니다. 그런데 개인의 내밀한 세계는 한편으로는 존중을 받으면서 다른 한편으로는 크게 위협받고 있는 것이 현실입니다. 개인의 내밀한 세계에 대한 위협은 개인에게 큰 고통으로 다가옵니다. 개인의 내밀한 세계에 대한 위협은 정보통신 혁명의 영향이 큽니다. 세 가지 방향으로 개인의 내밀한 세계에 대한 위협은 진행됩니다.

개인의 내밀한 세계를 위협하는 첫 번째 요소는 정부입니다. 정부는 탄생 이후 지금까지 항상 정보에 목말라 했습니다. 그런데 현대 사회 정부의 정보 욕구는 지금까지와 다른 양상을 보입니다. 현대의 정부가 정보를 필요로 하는 이유는 국가의 거대화 현상, 국가의 팽창 현상과 관련이 있습니다.

정부는 우선 국가 안보, 사회 안전을 위해 광범위하게 정보를 수집합니다. 에드워드 스노든 사태로 드러났듯이 국가는 국가안보, 정권 안보를 위하여 이미 광범위하게 정보를 수집하고 있습니다. 정보의 수집 방법과 비용은 정보통신 혁명으로 매우 쉬워졌고 극적으로 싸졌습니다. 앞으로 방법은 더 쉬워질 것이고 비용은 더 적게 들 것입니다. 정부는 스마트해졌고 정보수집능력은 극대화되었습니다(매튜 버로스, 2015).

최근 국가 안보를 위협하는 세력은 다른 나라가 아니라 테러조직, 개인 간의 느슨한 연결체인 경우가 많습니다. 이때에는 정보가 가장 중요한 안보 수단이 됩니다. 사건 예방을 위해서는 빅데이터를 광범위하게 수집할 필요가 있기 때문입니다. 이 요청은 쉽게 배척하기 어렵습니다. 국가를 대상으로 한 여러 형태의 공격으로부터 국가를 지키는 것은 정부의 권한이자 의무이기 때문입니다.

국가안보 요구는 곧 사회 안전 요구로 확대됩니다. 사회 역시 외부의 침입으로부터 안전해야 합니다. 국가안보 수준은 아니더라도 사회 안전을 위한 많은 장치가 필요합니다. 해킹, 증권거래조작, 대규모 회계 부정, 비자금 조성, 환경파괴, 악의적인 불법행위, 혐오 범죄, 잔혹 범죄 등으로부터 사회는 안전해야 합니다. 이를 위해서는 역시 정보 수집이 불가피합니다. 여기에서도 빅데이터가 중요한 역할을 합니다.

국가는 다음으로 효율적인 국가 서비스 제공하기 위해서도 광범위한 정보를 수집하고 분류하고 새로운 정보를 만들어내야 합니다. 국가가 제공하는 각종 서비스는 앞으로 더욱더 많아질 것입니다. 정책 서비스는 더욱 확대될 것입니다. 서비스는 양적으로 확대될 뿐 아니라 지역별, 계층별, 분야별, 성별, 연령별, 개인별로 맞춤형으로 이루어져야 합니다. 대규모의 맞춤형 정부 서비스 제공이 앞으로의 과제입니다. 이 양자의 모순을 해결하는 방법은 역시 빅데이터입니다. 즉, 지역별, 계층별, 분야별, 성별, 연령별, 개인별로 빅데이터를 바탕으로 서비스를 제공해야 제대로 된 서비스가 제공될 가능성이 큽니다. 이때 수집되는 정보는 국가안보를 위한 정보수집과 같이 개인의 일상생활 전반에 대한 정보입니다. 즉 무엇을 입고, 어디에 살고, 무엇을 먹는지, 어떻게 이동하고, 어떤 생각을 하는지, 어떤 병으로 고생하는지, 무엇을 사는지 등 모든 것을 정보로 수집해야 개인별로 만족스러운 서비스가 제공됩니다. 빅데이터가 목표로 하는 것은 개인에 대한 거의 전부를 파악하는 것입니다. 개인의 일상생활, 개인의 내밀한 세계까지 모두 정보로서 파악해야 빅데이터가 완성됩니다. 그래야 또 만족스러운 서비스가 제공됩니다. 정보가 수집되면 인공지능과 연결되고 인공지능과 연결되면 미래도 예측할 수 있습니다. 예를 들어 개인의 의료기록이 정보화되면 암을 초기에 발견할 수 있고 치료 방법도 정형화, 개인화할 수 있습니다. 이를 달성하기 위해서는 암에 대한 의료기록을 엄청나게 많이 수집, 분석해야 합니다. 이 작업은 컴퓨터가 합니다. 컴퓨터의 발달로 수많은 정보의 수집, 분석이 아주 쉬워졌습니다.

이러한 요구는 정보수집에 대한 저항감을 근거로 마냥 거부하기는 어렵습니다. 정부가 정보를 수집하려는 목적이 제한된 예산과 인력으로 국가와 공동체의 안전을 지키고 최상의 서비스를 대량으로, 그리고 개별적으로 제공하는 것이므로 이를 마냥 거부할 수 없습니다.

정보를 중심으로 한 개인과 정부의 갈등은 신뢰로 해결해야 합니다. 정부가 나서서 개인의 불안을 해소하고 신뢰를 얻을 수 있는 시스템을 만들고 이를 공개하고 시민들과 함께 점검하는 과정이 필요합니다. 이런 과정이 없다면 정보 수집을 둘러싸고 갈등이 심화될 것이며 국가는 제대로 정보도 수집하지 못하고 시민들은 제대로 된 서비스도 받지 못하는 사태가 발생할 수 있습니다. 정부와 시민 사이에 신뢰가 있더라도 개인의 내밀한 세계는 정부라는 큰 위험에 노출될 가능성이 항상 있다는 점은 유의해야 합니다. 정부에 대한 견제와 감시가 필요한 것은 말할 것도 없습니다.

개인의 내밀한 세계를 위협하는 두 번째 요소는 기업입니다. 기업은 빅데이터를 적극적으로 수집하여 개인에게 가장 적합한 서비스를 제공합니다. 데이터 기반 솔루션을 제공하는데 그 수준이 개인 단위에까지 가능해졌습니다. 단편적인 예이지만 개인별로 필요한 광고를 하고 필요한 물건을 알아서 주문하도록 하는 소프트웨어가 그중 하나입니다. 이러한 예측이 가능하게 된 것은 개인의 물품 구매 목록을 기업이 충분히 수집했기 때문입니다. 기업이 개인에게 맞는 서비스를 제공하려면 개인의 일상생활, 내면을 알아야 합니다. 이것 역시 빅데이터를 이용하면 가능해집니다. 개인은 이것이 너무 편하므로 보통 경각심을 가지지 않습니다. 개인에게 보이는 표면적인 결과는 개인의 일상생활의 사소한 결정들을 컴퓨터 등이 도와주는 편리한 생활입니다.

편리한 개인 생활에 대한 대가는 기업에 의한 개인의 정보 수집입니다. 거의 무제한의 정보, 개인의 생활 전부에 대한 파악입니다. 저의 경우 책을 인터넷으로 구매하는데 인터넷 서점은 저의 책 구매 목록을 전부 알고 있습니다. 저의 성향을 인터넷 서점이 알고 있다는 이야기가 됩니다. 취미생활부터 저의 철학까지 모두 알고 있다는 것이 됩니다. 이런 정보를 과연 기업이 가지는 것이 바람직할까요? 정부도 가져서는 안 되는 정보인데 이것을 기업이 가지고 이용하는 것이 정당한 것일까요? 이를 이용해서 이윤을 만들어 내는 것은 저의 정보를 부당하게 이용하는 것처럼 보입니다. 극단적으로 기업이 이 정보를 다른 기업에 넘긴다거나 혹은 해킹을 당하게 된다면 어떻게 할까요? 이런 사태를 방지하기 위하여 개인정보수집에 대하여 동의하는 클릭을 요구합니다. 그런데 저도 그렇지만 누가 개인정보수집 동의란에 클릭하지 않는 사람이 있습니까? 클릭하지 않으면 물품구매가 되지 않습니다. 이 과정에서 개인은 자신의 정보에 대한 자기 결정권을 잃어버립니다. 기업이 편리하게 다음에는 이런 책을 읽으면 좋겠다고 추천할 수 있지만, 이것은 자신이 내려야 할 결정을 기업이 대신하는 것으로서 주체성의 상실일 수도 있습니다. 기업이 수집하는 개인의 정보가 안전하게 관리되고 이윤을 위해 남용되지 않도록 통제하는 것이 필요합니다.

개인의 내밀한 세계를 위협하는 세 번째 요소는 개인 본인입니다.

개인의 정보를 수집하는 방법은 두 가지입니다. 하나는 타인이 정보를 수집하는 경우이고 다른 하나는 자신이 자진하여 정보를 제공하는 경우입니다.

먼저 정부나 기업이 아닌 다른 개인이 정보를 수집하는 경우를 살펴봅시다. 타인에 대한 관심, 타인의 내밀한 부분에 대한 관심은 인간 심리 중의 하나인 듯합니다. 진화 과정에서 타인이 무엇을 생각하느냐를 판단해야 유리하다는 것을 체득했기 때문에 이런 호기심이 발전했을 것입니다. 그런데 타인의 내밀한 세계에 대한 궁금증 역시 지나치면 문제가 됩니다. 개인이 원하지 않는 가운데 이를 수집하고 공개하면 개인에게 치명적인 손해를 끼치기 때문입니다. 최근 인터넷상에서 자주 등장하는 개인의 신상털기 현상은 개인이 원하지 않는데에도 개인의 내면을 공개해 버립니다. 개인은 되돌릴 수 없는 상처를 입습니다. 이에 비해 신상털기를 하는 사람들은 노력도 많이 들이지 않고 알려져도 피해를 거의 받지 않습니다. 모든 정보가 디지털화되면서 언제 어디서든 수집하고 공표할 수 있게 되어 문제는 더욱 심각해졌습니다. 만일 얼굴을 맞대고 이야기한다면 개인의 내밀한 세계를 존중할 사람도 익명의 공간에서는 개인을 존중하지 않습니다. 이 문제는 인터넷상의 윤리나 에티켓 문제로 해결할 수 있는 단계를 넘었습니다. 법률로 적절하게 통제해야 합니다.

타인에 의한 정보수집보다 더 심각한 것은 자신에 의한 자발적인 정보제공입니다. 실제로는 자신이 직접 자신의 정보를 제공하는 것이 개인의 내밀한 세계에 대한 가장 큰 위협입니다. SNS의 발달로 개인은 자신의 일상생활을 SNS에 올리고 이를 타인과 공유합니다. SNS에 등장하는 정보에는 개인의 내면에 관한 정보도 포함되고 심지어 범죄에 대한 내용도 포함되어 있습니다. 최근 거의 모든 사건에서 스마트폰에 저장된 정보의 복원과 분석, 즉 디지털 포렌식이 중요해진 것은 바로 개인의 정보를 스스로 정보 저장매체에 남기기 때문입니다. 디지털 세상에서는 저장되는 모든 것은 사라지지 않고 복원됩니다.

　개인 중의 일부는 SNS에 명백한 범죄의 증거를 남깁니다. 타인의 몸을 찍은 사진을 공유하기도 하고 성범죄의 증거를 공유하기도 합니다. 범죄의 증거를 남기다니 있을 수 없다고 생각하지만 실제로 범죄 증거라고 하더라도 디지털 증거로 저장되는 순간에는 하나의 정보에 지나지 않기 때문에 그냥 보관하고 유통하고 즐기는 대상일 뿐입니다. 범죄 증거라고 생각도 하지 않을 정도로 정보에 대해 둔감한 상태입니다. 어떤 일이 너무 자주, 너무 쉽게 벌어지면 이에 대한 저항감이 사라집니다. 개인의 내밀한 세계를 SNS에 올리는 것이 자연스러운 세상이 되었습니다.

　정보통신망, SNS에서 개인은 정보의 소비자일 뿐 아니라 생산자, 유통자이기도 합니다. 스스로 내면의 세계를 저장하고 이를 공급합니다. 이 유통과정을 이용하여 정부, 기업은 개인의 내밀한 정보를 수집합니다. 특별히 정보를 제공하라고 하지 않더라도 개인이 자발적으로 정보를 제공하니 개인정보 보호의 문제도 발생하지 않습니다. 하루에도 수없이 많이 생성되는 정보에는 개인이 스스로 제공하는 정보가 많은 부분을 차지합니다. 개인이 제공하는 정보는 진짜 내밀한 정보, 고급정보도 있고 하찮은 욕설도 있고 화풀이도 있습니다. 무해한 정보도 있고요. 심지어 그냥 '좋아요'라는 표시도 하나의 정보에 해당합니다. 이 모든 것이 정부나 기업, 다른 개인의 손에 집적됩니다. 디지털 정보는 없어지지 않습니다. 어디에 있든지 찾아낼 수 있습니다. 검색기능의 놀라운 발전은 모든 정보의 활용가치를 극대화했습니다. 어떤 정보라도 저장하는 순간 누군가에게 항상 노출됩니다. 개인의 내밀한 세계를 스스로 제공하여 노출시키고 있는 셈입니다. 이러한 노출을 체계적, 조직적으로 얼마나 하게 만드는가가 사실 SNS 프로그램의 성패를 좌우합니다. SNS 를 하다 보면 당연히 자신의 정보를 제공하고 싶고 제공해야 할 것 같은 유혹에 빠집니다. 다른 사람들도 모두 그렇게 하고 그것이 멋있게 보입니다. 수많은 팔로워를 가지고 있는 SNS의 유명인들은 많은 사람들의 부러움을 삽니다. 이를 통해 정치도 하고 돈벌이도 하는 것이 현실입니다. 이렇게 되려면 쉼 없이 정보를 올려야 합니다, 자신에 관한 정보도 올려야 하고 흥미로운 정보도 올려야 합니다. 잊혀지면 안되니까요. 이 과정에서 자신에 대한 정보를 디지털 세계에 새기게 됩니다. 나중에 자신을 공격할 만한 정보도 남깁니다. 다름 아닌 자신이 올린 정보에 의해 불안에 떨고 있는 현상을 우리는 보고 있습니다.

chapter 2

초과잉사회와 불평등

초과잉시대

현시대의 두 번째 특징은 초과잉과 불평등입니다. 초과잉과 불평등은 더욱 확대될 것입니다. 인간의 생산력이 엄청나게 발전해 버렸고 발전할 것이기 때문입니다. 초과잉시대에는 '초과 생산된 물건을 어떻게 분배할 것인지', '불평등을 어떻게 완화할 것인지'가 중요한 문제가 됩니다. 이 분야를 다루는 것이 바로 정의와 공정입니다. 초과잉과 불평등은 정의와 공정을 미래전략의 핵심으로 만들고 있습니다.

현시대는 과잉생산 단계를 넘어서서 초과잉생산 단계로 진입했습니다. 2019년 3월 31일 경제협력개발기구(OECD)에 따르면 2018년 세계 철강 생산능력은 22억3천410만t으로 2017년의 22억4천50만t보다 0.3% 감소했다고 합니다. 지역별 생산능력은 아시아가 14억7천300만t으로 가장 많았고, 그다음이 유럽 2억7천440만t, 북미 1억5천440만t, 독립국가연합(CIS) 1억4천240만t 등입니다. 그런데 철강위원회에 따르면 2018년 세계 철강 수요는 16억5천790만t으로 생산능력보다 5억7천

620만t 작습니다. 만성적인 철강 공급과잉 시대인 것입니다(연합뉴스). 한국 수출량의 19배에 달하는 철강이 공급과잉 상태입니다. 철강은 이미 수요를 모두 충족하고도 남아도는 지경에 이르렀습니다.

또 다른 예로는 자동차가 있습니다. 한국자동차산업협회의 보도에 따르면 2018년 세계 10대 자동차 생산국 생산 대수는 98,503,652대로서 2017년보다 0.3% 감소했습니다. 생산능력이 모자라서 생산이 줄어든 것이 아니라 수요가 부족하여 생산이 줄어들었습니다. 지금은 자동차를 만드는 것은 문제가 아닙니다. 판매가 문제입니다. 자본은 투자되어 재생산 사이클을 거쳐 이윤을 남겨야 다시 자본으로 돌아옵니다. 판매되지 않는 생산품은 아무런 의미가 없습니다. 회전하지 않는 돈은 자본이 아닙니다. 새로운 자동차 개발은 보다 잘 팔기 위한 것이지 실제 자동차 성능 개선을 하기 위한 것은 아닙니다. 물론 약간 편리해지기는 하지만 결정적인 차이는 없습니다. 자율자동차와 비교해 보면 지금 새로 나오는 자동차는 모두 약간의 개선만을 한 자동차일 뿐입니다. 자동차기업의 생산능력은 자동차 수요를 맞추고도 남는 것이 현실입니다. 자동차 기업들 사이의 살벌한 경쟁은 만성적인 과잉생산을 반영하는 것입니다. 스마트폰 시장은 더욱 심각합니다. 삼성, 애플, 화웨이는 경쟁 때문에 시장을 100% 장악하고 있지 못할 뿐입니다. 각 회사의 생산능력은 거의 무한대라고 생각됩니다. 생산량이 줄어드는 것은 수요가 부족하기 때문입니다. 수요만 보장된다면 한 기업이 전 세계에 핸드폰을 다 공급할 수 있을 정도입니다. 이처럼 현대는 과잉의 시대, 그것도 초과잉의 시대입니다. 초과잉 시대임을 육체적으로 보여주는 증거는 비만입니다. 음식물도 초과잉입니다. 한국에서는 쌀이 남아돌고 있습니다.

이러한 초과잉의 배경에는 과잉자본이 있습니다. 한국에도 엄청난 과잉자본이 있고 세계적으로도 투자처를 찾지 못하는 유동자본이 넘칩니다. 금융도 초과잉입니다. 유동성을 완화하는 것에 그치지 않고 양적 완화라고 하여 아예 정부가 돈을 마구 찍어내서 시장에 공급하고 있습니다.

그렇다고 모든 국가와 모든 지역에서 초과잉 현상이 벌어지는 것은 아닙니다. 초과잉과 함께 지구는 유례없는 불평등에 직면해 있습니다. 지구적 차원의 불평등, 국가 간 불평등이 존재할 뿐 아니라 국가 내부에 들어가면 지역 간 불평등, 계층 간 불평등, 세대 간 불평등, 성별 간 불평등이 있습니다. 이 불평등 때문에 초과잉 시대임에도 불구하고 굶주림을 추방하지 못하고 있고 초보적인 질병으로 어린이들이 목숨을 잃고 있습니다. 내전이 발생하여 난민이 계속 발생하고 있는 것도 불평등 때문입니다.

초과잉과 불평등 현상은 최근에 등장한 현실은 아닙니다. 자본주의 도입 이후 꾸준히 확대되어 온 현상입니다. 하지만 최근의 초과잉과 불평등은 과거와 다릅니다. 엄청나게 빠른 속도로 확대되고 있다는 점이 과거와 다른 점입니다. 생산성 혁명은 폭발적으로 진행되고 있습니다. 한 사람이 생산할 수 있는 능력은 과거 어느 때보다 높고 그래서 더 강력하고 더 파괴적입니다. 너무나 빠른 과학기술의 혁명과 심각한 양극화는 이전 시대와는 다른 양상을 보입니다.

인류 역사에서 변화는 항상 있었습니다. 과거의 변화는 변화의 방향이 중요했습니다. 속도는 그렇게 중요하지 않았습니다. 인간이 변화에 적응할 시간이 충분할 정도로 속도가 빠르지 않았습니다. 지금은 속도가 기업과 국가, 개인의 성패를 좌우하는 시대입니다. 변화의 속도를 핵심 변수로 만든 것은 정보통신 혁명, 디지털 혁명입니다. 속도가 너무 빨라 변화의 방향을 숙고하는 것보다는 먼저 속도에 적응하는 것이 필요한 시대가 되어 버렸습니다. 물론 변화의 방향은 여전히 중요합니다. 다만 속도가 방향을 앞지를 가능성이 커졌다는 것은 명심해야 합니다. 속도가 엄청나서 초과잉과 불평등도 급격하게 확대될 가능성이 큽니다. 이렇게 되면 사회는 불안정해집니다.

미래전략에서 초과잉과 불평등은 핵심적인 문제입니다. 인구의 감소, 과학기술 혁명, 환경 변화, 경제성장 등 외적인 환경은 초과잉과 불평등을 확대시키는 경향을 가지고 있습니다. 경제와 과학기술 혁명이 초과잉과 불평등을 확대하는 경향이 있다는 것은 그 배후에 자본이 있기 때문입니다. 환경변화 역시 지구적 차원에서 불평등을 심화시키는 주요 요소가 될 것입니다. 환경문제가 심각한 이상 공동으로 해결해야 하는데 이 과정에서 누가 책임이 있고 누가 더 많은 부담을 해야 하는지에 대해 심각한 논란이 있을 것입니다. 인구의 감소 역시 지구상에서 다른 속도로 나타나기 때문에 불평등을 심화시킬 가능성이 매우 높습니다.

과학기술의 발전

과학기술의 발전은 미래 사회를 결정짓는 중요한 요소 중의 하나입니다. 하지만 과학기술이 급속히 발전할 것이라는 점만 명확할 뿐, 방향과 영향은 예측할 수 없습니다. 정확하게 말하면 과학기술 영역 내부에서는 그 방향과 한계를 정할 수 없습니다. 예를 들어 인간 복제는 기술적으로 가능하겠지만 윤리적으로 허용되지 않을 것입니다. 모든 사물을 연결하여 정보를 축적하는 사물인터넷과 빅데이터 기술은 발전하겠지만 이 기술이 인간 내면의 세계까지 침투하여 그 내용을 수집하는 것은 허용되지 않을 것입니다. 원전 기술도 발전하겠지만 탈원전, 에너지 전환, 재생에너지 사용의 추세에 따라 기술의 방향과 한계가 결정될 것입니다. 과학기술로 무엇을 할 것인가는 여전히 과학기술 영역과 다른 영역이 함께 논의하고 결정해야 할 일입니다.

과학기술의 방향과 한계는 외부에서 결정됩니다. 이런 점에서 과학기술은 경제와 비슷합니다. 사회의 변화를 이끌지만, 정치, 윤리, 가치의 제약을 받습니다. 그렇다고 사회가 과학기술의 발전을 외면해서는 안 됩니다. 과학기술의 발전 방향을 전적으로 정치인과 윤리학자에게 맡겨서도 안 됩니다. 과학기술이 어떻게 얼마만큼 발전할 것인가는 과학자들도 모르지만, 정치인과 윤리학자는 더 모릅니다. 다른 분야와 같이 과학기술의 자율성과 독자성은 충분히 인정해야 합니다. 정의와 공정만으로 과학기술을 발전시킬 수는 없습니다.

정치, 윤리, 가치는 과학기술 발전의 파국적인 결과를 방지하기 위해서만 개입해야 할 것입니다. 과학기술이 지금까지 개인의 해방을 위해 큰 역할을 했다는 점은 충분히 인정되어야 합니다. 과학기술의 방향은 과학기술계에서 자율적으로 정하되 국가나 공동체의 정책과 함께 결정되어야 합니다. 예를 들면 김대중 정부 당시 벤처 붐, IT 산업 발전과 같이 특정 기술에 대한 투자는 국가의 의무이기도 합니다. 정책과 결합될 때 과학기술은 더 빨리 발전합니다. 문제는 정치의 논리로 과학기술을 좌우할 때 발생합니다. 정치가 개입하여 인류를 절멸시킬 수 있는 원자폭탄을 개발한다거나 윤리적으로 문제가 있는 인간 복제 기술을 발전시키는 경우가 문제입니다. 이 문제는 과학기술의 자율성과 독자성을 존중하면서 과학기술의 한계를 수용할 때 해결될 수 있을 것입니다.

과학기술에 대한 한계 설정은 과학기술이 반인권적, 반평화적, 반윤리적일 때 이루어져야 합니다. 과학기술과 한계는 서로 어울리지 않습니다. 과학기술은 항상 한계를 돌파해 왔습니다. 컴퓨터 저장장치만 보더라도 플로피 디스크가 5.25인치에서 3.5인치로 발전했고 이후 USB가 개발되었고 지금은 클라우딩 서버를 사용할 정도로 발전하고 있습니다. 저장장치의 한계를 돌파하고 있고 그와 함께 저장장치의 가격 또한 급속도로 낮아지고 있습니다. 과학기술의 발전 가능성을 생각해 보면 과학기술의 한계를 함부로 설정하는 것은 위험합니다.

과학기술의 한계는 그 과학기술이 반인권적, 반평화적, 반환경적, 반윤리적일 때 이루어져야 하고 이루어질 수 있습니다. 반인권적인 기술에 해당하는 것으로는 개인의 내밀한 세계를 은밀하게 염탐하는 기술이 있고, 반평화적 기술에 해당하는 것으로는 대량살상무기나 핵무기를 개발하는 기술이 있습니다. 반환경적 기술로는 재생에너지 활용이나 재활용을 무시하고 쓰레기를 많이 만드는 기술이 있으며, 반윤리적 기술에는 인간의 복제 등 인간의 존엄성을 침해하는 기술이 있습니다. 이러한 기술이 아닌 한 과학기술의 발전은 자유로워야 하고 지원을 받아야 합니다.

새로운 과학기술 도입은 기존 산업계를 재편합니다. 과거의 산업을 혁신적으로 변화시키고 새로운 산업을 만들어 냅니다. 그리고 그만큼 노동자, 대중의 반발도 만들어 냅니다. 과거 새로운 과학기술의 도입은 대체로 노동환경을 개선하고 노동자의 행복을 증진시키는 결과를 낳지 않았습니다. 오히려 기계의 가동 시간에 맞추어 장시간 노동을 강요하는 가혹한 노동환경을 만들고 숙련노동자를 추방하고 단순 육체노동자를 확대함으로써 노동자의 삶의 질을 저하시켰습니다. 19세기 초반의 러다이트 운동은 이런 현상에 대한 노동계급의 반발이었습니다. 신기술의 도입, 노동자의 위기, 노동운동의 발생, 노동과 자본의 투쟁 등으로 이어지는 일련의 사태는 러다이트 운동 이후 계속되었습니다. 과학기술의 발전은 극심한 육체노동으로부터 인간을 해방시켰습니다. 노동환경을 조금씩 쾌적하게 만들고 있습니다. 하지만 장시간 노동과 저임금을 없애고 노동환경을 바꾼 것은 과학기술이 아니라 노동자들의 단결과 투쟁이었습니다. 물론 노동자들의 단결과 투쟁도 국가경제, 국제경제라는 큰 틀의 규정을 받습니다. 이를 고려하지 않는 노동자들의 투쟁은 시민들로부터 고립될 뿐입니다. 노동자들의 투쟁은 사회개혁 프로그램과 함께할 때 자체적으로도 활성화되고 외부의 지원도 받을 수 있습니다.

최근 한국 사회에서 벌어진 카카오와 택시업계의 갈등은 과학기술의 발전과 노동계급의 대립, 그 연장선에 있습니다. 이 사태는 표면적으로는 카카오의 카풀제도와 택시업계의 제한된 시장 쟁탈전 양상을 보였지만 뿌리에는 공유경제, 플랫폼 산업에 대한 상반된 입장이 있습니다. 그리고 더 깊은 바닥에는 자율 주행으로 대표되는 자동차 산업의 재편이 놓여있습니다. 이번의 대립은 새로운 기술을 도입하려는 집단과 기존의 체제를 유지하려는 집단의 대결처럼 보입니다. 다만 기존과는 좀 다른 대립입니다. 변화에 반대하는 집단이 우리 사회에서 서민으로 대표되는 집단인 점이 특징입니다. 택시 기사들은 기득권자로 보기 어렵습니다. 사회 내 발언권을 많이 가지지 못한 노동자 집단이지 부를 축적한 집단이 아닙니다. 오히려 카카오가 대자본으로서 사회를 좌우하는 힘을 가지고 있는데 변화를 적극적으로 추진하고 있습니다. 여기에서 혼동이 발생합니다. 기득권자인지 혁신가인지 혼동이 발생한 것입니다. 현재로서는 두 집단이 서로 양보하여 합의를 할 수 밖에 없습니다. 실제로 상호 양보로 택시업계도 살고 카풀 업체도 살아가는 중도의 길을 선택한 것처럼 보입니다.

과학기술은 일단 변화의 길에 들어서면 그 속도와 한계를 무시합니

정의의 미래 "공정"

다. 자율운전, 공유경제는 시작되었고 더 많이 확대될 것입니다. 카풀 기술도 과학기술의 일종입니다. 이 기술이 반인권적, 반평화적, 반환경적, 반윤리적이지 않은 이상 그 도입을 막을 명분은 없습니다.

카풀제도를 둘러싼 대립에서 택시 노동자 3명이 분신했고 합의는 되었으나 불씨는 여전히 남아 있습니다. 작지 않은 분쟁이지만 그래도 사람이 목숨까지 걸어야 할 정도의 분쟁은 아니었던 것 같습니다만 우리 사회에서는 이 정도의 분쟁에 사람이 생명을 버리는 사태가 종종 발생합니다. 그 정도로 우리 사회의 갈등은 심각합니다. 논쟁 과정에서 상대방을 자극하는 막말을 하는 것은 이제는 거의 일상다반사입니다. 이 문제를 사회적 대화, 타협으로 해결하려는 시도가 있었고 어느 정도 성과가 있었습니다. 민주사회에서 모든 문제를 대화와 타협으로 해결하려는 시도는 원칙적으로 정당하고 타당합니다. 최소한 사람이 생명을 버리는 사태는 막아야 합니다.

그런데 과연 이 문제가 사회적 대화의 대상인지는 분명하지 않습니다. 사회적 대화, 사회적 대타협이라고 하면 국가적 차원에서 정부, 자본가 대표, 노동자 대표가 모여 국가적 정책을 결정하는 과정을 말합니다. 사회적 대화의 주제는 노동시간, 임금, 일자리 나누기, 투자, 사회안전망 구축 등 국가적 정책이지 개별 산업의 흥망성쇠는 아닙니다. 대화와 타협이 문제 해결방법인 것은 틀림없지만 갈등 해결 과정을 모두 사회적 대화라고 하여 당사자에게 맡겨둘 수는 없습니다. 정책적 결정은 정책결정 단위가 리더십을 바탕으로 결정해야 합니다. 만일 사회적 대화를 하고자 한다면 더 큰 단위에서 이루어져야 합니다. 카풀을 중심으로 한 카카오와 택시업계의 대립이 대화와 타협으로 어느 정도 해결되고 갈등이 완화된 것은 다행스러운 일입니다. 비록 사회적 대화까지는 아니더라도 대화와 타협이 사회적으로 정착되는 것은 반가운 일입니다.

초과잉시대와 정의

현대는 초과잉과 불평등 시대입니다. 이 시대의 특징은 세 가지 의미에서 정의와 공정을 요구한다고 생각됩니다. 첫째, 초과잉과 불평등 시대는 분배의 기본원칙으로 정의와 공정을 요구합니다. 초과잉과 불평등 시대는 생산 중심의 시대가 아닌 소비, 분배가 중심인 시대입니다. 초과잉 시대는 생산의 주체와 소비의 주체 분리를 초래합니다. 대량생산, 대량 소비의 시대와 달리 노동과 소비의 주체가 분리됩니다. 대량생산, 대량소비 시대에는 수많은 시민이 노동자가 되어 생산하고 이들이 다시 소비자가 되어 대량생산된 물건과 서비스를 사용했습니다. 사실상 생산자와 소비자가 큰 틀에서는 같았던 것입니다. 하지만 초과잉 시대에는 소수만이 생산합니다. 생산성이 극도로 높아졌기 때문에 소수가 자동화기기를 이용하여 과거 대량생산의 시대보다 훨씬 많고 다양한 물건과 서비스를 생산합니다. 하지만 소비는 여전히 다수가 해야 합니다. 소수만이 소비하면 자본은 순환되지 않고 회수되지 않습니다. 그리고 인간은 살아야 하므로 소수만이 소비할 수도 없습니다. 복지의 중요성이 증대되는 것은 이와 같은 노동과 소비의 주체가 분리되는 현상을 반영한 것입니다. 생산하지 않고도 소비를 하는 개인들이 증가하고 뚜렷이 하나의 계층을 형성합니다. 이를 유발 하라리는 무용 계급이라고 부릅니다(유발 하라리, 2018).

생산보다 분배가 중요해지면 정의와 공정이 점점 더 중요해집니다. 정의는 좁은 의미에서는 가치와 재화의 분배 원칙을 말하고 공정은 정의로운 분배 절차를 말합니다. 정의와 공정을 뒷받침하는 신뢰도 필요합니다. 정의와 공정이 확립되면 반칙과 특권이 없어지고, 예의와 절제, 상대방에 대한 배려 등이 생겨납니다. 상대방과의 관계를 부드럽게 만드는 윤리가 생겨날 가능성이 커집니다. 정의와 공정은 윤리와 조금 다릅니다. 윤리는 정의와 공정보다는 좀 더 관계 지향적이고 따뜻하고 직접 인간을 향합니다. 한마디로 상냥하고 친절하고 따뜻한 인간들이 갖는 덕목이라고 할 수 있습니다.

　　정의와 공정이 가치와 재화의 분배 원칙이라면 윤리는 가치와 재화를 정의롭고 공정하게 분배한다고 하더라도 필연적으로 발생하는 갈등을 완화하는 역할을 합니다. 정의롭고 공정한 분배규칙은 그 자체로 갈등을 줄이는 역할을 합니다. 분배규칙은 어디까지나 등가교환이라는 원칙 위에 서 있습니다. 등가교환은 서로가 필요한 것을 주고받는 관계입니다. 등가교환은 그 자체로 서로 필요한 것을 채워주므로 매우 만족스러운 결과를 낳습니다. 하지만 등가교환은 어디까지나 상품만 교환이 될 뿐, 상품에 인간의 노동이 체화되어 있다는 사실은 생략됩니다. 인간에 대한 존중이 없고 가치의 순수한 증식은 없습니다. 이때 윤리가 역할을 합니다. 윤리는 상품에 인간의 노동이 체화되어 있다는 사실을 직시하고 상품을 넘어 인간에 대한 존중을 표시합니다. 나아가 인간에 대한 존중은 등가교환이 아니라 대가가 없는 증여이기 때문에 가치의 증식이 일어납니다. 관계가 훨씬 부드러워지고 훨씬 인간적으로 되고 행복과 기쁨을 가져옵니다. 이런 역할을 하는 것이 경제학적으로는 교환이 아니고 증여이고 가치론적으로는 정의나 공정을 넘어서는 윤리입니다. 물론 윤리보다 보시라든지, 자비와 사랑이라는 가치가 더 여기에 어울립니다. 하지만 윤리도 훌륭하게 그 일을 해낼 수 있습니다. 윤리가 반칙과 특권을 반대하고 예의와 절제, 상대방에 대한 존중을 포함하고 있기 때문입니다. 이 모든 것은 등가교환에서는 볼 수 없는 증여에 가까운 것들입니다.

둘째, 초과잉과 불평등 시대는 이타적 행위를 요구합니다. 심각한 불평등은 사람들에게 연민과 동정에 바탕을 둔 자비로운 행동을 요구합니다. 그리고 사람들은 실제로 행동합니다. 수많은 사람들이 국제적인 봉사활동에 참여하고 기부를 하고 사회를 바꾸기 위해 활동하고 있습니다. 헌혈을 예를 들어 보면 한국의 경우 한해 270만여 명이 헌혈을 합니다(대한적십자사 혈액관리본부 2019년 통계). 엄청난 숫자입니다. 5천만 인구의 5%에 해당하는 사람이 자신의 혈액을 다른 사람을 위하여 제공하고 있습니다. 조용히 이타적 행위를 하는 친절하고 상냥하면서 착한 사람들은 의외로 많이 있습니다. 사람의 활동은 개인 차원, 사회 차원, 국가 차원, 국제적 차원, 지구적 차원의 행동으로 나누어집니다. 각 개인은 이들 영역에서 다양한 활동을 통하여 불평등을 완화하려고 노력하고 있습니다.

불평등에 대한 개인의 불편한 감정과 이를 해소하기 위한 노력은 인간 내면에 존재하는 본질적인 것으로 매우 자연스러운 것입니다. 불쌍한 사람을 보고 동정심을 느끼지 않는 사람은 없습니다. 맹자의 말처럼 우물에 빠지려고 하는 아기를 보고 구하지 않을 사람은 없을 것입니다. 하지만 개인의 행동이 개인 차원에서만 벌어진다면 개별적이고 분산적이고 비체계적이어서는 효과가 떨어집니다. 인간이 다른 사람을 도우려고 하고 사랑하는 자비심은 제도화, 공식화되었을 때 효과가 극대화됩니다. 사랑과 자비심이 제도화되고 공식화되기 위한 기초는 정의와 공정입니다. 선진국과 중진국, 그 국가에 사는 개인들의 행동이 정의와 공정에 기초하여 제도화, 공식화될 때 그 행동은 지속되고 확대될 수 있습니다. 예를 들어 유엔난민기구라는 제도와 기구가 있어야 난민에 대한 지원이 조직적으로 이루어지는 것과 같습니다. 국제원조도 개별 국가가 선의로 하는 것보다는 기구를 만들어 공식적으로 하는 것이 훨씬

정의의 미래 "공정"

더 효과적입니다. 헌혈을 다시 예로 들면 헌혈을 책임지는 공적기구가 없거나 헌혈자에 대한 공정한 대우가 이루어지지 않고 혈액이 제대로 관리되지 않는다면 개인의 헌혈은 더 이상 지속되기 어렵습니다. 개인의 자발적인 행위는 제도화, 공식화하여야 하는데 이 기초에는 정의와 공정이 있습니다.

정의와 공정은 국내적인 차원을 넘어 국제적인 차원에서도 필요한 덕목이 되었습니다. 세계화는 국제적인 보편 가치를 수용하게 만듭니다. 이미 거의 모든 분야에서 세계화가 진행되었고 세계화가 더욱 진행되는 현재 국제적인 보편가치를 외면할 수는 없습니다. 오히려 국제적인 보편가치를 적극적으로 수용하여 변화를 꾀하는 것이 더 타당한 방법입니다. 현재 세계는 초과잉과 불평등 문제 해결을 강하게 요구합니다. 세계적인 차원에서 보면 불평등 문제는 초과잉 때문에 더욱 심각해집니다. 일부 국가에서는 식량과 물건이 남아도는데 다른 국가에서는 기아와 물품 부족으로 하루하루의 삶을 걱정해야 하는 상태가 지속되고 있습니다. 초과잉과 불평등 문제는 국내보다 국제적인 관점에 섰을 때 더욱 심각하게 느껴집니다. 환경 문제도 국제적인 관점을 취할 때 비로소 정확하게 인식할 수 있습니다. 환경이야말로 국제적인 이슈로서 세계적 차원의 대응이 필요합니다. 그렇다고 국가적 차원, 지역적 차원의 대응이 필요하지 않다는 것은 아닙니다. 해와 바람, 비와 구름에는 국경이 없습니다. 한국은 거의 모든 면에서 100% 개방된 국가라고 할 수 있습니다. 국제적인 보편가치를 이미 수용, 체화하고 있습니다. 국제적인 관점에서도 한국에서는 정의와 공정이 필요합니다.

국제적인 보편가치는 국가적 차원만이 아니라 개인의 차원에서도 수용되고 있습니다. 보편적 가치가 개인에게 수용될 때 개인은 불평등 문제를 더욱 심각한 문제로 받아들입니다. 국제적인 차원의 불평등 문제를 자신의 문제로, 현재의 문제로, 여기의 문제로 받아들이기 때문입니다. 국제적 차원의 정의와 공정의 발전, 제도와 기구의 발전을 눈여겨보아야 하는 이유입니다.

셋째, 초과잉의 문제는 생산과정을 정교하게 만드는 방식으로는 극복할 수 없고 오로지 정의와 공정, 그리고 윤리로 극복할 수 있습니다. 일부에서는 4차 산업혁명, 또는 과학기술혁명이 초과잉 문제를 해결할 수 있는 것처럼 말합니다. 하지만 실제로 과학기술혁명은 초과잉 문제를 해결하는 것이 아니라 오히려 이를 심화시킵니다. 개별 기업이나 개별 산업 단위, 혹은 개별 국가 단위에서 단기적으로 문제를 완화할 수는 있으나 근본적인 해결이 될 수는 없습니다. 초과잉 문제를 해결하기 위하여 4차 산업혁명을 적극적으로 추진하자는 입장은 초과잉을 더욱 심각하게 만들 뿐입니다.

예를 들어 문국현은 현재 위기에 처해있는 제조업의 경쟁력 제고를 위하여 (1) 효율성 증대 - 경쟁력의 결정적 요인인 에너지와 자원 효율성, (2) 제품 출시 기간 단축 - 더욱 단축된 혁신 주기, 더욱 복잡해진 제품, 더욱 커진 데이터 용량, (3) 유연성 향상 - 산업화된 대량생산, 변화하는 시장, 높은 생산성 등을 제안합니다. 탁월한 산업용 소프트웨어를 기반으로 가치사슬의 모든 단계를 통합하여 생산성과 효율성을 극적으로 개선하자는 것입니다(문국현, 2018). 이 모든 과정은 어떻게 하면 더 많이, 더 빨리, 더 다양하게 생산할 것인가에 집중합니다. 하지만 이미 초과잉시대에 돌입한 지금 위와 같은 해법은 개별기업 차원에서는 시도할 만하지만, 국가적 차원, 국제적 차원에서는 시도할 만한 해법이 아닙니다. 왜냐하면 이 방식은 물건이나 서비스를 더 많이 더 빨리 더 효율적으로 만드는 것을 목표로 하고 있어 오히려 초과잉을 더욱 심각하게 만듭니다. 문제를 근본적으로 해결하지 않고 팔릴 만한 물건을 더 많이 만들어 팔아야 한다는 것입니다. 기업과 자본의 무한경쟁을 초래하며 그 속에서 초과잉은 계속됩니다. 팔리지 않는 상품과 서비스에 대한 분배 방법은 없습니다. 분배는 오로지 시장에만 맡겨져 있을 뿐입니다. 과잉생산을 초과잉생산으로 해결하자는 것은 문제를 문제로 해결하자는 것과 같습니다. 예를 들어 봅시다. 지금 쌀은 과잉 생산되고 있습니다. 이때 새로운 품종을 개발하여 더 빨리 더 많이 더 맛있는 쌀을 만들어 쌀의 과잉생산 문제를 해결하자고 하면 얼마나 설득력이 있을까요? 물론 쌀의 품종은 조금씩 다르므로 새로 나오는 쌀은 조금 더 많이 팔릴 것입니다. 그렇지만 쌀의 과잉생산 문제는 전혀 해결할 수 없습니다. 쌀이라는 단순한 상품을 예로 들었지만, 자동차나 스마트폰도 사실상 거의 같은 처지입니다. 10년 전 만들어진 자동차나 3년 전 만들어진 스마트폰도 잘 작동하고 있는 것이 현실이니까요. 초과잉 생산된 상품과 서비스를 어떻게 분배할 것인가, 생산을 어떻게 조절할 것인가가 더 중요한 문제가 되었습니다. 생산을 조절하는 방법도 있으나 지금과 같은 자본의 과잉시대에 생산을 조절하는 방법은 효과적일 것 같지 않습니다. 문제는 분배입니다.

보편적 가치

---◆---

보편적 가치와 주권의 초월

현대 사회를 특징짓는 세 번째 요소는 보편적 가치의 등장과 확대입니다. 보편적 가치는 현재 국내, 국제적으로 정착되었고 미래에는 더욱 확대되어 모든 결정의 토대가 될 것입니다. 보편적 가치는 평화, 안전, 인권, 정의, 공정, 윤리, 환경, 행복 등 인류가 지역과 시대, 종교와 인종에 관계없이 추구하는 가치입니다. 이에 비해 특수한 가치는 지역과 시대, 종교와 인종에 따라 달리 추구되는 가치로서 극단적으로는 인간이 인간을 지배하는 노예제, 인종차별 등이 있습니다. 제3세계의 경우에는 자국의 특수성을 강조하면서 인권을 탄압하는 도구로 활용하기도 합니다. 한국도 이런 경험을 했습니다. 박정희 대통령 당시 군부독재를 미화한 '한국적 민주주의'가 그것이었습니다. 민주주의라는 말이 갖는 의미를 훼손시키지 않으면서 독재를 미화하려고 하니 '한국적 민주주의'라는 이상한 말이 생겨났습니다. '한국적 민주주의'에서 방점은 민주주의가 아니라 '한국'에 있었습니다. 한국의 독재상황을 미화하려고 한 것이지요. 이처럼 특수한 가치는 종종 보편적 가치의 가면을 쓰기도 합니다. 보편적 가치가 워낙 큰 설득력을 가지고 있기 때문입니다.

보편적 가치는 대상이 광범위합니다. 지역은 전 세계, 나아가 전 우주이고 시간은 고대로부터 현재를 거쳐 미래이며, 대상은 혈통이나 민족, 계급이나 계층을 뛰어넘어 전 인류, 나아가 전 생명체입니다.

보편적 가치의 지역적 대상은 전 세계입니다. 우주까지 대상으로 할 수도 있으나 그 정도로 우리의 지적 역량, 과학적 역량은 발전하지 못했습니다. 보편적 가치는 좁은 지역을 뛰어넘고 국가의 수준을 뛰어넘습니다. 평화와 안전, 정의와 공정, 인권과 윤리, 환경과 지속 가능성 등은 국경을 모릅니다. 과거 봉건시대에는 지역을 초월한다는 것은 곧 봉건 영주의 국경을 초월하여 국민국가를 만드는 것을 말했습니다. 국민국가가 바로 보편적 가치를 상징했습니다. 이 과제는 근대 시민혁명이 완수했습니다. 봉건시대 영주들은 자신이 지배하는 조그만 땅에 국경을 만들어 오고 가는 사람들을 가로막고 관세를 징수했습니다. 이런 봉건체제는 절대주의 국가 건설을 거쳐 국민국가로 해소되었습니다.

이제 보편적 가치는 국가를 초월하려고 합니다. 국가를 초월한다는 것은 주권을 뛰어넘는다는 것을 말합니다. 보편적 가치에 충실하려면 국가의 최종적인 의사결정권인 주권을 일부 포기해야 합니다. 평화의 가치만 보더라도 평화를 유지하려면 전쟁의 권한을 일부 포기해야 합니다. 순수 방어 전쟁은 인정하더라도 정치적 목적을 위한 공격 전쟁 권한은 포기해야 합니다. 그런데 전쟁 권한은 주권 중에서도 핵심적인 주권입니다. 전쟁을 포기한다는 것은 주권을 포기 또는 양도하는 것과 같습니다.

인권의 가치도 같습니다. 사람들의 인권을 지키기 위해서는 주권, 즉 재판권을 일부 포기할 수 있어야 합니다. 사형제 폐지 국가에서 온 사람을 재판할 때는 사형을 선고해서는 안 되는 한계가 있습니다. 예를 들어 봅시다. 한국은 사실상 사형제가 폐지된 국가로 1997년 12월 이후 사형이 집행된 적이 없습니다. 사형 판결은 1년에 한두 건 선고되기도 하고 아예 사형 판결이 없는 해도 있습니다. 그런데 중국이나 일본은 사형을 선고하고 또 집행합니다. 한국인이 일본으로 여행하는 도중에 일본 내에서 사형에 해당하는 죄, 살인을 저질렀다고 가정해 봅시다. 이 사람이 한국에서 재판을 받으면 사형을 당할 위험은 없습니다. 그런데 일본에서 재판을 받으면 사형을 당할 위험이 있습니다. 이때 인권선진국이라면 사형을 선고해서는 안 됩니다. 일본은 한국에서 재판을 받을 권리를 존중하여 사형을 선고해서는 안 됩니다. 아니면 범인을 한국으로 보내야 합니다.

더 복잡하게는 한국인이 중국에서 범죄를 저지르고 일본으로 도피했다가 일본에서 체포되는 경우가 있습니다. 이때 중국은 정의를 세우기 위하여, 즉 재판을 위하여 범죄인 인도를 요구할 것입니다. 한국 역시 한국인 보호가 국가의 의무이므로 범죄인 인도를 요구할 것입니다. 재판이라는 관점에서만 보면 중국에서 재판하는 것이 바람직합니다. 중국에 피해자, 증인과 증거들이 다 있기 때문입니다. 정의는 범죄가 발생한 곳에서 세워야 합니다. 한국은 이런 면에서 불리합니다. 그러나 인권의 측면에서 보면 중국에서 재판을 하면 안 됩니다. 사형을 시킬 수 있기 때문입니다. 사형제가 잔인하고 가혹한 형벌이라는 점에서 세계적으로 점점 폐지하고 있는 것이 추세이고, 한국은 사실상 사형이 폐지된 국가이기 때문에 한국에서 재판하는 것이 타당합니다. 주권 중심의 사고방식은 중국의 재판을, 인권 중심의 사고방식은 한국의 재판을 주장할 것입니다. 인권의 가치가 강조되면 재판권이라는 주권을 일부 포기해야 하는 경우가 생깁니다. 이미 외교관에 대해서는 재판권이 없으니

정의의 미래 "공정"

주권의 일부를 포기한 경우는 의외로 많이 있습니다.

주권의 양도 혹은 일부 포기는 국제기구의 권한 강화로 모아지고 양도된 주권은 국제기구로 모입니다. 이를 통해 평화와 인권, 정의와 공정, 환경과 지속 가능성이라는 가치는 더욱더 많은 실행력을 갖게 됩니다. 현재 세계에서 양도된 주권을 모으고 행사할 수 있는 국제기구는 국제연합, 유엔이 유일합니다. 유엔은 평화유지군이라는 이름으로 개입의 권한을 행사합니다. 기후협약 등을 통하여 각국의 경제활동에 대해서도 적극적으로 개입합니다. 국제인권규약, 고문방지조약 등을 통하여 각국의 사법제도가 인권에 적합하도록 압력을 가하고 있습니다.

국민국가, 민족국가를 기본 체제로 하는 현대 사회에서 주권의 양도는 시민들의 반감을 일으킵니다. 특히 동아시아와 같이 강한 민족주의를 바탕으로 근대국가를 창설한 지역에서는 반감이 있습니다. 이들 국가에서 반봉건혁명, 민주주의 혁명의 감정적 뿌리는 민족주의입니다. 반봉건민주주의 혁명을 민족주의와 함께 성취한 국가가 민족주의를 포기해야 한다는 것은 아무리 보편적 가치라고 하더라도 심리적으로 반감을 불러일으킵니다. 최근 한일 간의 위안부 문제, 강제징용 피해자 재판 등을 둘러싼 대립은 강한 민족주의에 근본 원인이 있습니다. 이 문제는 주권의 양도, 일부 포기라는 보편적 가치의 원칙에 섰을 때만 해결할 수 있습니다. 하지만 양국은 민족주의 감정을 포기할 생각이 없습니다. 민족주의야말로 가장 확실한 정치적 기반이기 때문입니다. 민족주의는 국내적으로는 국민의 충성심을 확보하지만, 국제적으로는 문명의 분열을 초래할 가능성이 있습니다.

한일 간의 문제 해결은 민족주의가 아니라 보편적 인권의 관점에 설 때 비로소 해결의 문이 열릴 것입니다. 위안부의 인권, 징용자의 권리라는 보편적 인권의 관점에서 문제를 해결해야 합니다. 사실 민족주의와 결합한 과거사 정리 문제는 보편적 인권의 문제로 진화 발전하고 있습니다. 전 세계가 위안부 문제에 함께 아파하고 문제 해결에 나서는 것은 이 사안이 한일 간의 식민시대의 문제만이 아니라 개인 인권에 대한 심각한 침해, 여성 인권에 대한 심대한 침해이기 때문입니다. 만일 위안부 문제가 한일 간의 민족주의 문제라면 세계가 관심을 가질 이유는 없을 것입니다. 위안부 문제는 독일의 유대인 학살과 같이 전 인류의 보편적 인권의 문제라는 점에서 세계가 관심을 보이고 있습니다. 일제강점기 강제징용 피해자 문제 역시 식민시대에 벌어진 징용의 문제이자 인권을 침해당한 보통 사람들의 권리라는 측면으로 접근해야 해결할 수 있습니다.

주권을 뛰어넘는 인권이라는 관점이 필요합니다. 인간의 존엄성을 보장하는 인권이라는 관점을 바탕으로 서로 주권을 조금씩 포기하고 양도하면서 창의적으로 한일문제를 해결해야 합니다. 과거사 문제가 보편적 인권의 문제가 되었다는 것은 더 이상 이 문제를 한일청구권협상 등으로 해결된 것으로 간주할 수 없다는 것을 의미합니다. 개별적인 인권 침해 문제는 여전히 남아 있습니다. 국가적 차원에서는 이 인권 침해 사례를 국가적으로 중대한 문제로 선언하고 해결하는 데 노력해야 합니다. 공동체의 중요 문제로 인식하고 선언하는 것은 출발점입니다. 구체적인 해결방법으로 법률적 해결방법을 고집할 필요는 없습니다. 인권의 문제임을 명확히 한다면 정치적 해결방법, 외교적 해결방법, 학문적 해결방법 등 여러 해결방법이 동시에 시도될 수 있습니다. 한일 간, 나아가 동아시아 차원의 과거사 정리를 위한 각국의 노력이 필요합니다. 이 문제는 동아시아의 평화와 인권, 번영과 안보에 너무 중요한 문제이므로 따로 검토해야 할 주제입니다. 동아시아의 과거사 정리는 최종적으로 동아시아평화인권공동체 구상으로 발전할 것인데 이 부분에 대해서는 다음 기회에 정리해보도록 하겠습니다.

시간의 초월, 종의 초월

　보편적 가치의 시간적 대상은 과거, 현재, 미래입니다. 보편적 가치는 과거에도 많은 사람들을 감동하게 한 것이었고 현재도 세계를 경영할 수 있을 정도의 공감대를 가져야 합니다. 평화, 안전, 정의, 공정, 인권, 윤리, 사랑, 자비 등은 모두 과거에도, 현재에도 강한 공감대를 갖는 가치들입니다. 보편적 가치는 미래에도 통용되어야 합니다. 미래를 움직이고 미래를 현실화시킬 수 있는 가치는 보편적 가치밖에 없습니다. 한 지역이나 한 국가에서만 통용되는 가치로는 미래를 움직일 수 없습니다. 지금도 그렇지만 세계는 한 국가나 국가 간의 공동체, 즉 몇 개 국가의 공동체 결성 수준을 훨씬 뛰어넘었습니다. 이를 상징적으로 보여주는 조직이 유엔과 유럽연합(EU)입니다. 특히 유럽연합은 유엔과 달리 높은 수준의 통합을 이루었습니다. 통합의 수준은 아시아 지역공동체의 수준을 훨씬 뛰어넘습니다. 유럽연합의 통합 수준에서 눈여겨 볼 것은 인권 수준이 매우 높다는 것입니다. 유럽연합의 역사를 보면 인권 수준의 제고가 유럽 통합의 하나의 축이었다는 점을 알 수 있습니다. 유럽연합은 사형제를 폐지했는데 사형제 폐지는 인권의 역사에서 획기적인 사건입니다. 유럽연합의 사형제 폐지는 1983년 유럽인권협약 제6의정서로 이루어졌습니다. 인권 가치는 과거부터 계속 발전해 왔고 앞으로도 발전할 것입니다. 이런 면에서 인권이야말로 진정한 미래지향적 가치, 보편적인 가치라고 할 수 있습니다. 미래의 모습을 유럽연합과 같은 국제공동체와 인권의 발전에서 확인할 수 있습니다.

미래지향적 보편적 가치는 평화와 공존의 문제, 지속가능의 문제를 제기합니다. 미래에는 개인이 더 중시되고 개인의 다양성이 더 존중될 것이므로 평화와 공존, 지속가능성이 크게 문제가 될 것입니다. 다양한 인간 생활이 더 잘 보장되기 위해서는 인간 사이의 평화 공존도 필요합니다. 인간이 미래에도 살아남고 번영하려면 인간과 환경의 공존이 필요합니다. 나아가 현세대와 미래세대 사이의 공존 역시 필요합니다. 이 모든 것은 평화와 공존, 지속가능이 미래의 핵심적인 과제임을 보여줍니다. 인류가 살아남고 번영하고 싶다면 지역적 충성심을 지구 공동체에 대한 실질적 의무감으로 보완해야 합니다(유발 하라리, 2018).

미래에는 대화와 타협이 더 중요하게 될 것입니다. 개인의 다양성 폭발로 가치가 충돌하는 경우가 빈번해질 것이기 때문입니다. 국가 간의 연결성 강화, 즉 인적 물적 교류의 확대는 수많은 사건, 사고를 낳을 것입니다. 폭발하는 인적 물적 교류의 확대, 연결성 강화는 문제 해결 방식을 제한하는 역할을 합니다. 한일 간에 문제가 발생하더라도 서로 오고 가는 사람들이 1년에 1천만 명인 현실을 인정하고 문제에 접근해야 합니다. 가치의 충돌, 이익의 충돌 등 국가 간의 갈등을 폭력이나 거친 행동으로 해결하는 전략은 또 다른 보편적 가치인 평화와 공존을 위협합니다. 한일 간에 오가는 사람이 1천만 명인데 한 사람이 사고를 쳤다고 하여 1천만 명의 왕래를 금지할 수는 없습니다. 평화 시대의 문제 해결 방식은 오로지 대화와 타협만이 있을 뿐입니다. 그것도 상대방을 압박하는 것이 아니라 공동의 번영과 평화, 공존을 위한 것이어야 합니다.

대부분의 정책이나 갈등은 다수의 힘으로 추진하거나 해결할 수 없고, 해결해서도 안 됩니다. 사회가 다양화되고 개인의 가치가 높아지면 대부분의 정책이나 갈등이 팽팽한 대립 속에서 이루어집니다. 어느 일방이 수적 우위를 점할 수 없는 경우가 대부분이고 설혹 다수를 차지하더라도 반대 세력이 엄연히 존재하고 저항하므로 일방적으로 문제를 해결할 수 없습니다. 한국만 하더라도 선거를 하면 압도적인 결과는 잘 나오지 않습니다. 아슬아슬한 경우가 많이 있습니다. 그 결과 여당이 야당이 되고 야당이 여당이 되는 경우가 많이 있습니다. 이 말은 정책을 둘러싼 갈등이 다수의 힘으로 쉽게 해결되지는 않는다는 것을 의미합니다.

대화와 타협의 다른 얼굴은 절제와 겸손입니다. 대화와 타협을 하려면 자신의 주장을 극대화하는 전략을 선택해서는 안 됩니다. 비록 자신이 권한을 가지고 있다고 하더라도 그 권한을 절제할 때 국가권력은 야수가 아닌 인간이 됩니다. 자신의 주장을 겸손하게 관철할 때 대화의 여지가 생깁니다. 최근 정치 현장에서 여야의 갈등이 계속 반복되는 이유는 절제와 겸손이 없기 때문입니다. 자신이 가진 권한을 극대화하면 다른 기관, 다른 사람의 권한을 침해하게 되어 있습니다. 기관 사이의 권한은 항상 모호하기 때문입니다. 이때에는 절제하는 것이 필요합니다.

인간의 얼굴을 한 정치가 되려면 절제가 필요합니다. 정치보복을 거부했던 김대중 대통령과 같은 절제가 필요합니다. 권력욕을 절제하지 못하고 맹목적으로 권력을 추구할 때, 자신의 권한을 최대한 행사하면서 다른 사람의 권한 행사는 권한 남용이라고 부를 때 충돌이 불가피합니다. 국가기관 사이에 충돌하면 불안한 것은 시민들입니다.

대화와 타협을 위해서는 당사자들도 적극적으로 대화와 타협에 나서야 합니다. 이를 위해서는 문제 해결의 방식과 절차를 확립해야 합니다. 갈등을 해결할 공정한 절차가 필요합니다. 공정한 절차가 없다면 누가 어떻게 문제를 해결할 것인가를 결정할 수조차 없습니다. 공정한 절차 마련은 정치인과 시민단체가 함께 해야 합니다.

보편적 가치의 대상은 전 인류입니다. 대상이 전 인류이므로 저개발 국가도 당연히 포함됩니다. 이런 이유로 보편적 가치를 주장하면 주장할수록 원조가 시혜가 아닌 의무로 등장합니다. 국제협력 역시 중요한 이념으로 등장합니다. 보편적 가치의 대상에는 모든 생명체가 포함됩니다. 동물을 포함한 모든 생명체에 가치를 인정하기 때문에 환경과의 조화를 중시합니다. 환경과의 긴밀한 관계는 지속가능한 삶이라는 목표에서 확인할 수 있습니다. 지속가능한 발전, 지속가능한 삶은 여러 가지 형태로 현재 인류의 삶을 재조정할 것입니다. 지속가능한 삶에서 최근 가장 문제가 되는 쟁점 중의 하나는 에너지문제입니다. 화석연료가 아닌 재생에너지를 개발함으로써 환경문제도 해결하고 에너지 문제도 함께 해결하는 것이 목적입니다. 탈원전은 에너지 전환의 핵심적인 문제입니다. 세계적으로 보면 성공적으로 전환이 이루어지고 있으나 한국의 경우에는 갈등이 남아 있습니다. 한국의 원전 문제는 과학기술의 문제가 아닌 원전과 관련된 정치의 문제로 보입니다. 정치와 관련된 문제는 부패 카르텔과 관련되어 있습니다. 한국의 에너지 전환은 세계적인 추세에 따라 지속가능한 발전 문제로 접근하면서도 한국의 특수한 문제도 함께 해결해 나가는 과정이 될 것입니다.

보편적 가치와 본질주의

보편적 가치는 본질주의와 친하지 않습니다. 본질주의는 사물이 근원적인 본질 때문에 지금의 모습이 되었다는 믿음입니다. 본질주의는 첫째, 본질이 사물 깊숙이 내재해 있다고 생각한다는 점, 둘째, 본질이 자연적이라고 생각한다는 점, 셋째, 본질이 사물의 범주를 나눌 때의 경계로 쓰인다는 점 등에 특징이 있습니다(스티브 하이네, 2018). 본질주의는 근본적으로 분리 지향적이고 변화를 거부합니다. 동물은 동물일 뿐 식물과 공통점이 있을 수 없고 사람과도 같을 수 없습니다. 각 개체는 차이가 명백하므로 서로 특징을 공유하거나 다른 개체의 특징을 보유하는 경우는 없습니다. 본질주의가 좀 더 세분되면 심각한 문제가 생깁니다. 동양인은 동양인일 뿐 서양인이 될 수 없고, 유색 인종은 유색 인종으로서 본질을 가지고 있어 백인이 될 수 없습니다. 외국인은 절대 통합될 수 없는 이질적인 존재가 됩니다. 이성애자는 이성애자일 뿐 동성애자가 아니고 동성애자는 동성애자일 뿐입니다.

본질주의는 본질이 무엇인가에 대한 적극적인 설명이 없고 대신 본질을 대신할 만한 것을 본질로 설명한다는 점에서 약점이 있습니다. 본질은 원래 존재하지 않으니 다른 대체물을 이용합니다. 과거에 가장 많이 사용한 대체물은 혈통이었으나 지금은 유전자입니다. 본질주의도 과학적인 설명을 선호하므로 과학의 흐름을 반영합니다.

본질주의는 사람이나 동물의 사고방식과 행동방식을 설명하는 극히 단순한 모델을 이용합니다. 하나의 인자로 사람과 사물의 본질을 규정하는 것입니다. 최근에는 유전자가 모든 것을 결정한다고 설명합니다. 본질은 서로 소통하지도 변화하지도 않습니다. 한번 유색인종이면 영원히 유색인종입니다. 유색인종으로서의 정체성을 벗어날 수 없습니다. 한번 일본인이면 어떤 경우에도 일본인의 전형적인 사고방식에서 벗어날 수 없다고 봅니다. 집단의 이름으로 개인을 획일화하고 집단과 집단을 구분함으로써 지배계급에 의한 피지배계급의 통치를 정당화합니다.

본질주의의 보수성은 변화를 거부하는 데서 나타납니다. 본질주의에 따르면 새로운 사람과 새로운 사물을 만나더라도 모두 본질을 가지고 있어서 서로 구분이 될 뿐, 통합이나 변화는 있을 수 없습니다. 한번 지배계급은 영원한 지배계급이고 한번 피지배계급은 영원한 피지배계급이고 이는 절대로 변할 수 없는 것입니다.

이에 비해 보편적 가치는 변화를 반영합니다. 새로운 사람과 사물의 공통점을 강조하고 통합을 지향합니다. 평화와 안전을 우선의 가치로 하기 때문입니다. 사물의 본질은 없고 사물은 서로가 서로에 의존해 있을 뿐이라고 봅니다. 한국인과 일본인은 구분되지만, 이것은 한국과 일본만이 있을 때의 이야기입니다. 만일 동아시아 공동체가 있다면 한국인과 일본인은 동아시아 공동체의 구성원이며 나아가 세계 지구촌의 평등한 구성원이 됩니다. 한국인이 한국인이면서 동시에 동아시아 공동체의 구성원이 되는 이유는 일본인이 존재하고 서로 의존하기 때문입니다. 서로가 서로에게 의존하므로 서로는 평등하고 서로를 도와야 한다는 결론에 도달합니다. 자신과 타인, 세계가 하나라는 자타불이의 세계가 바로 보편적 가치의 세계이며 본질주의적 시각에서 벗어나는 것이 현대의 흐름입니다.

세계화와 국제사회의 리더십

보편적 가치 등장의 물질적 배경은 세계화입니다. 더 정확하게 말하면 세계화로 표현되는 외부 세계와의 접촉입니다. 외부 세계와의 접촉이 없다면 개인은 개인의 세계에, 민족은 그 민족의 세계에만 푹 빠져 지냅니다. 자신만이 가장 위대하고 가장 뛰어나다는 환상에 사로잡힌 채 살아갑니다. 외부와의 접촉은 기존의 시각을 흔들고 두 세계 사이에 공통점을 찾도록 만듭니다. 편협한 시각을 넘어 여러 세계에 적용되는 보편적 언어, 보편적 문법을 찾게 됩니다. 이 과정에서 개인과 민족, 국가는 추상적인 사고를 할 수 있게 되고 이를 바탕으로 보편적 가치를 찾아 나갑니다.

현대 사회에서 외부 세계와의 접촉은 세계화를 의미합니다. 세계화는 이미 유럽 중세 때부터 시작하여 봉건주의를 붕괴시켰고 유럽의 혁명을 세계로 수출했습니다. 이 과정에서 제국주의와 식민주의가 성립했고 이에 대한 반대로 민족해방투쟁이 발생했습니다. 민족해방투쟁은 서구 제국주의에 대한 투쟁임과 동시에 봉건주의에 대한 투쟁이었으므로 세계화의 일환이라고도 할 수 있습니다. 세계의 기준으로 서구의 자본주의, 개인주의, 과학주의 등이 자리 잡았습니다.

개혁과 개방은 국가의 생존 및 발전전략이면서 개인의 발전전략이기도 합니다. 한국은 개방을 통하여 성공한 대표적인 국가입니다. 한국 경제의 역사는 성장의 역사였고 성장의 역사는 곧 개방의 역사였습니다. 지나친 개방으로 인해 대외의존도가 높아지고 내수와 수출의 비중이 역전되어 수출 중심 국가가 되었지만, 개방 시스템 자체로 인한 성장의 효과는 부작용을 뛰어넘을 정도로 컸습니다. 경제의 개방과 자유는 한국 경제발전의 핵심 동력 중의 하나라는 사실을 인식하는 것이 필요합니다. 한국과 같이 크기가 중간 정도인 중견국은 세계시장을 대상으로 한 수출시장을 생각하지 않고는 경제를 발전시킬 수도 유지할 수도 없습니다. 개방과 자유의 중요성은 중국에서도 확인할 수 있습니다. 중국도 개혁, 개방을 통하여 급속히 성장하고 있습니다.

한국은 경제만이 아니라 정치, 교육, 문화 등 모든 면에서 개방적입니다. 거의 100% 개방되었다고 생각됩니다. 세계 뉴스에 가장 민감하며 다른 나라의 동향에 큰 영향을 받습니다. 학문만 하더라도 외국의 새로운 이론을 적극적으로 수입합니다. 그만큼 자체적인 연구역량을 경시하는 단점도 있지만 좋은 점을 배우려는 적극적인 자세는 높이 평가되어야 합니다. 이 말은 한국의 모든 정책은 세계적인 수준이 되어야 한다는 것을 의미합니다. 한국의 정책이 발표되면 바로 미국이나 유럽, 일본 등의 정책과 비교됩니다. 실시간으로 비교될 정도로 거의 완전히 개방된 국가인 것입니다.

세계화는 더욱 확대될 것입니다. 지금 세계는 트럼프 미국 대통령의 등장, 브렉시트 사태 발생 등으로 보호주의, 민족주의 등이 일시 유행하는 것처럼 보입니다. 실제 세계화로 인한 부작용도 적지 않습니다. 한국만 하더라도 IMF 사태를 맞은 적이 있습니다. 최근 세계화는 신자유주의와 결합하여 극단적으로 추구되었습니다. 신자유주의와 결합한 세계화는 경쟁을 바탕으로 자본의 자유화, 노동의 자유화를 거세게 밀어붙였습니다. 이 결과 경제는 발전했으나 국가의 차이, 계급과 계층의 차이, 개인의 차이는 심화되었습니다. 부의 양극화 현상이 국가 내부에서, 국가 사이에서 심각하게 벌어졌습니다. 소수에 의한 부의 독점은 국제적인 문제로 떠올랐습니다.

하지만 세계화는 여전히 대세입니다. 세계화를 통하여 사람들은 경제를 성장시켰고 물질적 풍요로움을 누렸습니다. 한국만 하더라도 칠레산 키위를 먹고 스페인산 돼지고기, 미국산 쇠고기를 먹습니다. 그것도 매우 싼 가격에 말입니다. 세계화가 되지 않았다면 상상할 수 없는 일입니다. 보호주의, 민족주의, 자국중심주의가 다시 등장하여 주류가 되기에는 너무 세계화가 진척되었습니다. 다시 되돌리기 어렵습니다. 세계화에 반대하는 사람들도 해당 국가에서 절반을 간신히 넘을 정도입니다. 영국이 브렉시트를 두고 우왕좌왕하는 것은 브렉시트라는 투표 결과를 추진할 국내의 동력이 약하다는 것을 보여줍니다. 보호주의, 자국

정의의 미래 "공정"

중심주의를 지속하기에는 국내의 지지층이 두텁지 않습니다. 그리고 보호주의로 인한 피해가 없을 수 없는데 이 피해를 극복할 만한 여력이 없다는 것도 문제입니다. 예를 들면 보호무역주의를 취하면 외국의 값싼 농산물을 들여오지 못하게 됩니다. 이렇게 되면 식료품 가격은 상승합니다. 그런데 비싼 식료품을 살 돈은 없습니다. 원래 보호무역주의를 주장하는 사람들은 개방으로 자국의 부를 외국인들이 가져가서 자신들이 가난해졌다고 주장합니다. 가난을 벗어나기 위하여 보호무역주의를 주장했는데 오히려 식료품 가격이 비싸지니 잘 먹지 못하는 문제가 생깁니다. 모순도 이만저만한 모순이 아닙니다.

세계화는 자본의 자유화, 노동의 자유화를 낳습니다. 자본의 자유화는 국가의 경제 운용 시스템, 즉 경제 제도 변화를 초래합니다. 자본이 자유롭게 활동할 수 있는 시스템이 있어야 자본은 이동합니다. 만일 자본이 자유롭지 못한 곳이라면 자본은 자유롭게 활동할 수 있는 시스템을 만들어 버립니다. 시스템을 만들 수 없다면 자본가들은 그곳에는 투자하지 않습니다.

세계화가 낳은 노동의 자유화는 노동력의 이동, 인구의 이동, 난민의 발생, 다른 문화 속에서 성장한 인간들의 만남으로 인한 문화충돌을 낳습니다. 이 문제는 작은 문제가 아닙니다. 인간은 원래 자신이 속한 공동체의 문화 속에서 정체성을 형성하고 인생을 설계하기 때문입니다. 문화의 영향력은 엄청납니다.

종교 생활을 하는 사람들은 깊은 명상 과정에서 영적인 체험을 하는 경우가 간혹 있습니다. 명상 도중에 종교의 지도자를 만나는 경험을 합니다. 이때 동양인은 부처님을 만나는 경험을 하고 서양인들은 예수님을 만나는 경험을 합니다. 물론 명상 도중 부처님이나 예수님을 친견하는 경우는 대부분 잘못된 명상을 한 결과입니다만 이 정도로 집단 무의식, 문화의 힘은 강력합니다. 같은 명상상태에서 만나는 영적인 대상이 동양인에게는 부처님으로 보이고 서양인에게는 예수님으로 보이는 것입니다. 이처럼 공동체의 문화는 개인의 무의식까지 지배합니다.

다른 문화의 사람들이 만나서 같은 공간에서 생활하면 서로 갈등이 없을 수 없습니다. 이와 같은 문제 역시 제도의 변경을 요구합니다. 잘 만들어진 제도는 이질적인 문화로 인한 충돌이나 갈등을 제대로 흡수해 낼 수 있습니다. 그리고 제도를 넘어 교양과 윤리가 필요합니다. 교양과 윤리는 원래 불편함을 참는 것입니다. 서로가 서로를 이해하려면 최초의 충돌에서는 오는 불편함을 참을 수 있는 힘이 있어야 합니다. 이것이 바로 교양과 윤리인 것이지요.

세계화는 이질적인 사람과 문화의 만남이므로 이를 규율하는 제도, 즉 규칙과 기구가 필요합니다. 세계화는 다른 측면에서 보면 국제사회의 제도를 만드는 과정입니다. 제도의 내용인 규칙과 기구는 국제사회의 리더십이 만듭니다. 제도와 규범을 만드는 과정에서 국제사회의 리더십 역시 성장하고 발전합니다. 먼저 국제사회의 리더십이 있어 국제사회의 제도를 만드는 것도 아니요, 먼저 국제사회의 제도가 있어 리더십을 형성해 가는 것도 아닙니다. 이 과정은 서로 의존해 있고 유동적입니다.

현재 국제사회의 제도와 리더십은 완성된 상태가 아닙니다. 완성은 아직 멀었고 지금까지 확보한 제도 역시 안정적이지 못합니다. 주권의 양도는 극히 부분적으로만 이루어지고 있을 뿐입니다. 최근 EU에서 벌어진 브렉시트 사태, 미국과 중국의 무역 대립, 한일 간의 갈등 등은 국제사회의 제도가 불안정하고 유동적임을 잘 보여줍니다. 현재 가장 유

정의의 미래 "공정"

력한 국제사회의 리더십인 유엔은 진화 중이지만 여전히 충분하지 못합니다.

장기적으로 보면 국제사회의 제도는 확립될 것입니다. 크게 보면 개별 국가의 주권은 꾸준히 유엔에 양도되어 왔고 유엔의 리더십은 점점 더 커져 왔습니다. EU의 통합력은 높아졌습니다. 앞으로도 이 경향은 계속될 것입니다. 주권의 양도는 국제기구에 대한 양도만이 아니라 여러 가지 형식으로 다양하게 전개될 것입니다. FTA와 같은 양자 간 조약이 국제관계를 규정하는 중요한 틀이 되어 온 것처럼 말입니다.

국제사회의 제도를 만드는 과정은 다른 한편 보편적인 언어와 가치를 발굴하고 적용하고 확대하는 과정입니다. 보편성이 없으면 개인과 민족, 지역과 국가를 뛰어넘을 수 없습니다. 문화상대주의는 존중되어야 하지만 국제 사회의 제도는 보편적인 가치에 기초해야 하고 보편적인 언어와 보편적인 문법으로 설명할 수 있어야 합니다. 국제사회의 제도, 특히 규칙은 다른 지역의 사람들을 설득할 수 있어야 하고 미지의 세계로 확대될 수 있어야 합니다. 오랜 기간 적용될 수도 있어야 합니다.

이런 의미에서도 국제사회의 제도, 즉 규칙과 기구는 공정성에 기반을 두어야 합니다. 국제사회의 제도가 공정하면 공정할수록 국가는 신뢰를 바탕으로 자신의 주권을 양도할 수 있게 됩니다. 마치 사법제도와 분쟁 해결제도가 공정하면 사람들이 거리에서 싸우지 않고 제도에 호소하는 것과 같습니다. 국제사회의 제도가 확립되면 확립될수록 주권은 더욱 제약을 받게 됩니다. 이렇게 될 때만 미래의 가치인 평화와 안전 등이 확보될 것입니다.

보편적인 언어와 가치에는 평화, 안전, 정의, 공정, 인권, 행복, 풍요, 윤리, 환경, 지속 가능성, 사랑, 자비 등이 있습니다. 보편적인 가치 중 국제사회에서 가장 먼저 정립된 것은 정의, 평화, 인권입니다. 그다음

환경이 국제사회에서 받아들여지고 있습니다. 이것은 유엔의 발전과정, 유엔을 중심으로 한 국제조약의 발전과정이기도 합니다. 유엔은 정의와 평화를 기본 가치로 출발했습니다. 제2차 세계대전이라는 전대미문의 참사를 겪고 전쟁의 위험에서 인류를 구하기 위하여 유엔이 기획되었습니다. 이 과정에서 전쟁범죄는 엄히 단죄되었습니다. 독일 나치를 대상으로 한 뉴렌베르그 전범재판, 일본 군국주의자를 대상으로 도쿄 전범재판의 경험은 정의를 수립하고 평화를 확보하기 위한 노력이었습니다. 이 흐름은 이후 르완다 국제형사재판소, 유고 국제형사재판소의 경험을 거쳐 2002년 국제형사재판소의 등장으로까지 이어집니다. 정의의 수립을 통한 평화의 정착이 마침내 국제형사재판소로 구체화되었습니다.

인권 체제는 유엔의 세계인권선언, 국제인권규약, 고문방지협약의 등장 등으로 알 수 있듯이 유엔의 탄생과 존재 이유이기도 합니다. 인권 체제는 계속 확대되어 EU의 인권재판소 발족으로 이어집니다. 유엔도 인권 체제 발전에 기여하지만 구체적인 경험은 유럽인권재판소가 더 많이 가지고 있습니다. 인권 체제는 한국에서는 국가인권위원회로 나타납니다. 이후 유엔은 환경 문제에 집중하고 있습니다. 지속가능한 발전이라는 개념을 세계적인 가치로 정착시켰고 기후협약 등을 추진하고 있습니다.

국제사회의 보편적 가치인 평화, 안전, 정의, 공정, 인권, 환경 분야에 대한 국제사회 리더십의 관심은 더욱 증가할 것입니다. 평화와 안전, 정의와 공정, 인권과 환경이 위기에 처하면 처할수록 이에 대한 요구는 더욱 강화될 것입니다. 사회가 비윤리적일수록 공직자에게 윤리를 더 강하게 요구하는 것처럼 말입니다.

지금까지 국제사회의 리더십은 선진국 중심으로 이루어져 왔습니

정의의 미래 "공정"

다. 평화와 안전, 정의와 공정, 인권과 관련한 각종 조약이나 협정 등 국제법의 발전은 선진국이 주도해 왔습니다. 원래 보편적 가치에 민감한 곳이 선진국이고 이들 가치를 제도화하는데 노력한 곳이 선진국이기 때문에 선진국의 리더십을 부정할 이유는 없습니다. 이 경향은 당분간 계속될 것입니다. 하지만 저개발국가나 개발도상국의 목소리가 높아지고 있는 것 역시 틀림없는 사실입니다. 국제사회의 리더십은 단순히 잘 사는 국가에 한정되지도 않고 또 다수결로도 결정되지 않습니다. 미래의 가치를 체현하는 국가에게 리더십이 인정됩니다. 미래의 가치를 체현하는 국가는 지금까지 선진국이었습니다. 상황은 조금씩 바뀌고 있습니다. 중진국에서도 미래의 가치를 체현한다면 국제사회의 질서를 만드는데 충분한 역할을 할 수 있습니다. 해당 가치에 대한 헌신과 노력으로 좌우되는 것입니다. 이런 의미에서 변화의 가능성에 유의해야 합니다. 인도의 마하트마 간디, 남아프리카 공화국의 넬슨 만델라 대통령, 대한민국의 김대중 대통령의 경험은 국제사회 리더십이 단순히 선진국에서 나온다거나 자본의 힘이나 역사가 오래되었다고 해서 결정되는 것이 아님을 보여줍니다.

최근 아베 총리가 이끄는 일본과 같이 국제사회의 보편적 가치보다는 자국 중심의 가치를 우선으로 한다면 국제사회에서 리더십은 저절로 떨어지게 됩니다. 최근 일본의 리더십이 약화되고 있는 것은 아베 정부의 외교정책이 자국 중심주의에 빠져있기 때문입니다. 주변국을 침략하고 식민지로 삼았던 역사와 그 과정에서 벌어진 전쟁범죄와 인권 침해 역사를 정리하지 않으면 일본은 국제사회에서 리더십을 형성하기 어렵습니다. 이미 이런 주제들이 국가의 차원으로 넘어 인류 보편의 가치로 되었기 때문입니다. 일본이 경제력에 걸맞게 세계에서 보편가치를 존중하고 보편가치를 추구하는 리더십을 가진 국가가 되도록 주위에서 많이 도와야 합니다.

　국제사회의 리더십은 반드시 국가만이 행사하는 것이 아닙니다. 국제사회의 리더십은 상당 부분 개인과 시민단체로부터 나옵니다. 개인의 영향력 확대의 결과이기도 합니다. 특히 주목해야 할 부분은 비정부기관, 비영리기관인 시민단체들인데 이들은 전문역량으로 시대의 흐름을 앞서는 가치를 제시합니다. 대표적으로 환경문제를 세계의 이슈로 부각시킨 그린피스와 같은 조직이 있습니다. 국제사회를 흔드는 비정부 기관에는 기업도 포함됩니다. 기업이 먼저 인류 보편의 가치를 제시할 수는 없지만, 보편적 가치를 확대하고 정착시키는 데에는 기업도 큰 역할을 합니다. 기업윤리와 기업의 사회적 책임이 계속 강조되는 것은 기업의 힘에 주목하기 때문입니다. 최근 기업은 윤리와 책임에서 수동적 존재에서 벗어나 사회적 가치 실현의 주체로 발돋움하고자 하고 있습니다. 세계적인 기업들이 기업 시민이라는 새로운 형태의 기업윤리 실천 운동을 시작한 것은 주목해야 할 부분입니다.

제 3 장

미래 전망과 정의

미래전망, 미래예측의 시대입니다. 서점에 가보면 미래전망, 미래예측의 책이 수십 권 출간되어 있습니다. 그런데 자세히 보면 인간의 궁극적인 문제인 행복과 평화를 해결할 수 있는 미래전망, 미래예측은 없습니다. 온통 과학기술, 인구, 경제, 환경 등 외부 변수에 의한 미래전망만 있습니다. 과학기술을 발전시키면, 경제를 성장시키면 모든 문제가 해결될 것이라고 말하는 것 같습니다. 정보통신혁명, 빅데이터, 인공지능, 스마트폰, 자율 주행차, 4차 산업혁명, 에너지혁명을 거치기만 하면 개인의 행복과 평화가 확보될 것이라고 합니다.

하지만 과학기술과 경제만으로는 개인의 행복과 평화가 찾아올 리 없습니다. 그동안 과학기술과 경제를 충분히 발전시켰는데 그 결과는 '헬조선'이니까요. 정의와 공정이 없는 미래전망, 미래예측은 불충분한 미래예측일 뿐입니다. 많은 사람에게 그냥 강 건너 불일 뿐입니다. 그럼에도 본격적인 전환은 일어나지 않고 있습니다. 노무현 대통령 당시의 『비전 2030』은 그나마 정의와 공정을 사회제도의 측면에서 적극적으로 도입하려고 노력했습니다. 하지만 한국을 대표하는 과학기술집단인 카이스트, 언론계를 대표하는 매일경제신문사가 주최하는 세계지식 포럼 등은 구호로는 정의와 공정을 이야기하지만, 구체적인 추진방안은 내놓지 못하고 있습니다. 미래 인간의 문제를 본격적으로 다루지 못하고 있는 것입니다. 『비전 2030』과 카이스트 미래전략, 세계지식 포럼에서 정의와 공정을 다루지 못한 이유를 살펴보고 왜 정의와 공정이 미래전략에서 중요한지 생각해 봅니다.

chapter 1

불안한 미래

미래 예측의 어려움

미래는 항상 흐릿합니다. 많은 미래예측이 있으나 많은 분이 개인의 미래예측이든 정부의 미래예측이든 쉽게 동의하지는 않는 것으로 보입니다. 미래가 흐릿한 것은 실제 미래를 제대로 예측하기 힘들기 때문입니다.

미래예측의 방법론이 부족한 것은 아닙니다. 방법론은 충분히 발달했으나 미래예측 방법론으로 미래예측을 하기에는 지금이 너무 빨리, 너무 크게 변하고 있습니다. 지금의 미래예측은 과거의 미래예측과는 다릅니다. 과거의 미래예측은 과거부터 지금까지 축적된 경향을 계속 이어가는 것이었습니다. 현재의 확대 재생산이 미래였습니다. 하지만 지금은 그렇지 않습니다. 현재의 확대가 미래라고 단언할 수 없게 되었습니다. 누구나 느끼듯이 미래의 모습은 지금과는 크게 다를 것입니다. 지금 확실한 것은 미래가 현재와 크게 다를 것이라는 점, 미래예측이 현대의 확대재생산이라고 할 수 없다는 점 정도입니다.

지금의 미래예측이 어려운 이유는 두 가지입니다.

첫째, 인류 역사상 몇 가지 점에서 근본적인 변화가 일어나고 있습니다. 신석기 혁명, 산업혁명, 정보통신 혁명을 이어 엄청난 변화, 혁명이 일어나고 있다는 것을 많은 사람이 실감하고 있습니다. 너무 큰 변화여서 개인은 물론 국가도 제대로 대응할 수 없는 지경입니다. 개인의 힘은 국가, 나아가 세계를 좌우할 정도로 막강해졌고 공동체는 소멸하고 있습니다. 미래를 예측하기 힘들 정도의 큰 변화가 진행되고 있습니다. 이 변화는 전 지구적인 변화입니다. 모든 나라에 공통적, 세계적인 현상입니다.

그런데 한국은 더욱 심각한 변화를 겪고 있습니다. 한국의 기존 발전 모델은 종언을 고했지만 새로운 발전 모델, 국가 모델은 확립되지 못했습니다. 개발도상국에서 선진국의 문턱까지 도달했지만, 아직 안정적인 선진국으로 진입하지는 못했습니다. 진입 과정에서 여러 해 동안 우왕좌왕하고 있습니다. 한국은 세계적인 변화에다가 한국의 변화까지 겹쳐 미래가 어떻게 전개될지 제대로 예상하기 극히 어려운 상태에 있습니다.

둘째, 변화의 속도가 너무 빠릅니다. 무엇인가 변하기는 변하는데 너무 빨리 변하여 무엇이 어떻게 변하는지를 알 수 없을 정도로 세상이 변하고 있습니다. 속도경쟁이 본격화되었습니다. 속도경쟁의 대표적인 사례는 정보통신 혁명과 디지털 혁명입니다. 스마트폰을 생각해 봅시다. 애플의 아이폰이 등장한 때가 2007년, 그로부터 겨우 12년이 지났습니다. 불과 12년 동안 개인과 사회, 국가의 생활이 완전히 바뀌었습니다. 스마트폰으로 정보를 주고받고, 물건을 주문하고, 모임을 만들고, 정치에 참여까지 합니다. 지하철과 버스 안의 풍경을 완전히 바꾸었습니다. 종이신문과 책은 빠르게 사라졌고 그 자리를 스마트폰이 차지하고 있습니다. 그 변화의 속도는 도저히 따라가기 힘들 정도입니다. 스마트폰이 나올 때마다 두 배 이상의 속도를 자랑합니다. 스마트폰의 속도는 곧 생활의 속도를 말하므로 모든 것이 사실상 실시간으로 변하고 있습니다.

급격한 속도의 변화는 불균등 발전을 초래하고 불균등 발전은 갈등을 낳습니다. 국가 간 갈등, 세대 간 갈등, 이념 간 갈등, 정치세력간 갈등, 연령별 갈등, 남녀 간 갈등, 지역 간 갈등을 심화시킵니다. 정보 접근성에 따른 갈등도 심각해집니다. 변화의 속도가 너무 빨라 변화의 방향을 예측하기는 매우 어렵습니다. 과거에는 방향이 속도를 제어했다면 이제는 속도가 방향을 제어하는 수준까지 되었습니다. 이에 비해 대응의 속도는 큰 변화가 없습니다. 공동체의 대응은 기존의 방식대로 이루어지는데 이 방식은 민주주의 국가이든 독재국가이든 모두 20세기의 것입니다. 21세기의 변화 속도는 도저히 따라잡지 못합니다. 최근 거의 모든 국가에서 정치가 불신을 받는 이유 중의 하나는 변화의 속도에 비해 정치권의 의사결정 방식이 지나치게 느리기 때문입니다.

현대 정보사회에서는 정보를 연결하고 융합하여 새로운 정보를 만들어내는 것이 중요합니다. 이것을 빅데이터라고 합니다. 이런 작업은 속도에 의해 큰 영향을 받습니다. 정보처리 속도에 빅데이터 산업의 운명이 걸려 있습니다. 한편, 초 연결성 때문에 전 세계가 단일한 리듬으로 움직입니다. 우리 사회의 변화속도만을 고려해서는 안 됩니다. 세계에서 가장 빨리 변하는 국가의 리듬이 세계를 지배하고 있습니다. 미국과 중국, 유럽 등 세계 각지의 최첨단 산업의 최첨단 변화가 곧 기준이 되는 시대입니다.

불안한 미래

급격한 변화는 두려움을 낳습니다. 급격한 변화는 먼저 사람들을 어리둥절하게 만듭니다. 어리둥절함은 새로운 것에 대한 초기 반응으로 이것을 두려움이라고 할 수는 없습니다. 그런데 변화가 나쁜 방향일 가능성이 높을 때 사람들은 두려움을 느낍니다. 지금까지 어렵게 쌓아 올린 자신의 기반이 무너지는 것을 보아야 하기 때문입니다. 두려움은 현재 상황이 어렵고 미래는 더욱더 어려울 것이라는 예측 때문에 생겨 납니다. 한국은 특히 그렇지요. 대다수의 사람이 지금보다 못한 미래를 예상할 때, 젊은 청년들이 노년 세대에 비해 떨어지는 미래를 상상할 때, 노인들도 더 못한 미래를 상상할 때 사람들은 암울함을 느낍니다.

우리는 그동안 집단적으로 보면 비교적 잘 살아왔습니다. 개인도 그 집단의 일원이므로 어느 정도 잘 살아왔습니다. 먹고사는 문제에서는 최소한 벗어나 제법 높은 삶의 질을 누리고 있다고 생각하고 있었습니다. 그런데 어느 날 갑자기 주위에서 극심한 빈익빈 부익부의 현상이 나타나기 시작했습니다. 빈익빈 부익부 현상이 무서운 이유는 누구나 특별한 이유 없이 가난한 자가 될 수 있다는 것 때문입니다. 빈익빈 부익부 현상에서 중요한 점은 부자가 가난한 자가 되는 경우가 아니라 중산층이 가난하게 되고 가난한 자가 더 가난하게 된다는 것입니다. 부자가 가난한 자가 되는 경우는 거의 없습니다. 대부분의 인구를 차지하는 중산층 이하의 사람 누구나 가난한 자가 되는 현실, 지금보다 못한 생활을 할 가능성이 높은 사회가 된 것입니다. 결국 지금까지 온 힘을 다하여 걸어온 이 길은 좋은 길이 아닌 것으로 판명이 났습니다. 그리고 새로운 길은 잘 보이지 않습니다.

다른 측면에서 살펴봅시다. 현대사회에서 개인은 한편으로는 엄청난 자유와 해방감을 맛보고 있지만, 동시에 이전 시대와는 다른 수준의 고통을 겪고 있습니다. 공동체의 대표인 가정은 이미 몰락해 제 기능을 상실한 지 오래입니다. 가족으로부터 사랑과 위안을 받는 것은 당연한 일이지만 가족의 사랑과 돌봄도 좀처럼 일어나지 않는 기적처럼 되었습니다. 국가는 점점 힘을 잃어가는 것 같습니다. 인구감소와 고령화로 한국이라는 국가가 사라질 것이라는 예측도 나오고 있습니다. '한국소멸'이라는 표현은 경각심을 주기 위해 만든 말일 뿐 실제로 한국이 소멸하지는 않을 것입니다. 그러나 이 표현이 위기감을 주기에는 충분합니다.

개인의 성공과 공동체의 몰락. 이 사이에서 개인은 방황하며 고통을 감내하고 있습니다. 개인은 과거와 비교해 엄청난 경제적 부를 얻었고, 의식주의 공포에서는 최소한 벗어났습니다. 또한, 과거에는 상상할 수 없었던 선택지를 가지게 되었습니다. 모두가 대학을 선택할 수 있고 창업을 선택할 수 있고 해외여행을 선택할 수 있게 되었습니다. 선택지가 늘어난 만큼 자유가 폭발적으로 증가했습니다. 하지만 행복이 늘어나고 고통은 줄어들었을까요? 실제로 자유가 늘었을까요? 선택지는 늘어났지만, 선택지가 행복을 보장해주지는 않습니다. 많은 선택지가 실제로 자유를 보장해주지도 않습니다. 실제로도 무의미한 선택지도 많이 있을 뿐 아니라 선택을 해야 하는 상황 자체가 이미 좋은 상황이 아닌 경우가 대부분이기 때문입니다. 취업할 때 삼성, 애플, 구글 중에 하나를 선택하는 것은 어렵지 않습니다. 그냥 자신에게 편한 곳을 선택하면 됩니다. 이런 것을 인생의 선택이라고 하지는 않습니다. 하지만 자신 앞에 높인 선택지가 아르바이트, 비정규직과 실업자만 있을 때 이때는 진짜 선택이 됩니다. 선택해야만 하는 상황, 이런 상태에 처한 것이 바로 위기입니다. 현명한 자는 선택을 잘하는 자가 아니라 선택을 해야만

하는 상황이 닥치지 않도록 미리 움직이는 자입니다. 선택을 해야 하는 상황에 부닥치지 않으려고 많은 사람이 피나는 노력을 하고 있습니다.

공동체의 억압은 사라지고 있습니다. 국가와 사회의 억압은 시민들의 투쟁과 참여로, 가족의 억압은 가족의 해체와 더불어 빠르게 소멸하고 있습니다. 하지만 공동체의 몰락이 반드시 좋은 결과를 낳은 것은 아닙니다. 공동체가 없다면 개인은 공동체가 감당해 오던 고통을 직접, 아무런 완충장치 없이 그대로 받아들여야 하는 위험에 놓입니다. 개인의 문제를 대신 해결해 주거나 도움을 주는 공동체가 없어지자 갑자기 얼마나 자신이 외로운 것인지를 알게 되었습니다. 공동체가 제공하는 평화와 안정, 안전과 행복은 이제는 더 이상 존재하지 않습니다.

그렇다고 과거로 돌아갈 수도 없고 또 돌아가서도 안 됩니다. 경제적으로 궁핍한 것은 아무리 정신적으로 행복하다고 하더라도 개인의 복지에는 좋지 않습니다. 정치는 말할 것도 없습니다. 민주주의가 복잡하고 어렵고 까다롭고 성가시다고 해서 다시 독재 시대로 돌아갈 수는 없습니다. 바보나 독재자가 지배할 수도 있는 왕조 국가를 만들 수도 없습니다. 인간해방이라는 큰 방향을 포기해서는 안됩니다.

공동체는 무너지고 있지만, 공동체가 제공했던 것들은 다시 살려야 합니다. 공동체가 제공했던 기능이 없이는 인간이 생활할 수 없기 때문입니다. 공동체를 다시 살릴 수 있을까요? 과거의 공동체를 다시 살리는 것은 불가능하고 바람직하지도 않습니다. 과거의 공동체를 살릴 수 있는 물질적인 토대, 철학적인 토대가 없기 때문입니다. 개인이 충분히 경제적, 정신적 토대를 가지고 있다면 당연히 개인은 독립해야 합니다. 이런 개인을 공동체라는 이름 아래 잡아두는 것은 억압입니다.

초과잉생산 시대와 개인주의 시대에 공동체의 해체는 계속될 것입니다. 봉건제에 기초한 공동체는 다시 살릴 방법이 없습니다. 하지만 공동체가 제공하는 여러 가치와 기능은 살려야 합니다. 현재 공동체의 기능을 대신할 만한 것으로는 국가가 있습니다. 다른 공동체는 지나치게 작거나 혹은 강압적입니다. 갈수록 힘을 더해가고 있는 기업은 미래의 인간에게 가장 큰 영향을 미치겠지만 사람에게 우호적인 공동체는 아닙니다. 기업은 자본의 힘으로 움직이는 것을 기본으로 합니다. 기업은 우리 미래의 공동체가 될 수 없습니다. 이처럼 매우 혼돈의 상황에서 미래비전이 모색되고 있습니다. 불확실성을 조금이라도 줄이고 공포를 줄이기 위해 필사적으로 미래비전을 만들고 있습니다.

정의의 미래 "공정"

chapter 2

정의와 공정이 없는 기존의 미래비전

『비전 2030』

『비전 2030』은 미래설계에서 정의와 공정이 차지하는 위치를 잘 보여주는 사례입니다. 『비전 2030』은 앞으로도 미래비전 설계에 많은 영향을 미칠 것입니다. 최초의 국가 장기계획이기 때문입니다. 노무현 대통령은 국가 장기비전, 장기계획이 없다는 것이 국가경영에 큰 문제라고 보고 미래비전을 만들었습니다. 이 문제의식은 지금도 유효합니다. 『비전 2030』의 비전은 『함께 가는 희망 한국』입니다. 이에 대한 설명은 다음과 같습니다. 지금 보아도 설득력이 있는 비전입니다.

- 성장과 복지 간의 선순환 구조가 정착되어 지속적인 발전이 가능한 국가
- 경쟁에서 탈락한 자에게도 재도전의 기회가 제공되는 따뜻하고 포용력 있는 국가
- 성별·장애·학력 등으로 인한 차별이 없고 다양한 기회와 계층 간 원활한 이동이 보장되는 국가

－ 공정하고 합리적인 경쟁원칙을 확립함으로써 열심히 일하는 사람에게
　정당한 보상이 이루어지는 국가

　　이를 요약하면 성장과 복지의 선순환 구조가 정착되어 모든 국민이
희망을 품는 '기회의 나라' 건설입니다. 지금은 익숙한 말들이지만『비전
2030』을 발표할 당시인 2006년에는 생소한 표현들이 많이 있었습니다.
　　『비전 2030』당시 예상했던 미래의 대한민국은 정의와 공정과 친숙
한 국가, 정의와 공정에 기초하고 있는 국가, 정의와 공정이 지배하거나
최소한 중요한 가치로서 기능하고 있는 국가입니다. 경제적인 풍요로움
을 제외하면 정의, 공정, 평등, 예의 등이 갖추어진 정의롭고 윤리적인 국
가를 연상시킵니다. 하지만 정의, 공정, 평등, 예의 등이 직접적인 목표는
아니었습니다. 성장과 복지의 선순환 구조가 정착되면 정의, 공정, 평등,
예의, 윤리 등은 자연히 따라오는 결과물로 파악한 것으로 보입니다.
　　『비전 2030』의 내용을 좀 더 구체적으로 보면 이러한 경향을 더 분
명히 알 수 있습니다.『비전 2030』의 3대 목표는 ⑴ 혁신적이고 활력 있
는 경제, ⑵ 안전하고 기회가 보장되는 사회, ⑶ 안정되고 품격 있는 국
가입니다. 이 목표 중에서는 정의와 공정과 관련 있는 것은 ⑶ 안정되고
품격 있는 국가입니다.
　　'안정되고 품격 있는 국가'를『비전 2030』은 "대화와 타협, 신뢰를
바탕으로 갈등과 대립이 합리적으로 해결되는 안정된 나라"라고 규정
하고 있습니다. 여기에서 우리는 정의와 공정이 비전과 목표를 달성하
기 위한 도구의 개념으로 기능하고 있다는 것을 알 수 있습니다. 목표
라는 표현은 비전보다 하위개념입니다. 계속해서 비전 달성을 위한 5대
전략으로 ⑴ 성장동력 확충, ⑵ 인적 자원 고도화, ⑶ 사회복지 선진화,
⑷ 사회적 자본 확충, ⑸ 능동적 세계화를 제시합니다. 점점 정의와 공

정 개념이 축소되는 느낌을 줍니다. 『비전 2030』의 5대 전략 중 정의와 공정과 직접 관련된 부분은 사회적 자본 확충 전략입니다. 사회적 자본 확충 전략은 "합리적이고 신뢰할 수 있는 공적 제도 규범을 토대로 사회 전반의 투명성·신뢰성 제고" 전략이라고 설명합니다.

사회적 자본 확충 전략을 구체화하는 정책과제로 『비전 2030』은 갈등관리 시스템 구축, 사법제도 개혁, 공공기관 지배구조 개선, 지방행정체제 개편, 지역공동체 등 자발적 복지체제 구축, 국방개혁, 전자정부 구현, 정부 인력의 서비스 위주 재배치 등을 제안하고 있습니다. 이들 정책과제는 마치 지금의 대한민국을 진단하고 내놓은 방안인 것처럼 생생하게 느껴집니다. 이것은 그동안 우리 사회에 큰 변화와 개혁이 없었다는 것을 방증하는 것이기도 합니다. 『비전 2030』이 발표된 이후 과연 우리가 얼마나 노력해 왔는지 반성하게 되는 순간입니다.

정책과제는 당장 집행해야 할 구체적인 과제들이므로 철학적인 의미에서의 정의와 공정은 강조되어 있지 않습니다. 정의와 공정은 철학적인 차원에서는 큰 의미를 지니지만 현실에서는 제도, 규칙, 기구, 정책이라는 제한적이고 구체적인 방식으로 표현될 수밖에 없습니다. 그렇지만 정책과제의 철학적 배경이 정의와 공정이라는 점이 비전과 목표에서 명확하게 드러나지 않는 한계는 여전합니다. 이 결과 정책과제의 초점이 정의와 공정에 있음이 명백하지는 않습니다.

『비전 2030』은 대한민국의 최초의 장기계획입니다. 한국인들은 계획에는 익숙합니다. 그런데 그 계획이 주로 경제개발 5개년 계획이었다는 점에서 알 수 있듯이 단기계획, 경제계획이 주를 이루고 있었습니다. 단기계획을 뛰어넘어 최소 20년 이상 국가를 경영할 지표를 마련했다는 점에서 『비전 2030』은 큰 의의가 있습니다.

『비전 2030』은 또한 경제만이 아닌 개인의 삶의 질을 목표로 한 최초의 계획입니다. 『비전 2030』은 경제를 무시하지 않습니다. 여전히 한국인에게는 경제가 중요합니다. 그래서 지속적인 발전을 이야기합니다. 다만 경제만 이야기하는 것이 아니라는 점은 『비전 2030』의 특징입니다. "성장과 복지 간의 선순환 구조"를 바탕으로 발전을 추구하고 있습니다. 복지가 국가 비전에 처음으로 성장과 같은 수준으로 다루어진 것입니다. 국가의 공식적인 장기계획에서 복지가 확실하게 자리를 잡은 것은 바로 이 순간이었습니다. 『비전 2030』이 나오기 전에는 한국의 최고 목표이자 최고 가치, 다시 말해 신의 수준에서 모든 것을 호령한 목표는 바로 '경제성장'이었습니다. 다른 가치는 모두 '경제성장'이라는 우상 앞에 머리를 숙여야 했습니다. 『비전 2030』은 처음으로 성장과 함께 복지라는 가치를 제시했습니다. 복지의 제시는 시대의 흐름과도 맞았습니다. 성장이 어느 정도 된 이후에는 인간다운 삶을 모색하기 마련이기 때문입니다. 『비전 2030』 이후 이명박, 박근혜 정부가 들어서기는 했지만, 이 때문에 복지의 중요성은 축소되지 않았습니다. 복지확충은 대통령 선거와 국회의원 선거 때마다 중요한 공약이었고 실제로 복지예산은 계속 증가해 왔습니다. 『비전 2030』은 노무현 대통령 이후 빠르게 사람들의 기억 속에서 사라진 것처럼 보입니다. 하지만 그 내용은 복지 강화라는 형태로 다음 정부에 많은 영향을 미쳤습니다.

복지가 자리를 잡으면 정의와 공정의 문제도 함께 부각됩니다. 복지는 사람다운 생활을 보장하기 위한 것이므로 정의와 공정 개념과 매우 친합니다. 주위에 사람이 인간다운 생활을 하지 못하는 상태를 정의롭거나 공정하다고 느끼는 사람은 없기 때문입니다.

그러나 『비전 2030』에서 정의와 공정이 전면에 등장하지는 못합니다. 정의와 공정과 같은 철학적인 가치는 성장과 복지라는 지표에 종속

정의의 미래 "공정"

되는 하위의 개념으로 이해됩니다. 정의와 공정이 정식으로 제시되지도 못했습니다. 간접적으로 추상적인 차원에서 사회적 자본이라는 이름으로 등장할 뿐입니다. 사회적 자본이라는 용어에서 보듯이 정의와 공정 가치를 경제학적 관점에서 접근했습니다.

　　사회적 자본이라는 용어는 매우 매력적이고 실체가 있는 것처럼 보이지만, 정의와 공정의 내용을 모두 포괄할 수 없습니다. 정의와 공정은 사회적 자본이라는 측면을 가지고 있지만 그 측면은 극히 일부일 뿐입니다. 『비전 2030』에서 정의와 공정은 사회적 자본으로 축소되어 버리고 결국에는 제도의 문제, 즉 규범과 기구의 문제로 귀착됩니다. 사회제도는 정의와 공정을 실현하는 데 매우 중요합니다. 정의와 공정의 역사를 보면 제도화되지 못한 정의와 공정은 아지랑이처럼 사라져 버린다는 점을 알 수 있습니다. 그나마 제도화된 정의와 공정이 국가의 번영과 개인의 행복을 보장했습니다. 다만 정의와 공정이 제도화되면 살아있는 가치에서 박제화된 개념으로 변하게 됩니다. 어쩔 수 없는 한계입니다. 사회적 자본을 거쳐 제도로 표현되는 정의와 공정은 『비전 2030』에서 다음과 같은 제도 개혁으로 표현됩니다. 다시 살펴봅시다.

- 갈등관리 시스템 구축
- 사법제도 개혁
- 공공기관 지배구조 개선
- 지방 행정체제 개편
- 지역공동체 등 자발적 복지체제 구축
- 국방개혁
- 전자정부 구현
- 정부 인력의 서비스 위주 재배치

제도 개혁의 목록에서 확인할 수 있듯이 사회적 자본과 제도는 물적, 인적 자원의 흐름을 효율적으로 하여 성장에 기여하는 성격을 가집니다. 그리고 갈등을 관리하고 사회의 통합성을 높여 삶의 질을 높이는 것, 구체적으로는 복지 수준을 향상하는 것을 목적으로 합니다. 좀 야박한 평가이지만 전형적으로 경제적 관점에서 정의와 공정을 이해한 것으로도 볼 수 있습니다. 정의와 공정은 성장과 복지 향상에 기여하는 것으로 협소하게 이해해서는 안 됩니다. 성장과 복지는 정의와 공정의 극히 일부에 지나지 않습니다. 사회적 자본이라는 표현으로는 정의와 공정의 성격이 전면화되지 않습니다.

정의와 공정은 각 개인에게 소속감, 정체성, 안정감 등을 제공합니다. 이를 통해 안전하고 서로 신뢰할 수 있는 공동체를 만들어 나갑니다. 사회가 정의롭고 공정할 때 다른 사람을 믿을 수 있게 됩니다. 정의, 공정의 개념은 공동체의 가장 바탕에 있는 기본적인 개념입니다. 정의, 공정이 제대로 확립되게 되면 다른 분야에 크게 영향을 끼칩니다. 정의, 공정 이념이 확대되면 당연히 인간다운 생활을 할 수 있도록 보장하는 복지는 확충되고 복지가 확충되면 정의, 공정은 더욱 안정적으로 기능합니다.

문제는 정의와 공정이 사회적 자본보다 훨씬 근본적인 개념인데 왜 사회적 자본이라는 우회적인 표현으로 등장하는가 하는 점입니다. 『비전 2030』에서 정의와 공정은 사회적 자본이라고 표현되는 것 이외에 복지에 포함되어 표현되지만, 독자적인 가치로 중요하게 제시되지는 못했습니다.

카이스트 미래전략 2019

다음으로 미래비전에서 정의와 공정이 차지하는 지위를 보여주는 사례로 카이스트 미래전략을 살펴봅니다. 카이스트 미래전략은 카이스트 문술미래전략대학원과 미래전략연구센터에서 2014년부터 발표해 왔습니다. 카이스트 문술미래전략대학원과 미래전략연구센터는 과학기술 기반의 21세기 미래를 연구하기 위하여 2013년에 설립되었습니다. 대학원과 연구센터가 발간한 가장 최근의 보고서는 2019년 판입니다. 미래연구보고서는 2015년부터 2019년 판 보고서 발간까지 155회의 토론회를 개최하였고 500여명의 전문가가 발표와 토론에 참여했다고 합니다(카이스트, 2019). 카이스트 미래전략 연구의 특징은 교육 연구기관이 연구했다는 점과 5년 이상 일관된 연구를 했다는 점입니다. 이 정도로 일관된 연구를 한 경험은 아직은 없는 것으로 보입니다.

이 연구보고서는 미래전략에서 정의와 공정의 중요성을 과소평가하고 있습니다. 이는 카이스트라는 교육 연구기관의 한계라고도 할 수 있을 것입니다. 아무래도 과학기술 연구에 치중하는 교육기관인 것이지요. 그 결과 철학적, 인문학적, 사회학적 연구는 부족하게 느껴집니다.

미래전략 연구에 인문학적, 사회학적 요소가 없으면 완결된 미래전략 연구라고 할 수 없습니다. 『미래전략 2019』도 철학적, 인문학적, 사회학적 관점이 필요하고 정의와 공정이 필요하다는 점은 인정하고 있습니다. 『미래전략 2019』는 대한민국의 6대 절대 과제를 다음과 같이 제시하고 있습니다.

(1) 저출산 고령화
(2) 사회통합 갈등 해결

(3) 평화(통일)와 국제정치

(4) 지속적인 성장과 번영

(5) 지속가능한 민주복지국가

(6) 에너지와 환경문제

여기에서 정의와 공정에 관한 것은 사회통합 갈등 해결과 지속가능한 민주복지국가입니다. 이중 사회통합 갈등 해결을 구체적으로 살펴봅시다. 이 항목에 대한 『미래전략 2019』의 설명은 다음과 같습니다.

물질문화가 사회를 장악하면서 관용과 포용, 나눔과 배려라는 정신적 가치가 사라지고 이기주의, 집단적 터부, 배타가 기승을 부리고 있다. 사회적 관계의 단절로 인해 자살률은 OECD국가 중 가장 높은 수준이고 반대로 국가 행복지수는 가장 낮은 상태이다. 부가 세습되면서 계층 사다리가 무너지고 이에 따라 젊은이들이 희망을 잃고 있다. 여기에 노사, 남녀, 세대 간 갈등도 깊어지면서 대한민국의 역동성도 사라지고 있다. 어설픈 봉합이 아니라 근본적인 갈등 해결과 함께 희망 전략이 필요하다.

현재 한국의 상황에 대한 정확한 지적이라고 평가하고 싶습니다. 개인의 고통을 없애고 행복을 확대하기 위해 반드시 해결해야 할 과제라는 점에도 동의합니다. 그러나 이 분석을 바탕으로 한 대안 모색은 이루어지지 않고 있습니다. 그 원인에 대한 정확한 분석도 없고요. 사회통합, 갈등 해결을 위한 전략 수립은 철학적, 인문학적, 사회학적 토양과 관점에서 이루어져야 합니다. 사회갈등 해결이 과학기술, 스마트폰, AI, 자율자동차, 4차 산업혁명으로 이루어질 리 없습니다. 어떻게 정의와 공정을 사회적으로 제도로 확립하고 이를 개인에까지 확대할 것인가 하는 전략이 필요합니다. 그런데 이에 대해서는 『미래전략 2019』는 침묵하고 있습니다. 이것은 문제의식이 철저하지 못하기 때문입니다.

『미래전략 2019』가 지적하고 있는 문제는 겉으로 드러난 문제들입니다. 이 문제들의 원인을 알아야 문제를 해결할 수 있습니다. 문제점만 나열하고 근본적 해결이 필요하다고만 이야기하는 것은 현상의 뒤에 있는 본질을 탐구하지 않는 것과 같습니다. 이런 방법으로는 철학적이고 근본적인 해결방안과 구체적인 해결책을 도출할 수 없습니다. 사실 아무 이야기도 하지 않는 것과 같습니다. 현상의 뒤에 있는 근본 원인을 탐구해야 합니다.

『미래전략 2019』의 차례를 한번 살펴봅시다. 『미래전략 2019』의 차례는 카이스트의 관심사를 잘 보여줍니다. 다음은 차례와 그 차례에 나와 있는 주요 개념들입니다.

1부 기술과 힘의 대이동
- 1장 새로운 기술의 등장과 미래사회

  기술혁신, 기술 패권 경쟁, 미래 산업, 가상화폐, 블록체인, 디지털 경제

  사회, 공유플랫폼, 긱 이코노미, 커넥티드 모빌리티 2.0, 휴먼 2.0, 인간

  과 AI의 만남, 유전자 가위, 신기술의 사회적 수용과 기술문화정책
- 2장 전환기 한반도 질서와 미래

  한반도 미래 시나리오, 한반도 통일 전략, 남북 사회통합, 남북 경제협력,

  남북 과학기술협력, 한반도 정치체제

2부 나와 대한민국을 위한 미래전략
- 1장 사회 분야 미래전략

문화, 노동, 복지와 사회안전망, 교육, 양극화 해소, 사회 이동성 제고

- 2장 기술 분야 미래전략

연구개발(R&D), 빅데이터, 인공지능, 블록체인, 자율 주행, 공존현실, 드론, 지능형 로봇, 생체인식

- 3장 환경 분야 미래전략

환경생태, 기후변화, 스마트시티, 사이버 보안

- 4장 인구 분야 미래전략

저출산, 초고령사회, 다문화사회, 미래세대, 4차 산업혁명

- 5장 정치 분야 미래전략

4차 산업혁명 시대의 행정, 블록체인 거버넌스를 통한 직접민주주의, 한반도 통일외교 전략, 통일시대를 대비하는 군사 협력 전략

- 6장 경제 분야 미래전략

금융, 핀테크, 공유경제, 창업, 자동차산업

- 7장 자원 분야 미래전략

에너지 전환, 자원, 국토교통, 농업·농촌, 해양수산

차례와 개념을 살펴보면 카이스트는 미래전략에서 사회통합, 갈등 해결을 위한 본격적인 전략은 모색하지 않고 있다는 점을 알 수 있습니다. 사회와 정치 분야의 미래전략에서 사회통합, 갈등 해결을 위한 전략을 제안해야 하는데 구체적인 내용이 없습니다. 과학기술 기반의 미래전략이기 때문인지 정의와 공정은 빠져있습니다. 하지만 정의와 공정을 논하지 않고는 사회통합, 갈등 해결 분야의 전략을 수립할 수도 없고 미래전략을 수립할 수도 없습니다. 개인의 본질적인 문제인 고통과 사회제도의 문제를 함께 해결하는 전략이 없다면 미래전략은 반쪽짜리 미래전략일 뿐입니다.

정의의 미래 "공정"

세계지식 포럼

『비전 2030』이 미래에 대한 국가의 전망이라면 카이스트 미래전략은 학문연구기관의 미래전망이라고 할 수 있습니다. 이제 민간의 미래전략 구상을 살펴봅니다. 매일경제신문사가 발간한 『변곡점을 넘어 새로운 번영을 향해』(2018)가 여기에 해당합니다. 이 책은 제18회 세계지식 포럼에서 논의된 내용을 정리한 것입니다. 세계지식 포럼은 매일경제가 2000년 10월 개최한 이후 매년 개최되고 있는 역사와 전통이 있는 포럼입니다. 세계지식 포럼은 지식 공유를 통한 지식 격차 해소, 균형 잡힌 글로벌 경제 성장과 번영을 논의하는 자리로 알려져 있습니다. 정치인과 경제인, 학자와 실무가, 전문가들이 모여 여러 주제에 대해 논의하는 세계지식 포럼은 현장의 문제의식을 공유하고 확산하는 것에 초점을 두고 있습니다. 당연히 미래에 큰 관심이 있고 가까운 미래와 먼 미래의 전망을 만들고자 분야를 뛰어넘어 생각을 발전시키고 있습니다.

2018년 10월에 열린 제18회 세계지식 포럼은 10대 메시지를 발표했습니다. 다음은 세계지식 포럼의 10대 메시지입니다.

(1) 창의 외교가 북핵 해법이다.

(2) 한미동맹으로 중국의 변화를 이끌어라.

(3) 보호무역은 대공황의 지름길이다.

(4) 인공지능과 공존하는 길을 찾아야 한다.

(5) 인공지능, 자율 주행이 산업의 승패를 가른다.

(6) 블록체인이 부의 원천이다.

(7) 성급한 탈원전은 곤란하다.

(8) 데이터는 산업의 피다.

(9) 혁신 성장을 위해 규제를 혁파하라.

(10) 과학자를 자유롭게 놀게 하라.

　　세계지식 포럼이 제안한 10대 메시지는 『비전 2030』의 구상보다 단기적입니다. 사회적 자본 확충, 사회적 신뢰는 이야기하지 않습니다. 정의와 공정은 사회적 자본이나 사회적 신뢰라는 형태나 제도의 형태로도 제안되지 않고 있습니다. 철학적, 인문학적, 사회학적 가치보다는 인공지능, 자율 주행, 블록체인, 데이터 산업 등 과학기술을 강조하면서 규제의 혁파에 초점을 맞추고 있습니다. 자본의 요구를 전면에 내세우는 느낌입니다. 세계지식 포럼에 참여한 로버트 배로 하버드대 교수는 "성장을 위해서는 소득 불평등 완화보다 기술진보에 따른 생산성 향상에 집중해야 한다"고 했습니다(매일경제신문사, 2018). 과학 기술 중심의 미래 설계는 과학자를 자유롭게 놀게 하라는 메시지에서 그대로 표현됩니다.

　　세계지식 포럼의 발표 내용 중 "정치, 경제 패러다임 대전환"은 북핵 문제 해결, 미국 우선주의와 한반도, 자유무역 시대, 글로벌 경기, 4차 산업혁명 시대 신 통화 정책, 아시아의 경제 위기, 글로벌 경제 새 성장 동력, 공유경제 등을 분석합니다. 제목은 "정치 경제 패러다임 대전환"이지만 주로 경제성장과 과학기술 혁명에 따른 변화에 초점을 두고 있습니다. 국제적이고 보편적인 주제인 정의와 공정, 윤리 혹은 인권에 관한 분석은 없습니다. 철학적, 인문학적, 사회적인 안목은 부족하다고 생각됩니다.

　　세계지식 포럼의 주된 관심은 4차 산업혁명입니다. 4차 산업혁명과 관련하여 세계지식 포럼은 4차 산업혁명과 직업의 미래, 인공지능, 스마트 시티, 지식재산권, 사이버 공격, 블록체인, 로봇, 디지털화폐 혁명, 경험의 진화, 공유경제, 음성인식 기술, 3D프린터, 자율 주행차, 5G 기술, 크라우드 스토밍, 하이퍼루프 혁신, 21세기 항공, 유전자, 소셜미디어, 가상현실, 우주, 제조업, 스마트 팩토리 등을 분석하고 이들 과학기술이 미칠 영향, 혹은 이들 과학기술이 성공할 조건을 다루고 있습니다. 금융과 투자 등 경제 시스템도 4차 산업혁명과 관련하여 전면적으로 변화해야 한다는 점을 강조하고 있습니다.

이처럼 세계지식 포럼은 구체적인 분석에서는 더욱 과학기술혁명 중심이며 자본 중심의 미래를 설명합니다. 개인의 삶은 과학기술혁명의 결과일 뿐이며 자본 중심의 미래에 의하여 결정되는 종속변수입니다. 개인의 삶, 즉 개인의 행복과 고통이 어떤 변화를 맞이할 것인지는 독자적으로 분석하지 않습니다. 자본과 과학기술 중심의 미래만 보여주면 개인의 삶, 개인의 행복과 고통이라는 근본적인 문제도 자연스럽게 해결될 것으로 생각하고 있는 것 같습니다.

그러나 개인의 삶과 무관한 과학기술은 존재할 수 없습니다. 개인의 행복과 고통을 해결하지 못하는 과학기술과 자본의 발전은 문제를 더욱더 어렵게 만듭니다. 개인의 행복과 고통을 고려하지 않는 과학기술의 발전은 오히려 위험합니다. 과학기술과 자본의 발전은 궁극적으로 개인의 행복을 증진시키고 고통을 줄이는 것을 목적으로 해야 합니다. 인간이 인간을 해방시키지 않고 과학을 해방시키고 자본을 해방시키면 이상한 결과가 될 뿐입니다. 인간 소외를 인간이 만드는 결과가 생깁니다. 지금까지 우리는 인간이 인간을 지배하고 과학과 자본이 인간을 지배하는 인간소외를 만들어 왔습니다. 물질적으로는 풍족해졌지만, 행복은 크게 늘어나지 않았고 고통은 그에 비하여 더 많이 늘었습니다. 행복과 과학기술의 관계를 재정립해야 할 때가 되었습니다.

그런데 세계지식 포럼은 미래의 과학기술과 자본이 이러한 경향을 더 조직적으로 더 기술적으로 더 효율적으로 더 대규모로 추진해야 한다고 주장합니다. 다른 견제 장치, 다른 중요한 가치가 없기 때문입니다. 정의와 공정이 미래전망에서 누락되면 이런 현상이 벌어지게 됩니다. 세계지식 포럼에서 사회적 약자의 목소리를 찾아보기 어려운 것은 여기에 궁극적인 원인이 있습니다.

chapter 3

미래비전과 정의, 공정

미래전략에서의 정의와 공정

이상 살펴본 바와 같이 대부분의 미래전략은 정의와 공정을 거의 이야기하고 있지 않습니다. 과학이라는 이름 아래에 진행되는 미래전략 연구에서 정의와 공정은 중심 개념이 아닙니다. 미래전략은 지나치게 경제학적이고 과학 기술적입니다. 이것이 학문하는 자세라고 생각하고 있는 듯합니다. 하지만 정의와 공정 역시 학문의 대상입니다. 미래를 좌우하는 중요한 개념입니다.

현재 미래전략의 특징 중의 하나는 국가 중심적이라는 점입니다. 미래전략을 수립하는 주체가 국가인 이상 국가 중심적인 미래전략은 불가피합니다. 미래에도 활동의 최대 단위가 국가라는 점에서 국가 중심의 미래전략은 타당한 관점이기는 합니다. 그래도 개인의 평화와 행복, 안전과 안녕이 중요한 관심사가 되지 못하는 것은 문제입니다. 국가가 미래전략을 제대로 수립하고 추진하는 것은 결국 개인의 평화와 행복을 확보하기 위한 것이니까요.

미래전략 수립에서 출발점이자 종착점은 개인입니다. 장기적이고 큰 틀에서 생각해보면 관심을 가져야 할 가장 중요한 대상은 개인의 행복과 안녕입니다. 좀 더 법률적으로 추상적으로 표현하면 인간의 존엄성과 평등입니다. 고통에서 해방된 사람들이 행복하게 살 수 있는 세상이 궁극적인 목표입니다. 개인의 행복을 위하여 국가라는 공동체가 필요합니다. 우리는 공동체와 함께 개인의 문제를 해결해야 합니다. 개인과 공동체의 관계를 해결해야만 개인의 행복과 안녕이 보장됩니다. 공동체와 개인의 문제를 함께 고민하는 순간 바로 정의와 공정의 문제가 등장합니다.

인간은 사회적 존재입니다. 다른 사람의 도움을 받고 또 다른 사람을 도와가면서 살아가는 존재입니다. 이 숙명을 벗어날 수는 없습니다. 인간은 태어나자마자 아기로서 어머니와 가족의 도움을 받아야 합니다. 죽을 때에도 같이 있는 사람은 가족입니다. 부모가 되어서는 아기에게 도움을 줍니다. 인간을 둘러싼 공동체는 그 종류가 바뀌고 속성이 바뀌더라도 여전히 개인에게 막대한 영향을 미칩니다. 공동체와 완전히 단절된 고독한 개인은 있을 수가 없습니다. 유대인 공동체에서 추방되어 안경렌즈를 만들어 고독하게 생활했다는 스피노자도 안경렌즈를 팔아 돈으로 바꾸고 그 돈으로 식량을 사기 위해서는 제한적이지만 공동체와 교류를 해야만 했습니다.

개인과 공동체가 관계를 맺는 이상 공동체 내의 질서는 여전히 필요합니다. 그 질서의 일환으로 정의와 윤리, 사랑과 자비, 인권 등이 이야기되어 왔습니다. 이들 가치는 인류의 위대한 종교적, 철학적 사고와 함께해 왔습니다. 인간 중심의 인본주의 사상은 고대의 위대한 사상, 종교의 전통을 물려받아 이를 더욱 풍성하게 발전시키고 있습니다. 세계적으로 유명한 세계인권선언 역시 전 세계에 널리 퍼진 위대한 사상, 종교에 뿌리를 두고 있습니다(미셸린 이샤이, 2005).

정의, 공정, 윤리, 사랑, 자비, 인권 등의 이념은 인류 역사와 함께 시작했습니다. 그리고 지금만큼 정의, 공정, 윤리, 사랑, 자비, 인권이 강하게 요구된 적은 없습니다. 어제보다는 오늘이, 오늘보다는 내일이 더 많은 정의, 공정, 윤리, 사랑, 자비, 인권 등을 요구할 것입니다. 이것은 세계적인 추세이며 객관적인 추세입니다. 한국도 예외는 아니며 오히려 한국은 이러한 경향을 앞장서서 걸어가고 있습니다. 한편 정의, 공정, 사랑, 자비, 인권 등의 이념은 윤리적으로 요청되는 것이기도 합니다. 미래사회를 유토피아까지는 아니더라도 착하고 친절한 사람들이 살기에 적합한 사회이어야 한다고 생각하는 순간 이들 이념이 미래사회의 중요토대가 됩니다. 정의, 공정, 윤리, 사랑, 자비, 인권 등의 이념은 모두 중요합니다. 이 중 미래전략, 미래비전과 관련 깊은 것은 정의와 공정입니다. 정의와 공정은 제도화, 즉 규칙의 제정과 기구의 창설을 통하여 실현할 수 있기 때문입니다. 인간의 전면적인 변화까지는 요구하지 않는다는 점도 다른 가치와의 차이점입니다. 노력 여하에 따라서 충분한 성과를 낼 수 있는 가치들입니다. 이에 비해 윤리, 사랑, 자비 등은 인간의 전면적인 변화를 요구합니다. 훨씬 어려운 과제입니다.

정의와 공정이 없다면 자본과 거래만 하는 경제적인 인간, 국가와 권리만 주고받는 정치적인 인간만이 남게 됩니다. 개인은 자본의 도구가 되고 국가의 구성원으로만 의미를 가집니다. 자본과 국가의 관점에 서면 개인의 행복과 안녕은 관심사에서 멀어집니다. 아무리 경제발전을 하고 사회복지를 확충해도 개인이 현실에서 느끼는 본질적인 고통은 해결되지 않고 궁극적인 행복은 찾아오지 않습니다. 물론 어느 정도까지는 행복과 안녕을 증진시키지만 한계가 있습니다.

대표적인 미래전략 연구를 보면 정의, 공정이 없고 따라서 개인의 행복과 안녕을 중심으로 보지 않습니다. 노무현 대통령 당시 만들어진 『비전 2030』, 카이스트의 『미래전략 2019』, 매일경제신문사의 미래연구인 『변곡점을 넘어 새로운 번영을 향해』 등을 보면 개인의 행복과 안녕은 다루지 않거나 우회적으로만 다루어집니다. 노무현 대통령의 『비전 2030』은 개인의 행복과 안녕을 다루고 있지 않은 것은 아니지만 본격적으로 다루지는 못하고 우회적으로 언급하고 있습니다. 다른 연구는 아예 개인의 행복과 안녕을 다루지 않습니다. 개인의 행복과 안녕은 미래전략이 아니라 자기계발서나 심리학에서 주로 관심을 가질 뿐입니다. 개인에게 맡겨져 있다고 할 수도 있고 자본과 국가의 입장에서는 버렸다고 볼 수도 있습니다. 지금까지 미래전략은 주로 힘의 우위에 있는 자본이나 국가의 입장에서 서술하고 있습니다.

　지금처럼 미래비전을 만들면 정의와 공정이 없는 미래를 만들게 됩니다. 정의와 공정은 현재 수요와 공급의 불일치 상태입니다. 요구는 높지만 개인이나 조직, 공동체가 충분히 공급하고 있지 못한 것이 현실이지요. 그런데 정의와 공정을 미래전략에서 삭제해 버리면 미래에는 이들 가치가 아예 존재하지 않게 될 가능성이 큽니다. 기존의 미래전략은 돈, 과학기술, 사회복지가 정의와 공정을 대신하고 나아가 개인의 행복과 윤리를 대신할 수 있다고 주장하는 것처럼 보입니다. 하지만 현실은 그렇지 않습니다. 지금까지의 역사는 경제적으로 풍요로워지는 것만큼 정의와 공정을 요구한다는 사실을 보여줍니다. 경제적 풍요와 정의, 공정은 비례관계입니다. 경제적 풍요가 정의, 공정을 대신해 본 적은 한 번도 없었고 앞으로도 없을 것입니다. 지금 이곳에서도 사람들은 물질적 풍요는 얻었으나 행복하지는 않습니다. 사회복지가 확충되었으나 고통은 줄어들지 않았습니다. 그렇다고 물질적 풍요가 불필요하다는 것은 아닙니다. 다만 돈, 과학기술, 사회복지가 정의, 공정을 대신할 수 없다는 엄연한 사실을 강조할 뿐입니다.

　개인의 고통을 해결하고 행복과 안녕을 가져오기 위해서는 정의, 공정이 필요합니다. 정의, 공정은 개인과 공동체의 문제를 해결하는 가장 중요하고 또 효과적인 장치 중의 하나입니다. 개인의 문제, 고통은 개인이 해결해야 하는 것으로 보통 생각하지만 대부분 사회적으로 해결해야 하며 또 사회적 힘이 동원되어야 해결할 수 있는 것입니다. 사회복지가 개인의 어려움을 제법 많이 해결하는 것이 그 증거입니다. 일제강점기로 인하여 발생하는 개인의 고통은 민족이 해방되어야 해결될 수 있습니다. 독재로 인한 피해는 민주주의가 수립되어야 해결됩니다. 기업의 갑질은 공정거래 질서가 잡혀야 추방됩니다. 부패 역시 국가적 차원의 노력이 없다면 해결되지 않습니다. 공동체가 제공하는 것은 사회복지만이 아닙니다. 사회복지는 공동체가 제공하는 여러 기능 중 일부일 뿐입니다. 공동체가 제공하는 것에는 평화와 안전도 있습니다. 항시적인 갈등과 투쟁상태, 극단적인 경우 내전 상태라면 개인의 평화와 안전은 구할 수 없습니다.

　공동체는 또한 개인에게 정체성을 제공하고 자아실현을 돕습니다. 인간으로서 자기실현을 할 수 있도록 합니다. 사실 개인이 가지고 있는 정체성의 대부분은 공동체의 정체성입니다. 한 공동체 내의 개인들은 서로 비슷한 정체성을 가지고 있습니다. 개인의 정체성은 공동체가 제공하는 공통의 정체성을 바탕으로 약간의 변화를 준 것입니다. 한국인의 강한 민족주의 및 민주주의 정서는 한국 역사를 통하여 형성된 것으로서 공동체가 형성한 것들입니다. 민족주의 전통은 일제강점기 동안 벌어진 독립운동에 의하여, 민주주의 전통은 군부독재와 권위주의 정부 동안 투쟁해 온 민주화 운동에 의하여 형성된 것입니다. 이를 바탕으로 개인별로 약간의 차이가 있을 뿐입니다.

미래 전망과 정의

정의와 공정은 미래에 계속해서 중요한 가치로 남아 있을 것입니다. 지금도 정의, 공정에 대한 요구가 높고 앞으로도 높아질 것이기 때문입니다. 미래의 자원과 인력의 흐름, 분배 문제는 더욱 정의와 공정을 요구할 것입니다. 당장 기업만 하더라도 이윤 창출을 넘어 기업의 사회적 책임, 기업 시민 활동 등을 외치고 있습니다. 과거 이윤 창출만 주장하던 기업은 모두 사라져 버렸습니다. 기업윤리를 갖추지 못한 기업은 생존하지 못할 것이라고 기업가 스스로가 말을 합니다.

정의, 공정의 기본이 되는 공개와 참여도 폭발적으로 증가하고 있습니다. 개인들의 참여 욕구는 폭발하고 있고 정보는 완전 공개, 실시간 공개를 향해 가고 있습니다. 공개와 참여를 어떻게 정의롭게, 공정하게 확대하고 규율할 것인가가 중요해집니다. 이 기준은 정의와 공정이 될 것입니다.

갈등 역시 증가할 것이고 갈등 해결의 방법으로 정의와 공정이 중요하게 될 것입니다. 정의와 공정이 없다면 갈등은 해결할 수 없습니다. 현재 주어진 법률 시스템으로는 갈등을 완전히 해결할 수 없습니다. 대부분의 법적 해결은 완전한 갈등의 해결이 아니라 문제를 미루거나 미봉책일 뿐입니다. 오히려 시간이 문제를 덮거나 잊히게 만듭니다. 해결되지 않는 갈등은 국가적으로는 불안정의 뿌리, 불평등의 뿌리로서 분열을 초래합니다. 사회적으로 불안을 초래하고 생산성 제고도 방해하고 물적 교환이나 정신적 소통을 통한 효용 제고를 가로막습니다. 갈등이 극단적으로 폭발하면 공동체는 붕괴하고 인간에 의한 인간의 소외를 낳습니다. 내전 상태에 처한 아프리카 몇 개 국가의 사례는 공동체 붕괴와 인간 소외가 극단에 처한 경우를 보여줍니다.

미래 전략에서 정의와 공정이
제대로 다뤄지지 못한 이유

정의와 공정과 같은 중요한 개념이 『비전 2030』 등에서 그 비중에 맞게 표현되지 못한 것은 정의와 공정의 중요성을 인식하지 못했기 때문입니다. 그런데 여기에서 그치면 앞으로도 별로 바뀌는 것이 없습니다. 구체적으로 『비전 2030』 등 미래전략이 놓친 것이 무엇인지를 알아야 정의와 공정을 미래비전에서 살릴 수 있습니다. 여기에서는 세 가지를 그 이유로 살펴보고자 합니다.

첫째, 정의와 공정에 대한 오래되고 상식적인 생각들이 미래비전 구상에서 정의와 공정을 누락시켰습니다. 정의, 공정에 대한 오래되고 상식적인 생각 중의 하나는 힘이 없다는 것입니다. 세계를 움직이는 현실적인 힘은 정의와 공정이 아니라 자본과 권력이라고 보통 생각합니다. 실제로 자본주의 이후 정의와 공정에 대한 강조는 늘었으나 모두 철학적이고 추상적인 차원에서만 강조되었을 뿐입니다. 정의와 공정은 일부 국제사회에서 하나의 질서를 형성하고 있습니다. 평화와 인권이 대표적인 국제사회의 가치로서 나름의 왕국을 만들어 온 것처럼 말입니다. 국가 내부에서도 정의와 공정이 강조되고 또 제도화되고 있습니다. 하지만 여전히 세상을 움직이는 힘은 자본과 권력이라는 것이 냉정한 평가입니다. 국가 내부에서도 그렇지만 국제적으로도 힘의 논리, 자본과 권력의 논리가 작용하고 있습니다. 특히 최근 미국, 중국, 일본, 러시아, 영국 등 세계를 좌우하는 나라들이 모두 힘의 논리, 자본과 권력의 논리에 근거하여 국제 질서를 만들어 가고 있습니다. 이 틀을 깨지 않는 범위 내에서 정의와 공정이 작동하고 있다고 보는 것이 타당할 것입니다.

국내에서는 정의와 공정, 인권과 배려를 이야기하는 정치인, 지식인들도 외국과의 관계에서는 철저히 국익에 따라 움직여야 한다고 주장합니다. 모순된 행태로 보입니다. 정의와 공정, 인권과 배려와 같은 보편적 가치는 국경을 가리지 않는데 실제로는 국경을 넘을 수 없는 것이 현실입니다. 물론 특정한 시기, 특정한 장소에서는 정의와 공정이 힘의 논리를 압도하기도 하지만 어디까지 예외적인 현상입니다.

정의와 공정에 대해서는 대중들의 반감도 있습니다. 정의와 공정은 당위를 이야기하면서 무엇을 가르치려는 경향이 있습니다. 당위는 현실의 자유를 억압하고 상상력을 제약하는 요소를 가지고 있습니다. 가르치려는 속성은 도덕적 우위를 포함하고 있습니다. 이를 잘 보여주는 사례는 윤리에 관한 다음의 일화입니다.

중국 원나라 시대 곽거경이 쓴 『이십사효』라는 책에 가난했던 곽거가 어머니를 살리기 위해 아들을 땅에 묻으려고 했다는 고사가 나옵니다. 효도를 제대로 하려면 아들을 죽이면서까지 해야 한다는 것을 보여주려고 한 모양입니다. 이때 논리는 부모는 다시 만날 수 없지만, 자식은 다시 낳으면 된다는 것입니다. 지금 읽어보면 매우 잔인한 이야기입니다. 자식의 입장에서 이 고사를 읽으면 어떤 느낌이 들까요. 아니나 다를까. 중국의 유명한 문인이자 혁명가인 루쉰은 이 고사를 읽고 이렇게 표현했습니다. "나는 그 아이가 불쌍해서 손에 땀을 쥐었다. 나는 효자가 되라는 가르침을 따르지 않게 되었고 혹시 아버지가 효자가 되려는 것이 아닌가 가슴을 졸였다."(다케우치 미노루, 2015). 루쉰의 반봉건투쟁은 이때부터 시작됩니다. 이 이야기는 윤리 이야기이지만 봉건시대 윤리가 곧 정의였다는 점에 비추어 보면 정의의 이야기이기도 합니다. 봉건시대 부모를 공경하지 않는 것은 큰 죄악이었으니까요.

이처럼 정의와 공정은 반드시 필요하지만 형식적이고 사람들의 생활에 간섭하고 자유를 억압하는 성격을 가지고 있습니다. 이런 성격은 자유를 추구하는 개인에게는 환영받기 어려운 것들입니다. 대중의 마음을 흔들어 열정을 불러일으키는 가치라고 보기에는 너무 무겁습니다. 정의와 공정을 전면에 내세우면 자유를 추구하는 대중의 반감을 사기 쉽습니다. 고등교육을 받은 사람들이 절대다수를 차지하는 현대에는 더욱더 그렇습니다. 그리고 정의와 공정을 배우는 과정 자체가 즐거운 추억은 아니었습니다. 학교에서 가르치는 정의와 공정은 역시 억압적인 목적을 가지고 있었습니다. 실제로 정의와 공정을 강조하는 선생님은 질서를 강조하고 학생들의 자유로운 활동을 적대시하는 경향이 있었습니다. 정의와 공정은 억압적인 측면, 무조건 가르치려고 하는 측면을 가지고 있습니다. 사람들이 수용하는데 저항할 만한 요소입니다.

정의와 공정에 대한 또 다른 오래되고 상식적인 생각은 이들 가치가 강자에게 호소하는 나약한 측면을 가지고 있다는 것입니다. 즉, 사회적 약자의 편에서 혁명이나 개혁을 하기 위해 사용할 만한 무기가 아니라는 것입니다. 사회적 약자가 정의와 공정을 주장하는 경우는 대부분 제도나 힘을 통해 이를 강제하는 것이 아니라 강자의 아량이나 자비를 호소하는 경우입니다.

정의는 강제력이 있습니다. 하지만 정의가 강제력이 있으려면 지배계층이 정의를 실천해야 합니다. 제도화되지 못한 사회적 약자의 정의는 강제력을 가질 수 없습니다. 제도화되어 있지 않은 상태에서 약자가 정의와 공정을 주장하면 사회적 강자의 절제, 자제를 호소하는 모양이 되어 버립니다. 절차로서의 공정 역시 강제력이 없습니다. 사회적 강자에 대해 강제력이 없기 때문에 사회적 약자가 주장하는 정의와 공정은 공허하게 들립니다. 강자가 이를 수용하면 효과가 있지만 거부하면 아무런 대책이 없습니다. 주도권이 강자에게 있는 것이지요. 사회의 전통,

문화, 귀족들의 절제, 겸손, 자제, 의무로 정의와 공정이 실현된다고 주장한다면 이것은 사회적 약자에게는 그리 매력적인 방법이 아닙니다. 현실적으로 모든 귀족이 절제, 겸손, 자제, 의무를 강조하고 실천하지 않을 뿐 아니라 개혁, 개선의 주도권을 귀족에게 내어주고 자신들은 그 처분에 맡기는 것이 되기 때문입니다. 극단적인 경우에는 혁명, 개혁, 급격한 변화를 가로막는 요소가 될 수도 있습니다.

하지만 정의와 공정 역시 변합니다. 과거에는 오로지 강자의 무기였으나 지금은 사회 전체의 이념이 되었습니다. 현실에서는 정의와 공정이 제도가 되어 사회적 강자를 강제하는 측면을 가지게 되었습니다. 과거에는 노예제가 허용되었으나 지금은 금지되었습니다. 문명국의 모든 헌법과 법률이 노예제를 금지하고 있습니다. 인간의 존엄성을 침해하기 때문에 정의와 인권의 관점에서 금지되었습니다. 이렇게 정의와 공정이 제도화되면 그 자체로 강제력을 가집니다. 정의와 공정은 제도화되면 더 이상 강자에게 호소할 필요가 없게 됩니다. 시민들이 끊임없이 정의와 공정의 내용을 보충하고 그 과정에 참여해야 하는 부담은 남지만, 강자에게도 강제할 수 있게 됩니다. 정의와 공정의 작동 원리가 바뀐 것입니다. 이것이 최근 더욱 사회적 약자들이 정의와 공정을 강하게 주장하는 이유 중의 하나입니다.

둘째, 정의와 공정이 가지는 경제 초월적 성격이 『비전 2030』에서 정의와 공정을 표현하는 데 장애로 작용했습니다. 정의와 공정은 숫자나 기호로 구성된 방정식으로 표현할 수 없습니다. 사실 불가능합니다. 순위를 매기기도 어렵습니다. 그런데 현대 사회는 숫자로 표현할 수 없다면 평가할 수 없고 심지어 존재하지 않는다고 결론 내립니다. 한 사회가 얼마나 정의롭고 공정한가를 제대로 측정하여 숫자나 방정식으로 표시하는 방법은 없습니다. 공정성을 평가하기 위한 보조 자료로서 사법부의 구성, 재판 방식, 법관의 수, 법관이 다루는 사건의 수, 변호인의 수, 검사의 수, 경찰의 수 등을 활용할 수는 있지만 이것이 재판과 수사의 공정성을 보여주는 것은 아닙니다. 다른 예로 부패의 문제가 있습니다. 부패가 얼마나 경제성장을 가로막는 것인지, 부패를 추방하면 얼마나 경제성장에 도움이 되는지는 측정하기 어렵습니다. 부패가 경제에 부정적인 것은 틀림없으나 부패는 직접 측정하기도 어렵고 부패의 경제적 효과, 부패 추방의 경제적 효과를 숫자로 평가하는 것은 매우 어렵습니다. 부패 추방에 따른 경제적 효과를 계산하는 보고가 있으나 어디까지나 가설에 가설을 더한 추정치라는 점에 주의해야 합니다.

정의는 더욱 객관적인 숫자로 평가하고 표현하기 어렵습니다. 정의로운 사회가 바람직한 것은 틀림없으나 이를 평가할 잣대는 불분명합니다. 대부분의 나라는 정의를 실현하는 기본적인 제도를 갖추고 있습니다. 삼권분립이나 사법부의 독립은 최소한 형식적으로 갖추어져 있습니다. 검찰, 경찰, 정보기관 등 권력기관도 나름 분산되어 존재합니다. 하지만 실제로 정의가 실현되는지는 천차만별입니다. 실제 사법부와 권력기관에 종사하는 사람의 수준, 국가 최고지도자와 정치인들의 수준, 시민들의 의식과 참여 정도 등이 다르기 때문입니다. 여기에 더해 국가의 전통, 역사, 문화, 윤리, 품위, 절제, 언론 등 많은 요인이 함께 작용합니다. 이 모든 것을 하나의 수, 하나의 방정식에 담을 수는 없습니다.

정의와 공정이 가지는 경제 초월적 성격은 수치화된 미래상을 제시하는 데 약점으로 작용합니다. 숫자만큼 확실한 것은 없다고 많은 사람들은 생각합니다. 그래서 미래비전에서도 숫자를 활용하여 미래를 형상화합니다. 그런데 정의와 공정은 숫자와 친하지 않으니 미래사회의 모습에서 빠지게 됩니다. 추상적인 용어는 그래프나 수치보다 설득력이 떨어집니다.

셋째, 『비전 2030』에서 정의와 공정이 강조되지 않았던 것은 시대적 분위기와 관련이 있습니다. 모든 작품은 시대의 분위기를 담고 있습니다. 『비전 2030』 작성 당시에도 정의와 공정을 반영할 것인지 여부, 반영한다면 어떻게 반영할 것인지 등을 결정하던 시대적 분위기가 있었습니다.

『비전 2030』을 만들 당시의 시대 분위기는 정의의 공정의 가치가 자연스럽게 퍼지고 있었던 때였습니다. 미래에 정의와 공정이 성장하고 계속해서 좋은 영향을 미칠 것이라는 공감대가 있었다고 할 수 있습니다. 이런 이유로 굳이 설명하기 어렵고 명확하지 않은 정의와 공정을 강조할 필요가 없었습니다. 이 점은 널리 알려지지 않은 내용입니다만 향후 미래비전 설계에서 매우 중요한 내용입니다.

당시의 한국은 하락 곡선이 아니라 완만하지만, 상승곡선을 그리고 있었다고 할 수 있습니다. 비록 경제성장률은 낮아지고 있었으나 심각한 문제는 없었습니다. 경제 위기론은 정권을 잡기 위해 야당이 퍼붓는 저주에 가까웠을 뿐 실제로 위기는 아니었습니다. 노무현 대통령의 참여정부 당시의 경제성장률은 이명박, 박근혜, 문재인 정부도 회복할 수 없을 정도로 높았습니다. 물론 성장률은 지속적으로 낮아지고는 있었지만 말입니다. 성장률의 지속적인 하락은 경제 규모가 커지고 선진국화되면서 벌어지는 자연스러운 과정으로 이해됩니다. 경제는 위기가 아니었습니다.

국가 운영의 근본 철학은 성장 일변도에서 성장과 복지의 조화로 조정되는 중이었습니다. 이 흐름은 김대중 대통령의 국민의 정부 때 형성되어 계속 이어지고 있었습니다. 당시 야당은 경제일변도 정책이 아닌 것을 경제 위기론으로 공격했습니다. 야당의 공격은 대중의 마음을 움직였지만 지나고 보니 과장된 것이었습니다.

성장과 복지의 선순환 이외에 당시를 상징하던 말은 '웰빙'이었습니다. 먹고사는 문제는 해결되었고 이제는 개인의 행복이 중요하다는 인식이 광범위하게 퍼졌습니다. '웰빙'은 인권 분야에도 영향을 미쳐 조효제 교수는 인권의 패러다임이 탄압 패러다임에서 '웰빙' 패러다임으로 변하고 있다고 주장했습니다(조효제, 2007). 지금 많은 사람들이 유행처럼 말하는 일과 생활의 균형, 워크 라이프 밸런스 생활이 이때에는 '웰빙'으로 이야기되고 있었습니다. 그로부터 10여 년이 지났습니다. 지금 한국을 상징하는 말은 '웰빙'도, 일과 생활의 균형도 아닙니다. '헬조선'이 한국을 상징하는 말이 되었습니다. 한국이 지옥 같다는 것입니다. 도대체 10년 동안 무슨 일이 벌어진 것일까요?

김대중 대통령과 노무현 대통령 당시 퍼져있었던 신화 중의 하나는 공업화와 민주화 성공 신화였습니다. 이 말을 여야 정치권 모두 사용했습니다. 세계에서 가장 빠른 시간 안에 공업화와 민주화 모두를 성공한 나라로서 자부심, 자신감을 공공연히 드러냈습니다. 자신감이 있었던 시대였습니다. 공업화와 민주화 성공 신화에 기반한 자신감은 대중들에게 광범위하게 공유되고 있었습니다. 2002년 효순, 미선양 사망 사건 항의 운동과 그 해 있었던 월드컵의 대중 열기는 대중들의 강한 자신감을 보여주는 사례에 해당합니다. 거리에는 사람들로 넘쳐났습니다. 미국과 대등한 자주적인 국가를 만들어야 한다는 목소리가 거리를 메웠습니다. 월드컵을 통해 자유롭고 평등하고 정상적인 선진국이 될 수 있다는 자신감을 거리 응원은 보여주었습니다. 그런데 지금은 "공업화와 민주화를 동시에 성공시킨 자랑스러운 우리"라는 말을 좀처럼 사용하지 않습니다. 자신감이 떨어졌기 때문입니다. 성공의 결과가 '헬조선'임이 확인되었기 때문입니다.

이상의 모든 상황은 『비전 2030』을 만들 때 한국은 제법 많은 자산을 가지고 있었다는 것을 보여줍니다. 그 자산은 김영삼, 김대중, 노무현 대통령이 남긴 자산이었습니다.

김영삼 대통령은 임기 말 경제 위기를 초래해 IMF로부터 지원을 받았지만, 상당히 많은 업적을 남겼습니다. 하나회를 해산하여 군부독재의 위험으로부터 나라를 벗어나게 했습니다. 금융실명제와 부동산실명제를 실시하여 지하경제를 양성화하고 부패 구조를 혁파했습니다. 공직자 재산 공개를 통해 공직자들의 청렴 문화를 확산하고 공직자 부패를 추방하는 계기를 마련했습니다. 조선총독부 철거로 대표되는 친일잔재 청산 작업과 역사 바로 세우기도 했습니다. 지방자치제 실시로 지방자치 시대로 진입한 성과도 있습니다. 이 과제들은 모두 해방 이후 한국 사회의 발전을 위해서는 필요한 것이었는데, 김영삼 대통령 정권에서 마침내 이루어졌습니다. 이들 업적은 향후 한국 발전의 밑바탕이 됩니다. 다만 재벌개혁 등 경제개혁은 제대로 하지 못함으로써 IMF 사태를 초래했다는 점, 한국 경제의 방향을 정확히 제시하지 못한 점, 퇴행적인 삼당 합당으로 민주 세력의 분열을 일으킨 점 등은 단점으로 지적되어야 합니다.

김대중 대통령은 IMF 사태 때 대통령에 취임합니다. 최초의 민주정부였지만 경제 위기 극복이 가장 큰 과제였습니다. 김대중 대통령은 금 모으기 운동을 비롯해 IMF 사태 극복을 위해 노력을 하면서 IMF를 조기에 극복하는 업적을 남겼습니다. 벤처 투자 붐을 일으켜 경제 위기를 극복했고 의약분업, 국민연금 확대로 국민들의 생활 안정을 꾀했습니다. 복지체계 기본 틀이 마련된 것도 이때입니다. 남북정상회담과 이에

정의의 미래 "공정"

이은 노벨 평화상 수상은 남북관계를 안정화하는 결과를 낳았습니다. 국가인권위원회가 발족하여 인권 수준도 한 단계 높였습니다. 제주 4.3 사건에 대한 진상조사를 시작함으로써 한국의 과거사를 직시하고 정리하는 실마리를 열었습니다.

노무현 대통령은 김대중 대통령의 업적을 바탕으로 민주주의를 공고히 해나갔습니다. IMF를 극복했다는 자신감, 민주 세력이 재집권했다는 자신감, 시민의 힘으로 정권을 창출했다는 자신감은 국가가 나아가야 할 방향을 정립하려는 요구로 이어져『비전 2030』으로 나타나게 됩니다. 구체적인 업적으로는 국민참여재판제도 도입, 로스쿨 제도 도입 등 사법개혁, 청렴위원회 구성 등 부패 추방, 선거제도 개혁, 정치개혁, 복지의 적극적 확충, 민주주의의 정착, 지방분권, 국가 균형발전 등이 있습니다. 노무현 대통령 당시에는 많은 과제들, 특히 개혁과 관련한 제반 과제들이 거의 대부분 제안되었습니다. 하지만 입법이 되지 못한 과제들이 많았습니다. 검찰개혁, 공수처 설립, 자치경찰제, 국정원 개혁, 개헌, 선거구제 개혁을 포함한 정치개혁, 국방개혁, 대체복무제 도입 등이 시도는 되었으나 입법에는 실패했습니다. 이때의 경험은 문재인 정부의 출범에 큰 영향을 미칩니다. 한편 재벌개혁도 충분한 성과를 냈다고 보기는 어렵습니다. 노무현 대통령 시절 제도 개혁으로 마감하지 못한 과제들이 있었지만 전체적으로 보아 국가는 상승곡선을 타고 있었습니다. 새로운 개혁과제는 계속 제기되었습니다. 그 개혁과제들은 단기과제가 아니라 한국 사회의 미래를 좌우하는 중대하고 장기과제이었기 때문에 지금도 여전히 유효한 것들입니다.

『비전 2030』당시는 국가가 전반적으로 상승곡선을 타고 있었던 시기였다고 생각됩니다. 그렇기 때문에 정의와 공정 가치가 자연스럽게 확대되는 추세였습니다. 군부독재가 끝나고 과도기를 지나 민주정부가 들어선 것 자체가 정의와 공정의 확대과정이라고 할 수 있고 민주정 부의 정책들 역시 정의와 공정을 바탕으로 추진되고 있었습니다. 『비전 2030』에서 주요한 과제로 명시적으로 상정하지 않아도 자연스럽게 확 대될 것이라고 기대할 토대가 있었던 것입니다. 정의와 공정을 반영한 제도를 만들면 정의와 공정이 자연스럽게 확대될 것이라고 믿을 만한 근거가 있었습니다.

그렇지만 자연스러운 정의와 공정의 확대 추세가 정의와 공정을 미 래비전에서 준비하지 않거나 혹은 생략해도 문제가 없다는 것을 의미 하지는 않습니다. 직접 주인공이 되는 것과 배경으로 작용하는 것은 영 향력이 다릅니다. 『비전 2030』 당시 정의와 공정 가치가 더 선명하게 제 안되고 중심적인 가치로 규정되었다면 더 많은 결과를 낳았을 것입니 다. 정의와 공정 자체가 가지는 한계는 명시적인 강조를 통하지 않고는 극복하기 어렵습니다. 『비전 2030』의 한계는 아쉬운 점이라 하겠습니다.

절박한 한국의 상황

지금까지 살펴본 미래전략 보고서는 강조점이 서로 다르지만 하나 의 공통점이 있습니다. 바로 정의와 공정을 본격적으로 다루고 있지 않 다는 점입니다. 국가 단위의 미래전략 수립에서 정의와 공정이 본격적 으로 다루어지지 않은 것은 아쉬운 일입니다. 그 이유 역시 살펴보았습 니다. 여러 이유가 있지만, 정의와 공정이 인간의 근본적인 가치 중의 하 나이고 미래전략에도 크게 영향을 미친다고 생각하지 못하는 것이 근 본 원인이라고 생각됩니다. 미래의 변화를 정의와 공정을 연결하여 생 각하는 지적 상상력의 부족도 문제입니다. 그 뿌리에는 인간을 어떻게

정의의 미래 "공정"

볼 것인가 하는 인간관의 문제가 있습니다.

인구 변화, 과학기술의 발전, 자연환경의 변화, 경제의 동향 등은 과거의 미래비전에서도, 지금의 미래비전에도 차고 넘칠 정도로 거론되고 있습니다. 몇몇 미래비전은 인구, 과학기술, 환경, 경제만으로 구성되어 있을 정도입니다. 물론 이들 내용에 대한 논의와 분석이 정확한 것인지는 다른 문제입니다. 실제로는 수치와 통계로 포장되어 있을 뿐, 인구, 과학기술, 환경, 경제에 대한 분석은 여전히 모호합니다. 정의와 공정에 대한 설명만큼이나 분명하지 않습니다. AI나 자율 주행차가 도입되기는 하겠지만 그것이 언제인지, 그것이 도입되는 조건은 무엇인지에 대한 논의는 부족합니다. 통계로 표현되어 있지만, 사실은 희망, 억측, 주장의 다른 표현인 경우가 대부분입니다.

지금 다시 미래비전을 이야기하고 있습니다. 세계도 한국도 전환기이기 때문입니다. 거대한 전환기에 선 지금 새로운 미래비전이 필요합니다. 지금 필요한 미래비전은 과거『비전 2030』과는 다를 것입니다. 정의와 공정이 핵심 비전과 과제로 들어가야 하기 때문입니다. 핵심적인 전략으로서 충분히 연구, 분석되어 부문별 미래전략의 바탕으로 작용할 것이고 또 작용해야 합니다.

한국의 상황은 정의와 공정을 미래전략의 핵심으로 만들 것을 절박하게 요구합니다. 현재의 미래비전을 둘러싼 환경은『비전 2030』의 환경과는 많이 다릅니다.『비전 2030』을 둘러싼 분위기는 상대적으로 낙관적이었습니다. 향후 위기가 닥칠 것은 분명했으나 이를 예상할 수 있었습니다. 우리에게는 미래의 위기에 준비할 수 있는 시간이 있었고 나라 상황은 전반적으로 상승곡선을 그리고 있었습니다. 경제성장률은 낮아지고 있었으나 심각한 위기는 없었습니다. 시대의 분위기를 상징하는 말은 '웰빙'이었습니다. 물질적인 풍요도 어느 정도 보장되었고 다양성은 확장되고 있었고 문화생활도 가능한 그런 상태에 도달했습니다. 이제는 국가도 중요하지만, 개인의 행복이 중요하다는 인식이 광범위하게 퍼졌습니다. 공업화와 민주화 두 개의 성공 신화를 가지고 있었고 그 자신감은 월드컵의 성공적인 개최로 이어졌습니다. 또한 과거 정부로부터 축적해온 많은 자산을 가지고 있었습니다.

하지만 지금은 그 당시와 비교해보면 많은 차이가 있습니다. 이명박 정부, 박근혜 정부를 거치면서 한국의 곡선은 뚜렷한 하강 곡선을 보이기 시작했습니다. 경제 성장에 모든 것을 투자했지만 경제 사정은 더욱 나빠졌고 양극화는 극심해졌습니다. 이명박 정부 시절 4대강 사업, 자원외교, 방산 비리 등으로 국력은 낭비되었고 남북관계는 악화되었습니다. 경제는 살아나지 못했고 민주주의는 후퇴했고 권력기관은 다시 국민 위에 군림했습니다. 국민의 자유와 인권이 위기에 처한 것입니다. 이명박 정부 당시 검찰개혁의 요구가 강하게 나온 것은 민주주의의 위기 상황을 보여주는 하나의 증거입니다.

박근혜 정부 시대는 세월호, 경제 위기, 국정 농단, 정치검찰, 사법 농단, 민주주의 위기, 남북관계의 단절 시대였습니다. 그 결과는 촛불혁명과 대통령 탄핵, 새로운 정부 탄생이었습니다. 완전히 새로운 정부를 만들어야 할 정도로 나라가 위기에 처했습니다. 이명박, 박근혜 정부는 국가가 해야 할 기본 의무를 다하지 못했습니다. 이명박, 박근혜 정부 시대는 불신과 혼란, 갈등과 대결의 시대였습니다. 한국의 대통령 중 자신에게 주어진 시대적 임무를 다하지 못한 대통령은 이명박, 박근혜 대통령이 처음일 것입니다. 별다른 업적이 없습니다. 이 기간에 국가의 잠재력은 약화되었고 위기의식은 광범위하게 퍼졌습니다.

불과 10년 전, 한국을 상징하던 '웰빙'이라는 단어는 '헬조선'으로

정의의 미래 "공정"

대체되었습니다. 공업화와 민주화를 동시에 성공시킨 국가라는 자부심은 갑자기 실종되었습니다. 공업화 성공 신화는 경제 위기라는 현실로 대체되었고 민주화 성공 신화는 정치검찰, 사법 농단, 국정 농단 사태라는 현실로 대체되었습니다. 대중운동 역시 큰 힘을 발휘하지 못하고 있습니다.

현재의 상태는 『비전 2030』 발표 때와는 달리 위기 상황입니다. 더 좋지 않은 것은 위기상황을 해결할 만한 자산, 즉 축적해 놓은 실력과 경험, 자신감이 사라졌다는 것입니다. 대결과 갈등은 일상이 되었고 상호 간의 불신은 건드리면 터질 듯 부풀어 올라 있습니다. 최근의 정치 갈등은 과거 어느 때보다도 더 격렬하고 위험합니다. 세월이 흐르면 정치 수준도 높아질 것이라는 막연한 기대는 완전히 배반당했습니다.

이명박, 박근혜 정부를 거치면서 공동체는 붕괴했고 개인이 전면화되었습니다. 개인이 해방된 것은 바람직한 현상이지만, 개인의 평화와 안전, 행복과 이익을 직접 개인이 챙기지 않으면 안 되는 사회가 된 것은 문제입니다. 각자도생이 지배하는 위험한 사회가 된 것입니다. 각자도생의 다른 말은 극심한 갈등과 대립, 상호 불신 상황입니다. 계급 간, 세대 간, 지역 간, 남녀 간 갈등뿐만 아니라 계급 내부, 세대 내부, 지역 내부, 남자 내부, 여자 내부도 갈등과 대립, 불신과 반목 상태에 빠져 있습니다. 경제 위기와 민주주의 위기의 결과, 국정 농단 사태의 결과입니다.

이때는 기초부터 다시 다져야 합니다. 그 기초 중의 핵심은 정의와 공정입니다. 반칙과 특권을 없애고 과잉 권력을 축소하고 사회적 신뢰를 쌓는 것, 인간의 존엄성을 평등하게 보장받는 사회를 만드는 것의 출발점은 바로 정의와 공정입니다. 극심한 갈등, 대립 상태에서는 아무리 경제를 발전시킨다고 하더라도 실제로 경제가 발전되지 않을 뿐 아니라 개인의 행복을 보장할 수 없습니다. 불신과 혼란의 시대에는 아무리 민주주의에 관한 선진적인 외국 제도를 도입하더라도 변화의 실마리를 마련할 수 없습니다. 만연한 갈등상태를 해결할 수 있는 정의와 공정을 수립하는 것이 우선입니다. 정의와 공정을 제도화해야 합니다. 사회 구성원 모두가 믿을 수 있는 정의롭고 공정하며 품위 있는 규칙과 기구를 만들어야 합니다. 이것이 출발점입니다. 제도, 즉 규칙과 기구에 대한 신뢰는 개인에 대한 신뢰로 확대됩니다. 서로가 서로를 믿는 신뢰를 회복해야만 한국 사회가 지금 그리고 있는 하향곡선의 변곡점을 만들 수 있습니다. 현재 한국의 상황, 각자도생의 상황이 정의와 공정을 미래전략으로 요구하고 있습니다.

제 4 장

미래 정의의 출발점

미래전략에서 정의와 공정을 제대로 구현하려면 먼저 미래에서 요구되는 정의가 무엇인지를 알아야 합니다. 과거의 정의를 그대로 미래에 적용할 수는 없습니다. 미래사회의 특성에 맞는 새로운 정의가 필요합니다. 이 장에서는 정의의 발전과정을 과거지향적인 정의와 미래지향적인 정의로 나누어 살펴봅니다. 복수가 곧 정의였던 과거지향적 정의에서 인간의 존엄성과 평등을 보장하는 미래지향적인 정의로 바꾸기 위해서는 제도화가 필요합니다. 피해자가 가지는 파괴적인 분노를 공동체가 공정한 절차로 수용하고 또 해소해야 합니다. 이 과정은 분노로 촉발되는 파괴로부터 공동체를 보호하고 정의의 실현 과정이 지나치게 가혹하거나 잔인하게 되는 것을 막아줍니다. 미래지향적인 정의는 절차를 규율하는 공정성으로 모아집니다. 관계자 모두가 참여할 수 있고 자신의 주장을 하되 그 과정이 분노라는 감정에 물들지 않도록 하는 절차가 필요합니다.

미래의 정의인 공정성을 확보하기 위해서는 인간의 본질을 정확히 이해할 필요가 있습니다. 아무리 공정성이 중요하다고 하더라도 인간의 본성이 공정성을 거부한다면 공정성을 확보할 수는 없습니다. 인간의 본성이 정의와 공정을 세우는 출발점입니다. 인간의 행위 가능성에서 모든 것이 시작됩니다. 공정성을 실현하겠다고 원한다면 인간은 공정성을 만들 수 있습니다. 출발점은 또 하나 있습니다. 한국의 시민들이 공정성을 확립하는데 얼마나 관심을 가지고 있으며 공정성과 얼마나 친한지를 알 필요가 있습니다. 공정성 확립에 시민들이 얼마나 많은 에너지를 투입할 것인가를 확인하면 국가 정책을 수립하는데 결정적인 도움이 됩니다. 한국 시민들의 가장 큰 특징은 공업화와 민주화의 성공에 따른 자신감이라고 할 수 있습니다. 일을 하는 수준은 장인의 수준에 도달했고 민주화에 대해서는 불퇴전의 기백을 가지고 있습니다. 이 특징은 공정성을 추진하는 근본 힘입니다.

정의의 발전 과정

정의는 곧 평등

이제 미래전략에서 고려해야 할 정의와 공정이 무엇인지 생각해 볼 때입니다. 우리가 살펴볼 정의와 공정은 미래와 관련한 정의와 공정입니다. 미래전략 수립에 정의와 공정이 어떤 역할을 해야 하는가라는 실천적 의미에서 정의와 공정을 검토하는 것이 필요합니다.

정의는 흔히 '같은 것은 같게, 다른 것은 다르게'라고 표현합니다. 이 표현에서 알 수 있듯이 정의의 핵심은 평등입니다. 정의의 핵심인 평등은 먼저 한 개인과 다른 개인 사이의 평등을 의미합니다. 개인 사이의 평등의 정도는 측정할 수 있습니다. 그렇다고 완전히 똑같은 대우를 의미하는 절대적 평등을 요구하는 것은 아닙니다. 누구나 알다시피 사람들 사이에는 운과 능력에서 차이가 있습니다. 운과 능력을 완전히 같게 하는 평등은 별 의미가 없습니다. 운과 능력이 차이가 있다는 사실을 인정하고 그러나 그 차이가 지나치게 벌어지지 않게 하는 것이 중요합니다. 운과 능력의 차이를 뛰어넘는 부당한 결과가 나오지 않도록 하는 것이 중요합니다.

　평등은 다른 한편 개인의 행위와 그 결과에 대한 평등을 의미하기도 합니다. '콩 심은 데 콩 나고 팥 심은 데 팥 난다'는 속담이 의미하는 것도 하나의 평등이고 정의입니다. 인과응보가 이루어져야 하는 것입니다. 흥부가 부자가 되고 놀부가 거지가 될 때 우리는 정의가 실현되었다고 생각합니다. 흥부전에서 착한 일을 한 흥부가 계속 못 살고 나쁜 일을 골라서 한 놀부가 계속 잘 산다면 이것은 부당하다고 느낍니다. 이때의 정의가 바로 개인의 행위와 그 결과의 평등입니다. 특히 나쁜 행위에는 나쁜 결과가 있어야 합니다. 여기에서는 절대적 평등이 중요하지도 않고 또 중요해서도 안됩니다. 절대적 평등을 주장하면 잘못된 행위, 범죄행위에 대한 벌이 가혹할 수 있기 때문입니다. 살인했다고 사형에 처하고, 사람을 다치게 했다고 가해자에게 상해를 가하고, 사람을 때렸다고 가해자를 때린다면 이것은 야만적인 행위일 뿐입니다. 탈레오의 법칙, 즉 같은 형태의 보복을 하는 법칙은 오래된 법칙이고 최근에도 일부에서는 주장하지만 문명사회의 형벌은 아닙니다. 이렇게 절대적 평등만을 추구하면 보복이 되고 모두가 불행한 사태가 벌어집니다. 위대한 간디가 말한 대로 '눈에는 눈' 원칙을 그대로 적용하면 세상에는 장님만 남습니다. 범죄를 범죄로 대응하면 모두 범죄인이 되어 버립니다.

과거지향적인 정의

　두 번째 정의, 즉 행위와 결과의 평등에 대해 조금 더 자세히 살펴봅시다. 정의는 개인 또는 집단의 행위에 대한 정당한 보답, 또는 응당한 대응이라는 성격을 갖습니다. 정의는 이처럼 개인 또는 집단이 어떤 행위를 했을 때 이로부터 발생한 피해, 또는 이익을 제대로 갚아주는 것에서 시작합니다. 피해와 이익에 대한 대응 개념은 현생 인류가 등장한 이후 인과응보 형식으로 등장합니다. 이것은 여러 신화나 민화에서 확인할 수 있습니다(나카자와, 2005a). 위에서 본 흥부전의 이야기가 그렇고 우리가 아는 거의 모든 고대의 이야기가 인과응보를 이야기하는 것은 바로 이 때문입니다.

이때 행위가 낳은 피해에 어떻게 대응할 것인가가 행위가 낳은 이익에 대한 대응보다 중요합니다. 이익은 그 자체로 사회에 문제를 일으키지 않기 때문입니다. 우연히 발생한 이익을 너무 기대하는 것은 문제가 되지만, 이익 그 자체는 행운이기 때문에 개인과 사회의 균형을 깬다고 볼 수 없습니다.

'수주대토(守株待兎)'라는 고사가 있습니다. 수주대토 고사는 두 단계로 구성되어 있습니다. 첫 번째 단계는 송나라 사람이 길을 가다가 토끼가 나무에 부딪혀 죽자 토끼를 줍는 단계입니다. 이때는 순수한 행운이 작용하는 단계입니다. 여기까지는 아무런 문제가 없습니다. 갑자기 횡재한 것을 두고 누군가가 배가 아플 수는 있지만 다른 사람은 물론 자기에게 피해를 끼치지는 않습니다. 자신만 잘 관리하면 됩니다. 송나라 사람을 비웃는 태도도 보이지 않습니다.

하지만 두 번째 단계, 즉 송나라 사람이 일을 하지 않고 나무 옆에서 토끼가 나무에 부딪히기를 기다리는 단계가 되면 문제가 발생합니다. 토끼를 주운 것이 우연히 발생한 행운이 아니고 자신이 받을 수 있고 또 받아야 하는 당연한 것이라고 생각하는 순간 개인의 인생도 비참해지고 많은 이의 비웃음을 삽니다. 물론 송나라가 주나라에 의하여 망한 은나라의 후예라는 것도 비웃음의 근거이지만 말입니다.

행운은 행운을 우연으로 대하면 아무런 문제가 없습니다. 오히려 인생을 윤택하고 활기차게 만드는 계기가 됩니다. 갑자기 로또 복권에 당첨된 것은 아무런 문제가 되지 않습니다. 문제는 행운에 지나치게 의존하는 순간 벌어집니다. 우연, 지독한 우연을 일상생활에 포함시키는 순간에만 문제가 발생하는 것입니다. 로또 복권에 당첨된 사람이 이것을 일회적인 행운으로 보면 문제는 없으나 일상생활에서 나온 당연한 결과라고 생각하면 로또 복권에 매인 인생을 살아가게 됩니다. 이렇게 되면 불행하게 될 가능성이 매우 큽니다. 그렇다고 다른 사람에게 피해를 끼치는 것은 아니지요. 행운, 우연을 처리하기 위한 개인적 절차, 공동체적 제도는 딱히 마련할 필요가 없습니다.

이에 비해 범죄행위나 부당행위는 개인이나 공동체의 대응이 중요합니다. 범죄행위나 부당행위는 개인과 공동체에 피해를 줍니다. 범죄가 심각하면 개인에게는 지금과 같은 생활을 계속할 수 없을 정도의 피해를 주고, 공동체에게는 불안과 공포라는 충격을 가합니다. 살인이나 성폭행 사건은 그 자체로 개인에게 회복할 수 없는 피해를 발생시킵니다. 개인과 그 가족의 생활과 복지에 매우 큰 부정적인 영향을 미칩니다. 공동체에도 충격을 가해 많은 사람들이 공동체가 나서서 부당한 문제를 바로잡아야 한다고 생각합니다. 이때의 필요성은 개인이나 공동체에게 절박합니다. 너무나 부당한 사태이기 때문입니다. 행운이 발생했을 때의 대응과는 완전히 다른 대응입니다. 만일 범죄행위나 부당행위에 대응하지 않는다면 어떻게 될까요? 개인의 억울함은 해소되지 못하여 한이 되고 공동체는 개인을 보호하지 못하므로 개인은 공동체를 떠납니다. 개인이 공동체를 떠나면 공동체는 붕괴합니다. 공동체가 붕괴하면 다시 개인은 공동체를 떠나게 됩니다. 이런 악순환이 시작됩니다. 공동체 차원에서는 선과 악의 균형은 무너지고 악이 창궐하게 됩니다.

가해자가 개인이나 공동체에 부당행위, 범죄행위를 저질렀을 때 가해자나 범죄행위에 특정한 행동을 해야만 정의가 회복됩니다. 정의의 회복은 피해자의 손해배상과 분노 해소를 포함합니다. 공동체의 균형 도 포함됩니다. 공동체의 균형 회복은 불의를 정의로 바로 세우는 변증 법적 과정이라고 할 수 있습니다. 범죄, 처벌을 거쳐 정의로 나아가는 것 이 변증법적 과정이지요. 나아가 일정한 행위를 함으로써 범죄행위를 방지할 수 있고 범죄자도 교화할 수 있습니다. 범죄행위 예방 중 일반예 방은 일반 시민이 범죄를 저지르지 못하게 하는 것이고, 특별예방은 가 해자가 다시 범죄를 저지르지 못하도록 하는 것입니다.

이미 발생한 범죄를 처벌하는 것은 정의의 일종이지만 그 속에는 범 죄행위와 범죄자에 대한 응보, 복수라는 성격이 있습니다. 이때 과거 행 위에 대한 대응만을 강조하면 과거지향적 정의가 됩니다. 과거지향적 정의는 가해자에 대한 처벌에 초점을 맞춥니다. 이러한 경향은 인간이 신석기시대부터 갖추어온 인과응보 사상의 반영이라는 점에서 보면 지 극히 자연스러운 발상입니다. 여기에 범죄 예방과 같은 미래지향적인 내용도 일부 포함됩니다. 범죄자를 처벌하면 범죄를 저질러서는 안되 겠다는 생각은 자연스럽게 퍼집니다. 하지만 과거지향적 정의에서 범죄 예방은 어디까지나 부차적입니다. 과거 범죄행위에 대한 처벌이 중심이 므로 피해자의 분노와 공동체의 균형 회복이 무엇보다도 중요합니다.

과거지향적 정의에서 중요시하는 분노에는 피해자의 분노도 있지 만 공동체의 분노도 있습니다. 범죄행위로 피해를 당한 피해자 본인은 분노하는데 정당한 이유가 있는 것으로 보입니다. 자신과 연관된 가까 운 사람이 피해를 입었을 때 그 사람들이 분노하는 것도 충분히 이해됩 니다. 자신의 가족이나 가까운 친구가 피해를 입었을 때 느끼는 분노는 자신이 피해를 입었을 때 느끼는 분노와 큰 차이가 없습니다. 자신의 복 지, 행복과 긴밀하게 관련되어 있기 때문입니다. 자신과 연관되지 않았다고 하더라도 자신이 범죄 피해자가 될 가능성이 높을 때에도 사람들은 분노하는 경향이 있습니다. 최근 묻지마 범죄, 혹은 혐오 범죄에 대하여 사람들이 분노하는 것은 비록 자신과 직접적인 관련은 없지만 자신이 범죄 피해자가 될 가능성이 크기 때문입니다. 이 점이 최근 잔혹 범죄, 혐오 범죄가 이전의 범죄와 다른 점입니다.

범죄행위로 발생한 분노는 어떻게든 해소되어야 합니다. 개인이든 공동체이든 분노에 사로잡혀 있으면 제대로 된 생활을 할 수 없습니다. 분노에 잡혀있다는 것은 곧 과거에 매여있다는 것을 의미합니다. 과거에만 매여 있으면 현재 생활에 충실할 수 없고 미래의 계획도 세울 수 없습니다. 분노는 범죄자에게 향할 수도 있고 범죄행위에 향할 수도 있습니다. 그런데 분노가 범죄자에게 향하면 분노는 확실히 과거지향적인 것이 되고 잔혹해질 수 있습니다. 범죄자의 악성이 두드러지고 범죄자를 처벌하지 않으면 어떤 만족도 얻을 수 없습니다. 이때 범죄자 개인의 역사나 사정은 전혀 반영되지 않습니다. 범죄자는 그냥 악의 화신일 뿐입니다. 최근 잔혹 범죄에 대하여 대중들이 보이는 분노는 이에 해당합니다.

분노는 자신의 감정을 처리하는 하나의 방식일 뿐입니다. 분노에 휩싸인 개인은 범죄자를 악의 화신으로 보고 범죄자의 절멸을 꾀합니다. 악은 절멸되어야 하니까요. 특정 범죄에 대해 형기를 늘리고 잔혹한 형벌을 도입하고 공소시효를 없애려는 모든 시도는 여기에서 비롯됩니다. 사형을 선고하고 집행해야 한다는 목소리도 이 중의 하나입니다. 그렇다고 범죄를 완전히 추방할 수는 없습니다. 범죄자의 변명은 무시됩니다. 범죄자가 어렸을 때 가정 폭력, 성폭력의 희생자일 수 있다는 점, 정신질환을 앓고 있는 병자일 수 있다는 점, 오히려 사회의 관심을 받았어야 할 소년, 소녀일 수 있다는 점, 치료와 관심이 필요한 나약한 사람일 수 있다는 점 등 범죄자의 개인 사정은 철저하게 무시됩니다. 아니 보려고 하지 않습니다. 범죄자 중에서 장발장이 있을 수 있다는 사정은 무시됩니다. 범죄자 개인의 사정을 들여다보는 순간 철저한 복수가 어려워지기 때문입니다.

이에 비해 분노가 범죄자가 아닌 범죄행위로 향할 경우 과거지향적인 분노에 머무르지 않고 미래지향적인 개선의 방향으로 나아갈 수 있습니다. 이를 누스바움은 이행이라고 부릅니다(누스바움, 2018). 범죄행위를 추방하는 데 초점을 두기 때문에 정책적 대응이 가능해집니다. 정책적 대응이라는 말에서 느낄 수 있듯이 여기에는 이미 분노라는 감정이 들어갈 공간이 없거나 적습니다. 분노는 특정 행위보다는 행위자에게 향하는 것이 대부분입니다. 분노가 행위를 대상으로 하면 구체적으로 향하는 곳이 없기 때문에 분노는 사라지거나 약해지고 공리주의적 관점에서 미래지향적으로 계산을 하게 됩니다. 범죄행위를 대상으로 하기 때문에 범죄자의 개인 사정도 계산에 넣을 수 있습니다. 범죄행위에 대해서는 공리주의적 관점에서 접근하고 범죄자에 대해서는 인간으로 접근합니다. 인간으로 접근하기 때문에 갱생의 가능성, 변화의 가능성을 높이 봅니다. 갱생의 가능성을 생각하면서 개인의 사정, 개인의 역사를 보기 시작합니다. 여기에서 한발 더 나아가 아예 분노를 느끼지 않고 곧 미래지향적인 개선으로 나아갈 수도 있습니다. 분노는 어떤 경우에도 좋은 감정이라고 하기 힘들기 때문입니다.

정의는 분노가 낳은 자식 중의 하나이지만 정의는 분노로부터 독립하려고 합니다. 분노를 통제하려고 하고 분노를 제한적으로만 허용하려고 합니다. 정의의 실현 과정에 분노가 들어오면 정의는 복수, 보복이 되기 때문입니다. 그것도 잔인한 복수와 보복이 될 수 있습니다. 분노와 복수를 제한하기 위하여 정의는 정의의 실현 과정을 객관적인 외부의 절차로 만듭니다. 정의 실현 과정의 제도화가 바로 그것입니다. 이것이 최고의 형식으로 실현된 것이 근대 시민혁명 이후의 형사절차입니다. 여기에서 형사절차는 수사와 재판을 모두 포함합니다. 현대 국가는 수사와 재판과 집행이라는 형사절차를 개인에게 맡기지 않고 공동체에 맡깁니다. 개인은 분노에 휩싸일 수 있지만 공동체와 공동체에서 선출된 수사관이나 판사들은 분노에서 벗어날 수 있으니까요. 공동체가 미리 마련한 절차에 따라 미리 마련된 기관이 제한적인 권한을 행사합니다. 이 과정은 피해자의 개입을 허용하지만 피해자의 분노가 지배하지는 못하도록 설계되어 있습니다.

공동체의 정의 실현 과정은 법과 제도에 의하기 때문에 개인의 분노로부터 멀어져 있습니다. 공동체는 개인의 분노와 공동체의 충격을 해소하기 위하여 객관적인 절차를 마련합니다. 객관적인 절차를 통하여 개인과 공동체의 불필요한 감정 과잉, 분노를 제한하려고 합니다. 분노 제한의 목표는 정의 실현 과정이 너무 잔인하거나 비이성적이지 않도록 하는 것입니다. 이로써 공동체는 과거지향적인 분노를 미래지향적인 개선, 이행으로 바꾸게 됩니다. 아무래도 피해자 개인이 직접 형을 집행하는 것보다 국가기관이 이를 담당하는 것이 감정을 배제하는데 좋습니다. 감정이 배제되어야 정의는 과거지향적이지 않고 미래지향적일 수 있습니다.

일본의 추리소설 중에 "저지먼트"라는 소설이 있습니다. 이 소설은 일본에서 '눈에는 눈, 이에는 이'의 현대판 법률이라 볼 수 있는 '동해복수법(같은 해악을 가하는 복수를 할 수 있는 법)'이 제정된 미래를 가정하면서 이야기를 풀어갑니다. 이 법을 통해 정부는 피해자에게 가한 폭력이나 가학 행위를 똑같이 형벌로 응징할 권리를 피해자 측에 부여합니다. 재판에서 이 법의 적용을 인정받으면, 피해자 또는 그에 따르는 사람은 '선택 권리자'로서 종래의 법에 따른 형벌이나 복수법 중 하나를 선택할 수 있게 됩니다. 복수법을 선택한 사람은 자기 손으로 형벌을 집행해야 한다는 조건이 붙습니다. 형 집행 방법은 피해자가 당한 방법과 같습니다. 피해자가 잔인한 폭행으로 사망했다면 잔인한 폭행을 행사하여 가해자를 죽이는 것입니다. 이 부분은 참으로 기묘합니다. 왜냐하면 국가가 직접 수행하면 야만적이라는 비난을 받을 것인데 개인에게 이를 맡김으로써 그 비난을 피하고 있기 때문입니다. 같은 보복을 가한다는 것은 어떤 경우에도 잔인하고 비정상적인 형벌입니다. 범죄라는 것이 잔인하고 비정상적인 폭력 행사이기 때문입니다. 그런데 "동해보복법"은 이를 정당화하고 있습니다. 이때 복수를 정당화하는 것은 피해자들의 분노입니다.

분노가 잔인하고 비정상적인 형벌, 반문명적인 형벌을 정당화할 수 있을까요? 피해자의 분노가 고문행위, 폭행과 협박을 정당화할 수 있을까요? 만일 피해자가 토막살인을 당했다면 토막살인을 통한 정의 실현을 정당화할 수 있을까요? 동해보복을 한다고 하여 피해자들의 분노는 해소되지 않습니다. 분노는 단순히 범죄자에게만 한정되지 않기 때문입니다. 분노는 다른 사람이 아닌 자신의 감정입니다. 자신에게 중요한 사람이 사라졌다는 상실감은 동해보복으로 채워질 수 없습니다. 동해보복으로 그 사람이 다시 돌아오는 것은 아니니까요. 동해보복으로 범죄가 예방되지도 않습니다. 비슷한 범죄인에게 겁을 주어 범죄를 저지르지 못하게 하는 효과는 거의 없습니다. 이 소설이 던지는 문제의식 중의 하나는 동해보복이 분노를 해소할 수 있을 것인가, 나아가 피해자의 분노를 담은 복수가 국가의 감정을 배제한 법적 처벌보다 개인이나 공동체에 더 나은 것이라고 할 수 있는가 하는 점입니다.

동해복수법은 소위 문명국가에서는 없습니다. 앞으로도 제정될 가능성이 없습니다. 그래서 소설일 것입니다. 동해복수법이 없다는 것은 바로 분노를 문명화된 방식으로 다루어야 한다는 인간의 자각의 표현이라고 생각됩니다. 정의의 이름으로 범죄행위를 자행할 수는 없습니다. 선량한 사람에게 고문이나 가혹행위를 할 권리를 줄 필요는 없습니다. 국가가 한다면 허용되지 않을 행위를 개인에게 허용할 이유도 없고요.

미래지향적인 정의를 법률적으로 표현하면 다음과 같습니다. 범죄행위가 발생했을 때 먼저 해야 할 것은 과거의 범죄행위에 대해 공동체의 단위에서 그 부당성을 확인하는 것입니다. 수사와 재판으로 대표되는 공적 절차를 통한 공동체의 부당성 선언이 필요합니다. 피해자 개인의 차원에서도, 공동체 단위에서도 범죄행위가 부당한 것이어서 이를 금지시키고 이 행위를 처벌한다는 것을 명백히 밝히는 것입니다. 범죄행위의 부당성에 대한 공적 선언은 공동체가 그 범죄행위에 대해 깊은 관심을 가지고 있다는 것, 피해자에게 연민과 애정을 가지고 있다는 것, 피해자의 슬픔을 함께 한다는 것을 의미합니다. 이것만으로도 피해자의 억울함, 분노는 상당 부분 풀립니다. 피해자에게 진정으로 필요한 것은 복수가 아니라 타인과 공동체가 자신에게 닥친 부당함을 이해하는 것이라고 할 수 있습니다.

범죄행위의 부당성이 확인되어야, 즉 진실이 확인되어 공표되어야 피해자 개인의 한도 풀릴 수 있고 공동체 단위의 균형도 회복됩니다. 물론 추상적인 차원이기는 하지만 말입니다. 그 다음에 필요한 것은 구체적인 행동입니다. 구체적인 행동은 형벌입니다. 형벌의 의미에는 행위자에 대한 복수, 응보, 예방 등이 있습니다. 이 중 복수와 응보는 행위자에 초점을 맞춘 것으로서 과거지향적인 성격을 가집니다. 이와 대조적으로 미래지향적인 형벌, 행위에 초점을 맞춘 형벌의 성격으로는 예방이 있습니다. 근대 형사절차를 구상한 계몽주의자들은 형벌의 본질이 예방에 있다고 보았습니다. 이미 지나간 일은 어쩔 수 없다고 보았습니다. 물론 그렇다고 형벌의 성격에 복수, 응보가 있다는 것을 완전히 부정한 것은 아닙니다. 예방에는 앞에서 본 바와 같이 일반예방, 특별예방이 있습니다.

그 다음에는 피해자의 피해 회복을 지원해야 합니다. 피해자의 피해 회복 지원은 범죄 예방 및 처벌이라는 국가 임무와 독립하여 존재하는 국가의 의무입니다. 완전히 다른 의무입니다. 범인을 엄하게 처벌한다고 피해자의 피해가 회복되는 것은 아닙니다. 범죄에 대한 형벌과 피해자 지원이라는 두 의무를 연결할 필요는 없습니다. 피해자의 피해 회복을 위하여 국가가 관심을 가질 때 피해자는 2차 피해를 피할 수 있습니다. 사회복지가 강화되면 자연스럽게 피해자의 2차 피해는 줄어들 가능성이 큽니다. 범죄로 인한 복지의 박탈을 사회가 보충해 주기 때문입니다. 하지만 일반적인 복지로는 피해자의 복지는 쉽게 회복되지 않으므로 범죄 피해자 보호는 복지 차원에서 계속 강화해야 합니다.

그 다음 제도 개선이 있습니다. 여기의 제도 개선은 범죄 발생을 처음부터 저지하고 줄이는 제도 개선을 말합니다. 범인 체포와 처벌을 더 잘하기 위한 형사법상의 제도 개선을 말하는 것이 아닙니다. 처벌의 강화, 수사 및 재판 절차의 개선, 사회복귀 프로그램의 강화, 피고인 인권 보호 등의 대응은 형사사법절차에서 관심을 가져야 하는 것이지만, 범죄 발생을 처음부터 저지하고 줄이는 제도 개선은 형사사법절차의 주된 관심사가 아닙니다. 형사사법절차의 개선만이 아니라 큰 틀의 제도 개선이 필요합니다. 성폭력 범죄가 발생했을 때 이를 줄이기 위하여 캠페인을 벌이거나 가부장제적 문화를 일소하거나 남녀평등의 제도 개선을 하거나 하는 큰 틀의 정책이 필요합니다. 당연히 형사정책을 뛰어넘는 큰 틀의 제도 개혁입니다. 이런 과정을 통하여 정의는 미래지향적으로 발전할 수 있습니다. 이 과정에는 분노를 바탕으로 한 잔인하고 비정상적인 형벌, 동해보복적인 사고방식, 범죄인을 절멸시키겠다는 분노 등이 들어갈 틈이 없습니다. 공포와 분노에 기반한 대응이 아니라 이성에 기반한 정의 실현 과정이기 때문입니다.

정의 실현 과정의 제도화

과거지향적인 분노가 아닌 미래지향적인 개선을 위한 정의가 되기 위해서는 정의가 제도화되어야 합니다. 정의 실현을 위한 규칙이 먼저 마련되어야 하고 이를 실행하는 기구가 설치되어야 합니다. 위에서 말한 범죄행위의 부당성 선언과 이에 이은 여러 미래지향적 대응들은 모두 제도화된 정의에서 나옵니다. 정의의 제도화는 문명화의 중요한 계기입니다. 복수심에 사로잡혀 아무런 제약 없이 분노를 터뜨리는 단계를 벗어나기 때문입니다. 과거 씨족이나 부족 사회에서는 자기 씨족이나 부족원 중에 한 명이라도 죽거나 다치면 상대방 씨족이나 부족을 모두 전멸시켰습니다. '수레바퀴보다 키가 큰 남자는 모두 목을 베는' 시대가 있었습니다. 그렇다고 여자와 어린이를 그냥 살려준 것은 아닙니다. 이들은 노예로 부려먹기 위해서 살려둔 것일 뿐입니다. 문명의 발전은 이러한 복수의 과정을 제도화함으로써 이루어집니다. 문명화 과정은 씨족 대 씨족, 부족 대 부족의 대결이 아닌 개인의 처벌을 지향하는 과정이었습니다. 사람 한 명이 죽었을 때 사람 한 명의 목숨으로 대가를 지불한다는 것은 씨족, 부족 전체를 전멸시키는 것보다 엄청나게 문명화된 태도입니다.

문명화 과정인 정의의 제도화는 하나의 도약입니다. 정의의 제도화는 씨족의 전멸을 넘고, '눈에는 눈'이라는 탈레오의 법칙도 넘어섭니다. 살인자를 모두 사형시켜야 한다는 생각을 버려야 정의가 제도화될 수 있습니다. 잔혹 범죄를 저질렀다고 사회에서 영원히 격리시키는 것을 넘어서야 잔혹하지 않은 정의가 실현됩니다.

정의가 제도화되는 순간 가해자의 이야기도 피해자의 이야기만큼 중요하게 됩니다. 절차상 가해자의 사정도 반영하게 됩니다. 왜냐하면 제도화는 필연적으로 보편성을 지향하는데 보편적인 제도가 되려면 가해자에게도 피해자와 같은 정도의 발언권을 인정해 주어야 하기 때문입니다. 가해자와 피해자는 모두 같은 계급이나 같은 인종이므로 최소한의 평등, 무기 대등이 이루어져야 합니다.

이러한 결론에 도달하게 되는 결정적인 이유는 누구나 범죄인이 되어 처벌의 대상이 될 수 있다는 범죄의 개방성 때문입니다. 계급이 폐지된 이상, 누구나 범죄를 저지를 수 있습니다. 실제로 누구나 범죄를 저지릅니다. 범죄를 저지르는 계급이 따로 있고 저지르지 않는 계급이 따로 있는 것은 아닙니다. 아쉬운 것이 없어 보이는 재벌도, 권력자도, 교수도 범죄를 저지릅니다. 심지어 대통령도 범죄를 저지르고 법률의 화신이라고 할 수 있는 판사, 검사, 변호사도 범죄를 저지릅니다. 누구나 범죄인이 될 수 있기 때문에 범죄인이 되어 수사와 재판을 받을 때 부당한 대우를 받지 않도록 제도를 설계할 수밖에 없습니다. 평등한 사회란 모두가 성공할 수 있는 사회이기도 하지만 모두가 사회적 약자, 수사와 재판을 받는 피의자, 피고인이 될 수 있는 가능성이 있는 사회입니다. 문명사회란 모두가 사회적 약자, 피고인이 될 수 있으므로 이에 대비하여 사회적 약자, 피고인을 보호해주는 사회입니다.

정의의 제도화는 피해자가 아닌 공동체를 정의의 실현 주체로 만들고, 정의 실현 절차를 사건 발생 전에 미리 마련해 두는 것을 말합니다. 주체의 변화, 사전 절차 마련은 분노와 관계없이 이루어집니다. 분노는 사건 발생 이후에 생기는 것입니다. 이처럼 정의의 제도화는 두 가지 방법으로 분노를 통제합니다. 이 과정에서 개인이나 공동체의 원초적인 분노는 배제됩니다. 피해자의 분노는 복수나 응징과 같은 원시적인 형태를 벗어나 세련되고 문명화되고 미래지향적인 형태로 변화하여 나타납니다. 이 과정은 모두 제법 긴 시간이 걸린다는 점에서, 직접적인 복수가 아니게 된다는 점에서, 피해자의 피해만이 아니라 가해자의 사정도 감안한다는 점에서, 피해자의 관점만이 아니라 공동체의 존속, 발전이라는 관점도 고려한다는 점에서, 범죄와 형벌이 서로 같지 않다는 점에서 분노를 통제하는 기능을 합니다. 이를 통하여 미래지향적인 개선의 방향을 지향하는 것입니다.

그런데 이 도약은 쉽지 않습니다. 정의의 제도화가 어려운 첫 번째 이유는 대칭성 때문입니다. 인간은 대칭성을 매우 중요하게 여기면서 진화해 왔습니다(나카자와, 2003). 인간은 두 개의 범주를 설정하는데 너무나 익숙하고 그 두 범주가 서로 균형을 이룰 것을 본능적으로 요청합니다. 양과 음, 선과 악, 흑과 백, 중심과 주변, 극락(천당)과 지옥, 범죄와 형벌, 흥부와 놀부, 콩쥐와 팥쥐 등 그 사례는 차고 넘칩니다. 자연과 사회의 대칭성은 곧 균형을 의미했고 균형은 곧 안정적인 생활환경을 의미합니다. 대칭성이 무너질 때 사람들은 위기를 느끼고 이를 회복하려고 노력해 왔습니다. 자연의 대칭성이 무너지면 곧 삶의 터전이 위협받고 사회의 대칭성이 무너지면 안전을 보장받지 못합니다. 그래서 필사적으로 대칭성을 회복하려고 노력합니다. 현실에서 회복이 되지 않으면 신화, 민화 등 이야기 속에서나마 회복하려고 합니다. 이런 이야기는 우리는 수없이 많이 보아왔습니다. 대부분의 소설도 여기에 초점을 두고 있습니다. 물론 현대 소설은 너무나 상투적인 이런 결말을 회피하지만 말입니다.

대칭성 회복은 정의와 관련해서는 인과응보로 나타납니다. 인과응보에 의하면 착한 사람은 잘 살아야 하고 나쁜 자는 처벌받아야 합니다. 흥부와 놀부 이야기는 대칭성, 인과응보를 중시하는 인간의 심리를 잘 보여주는 이야기입니다. 한국형 신데렐라 이야기인 콩쥐와 팥쥐 이야기 역시 대칭성을 잘 보여줍니다. 우리의 신화나 민화가 생명력을 가지고 있는 것은 바로 이런 인과응보, 대칭성을 가지고 있기 때문입니다.

범죄행위와 관련한 인과응보는 불행히도 복수의 경향을 띱니다. 인과응보 자체는 미래지향적이지 않습니다. 과거지향적인 정의로 표현되는 것입니다. 이 인과응보라는 대칭성은 뛰어넘기가 쉽지 않습니다. 정의의 제도화를 통하여 그것을 뛰어넘었다고 생각하더라도 잔혹한 범죄가 발생하고 대규모의 참사가 발생하면 불쑥불쑥 터져 나옵니다. 피해자의 절규는 많은 사람들을 움직입니다. 그만큼 인간의 본성에 깊이 뿌리박혀 있기 때문입니다. 정의가 차가운 이미지를 주는 것은 이 때문입니다. '하늘이 무너져도 정의를 세워라', '내일 세상이 멸망하더라도 오늘 사형수는 사형시켜라'는 정의의 요구는 냉정하게 생각하면 너무 가혹합니다. 피해자의 입장, 공동체의 입장에서는 가해자를 제대로 처벌하지 못한다면 인과응보가 실현되지 않았다고 생각할 수밖에 없습니다. 공동체는 범죄로 무너진 대칭성이 회복되지 못하여 심각한 불편함을 느낍니다. 이 불편함이 미래지향적이지 않고 생산적이지 않은 분노라는 감정이고 그것도 집단의 분노라서 개인의 분노보다 정당성이 떨어진다는 점이 있다고 하더라도 말입니다. 이러한 공동체의 분노 감정을 이용하는 집단은 또 있기 마련입니다.

정의의 제도화, 권한의 양도

정의의 제도화가 어려운 두 번째 이유는 처벌의 권한을 공동체에게 양도하기 때문입니다. 원래 범죄자에 대한 처벌의 권한은 피해자에게 있었습니다. 범죄는 피해자의 평화와 안전, 재산과 복지를 심각하게 침해합니다. 피해자는 범죄로 인하여 미래를 설계하는 능력에 심대한 타격을 입습니다. 완전히 다른 인생을 살 수도 있습니다. 심한 경우에는 목숨을 잃어버릴 수도 있습니다. 그렇기 때문에 피해자의 분노는 충분히 이해할 수 있습니다. 그 분노가 바로 복수로 향하는가 아니면 이행이라는 미래지향적인 방향으로 향하는가 하는 것은 다른 문제이지만 말입니다. 다른 어떤 이도 피해자의 분노를 대신할 수는 없습니다. 처벌에 대한 권한은 피해자의 정당한 분노 또는 피해자의 처지에서 비롯됩니다. 공동체가 피해자의 처벌 요구를 존중하는 것은 피해자의 불행한 처지에 공감하기 때문입니다.

정의의 제도화는 이런 피해자의 사적 처벌을 금지함으로써 시작합니다. 이것은 피해자가 자발적, 비자발적으로 처벌의 권한을 양도하는 것을 의미합니다. 권한의 양도는 마치 국가가 주권을 양도하는 것과 같은 정도로 어려운 일입니다. 흔히 처벌 권한의 양도는 계약설로 설명합니다. 국가가 가지는 주권을 국제기구에 양도하는 것과 형식이 같기 때문입니다. 국가 내부에서는 개인 주권의 양도와 같이 처벌 권한의 양도가 이루어졌습니다. 이런 설명은 매우 설득력이 있습니다만 사실 허구입니다. 실제로는 계약이 아닌 폭력으로 정의의 권한, 처벌의 권한을 독점했을 뿐입니다. 폭력을 권력이 독점하지 않으면 공동체의 혼란을 해결할 수가 없습니다. 폭력집단들 사이에는 공존이라는 것이 없기 때문입니다.

처벌 권한의 양도, 주권의 양도는 국내적이든 국제적이든 쉬운 일은 아닙니다. 고대에는 상상하지 못했던 일입니다. 국가가 만들어지고 공동체가 안정되면서 피해자 개인의 처벌 권한은 국가에 양도되었습니다. 개인이나 개인이 속한 부족의 처벌은 복수가 될 수 있기 때문입니다. 또한 개인에게 처벌 권한을 맡겨 놓으면 처벌하지 못하는 경우도 빈번하게 발생합니다. 처벌에는 수사와 재판, 형의 집행에 포함되는데 이것을 하려면 막강한 힘을 갖추지 않으면 안 됩니다.

처벌 권한의 양도로 정의는 분노로부터 벗어날 수 있습니다. 그러나 잔혹 범죄, 혐오 범죄, 엽기적인 범죄를 마주하면 피해자나 피해자 가족이 직접 처벌하고 싶어하는 감정이 튀어나옵니다. 이러한 감정을 제도적으로 완전히 포섭하는 것은 아무리 처벌 권한이 공동체에 양도되었다고 하더라도 쉬운 일은 아닙니다.

국내적으로는 계약설이든 폭력설이든 처벌 권한이 양도되지만 국제적으로는 처벌 권한 양도는 이루어지지 않고 있습니다. 국제적으로 주권의 양도가 극히 예외적인 것처럼 국제적인 처벌 권한 양도 역시 극도로 예외적입니다. 물론 문명화의 정도에 따라 국제적인 차원에서 주권의 양도와 함께 처벌 권한의 양도도 이루어질 가능성이 높습니다. 그래야 문명사회라고 할 수 있을 것입니다.

국제적으로 처벌 권한이 양도된 대표적인 사례는 사형제도의 폐지입니다. 유럽 국가는 사형제도를 폐지했습니다. 사형제도의 폐지가 유럽연합 차원의 결단이기 때문에 유럽연합 구성원 국가들은 처벌 권한이라는 주권의 일부를 양도해야 합니다. 형벌에 대한 권리는 주권의 일부입니다. 사형폐지는 사형이 인간의 존엄성, 생명의 존엄성을 침해하는 제도라는 인권법에 대한 깊은 이해가 낳은 결론입니다. 사형과 같이 인권이라는 측면에서 보아 극단적인 형벌, 반문명적인 형벌인 경우에만 겨우 주권을 양도하는 수준이 현재의 수준입니다.

정의의 제도화와 분노

정의를 제도화하더라도 부당행위, 범죄행위를 덜 진지하게 취급하는 것은 아닙니다. 오히려 공동체의 관점에서 범죄행위를 다룸으로써 공식적으로 부당행위와 범죄행위를 공동체가 매우 심각하게 받아들인다는 사실, 부당행위와 범죄행위를 용납하지 않는다는 사실을 선언합니다. 이런 면에서 보면 은밀한 사적인 복수는 최악의 선택입니다. 사적 복수는 공동체 차원에서 공식적으로 범죄행위의 부당성을 선언하지 않기 때문입니다. 재판은 공개재판주의가 원칙이고 판결 선고 역시 공개합니다. 재판은 바로 범죄행위의 부당성을 공식적으로 선언하여 공동체 구성원에게 경고하는 역할을 합니다. 나아가 공동체 차원에서 피해자의 아픔에 공감하는 절차이기도 하며 가해자를 공동체의 이름으로 처벌하여 정의를 세우고 범죄를 예방하겠다는 의지의 표현이기도 합니다. 공동체의 관점에서 미래지향적인 방향을 제시함으로써 부당행위와 범죄행위에 대한 대처 원칙도 천명합니다. 이 모든 과정에서 개인적 차원의 분노, 복수에 가까운 분노는 끼어들 여지가 없습니다. 개인적 차원의 분노, 복수로는 이 많은 과제를 처리할 수도 없습니다. 공개재판은 과거를 정리함으로써 미래를 제시하는 미래지향적인 역할을 하도록 설계되어 있습니다.

다만 아무리 정의를 정교하게 제도화하여도 피해자와 공동체의 분노는 제대로 통제되지 않는 측면이 있습니다. 그만큼 피해자와 피해자와 가까운 사람들의 분노, 공동체의 분노는 정당한 근거를 가지고 있습니다. 그런데 분노는 정당한 근거가 있지만 분노에 근거한 복수나 응징은 사실 철학적으로 정당한 근거가 없습니다. 분노한다고 바로 복수나 응징이 자동적으로 정당화되는 것은 아닙니다. 이점을 잊지 말아야 합니다.

피해자의 분노는 정당하지만 제한된 형태로 표출되어야 한다는 것을 보여주는 사례가 '피해자의 형사재판 절차 진술권'입니다. 이 권리는 우리 헌법과 형사소송법이 인정하고 있는 기본권입니다. 형사소송법은 "법원은 범죄로 인한 피해자 또는 그 법정대리인(피해자가 사망한 경우에는 배우자·직계 친족·형제 자매를 포함한다)의 신청이 있는 때에는 그 피해자 등을 증인으로 신문하여야 한다. 피해자 등을 신문하는 경우 피해의 정도 및 결과, 피고인의 처벌에 관한 의견, 그 밖에 당해 사건에 관한 의견을 진술할 기회를 주어야 한다."(형사소송법 제294조의 2 1항)라고 규정하고 있습니다. 피해자의 감정과 경험, 피해자의 아픔을 공동체가 존중한다는 것을 이와 같이 표현하고 있습니다. 하지만 '피해자의 형사재판 절차 진술권'으로 피해자가 가지고 있는 원초적인 감정, 분노가 법정에 그대로 전달될 가능성이 생겨납니다. 피해자의 분노가 법정에 그대로 전달되면 범죄행위보다는 범죄자에게 관심이 집중될 가능성이 높아집니다. 판사나 배심원이 가혹한 형벌을 선고할 가능성이 높아집니다. 피해자의 감정과 아픔이 법정을 지배할 가능성이 높습니다. 피해자의 아픔에 공감하지 못하는 사람은 거의 없습니다.

'피해자의 형사재판 절차 진술권'은 잘못 사용되면 피해자의 분노가 그대로 법정에 표출되어 재판 절차를 좌우할 수 있습니다. 즉 피해자 진술의 목표가 분노를 표현하고 더 무거운 보복적 처벌을 얻어내는 것으로 이해된다면 법정은 복수와 응징의 장이 됩니다. 냉정한 이성에 따라 범죄행위의 성립 여부와 범죄인의 처벌 가능성을 따지는 곳이 아니라 한풀이의 장소가 될 가능성이 높아집니다. 이렇게 되면 범죄를 예방하고 억제하는 형사재판 원래의 목적은 달성될 수 없습니다. 유족을 포함한 피해자들도 당장은 시원할지 몰라도 자신에게도 좋지 않은 결과를 초래합니다. 누구나 과거의 분노, 복수심에 사로잡혀서는 생활을 해

나갈 수 없습니다. 모든 사람은 다 죽기 마련이고 모두 이별을 해야 합니다. 죽음의 형태가 다르다고 그 죽음에서 벗어나지 못하면 자신의 삶을 살아갈 수 없습니다. 아무리 가까운 자의 죽음이라고 하더라도 집착해서는 안 됩니다. 죽음의 방식이 다르다고 죽음을 대하는 자의 태도가 바뀔 수는 없습니다.

피해자의 분노가 법정에 그대로 나타나면 오히려 형사절차의 시간이 길어지고 형사절차에 대한 집착을 부추길 뿐입니다(누스바움, 2018). 형사절차와 그에 따른 가혹한 처벌이 피해자의 분노를 완전히 다스려 주지는 못합니다. 설혹 가해자를 사형에 처하더라도 분노가 남아 있는 한 피해자는 더한 처벌을 찾아 헤맵니다. 그래서 유명한 '일모도원(日暮途遠, 해는 지는데 가야 할 길은 멀다)'이라는 이야기가 생겨납니다. 춘추시대 오나라의 오자서는 초나라 평왕에게 복수하기 위하여 기원전 506년 초나라를 침략합니다. 그러나 자신의 아버지와 형을 죽인 평왕은 이미 죽은 상태였습니다. 오자서는 분노를 이기지 못하고 평왕의 무덤을 깨고 평왕의 시체를 꺼낸 다음 쇠 채찍으로 300번 후려칩니다. 이를 사람들이 비난하자 오자서는 말합니다. "일모도원, 해는 지는데 가야 할 길을 멀다." 이렇게 말하면서 그는 자신의 행동을 정당화합니다. 너무 잔인한 이야기입니다. 이 사례에서 보듯이 가해자가 죽어도 분노는 충분히 해소되지 않습니다. 시체를 쇠 채찍으로 300번 때려도 분노가 완전히 해소되었을까요? 그렇지 않을 것입니다. 오자서는 분노를 여전히 속에 품고 살아갑니다. 결국 오나라의 왕 부차와 불화가 생겨 자살을 강요당합니다. 자살하면서 그는 이렇게 말합니다. "내 눈을 오나라 성곽에 걸어놓아라. 월나라가 오나라를 멸망시키는 것을 보고 말 것이다." 이 정도가 되면 오자서는 분노의 화신이라고 할 수 있을 것입니다. 진정 자신의 행복을 모르고 분노로만 살아온 인물입니다. 비장하고 그래서 아름답게까지 보이지만 바람직한 인간상이라 하기 어렵습니다.

다시 본론으로 돌아옵시다. '피해자의 형사재판 절차 진술권'에서 보듯이 형사절차에서 완전히 분노를 배제하는 것은 거의 불가능합니다. 현재 형사소송법은 '피해자의 형사재판 절차 진술권'을 증언의 형태로 허용하여 피해자의 분노가 통제될 수 있도록 하고 있습니다. 피해자가 증인으로 출석하여 증언하게 되면 피해자는 공개된 법정에서 선서를 하고 위증의 벌에 대해 주의를 받은 후 공소사실, 즉 범죄사실에 대해서 주로 증언을 하게 됩니다. 피고인이나 피고인의 변호인으로부터 반대신문도 받아야 합니다. 이 과정에서 분노는 통제되며 감정은 절제됩니다. '피해자의 형사재판 절차 진술권'이 증언의 형태가 아닌 방식, 예를 들면 검사와 같은 책상에 앉아 피고인이나 다른 증인에게 질문할 수 있는 권리로 나타나거나 혹은 검사를 도우는 자리에서 마음대로 발언을 할 수 있게 하는 방식은 분노 통제라는 관점에서 바람직하지 않습니다(김인회, 2018b).

사람들은 국내적 차원에서는 정의의 제도화를 이루었습니다. 정의의 제도화를 통한 문명의 도약은 분명 어려운 일이었지만 이 어려움을 이겨냈습니다. 이제 남은 방향은 제도화 수준을 높여 분노를 더욱 배제하고 미래지향적인 방향으로 정의를 재조직하는 것입니다. 정의의 재조직화는 국내적으로도 요구되지만 국제적인 차원에서도 요청되는 사항입니다. 정의의 제도화, 복수의 통제는 인간의 존엄성과 평등을 위한 최소한의 발판입니다.

처벌하는 자와 처벌받는 자의 동일성

정의를 제도화하는 출발점 중의 하나는 민주주의입니다. 정의의 제도화와 민주주의 관계는 단순히 공동체가 다수결로 정의의 제도화를 결정한다는 것에 머무르지 않습니다. 다스리는 자(통치자, 統治者)와 다스림을 받는 자(피치자, 被治者)의 동일성이라는 민주주의의 이상이 정의의 제도화에 그대로 적용됩니다. 정의의 제도화에서는 처벌하는 자와 처벌받는 자의 동일성 원칙이 적용됩니다. 범죄를 저질러 처벌받는 자도 공동체의 구성원인 시민이고 범죄를 처벌하는 자도 공동체의 대리인인 시민입니다. 결국 시민이 시민을 처벌하는 것이 현대의 형사절차인 것입니다(김인회, 2018b).

처벌하는 자와 처벌받는 자의 동일성은 범죄자가 특별한 인간이 아니며 처벌하는 자 역시 특별한 인간이 아니라는 것을 의미합니다. 범죄자나 처벌하는 자나 특별한 사람이 아니기 때문에 정의의 구현 과정에서 초점을 맞추어야 하는 것은 사람이 아니라 행위이어야 합니다. 행위와 행위자는 엄격히 구분됩니다. 특히 범죄가 발생하여 이를 바로잡아 정의를 실현하고자 할 때 행위와 행위자를 구분하는 것은 중요합니다.

범죄는 개인에게 엄청난 영향을 미치고 사회에 충격을 줍니다. 이에 대한 일차적인 대응은 분노입니다. 이때 분노가 사람에게 향하면 복수가 됩니다. 가해자에게 복수를 하면 과거지향적인 정의만이 실현됩니다. 대표적인 복수로는 사형과 낙인찍기가 있습니다. 사형은 문자 그대로 가해자에 대한 완전한 복수입니다. 가해자가 다시 사회에 복귀할 가능성을 완전히 박탈합니다. 미래지향적인 내용은 하나도 없습니다. 낙인찍기는 일종의 명예형으로 가해자에 대한 지속적인 복수의 한 형태입니다. 하지만 가해자를 사형에 처하고 낙인을 찍어 지위를 격하시키고 인격을 조롱한다고 피해자가 살아 돌아오는 것도 아니고 다친 상처가 회복되는 것도 아닙니다. 다른 사람들이 범죄를 저지르는 것을 예방할 수 있는 것도 아닙니다. 특별예방의 관점에서 가해자가 다시는 범죄를 저지르지 않겠다고 갱생의 길을 가는 것도 아닙니다. 오히려 가해자는 사회에서 계속 범죄자로 지목받는 바람에 사회에서 영원히 격리되거나 사회에 발붙이지 못하고 떠돌아다니게 됩니다. 공동체에서 추방되는 것입니다. 영원한 격리나 지속적인 모욕주기, 지위 격하는 시민을 시민으로 대하는 문명사회의 방식이 아닙니다.

행위와 행위자를 구분하게 되면 인간의 존엄성을 보장할 수 있습니다. 모든 인간은 존엄성을 가지고 있고 여기에 범죄자, 가해자도 포함됩니다. 민주시민혁명 이전에는 일부 계급만 존엄했지만 지금은 추상적이기는 하지만 모든 사람들이 존엄합니다. 인간의 존엄성은 절대적으로 평등합니다. 아무리 나쁜 행위를 했다고 하더라도 행위자에게는 존엄성이 남아 있습니다. 범죄자라고 하더라도 정당하게 처벌받고 난 다음에는 다시 사회로 복귀해야 합니다. 정당한 형벌을 마친 범죄자의 사회복귀를 막을 명분은 그 어디에도 없습니다. 사회복귀를 해야 범죄자도 사회생활을 통하여 범죄를 다시 저지르지 않게 됩니다. 사회구성원으로서의 역할을 다하고 자신의 존엄성도 스스로 실현시켜 나갈 수 있습니다. 다른 일반인들과 같습니다. 그래서 많은 나라에서 범죄자의 사회복귀 프로그램을 운영하고 있습니다. 정의의 실현 과정에서 절대로 포기할 수 없는 두 개의 명제가 있다면 하나는 인간의 존엄성이고 다른 하나는 인간 존엄성의 평등입니다.

범죄자가 수용되어 있는 교도소나 구치소도 우리 사회의 일부분입니다. 사회를 운영하는 근본 원리는 그대로 적용됩니다. 예를 들어 사회의 의료 수준이 낮으면 교도소 내 의료 수준도 낮을 수 밖에 없습니다. 사회의 주거환경이 열악하면 교도소 내 환경도 열악하게 됩니다. 사회의 인권 수준이 개선되면 당연히 교도소 내 인권 수준도 개선됩니다. 그 역도 똑같이 성립합니다.

　우리나라도 『형의 집행 및 수용자의 처우에 관한 법률』을 제정하여 수용자의 처우를 개선하고 사회복귀를 돕기 위한 노력을 기울이고 있습니다. 이 법의 목적은 "수형자의 교정교화와 건전한 사회복귀를 도모하고, 수용자의 처우와 권리 및 교정 시설의 운영에 관하여 필요한 사항을 규정"하는 것입니다(제1조). 그리고 인권 존중과 차별 금지를 근본원칙으로 제시하고 있습니다. "이 법을 집행하는 때에 수용자의 인권은 최대한으로 존중되어야 한다"(제4조). "수용자는 합리적인 이유 없이 성별, 종교, 장애, 나이, 사회적 신분, 출신 지역, 출신 국가, 출신민족, 용모 등 신체조건, 병력(病歷), 혼인 여부, 정치적 의견 및 성적(性的) 지향 등을 이유로 차별받지 아니한다"(제5조)가 그것입니다. 이 법의 근본정신역시 처벌하는 자와 처벌받는 자의 동일성이라는 민주주의 원리입니다. 정의의 제도화 과정에서 강조되는 처벌하는 자와 처벌받는 자의 동일성 원칙은 인간의 존엄성과 평등을 보장하는 출발점입니다.

미래지향적인 정의

　미래지향적인 정의는 가치와 재화의 분배 기준, 권리와 의무의 할당 기준을 말합니다. 미래지향적인 정의의 성격은 『정의론』의 저자인 존 롤스가 분석한 내용에서 잘 드러납니다. 한 사회의 가치와 재화를 어떤 기준으로 분배할 때 개인과 사회에 가장 좋은 결과를 낳을 것인가가 주요 쟁점입니다(존 롤스, 2003). 이 점에서 미래지향적인 정의는 과거지향적인 정의와 차이가 있습니다. 물론 과거지향적인 정의라고 하더라도 미래건설적인 기능을 합니다. 범죄를 정당하게 처리함으로써 미래의 범죄 발생을 방지하는 역할을 합니다. 그것이 일반예방과 특별예방입니다. 하지만 범죄자 처벌로 대표되는 정의의 개념과 가치와 재화의 분배 기준이라는 정의의 개념에는 제법 많은 차이가 있습니다.

미래지향적 정의는 계약설에서 시작합니다. 미리 가치와 재화의 분배 기준을 마련하려면 관계자들이 모여서 이에 대하여 합의를 해야 하기 때문입니다. 이런 의미에서 존 롤스의 계약론, 즉 원초적 상태에서 무지의 베일로 타인은 물론 자신의 상태에 대해서 전혀 모르는 이기적인 개인들이 모여서 가치와 재화의 분배 기준을 서로 합의하는 계약론은 미래지향적 정의를 설명하는데 설득력이 있습니다(존 롤스, 2003). 물론 계약론은 역사적 사실과는 맞지 않지만 논리적으로는 제법 높은 설득력이 있습니다.

존 롤스의 계약론이 설득력을 갖는 것은 미래지향적 정의가 정치의 영역에 속하기 때문입니다. 미래지향적 정의의 기준을 마련하는 것은 정치의 영역, 즉 현대 사회에서 다수의 사람들이 평등한 상태에서 법률을 통하여 이해관계를 조정하는 정치의 영역에 속합니다. 정치는 계약론적 관점에서 바라보면 대화와 타협이 이루어지는 장이 됩니다. 이에 비해 투쟁론의 관점에서 보면 정치는 권력을 차지하기 위해서 적과 싸우는 투쟁의 장, 살벌한 격투의 장이 됩니다. 어느 쪽이 현실의 정치를 반영하고 미래의 정치를 지향하는지는 분명해 보입니다.

미래지향적인 정의는 사회가 발전할수록 중요해집니다. 물질적 풍요와 복지의 제공으로 공동체의 역량이 강해지면 미래지향적 정의가 과거지향적 정의보다 중요해집니다. 공동체가 할 수 있는 분야가 많아지고 또 이를 뒷받침할 인력과 예산이 있다면 공동체가 개인을 돌보는

정의의 미래 "공정"

범위가 넓어집니다. 공동체가 개인을 돌보는 범위가 넓어지면 범죄행위가 피해자에게 미치는 영향력은 줄어듭니다. 개인의 복지를 거의 대부분 국가에서 제공한다면 개인에게서 복지를 전부 빼앗는 것은 불가능합니다. 아무리 심각한 범죄를 당하더라도 인간의 존엄성을 보장하는 기본 생활은 국가에서 보장하기 때문입니다. 범죄가 피해자에게서 복지를 일부 빼앗더라도 그것은 일시적이고 곧 복구될 가능성이 높습니다. 물론 피해자가 입은 심각한 심리적 상처는 좀처럼 치유되지 않지만 생활의 위협은 복구될 수 있습니다. 생활의 방편을 공동체가 제공하기 때문입니다. 복지의 제공이 충분하다면 살인사건의 피해자가 가장이라고 하더라도 가족이 모두 생활고에 시달리는 이차적인 피해는 발생하지 않게 됩니다. 복지가 튼튼하면 범죄가 개인이나 공동체 전체를 위협하거나 파괴하지 못합니다. 복지가 광범위하면 범죄행위의 피해는 최소화되고 과거지향적 복수는 최소화될 수 있습니다. 형벌은 여전히 필요하고 남아있겠지만 그 형벌 역시 최소화되고 인간화됩니다. 잔혹하지 않고 비정상적이지 않은 형벌, 미래지향적인 형벌이 도입될 수 있는 것입니다.

범죄 피해자에 대한 복지는 사회복지의 일부분이지만 또한 독자성도 가지고 있습니다. 범죄는 통계적으로 보면 항상 발생하는 것이지만 개인에게는 그야말로 우연히 발생하는 청천벽력과 같은 것입니다. 범죄 피해자는 아무런 대책 없이 피해를 당하므로 긴급하게 복지를 제공해야 할 필요성이 있습니다. 이를 위해 우리나라는 『범죄 피해자 보호법』을 가지고 있습니다. 『범죄 피해자 보호법』은 "범죄 피해자 보호·지원의 기본 정책 등을 정하고 타인의 범죄행위로 인하여 생명·신체에 피해를 받은 사람을 구조(救助)함으로써 범죄 피해자의 복지 증진에 기여함을 목적"으로 합니다(제1조). 그 이념으로는 첫째, 범죄 피해자는 범죄 피해 상황에서 빨리 벗어나 인간의 존엄성을 보장받을 권리가 있다는 점, 둘째, 범죄 피해자의 명예와 사생활의 평온은 보호되어야 한다는 점, 셋째, 범죄 피해자는 해당 사건과 관련하여 각종 법적 절차에 참여할 권리가 있다는 점 등이 선언되어 있습니다(제2조). 법률의 내용에서도 확인할 수 있듯이 범죄 피해자의 보호와 지원은 명백히 복지적 측면에서 이루어지고 있습니다. 따라서 사회복지가 충분하면 충분할수록 범죄 피해자의 복지라는 특수한 복지는 덜 중요하게 됩니다. 여기에서도 사회와 범죄의 공통점을 확인할 수 있습니다.

물질적으로 풍요로워지고 사회의 복지가 충분해지면 미래지향적 정의가 중요해집니다. 미래지향적 정의의 핵심은 가치와 재화를 분배하는 기준입니다. 따라서 미래에는 절차의 공정성이 중요한 가치로 떠오릅니다. 공정성은 정의 중에서 결론에 도달하는 과정을 포착하여 그 과정에서 지켜져야 할 원칙을 따로 규정합니다. 결과를 정당하게 만드는 과정의 공정성은 미리 마련된 가치와 재화의 분배 기준입니다. 미리 대다수의 사람들이 동의한 기준, 합리적으로 마련된 기준에 따라 생산된 가치와 재화를 분배하면 사람들은 이를 공정하다고 생각합니다. 불공정성은 미리 마련된 기준과 규칙을 파괴하고 자신들에게 유리하게 가치와 재화를 분배하는 경우 발생합니다. 반칙과 특권은 공정성의 반대말입니다.

정의를 실현하는 과정의 공정성은 먼저 이해관계가 있는 사람 모두가 의사결정과정에 참여할 것을 요구합니다. 참여에는 차별이 없습니다. 참여자는 누구나 동등하게 발언의 기회를 가집니다. 공정성은 과정의 평등을 핵심적인 가치로 하기 때문입니다. 정의의 핵심 가치가 평등이라는 명제는 과정의 공정에도 적용됩니다. 공정성 기준으로는 참여의 평등, 발언의 평등, 무기의 평등이 중요합니다. 참여의 평등은 공정성을 보장하는 출발점입니다. 최소한 기회는 제공되어야 합니다. 일단 이해관계인이 참여해야 자신의 주장을 펼 기회를 가질 수 있습니다. 이해관계인이 불출석한 상태에서 이해관계인에게 불이익한 처분을 하는 것은 공정하지 못합니다. 발언의 평등은 자신의 주장을 펼 수 있는 기회의 균등을 의미합니다. 강압적인 분위기가 아닌 상태에서 자유롭게 그리고 자신의 지식을 모두 동원하여 자신의 이해관계를 심사받을 권리를 말합니다. 무기의 평등은 무지와 빈곤으로 발언의 기회를 살리지 못한다면 전문가의 도움을 받을 수 있도록 합니다. 사회가 나서서 개인의 권리 주장이 효과적으로 이루어질 수 있도록 도와야 한다는 것을 의미합니다.

물질적 풍요와 사회의 복지가 부족한 시대에는 결과의 평등, 결과의 정의가 중요합니다. 재화나 복지가 부족하면 당장 사람이 죽거나 다치고 제대로 대접받지 못하는 사태가 벌어지고 사회의 재생산이 어려워지기 때문입니다. 가족의 경우에 먹는 것이 부족하면 먼저 돈을 버는 사람이 많이 먹도록 합니다. 돈을 벌지 못하는 어머니와 어린이는 적게 먹게 됩니다. 하지만 아버지는 보통 자녀들에게 음식을 양보하고 특히 어머니는 자신이 먹는 것을 줄여 자녀들에게 양보합니다. 이처럼 가족은 능력에 따라 재화를 배분하면서도 최소한 필요에 의하여 재화가 분배되도록 노력합니다. 진짜 부족할 때에는 능력에 따라 배분하지만 원칙은 필요에 따른 분배입니다. 자녀들을 먼저 먹이려고 최소한 노력은 합니다. 필요에 따라 재화가 분배되지 않으면 가족은 이기적인 조직과 다를 바 없습니다.

가족보다 큰 회사, 사회, 국가의 경우에는 재화나 복지가 부족하면 재생산을 위하여 특정 부분을 희생합니다. 이때에는 가족과 달리 냉정한 계산을 합니다. 공동체의 특정 부분을 희생하기로 결론을 내리면 그 부분은 막대한 피해를 입습니다. 결과의 평등이 중요한 것은 이런 상태를 막아야 하기 때문입니다. 결과의 평등을 강조하지 않으면 발언권이 적은 사회적 약자가 일방적으로 피해를 입습니다. 여성, 노동자, 비정규직, 어린이, 청년, 장애인, 성적 소수자 등이 지속적, 체계적으로 피해를 당합니다.

결과의 평등이 필요한 시대에는 사소한 사건으로 한 가족이나 공동체 전체가 붕괴하는 사태가 발생할 수 있습니다. 가족의 예에서 보았듯이 먹을 것이 부족한 때에 갑자기 돈을 버는 가장이 아프다면 가족 전체가 위험에 빠질 수 있습니다. 이 단계에서는 인간의 존엄성을 보장하기 위한 최소한의 생활 보장이 중요합니다. 최소한의 생활 보장은 누구에게나 당연히 똑같이 적용되어야 합니다. 이점에서는 절대적으로 평등해야 합니다. 결과의 평등이 더 중요한 시기입니다.

어느 정도 물질적 풍요와 복지가 제공되면 결과의 비참함은 피할 수 있습니다. 이때에는 재화를 어떻게 분배할 것인가가 더욱 중요해집니다. 조직과 기관, 공동체와 국가 사이에 분배 기준이 달라지기 시작하는 순간입니다. 가족은 필요에 따른 소비를 하기 때문에 자녀들에게 많은 재화를 분배합니다. 돈을 한 푼도 벌지 않는 자녀들에게 공교육과 사교육을 위하여 얼마나 많은 자원이 투자되는지 상상해보면 가족들의 재화 분배 기준을 알 수 있습니다.

기업, 조직, 공공기관, 국가는 그렇지 않습니다. 능력에 따른 분배 요구가 대부분 지배합니다. 실제로 신자유주의 시절에는 능력에 따른 분배 원칙, 경쟁이 절대적으로 강조되었습니다. 필요에 따른 분배는 사라지고 승자독식 원리가 작용합니다. 여기에서 희생되는 것은 평등입니다. 우선 결과의 평등이 희생되지만 나아가 기회의 평등, 과정의 평등 역시 희생됩니다.

상대적으로 먹고사는 문제에서 벗어난 선진국은 필요에 따른 분배를 강조합니다. 필요에 따른 분배를 강조하면 사회의 불평등은 확연하게 줄어듭니다. 보통의 선진국은 복지 확대의 길을 걸어갑니다. 절대적인 빈곤에서 벗어나면 상대적 빈곤이 더 중요해지고 불평등이 더 중요해지는 법입니다. 사회민주주의의 전통도 여기에 작용합니다. 물질적 풍요와 사회적 복지가 계속 확대되는 지금 분배의 원칙을 정하는 절차의 공정성, 절차의 정의는 더욱 중요해지고 있습니다.

인간의 존엄성과 평등

정의는 하나의 완결적인 이념인 것처럼 보입니다. 다른 가치나 이념에 기초하거나 다른 가치를 수입하여 변화, 발전해 온 개념이 아니라 그 자체로 숭고하고 독립적인 이념, 과거에 이미 밝혀진 이념인 것처럼 보입니다. 과거에 확립된 정의 관념이 여전히 유효하다고 보기 때문에 지금도 이를 연구합니다. 다만 정의의 구현 방식이 조금 더 세련되고 또 문명화되었다고 생각하는 경우가 많습니다. 그래서 정의를 이야기할 때 서양에서는 고대 그리스 시대의 소크라테스, 플라톤, 아리스토텔레스까지 소급하여 이야기를 합니다. 이들이 밝혀 놓은 정의의 관념을 추구하면 현대의 정의 개념을 도출할 수 있다고 생각합니다. 동양에서는 춘추전국시대까지 거슬러 올라갑니다. 춘추전국시대 당시 정의의 관념에 가장 가까이 갔던 것은 아이러니하게도 유가가 아니라 법가일 것입니다. 하지만 역사에서 승리한 것은 법가가 아니라 유가였고 유가는 정의의 관념을 공자의 인(仁)에서부터 찾아갑니다. 아주 오래된 이야기들입니다. 정의는 인류가 공동체 속에서 생활하면서 만들어진 이념이기 때문에 매우 역사가 오래되고 친숙한 개념입니다. 그래서 누구나 알 수 있다고 생각하는 경향이 있습니다.

역사를 보면 정의라는 말은 바뀌지 않지만 정의의 내용은 많이 바뀌어 왔다는 것을 알 수 있습니다. '모든 것은 변한다'는 명제는 정의에도 타당합니다. 당장 위에서 본 바와 같이 과거지향적인 정의에서 미래지향적인 정의로 바뀌고 있는 현실을 지금 우리는 보고 있습니다. 처벌 위주의 정의가 아니라 복지 중심의 정의가 실현되고 있습니다. 잔혹한 처벌에서 인간적인 교화로 범죄 처벌 방식도 바뀌고 있습니다. 결과의 평등을 중시하는 정의에서 과정의 공정을 중시하는 정의로 바뀌고 있습니다. 정의의 구현 방식이라는 외관만 바뀌는 것이 아니라 정의의 실체가 바뀌는 것입니다.

정의의 실체를 바꾸어 온 동력은 무엇일까요? 그 동력은 앞으로도 정의의 실체를 바꿀 요소로 계속 작용할까요? 정의의 내용을 바꾸는 동력은 바로 인간의 존엄성과 평등이라고 저는 생각합니다. 인간 하나하나가 모두 존엄하고 그 존엄성에서 차별이 없다는 사실, 이 사실이 정의의 실체, 내용, 형식을 바꾸는 힘이라고 생각합니다.

인간의 존엄성과 평등은 인간의 본성에 내재한 가치이면서 인권 이념의 최종적인 도착점이기도 합니다. 인류의 문명과 함께 시작한 이념이면서 지금까지 살아남은 가치입니다. 살아남은 것을 넘어서서 내용상 더욱 풍부하게 되었고 적용 범위는 더욱 넓어졌습니다.

인간의 존엄성과 평등이 인류 문명과 함께 시작했다는 것은 위대한 종교와 위대한 사상의 출발점이 바로 인간의 존엄성과 평등이라는 점에서 확인할 수 있습니다. 불교는 특히 인간의 존엄성과 함께 평등을 강조합니다. 부처님은 인간이 누구나 부처가 될 수 있다고 선언함으로써 인간의 존엄성을 선언했습니다. 불교는 '일체중생(一切衆生) 실유불성(悉

有佛性)', 모든 중생은 불성을 가지고 있어 부처가 될 수 있다는 점을 선언합니다. 부처님은 인간의 평등을 처음부터 강조했습니다. 부처님은 당시의 계급을 인정하지 않았습니다. 바라문은 혈통에 의하여 되는 것이 아니라 행위에 의하여 되는 존재라고 말씀했습니다. 하층 인간으로 여겨졌던 여성들의 출가를 허용하여 비구니 승단을 승인했습니다. 최초의 여성 승려는 부처님을 키운 이모 마하빠짜빠니 고따미였습니다. 누구나 승가에 들어오면 기존의 계급에 관계없이 출가하는 순서로 대우를 해야 한다고 선언했습니다.

그리스도 종교 전통 역시 인간의 존엄성과 평등을 강조합니다. 하나님과 같은 형상으로 창조된 인간, 그리고 인간이 하나님 앞에 모두가 죄인이고 그 죄인을 그리스도가 대신 속죄했다고 하면서 인간의 존엄성과 평등 정신을 강조합니다. 실제로 하나님 앞에서 일대일로 죄를 고하고 용서를 받는 관계는 누구나 평등할 수밖에 없습니다. 인간과 신의 직접적인 관계는 종교개혁의 원동력이 되었고 종교의 자유, 양심의 자유를 낳은 토대입니다. 동양의 철학인 유교 역시 인간의 존엄성을 끊임없이 강조하고 평등 역시 강조합니다. 인간 사이의 윤리를 통하여 세상의 이치를 통달하는 과정은 누구나 가능했습니다. 특히 동양의 과거제도는 최소한 평민에게도 등용의 문을 열어 귀족 출신이 아니더라도 출세의 길을 제시했습니다. 물론 동양의 고대 사상, 그중에서도 봉건주의로 발전한 고대 사상은 한계를 가지고 있다는 점을 놓쳐서는 안됩니다.

인간의 소중함, 존엄성과 평등은 역사상 많은 도전을 받았으나 살아남아 지금 꽃을 피우고 있습니다. 특히 제2차 세계대전 당시 유대인 학살, 전쟁범죄, 식민지 인민에 대한 탄압 등 가혹한 인권탄압을 겪은 인류는 인권의 형식으로 인간의 존엄성과 평등을 부활시키고 이를 제도화했습니다. 유엔을 중심으로 세계인권선언, 시민적 정치적 권리에 관한 국제규약, 경제적 사회적 권리에 관한 국제규약이 여기에 해당합니다. 이들 인권 규범은 위대한 종교적 전통에서 많은 근거를 구하고 있습니다. 인간의 존엄성과 평등을 가장 오랫동안 가장 잘 표현해온 종교와 사상에서 뿌리를 찾고 있습니다. 실제로 세계인권선언은 세계의 인권 전통을 고대의 종교 전통에서 구했습니다(미셸린 이샤이, 2005).

국내에서는 헌법으로 인간의 존엄성과 평등을 선언합니다. 헌법은 극심한 인권 탄압, 인간의 존엄성 말살 역사를 되풀이하지 않기 위해 권리장전 형태로 인권을 규정합니다. 헌법의 권리장전은 국가가 모든 힘을 기울여 인권, 인간의 존엄성과 평등을 지키겠다는 의지를 표명한 것으로 해석됩니다.

정의의 개념은 인간의 존엄성과 평등 이념에 의하여 변경되어 왔습니다. 과거 정의는 동해보복의 원리, 탈레오의 법칙의 대상이었다면 문명화된 정의는 처벌에서 최소 침해의 원칙이 적용됩니다. 정의의 개념이 변화된 대표적인 사례는 사형의 폐지입니다. 사형제도는 인간의 원초적인 인과응보 개념을 구체화한 것으로 동해보복의 원리가 적용되는 대표적인 형벌입니다. 너무나 인간적인 형벌이라고 할 수도 있습니다. 사람의 목숨을 해쳤는데 이를 갚을 길은 목숨밖에 없다고 생각하는 것은 당연한 의식의 흐름입니다. 어쩌면 인간이 생존하기 위하여 발전시킨 유전자에 사형제로 대표되는 동해보복이 포함되어 있는지도 모릅니다.

하지만 가해자를 사형시켜도 피해자는 살아 돌아오지 않는 너무나 당연한 사실과 가해자에게도 피치 못할 사정이 있을 수 있다는 사실은 사형제도를 반문명적이고 비이성적인 형벌로 인식하도록 만듭니다. 사형을 실시하는 과정의 비인간성도 문제입니다. 아무리 사형이 국가에 의하여 집행되는 것으로서 살인과는 다르다고 해도 실제 사형을 집행하는 사람들에게는 살인과 다른 것이 하나도 없습니다. 사형을 집행하는 사람은 형을 집행당하는 수형자가 어떤 이유로 어떤 범죄를 저질렀는지도 모르고 수형자에 대하여 분노할 이유도 없습니다. 아무런 지식이나 감정 없이 사형을 집행합니다. 일반 사회에서 이런 감정 상태에서 살인을 하면 보통 잔혹 범죄, 사이코패스 범죄라고 부릅니다. 직접 사형을 집행하는 사람의 입장에서 보면 어떤 사형 방식도 비인간적이고 잔혹한 형벌이며 살인의 다른 형태에 지나지 않습니다. 당하는 사람도 역시 고통 속에 죽어갑니다.

사형제도는 비대칭적입니다. 사형으로 얻을 수 있는 바람직한 결과는 하나도 없습니다. 가해자를 사형에 처한다고 피해자는 살아 돌아오지 않습니다. 피해자의 가족에게는 복수를 했다는 감정만 남을 뿐, 피해자들이 다시 인생을 시작하는 데 도움이 될 만한 것은 생기지 않습니다. 미국의 전설적인 농구선수 마이클 조던은 아버지가 강도에게 살해당한 직후 진행된 텔레비전 인터뷰에서 살인자가 체포된다면 그 자를 사형시키고 싶은지 질문을 받았습니다. 그때 그는 슬프게 대답했다고 합니다. "왜요? 그런다고 아버지가 살아오시는 것도 아닌데요"(누스바움, 2018). 마이클 조던의 이 대답은 인격적으로 성숙하고 지혜롭지 않다면 답할 수 없는 드문 대답인 것이 우리의 현실입니다. 하지만 성숙하고 지혜로운 인간이 우리가 지향해야 하는 길입니다. 이처럼 같은 피해를 그대로 갚아준다는 사형제도도 비대칭적입니다. 피해자가 범죄사실을 잊고 범죄자를 가혹하게 처벌하는 것을 반대하는 경우에도 사형을 주장하는 제3자가 있는 것을 보면 과연 제3자가 무엇 때문에 사형을 주장하는지 이해하기 힘듭니다. 제3자가 주장하는 것은 인과응보이지만 이것이 지적으로 성숙한 공동체가 지향해야 할 미래는 아닙니다.

과거지향적 정의가 아닌 미래지향적 정의에서는 정의의 개념이 바낍니다. 미래지향적 정의는 신중하게 마련된 절차에 의하여 공정하게 가치와 재화를 분배하는 것이므로 단순히 보복 감정이나 분노로 기준을 정할 수 없습니다. 공정한 절차에서 관계자 모두에게 참여권과 발언권을 주고 자신을 주장하고 방어할 수 있도록 하면서 토론과 논쟁, 대화와 타협을 통하여 결론을 도출합니다. 이 모든 과정에서 보복 감정이나 분노는 들어갈 공간이 없습니다.

사회계약설의 입장에 서면 설수록 정의는 계산 가능한 것으로서 공리주의적 성격을 갖게 됩니다. 그렇다고 정의의 모든 것이 공리주의적으로 바뀌는 것은 아닙니다. 공리주의가 뜻하는 효율성 논리만을 앞세워서는 곤란합니다. 공리주의의 효율성을 제한하는 것은 바로 평등 가치입니다. 평등이 우선적으로 선택되지 않으면 정의는 일종의 효율성을 따지는 하나의 계산이 되어 버립니다(존 롤스, 2003).

공정성 – 일반성과 보편성

정의의 제도화는 공동체가 받아들이는 것이어야 합니다. 전부는 아니더라도 절대다수는 받아들이는 내용과 형식을 갖추어야 합니다. 정의는 개인과 사회에 대한 부당한 공격에 대한 방어기제이면서 가치와 재화의 분배 기준입니다. 정의는 사회와 개인의 평화, 안전, 안정, 복지, 발전 등을 결정하는 기준이므로 절대다수의 사람들이 수용할 수 있어야 합니다.

사회 구성원 모두가 받아들이기 위해서는 먼저 형식에서 일반적이어야 하고 적용에서 보편적이어야 합니다(존 롤스, 2003). 형식의 일반성은 법률의 형식으로 나타납니다. 법률은 특정 개인이 아닌 모든 사람들에게 적용됩니다. 특정 개인을 위한 처분적 법률은 인정되지 않습니다. 법률은 특정 계급이나 계층을 인정하지 않습니다. 계급과 계층에 따른 권리와 의무에 차이를 두지 않습니다. 생명권, 인격권, 재산권, 기본적 인권은 누구나 동등하게 누리며 국방의 의무, 납세의 의무도 모든 사람이 부담합니다. 법률은 평등이라는 이념을 일반성 원칙으로 구현합니다. 적용의 보편성은 모든 경우에 빠짐없이 적용된다는 것을 의미합니다. 어떤 특정한 사례를 해결하기 위해 특별한 절차를 도입하지도 않고 특별한 결과를 미리 상정하지 않는다는 것입니다. 적용의 보편성 역시 평등의 이념을 의미하는 것입니다. 반칙과 특권을 인정하지 않는다는 것도 함께 의미합니다.

사회구성원 모두가 정의의 원칙을 받아들이기 위해서는 정의의 원칙이 사람들의 여러 상충하는 요구들의 서열을 정해주어야 하고 또한 그 서열을 정해주는 절차가 최종적이어야 합니다(존 롤스, 2003). 가치 기준 결정성, 최종성이 필요합니다. 정의는 사람들의 다양한 요구에 대해 중요도를 평가하여 우선순위를 최종적으로 결정해 주어야 합니다. 이것은 가치와 재화의 분배 기준이라는 의미를 다른 말로 표현한 것입니다. 정의의 기능 중 최종성 또한 중요합니다. 정의의 원칙은 갈등과 분쟁을 효율적으로 그리고 종국적으로 해결해야 하므로 최종적인 기준이어야 합니다. 이것은 사법체계가 중앙집권적이고 최종적이어야 한다는 점을 보여줍니다. 사법체계는 갈등과 분쟁을 유권적으로 해결하는 최종적인 절차로서 국가 번영의 핵심 요소입니다(대런 애쓰모글루, 제임스 로빈슨, 2012).

공정성은 정의의 절차, 즉 분쟁 해결 과정이 공정해야 한다는 점, 한쪽으로 치우쳐서는 안된다는 것을 의미합니다. 상호 평등의 원칙이 핵심 원칙입니다. 어떤 결정에 하기 전에 결정으로 영향을 받는 자에게 충분한 주장과 변명의 기회를 부여하는 것이 필요합니다. 이런 권리를 가장 충실하게 보장하고 있는 절차는 형사재판 절차입니다. 형사재판에서는 피고인에게 자기주장과 변명을 할 수 있도록 진술거부권과 증인 신청권, 반대신문권, 법관에 대한 기피 신청권 등의 권리가 부여되어 있습니다. 그리고 무지와 빈곤 때문에 무기대등의 원칙이 훼손되면 안되므로 변호인의 도움을 받을 권리를 보장하고 나아가 변호인을 선임할 자력이 없다면 국가가 변호인을 대신하여 선임해줍니다. 이것이 국선변호인제도입니다. 최근 논의되고 있는 형사공공변호인제도는 국선변호인제도를 피고인 단계만이 아니라 피의자 단계, 즉 수사의 단계까지 확대하는 것입니다. 공정의 요구가 더욱 증가하고 있다는 것을 잘 알 수 있습니다. 현재 국가가 변호인을 선임해주는 제도는 중대한 범죄에서 구속된 피고인에게로 확장되었습니다. 앞으로 수사 받는 모든 피고인을 대상으로 형사공공변호인제도가 추진되고 있습니다. 형사재판의 공정성은 다른 절차의 공정성의 모범으로 작용합니다.

실질적 공정성

공정성은 동양과 서양을 묻지 않고 옛날부터 중요시되어 온 가치입니다. 고대의 동양도 공정성을 강조했습니다. 《상서》〈홍범〉은 왕이 목표로 삼아야 할 삶의 표준, 즉 황극을 제시합니다. 여기에 제시된 왕의 의(義)는 치우침이 없고 기울어짐이 없는 것을 의미합니다. 중립적이지 않음을 배척하고 평등하지 않음을 배척합니다(김병섭, 2018). 이것은 개인적 욕심을 버리고 편견과 예단을 방지하기 위하여 노력하는 것을 의미합니다.

공정성은 제도화를 통해 상당히 높은 수준에서 보장됩니다. 제도는 일반성과 보편성을 가지고 있기 때문입니다. 법 앞의 평등은 거리에서 주장하는 이념과는 다릅니다. 법 앞의 평등은 최종적이며 강제적입니다. 한번 법률이 정해지면 국회도, 대통령도 마음대로 바꿀 수 없습니다. 한번 판결이 내려지면 국회도, 대통령도, 대법원장도 판결을 바꿀 수 없습니다. 유일하게 대통령만 국가의 이익을 고려하여 형사재판 결과를 무(無)로 돌리는 사면을 할 수 있을 뿐입니다. 형사재판 과정에서는 누구나 피고인으로 불립니다. 대통령도, 대법원장도, 국회의장도 피고인일 뿐입니다. 전직이 어떻든 피고인으로 불러야 재판 절차에서 감정을 배제할 수 있고 나아가 피고인을 평등하게 대우할 수 있습니다. 법의 공정성은 법의 제정부터 법의 적용에 이르기까지 일관되게 적용됩니다.

공정성은 형식에 초점을 두고 있는 개념이지만 형식적 평등만을 강조하는 것으로 해석해서는 안 됩니다. 형식적 평등은 교묘하게 기존에 존재하던 불평등을 정당화한다는 사실에 유의해야 합니다. 형식적 평등은 모두가 같은 선에서 출발하여 공정하게 경쟁한다고 선전합니다. 하지만 같은 출발선이라고 선전하지만 실제로 출발선이 같지 않은 것이 현실입니다. 형식성은 출신 계급과 계층, 학력, 성별, 국적, 피부색, 경력, 스펙, 운 등을 숨겨버립니다. 이렇게 되면 기존의 불평등을 은폐할 뿐 아니라 불평등을 더욱 심화시켜 버립니다. 기득권자들에게도 성공할 수 있는 무기를 같이 주기 때문입니다. 사회적 약자들은 공정이라는 형식적 절차에 포함되어 있는 이러한 모순을 정확히 알아차립니다. 절차상의 공정성만으로는 복지의 확대나 사회 평등의 확대가 이루어질 수 없다는 것을 잘 압니다. 그래서 실질적 평등을 요구합니다. 형식적 공정성은 기존의 불평등과 차별을 합법화하는 결과를 초래할 수 있습니다. 형식적으로는 공정하지 않느냐라고 하면서 기득권자들은 기존 제도의 미비점을 이용하여 실질적인 불공정을 추구합니다. 그러면서 자신이 가지고 있는 자원을 동원했는데 무엇이 문제가 되냐며 반문합니다. 기득권자의 자원은 그 자체가 불공정의 결과인 경우가 많은데 이를 교묘히 감춥니다. 법률만을 강조하게 되면 법률의 이름으로 기존의 불평등과 불공정을 정당화시키는 역할을 할 수 있습니다. 주의해야 합니다.

형식적 평등이 실질적 불평등을 초래한 대표적인 사례는 1960년대 미국의 흑백분리정책이었습니다. 미국은 교육정책으로 흑백분리주의 정책을 채택했는데 그 내용은 "분리는 되었지만 동등한 학교"였습니다. 같은 교육을 받으므로 흑백이 분리되었지만 평등하다는 것이었습니다. 미국 연방 대법원은 이 정책이 형식적인 평등은 보장되지만 실질적으로는 다수자들이 소수자들에게 체계적인 불이익을 준다고 보아 이를 폐지시켰습니다. 인종간 결혼을 금지하는 법률도 같습니다. 이 법률을 옹호하던 사람들은 형식상의 대칭성을 근거로 들었습니다. 흑인들이 백인과 결혼할 수 없듯이 백인도 흑인들과 결혼할 수 없어 평등하다고 주장했습니다. 이 문제는 사랑과 성의 문제와 연결되어 교육문제보다 더 복잡합니다. 하지만 평등과 불평등이라는 관점에서 보면 형식상의 평등이 실질적인 평등을 붕괴시키고 백인 우월주의를 강화하는 하나의 방식이었음을 알 수 있습니다(누스바움, 2016). 미국 연방 대법원은 이 정책 또한 위헌이라고 보았습니다.

형식적 평등만 주장하면 인간이 가지는 기본적인 권리를 무시하게 됩니다. 절차만 강조하면 기본적 권리가 무시되고 효용만 높으면 좋다는 공리주의로 흐를 가능성이 높습니다(존 롤스, 2003). 인간의 존엄성과 평등을 기초로 하지 않는다면 아무리 정교한 절차를 구상하더라도 허상일 가능성이 큽니다.

그렇다고 절차의 중요성을 과소평가할 필요는 없습니다. 미래는 초과잉 시대로 최소한 먹고사는 공포에서는 해방된 사회가 될 것으로 보입니다. 국가가 의식주 문제는 기본적으로 해결해 줄 가능성이 큽니다. 비록 자신의 기준을 낮추어야 하는 문제가 있기는 하지만 말입니다. 그렇다고 그 수준이 절대적으로 낮은 것은 아닙니다. 의식주 문제의 해결은 해방 직후 1960년대까지 대한민국의 최고의 목표였습니다. 배부르게 먹고 따뜻한 옷 입고 잠자리를 안전하게 마련하는 것이 국가 정책의 최대의 목적이었던 때가 그리 먼 옛날의 이야기는 아닙니다. 미래에는 결과의 평등은 기본적인 수준에서 해결될 것이라고 예상됩니다. 어느 정도 기본적인 생활이 해결되면 이제 다양성이 나타나게 됩니다. 기본적 생활이 해결된 상태에서 자신의 가능성을 스스로 실현하는 선택이 이어진다면, 그리고 그 선택의 결과를 개인이 받아들인다면 결과는 다양하게 나타납니다. 지금도 이러한 경향이 있지만 미래사회에서 결과의 다양성은 불가피합니다.

다양성은 곧 불평등을 의미합니다. 그런데 미래의 다양성, 불평등은 인간의 기본적인 생활이 보장되는 상태의 다양성, 불평등이므로 기존의 불평등과는 다른 불평등입니다. 특히 생활에 위험을 초래하는 불평등은 아닙니다. 미래의 불평등은 인간 개성의 다양성이라는 측면에서 조명될 필요가 있습니다. 이런 다양성이라는 이름의 불평등을 정당화하는 것은 절차상의 공정성입니다. 여기에서의 불평등은 다양성의 불평등이므로 차별적이거나 공격적이지 않습니다. 오히려 인간 생활의 독립성, 개성을 드러내는 다양성이므로 개인과 공동체를 풍요롭게 만들 가능성이 높습니다.

chapter 2

출발점으로서의 인간

―――――――◆―――――――

인간이라는 존재

정의의 미래를 탐구하기 전에 먼저 우리가 어떤 지점에 서 있는지 무엇을 할 수 있고 무엇을 할 수 없는지를 확인하는 것이 필요합니다. 이것은 인간에 대한 탐구라고 할 수도 있고 우리가 가진 능력에 대한 확인이라고도 할 수 있습니다. 미래를 적극적으로 설계한다는 측면에서 보면 인간의 능력이 어디까지인지, 어디까지 할 수 있는지를 확인하는 것은 매우 필요한 일입니다. 인간 본성, 능력에 대한 탐구는 추상적이고 보편적인 인간 자체에 대한 탐구와 함께 지금 여기에 살고 있는 대한민국 국민의 경험과 능력에 대한 탐구를 포함합니다. 우리가 모색하려는 미래의 정의는 보편적이어야 하므로 인간 본성, 능력에 대한 탐구가 필요합니다. 또한 한국에서 실현해야 하는 것이므로 한국인의 특징도 반영해야 합니다.

한국의 특성이라고 하여 한국적 민주주의와 같이 한국의 특수 상황을 이유로 보편적인 가치를 무시하는 것이 되어서는 안됩니다. 여기에서 말하는 한국의 특성은 보편성을 더욱 강화하는 기제로서의 특수성을 말합니다. 한국은 이미 개방체제에 깊숙이 편입되어 있습니다. 한국 시민들은 이미 개방된 체제에 익숙하고 세계의 변화를 실시간으로 느끼고 있습니다. 개방의 정도는 다른 큰 국가들보다 훨씬 높아 세계의 변화를 가장 빨리 가장 예민하게 받아들입니다. 이런 측면에서 한국적 특성은 개방, 세계화와 관련되어 있고 과거지향적인 특성이 아니라 미래지향적인 특성, 보편타당한 특성인 경우가 대부분입니다. 과거 폐쇄적인 상태를 전제로 형성된 한국인의 특성에 주목해서는 올바른 결론을 내릴 수 없습니다.

사람의 미래는 사람이 만드는 것이므로 먼저 사람이 어떤 존재인지, 사람의 본질이 무엇인지, 사람의 능력은 어디까지인지를 확인하는 것이 필요합니다. 이때 대부분의 사람들은 인간의 변하지 않는 본성이 무엇인지를 밝히려고 합니다. 인간이 무엇으로 구성되어 있으며 그로 인하여 인간이 어떤 성격을 가지고 있는지를 밝히려는 것입니다. 고정된 인간의 본질을 찾으려고 합니다. 이러한 경향은 관념론이든 유물론이든 같은데 두 입장 모두 인간의 변하지 않는 본성에 집착합니다. 이러한 입장이 최근 과학의 옷을 입고 등장한 것이 유전자 결정론입니다. 앞에서 본 본질주의가 여기에도 영향을 미칩니다.

본질주의는 인간을 변하지 않는 하나의 본질을 가지고 있다고 보는 것이어서 틀린 관점입니다. 유전자가 모든 것을 결정하지 않는다는 것도 이미 과학적으로 밝혀졌습니다. 우리가 관심을 갖는 것은 변하지 않는 인간의 본질이 아니라 항상 변화하는 인간의 능력입니다.

인간의 가치

　인간은 변화하는 존재입니다. 인간은 외부 사물과 자신을 주고받으면서 끊임없이 변화합니다. 변화하는 과정에서 자신의 정체성을 형성하고 또한 다른 사람과 사회를 변화시킵니다. 인간이 가지고 있는 모든 것과 인간을 구성하는 모든 것은 변화합니다. 이 변화가 바로 인간의 능력의 원천이고 가능성의 출발점입니다. 미래를 만들 수 있는 희망은 바로 인간을 포함한 모든 것이 변한다는 것에서 시작됩니다.

　한국 사회에서 가장 많이 하는 농담으로 변화를 살펴봅시다. 노인은 장년을 보고 이런 말을 합니다. "좋을 때다. 그때가 좋다. 너도 이 나이가 되어봐라 고생하는 것 밖에 없다." 장년은 청년 보고 같은 말을 합니다. 청년은 대학생에게, 대학생은 고등학생에게, 고등학생은 중학생과 초등학생에게, 초등생은 유치원생에게 합니다. 그러면 언제가 가장 좋을 때일까요? 어머니 자궁 안일까요? 인간은 어머니 태안에서부터 출발하여 항상 변합니다. 일정한 조건이 되면 태어나고 청년이 되고 노인이 됩니다. 그리고 일정한 조건이 되면 죽습니다. 여기에는 예외가 없습니다. 외형만이 아니라 내적인 정체성도 변합니다. 인간이 변하지 않는다면, 그리고 죽지 않는다면 어떤 세상이 등장할까요? 지옥보다 못한 세상일 것입니다. 떼를 쓰는 어릴 때의 인간이 늙어서도 하나도 변하지 않고 지구를 가득 채우고 있다고 생각해 보십시오. 그것도 몸 누울 공간도 없어 지하철 내에서 서로 부딪힐 정도로 가깝게 1년 12달 365일 함께 지내는 생활을 상상해 보십시오. 선조들의 변화, 죽음이 없었다면 지금의 인간도 존재할 수 없습니다.

　음식과 나의 관계도 변화와 인연의 관계입니다. 음식은 분명 나의 바깥에 존재하는 외계 물질이지만 먹는 순간 나의 내부로 들어와 나를 구성합니다. 음식은 나와 어떤 관계를 맺느냐에 따라 음식이 되기도 하고 나의 구성요소가 되기도 합니다. 물론 음식을 먹기 이전과 이후의 나도 서로 다릅니다. 어떻게 음식을 먹었는데 먹기 전 배고팠을 때의 과거 모습과 같을 수 있겠습니까? 모든 것은 관계의 산물인데 이 관계는 항상 변화합니다.

인간은 외부의 물건과 접촉하지 않으면 보고, 듣고, 냄새 맡고, 맛보고, 촉감을 느끼고 인식할 수 없습니다. 외계 사물과 인간 사이에 성립하는 관계는 조건이 맞아서 생기는 것일 뿐 따로 정해진 것이 없습니다. 촛불은 밀랍과 심지와 공기가 있어야 불을 밝힙니다. 촛불은 실재하지 않고 일정한 관계 속에서만 발생했다가 사라집니다. 인간도 같습니다. 이처럼 모든 사물과 인간은 임시적인 존재, 가설적인 존재이므로 다른 사물과 관계를 맺지 않으면 존재할 수 없습니다. 그렇지만 촛불이 있는 것처럼 인간은 여전히 존재합니다. 하지만 본질은 없고 존재하더라도 항상 존재하는 것은 아닙니다. 이런 존재를 항상 존재한다고 생각하고 집착하는 것은 잘못된 생각이지요. 이렇기 때문에 인간은 다른 생명과 차별이 없으며 다른 물건과도 차이가 없습니다.

이런 관계 속에서 인간은 태어나고 늙고 병들고 죽는 고통을 겪습니다. 인간, 아니 생명이 있는 모든 존재의 가장 큰 고통은 바로 죽음입니다. 인간이 가지고 있는 본질적인 고통으로부터 벗어나려면 결국 인간이 다른 생명과 차별이 없다는 세상의 진리를 인식해야 합니다. 집착과 갈애에서 벗어나 태어난 것은 죽기 마련이고 만들어진 것은 무너지기 마련인 진리를 알아야 합니다. 이 단계가 되면 자신과 외부가 하나가 되는 단계에 올라서게 됩니다. 인간은 고통을 없애려면 외부와 자신이 하나임을 깨닫고 자신이나 외부에 얽매이지 않아야 합니다.

외부와 자신이 하나임을 깨닫는 과정은 또한 외부 사물과 자신을 변화시키는 과정이기도 합니다. 변화를 추구하려면 연기의 법칙을 알아야 합니다. 인과율을 알아야 변화를 할 수 있는 것이지요. 자신의 수준을 높여 고통을 벗어나려면 어떤 조건이 주어지면 어떤 변화가 발생하는지를 설명하는 인과율을 알아야 하고 나아가 인과율에 바탕으로 두고 자신이 원하는 바를 추구해야 합니다(이중표, 2018). 즉 행위 가능성이 중요하게 됩니다. 자신과 외부가 하나임을 인식하고 이에 근거해 자신이 원하는 바에 따라 행위 가능성을 추구하면 진리를 깨닫고 자신에게도 좋고 다른 사람, 외부 사물에게도 좋은 행위를 하게 됩니다. 이것이 바로 '상구보리(上求菩提), 하화중생(下化衆生)', 즉 위로는 진리를 구하고 아래로는 중생을 구제한다는 부처·보살의 생입니다.

여기에서 첫 번째 핵심은 외부 사물을 절대화하여 자신이 소유하는 것, 즉 욕망의 대상으로 보지 않는 것입니다. 욕망의 대상이 되면 집착하게 되고 그러면 갈애가 생겨 존재가 태어나게 되어 생로병사라는 고통에 빠지게 됩니다. 두 번째 핵심은 모든 존재가 인과율에 의하여 만들어지고 존재하다가 쇠약해지고 없어지는 것이므로 인과율에 따른 행위 가능성을 탐구하는 것입니다. 인과율에 의한 행위 가능성 탐구는 모두가 가능한 것이므로 누구도 보살, 부처의 길을 갈 수 있다는 결론에 이릅니다. 중생과 보살과 부처의 공통점을 확인하고 이를 바탕으로 크게 변화를 지향하는 것입니다. 세 번째 핵심은 모든 것이 변하는 것인데 인간의 깨달음으로 좋은 방향으로 변화시킬 수 있다는 점입니다. 인간에게는 행위 가능성이 주어져 있을 뿐 아니라 어떤 방향으로 변화시킬 것인가라는 결정 권한도 주어져 있습니다. 이를 맹세라고도 하고 서원이라고도 합니다. 결국 어떤 서원을 하는가에 따라 자신이 욕망에 가득한 세계를 헤매는 중생으로 남을 것인지, 자신과 세상을 해방시킬 인물이 될 것인가가 결정됩니다.

불교의 이야기가 길어졌습니다. 불교에 대한 이해가 깊지 않은 상태에서 불교를 설명하려고 하니 어려움이 많았습니다. 불교는 제가 이해하는 것보다는 훨씬 크고 무한한 진리를 담고 있습니다. 제가 이해하는 바에 의하면 불교는 안과 밖이 하나이고 따라서 자신의 정체성을 외부 사회와 인연을 맺으면서 형성해 나가는 것이 인간이라고 가르칩니다. 인간의 행위에 의하여 부처가 되거나 악인이 될 수 있는 것입니다. 이런 면에서 불교는 10가지 선업, 착한 행위를 강조합니다. 10선업이란 3가지 몸으로 짓는 착한 행위, 4가지 말로 짓는 착한 행위, 3가지 뜻으로 짓는 착한 행위를 말합니다. 구체적으로 3가지 몸으로 짓는 선업은 살아있는 생물을 죽이지 않는 불살생(不殺生), 주지 않는 것을 취하지 않는 불투도(不偸盜), 배우자가 아닌 사람과 부정한 정교를 맺지 않는 불사음(不邪淫)입니다. 4가지 말로 짓는 선업은 거짓말하지 않는 불망어(不妄語), 이간질하지 않는 불양설(不兩舌), 남을 흘뜯지 않는 불악구(不惡口), 진실이 아닌 쓸데없는 말을 하지 않는 불기어(不綺語)입니다. 3가지 뜻으로 짓는 선업은 탐욕을 일으키지 않는 불탐욕(不貪慾), 성내지 않는 부진애(不瞋恚), 그릇된 견해를 일으키지 않는 불사견(不邪見)입니다. 10선업 중에 말에 관련된 것이 4개나 됩니다. 역시 말을 조심하는 것이 중요합니다.

선업, 착한 행위를 통해 자신과 외부가 관계를 맺고 그 관계가 업보가 되어 자신을 해방시키고 타인도 함께 해방시킬 수 있습니다. 이처럼 불교는 인간은 자신의 행위에 의하여 자신도 변화시키고 세상도 변화시킬 수 있는 것을 가르칩니다.

여기에 인간의 가치가 있고 인류의 미래가 달려있습니다. 인간이 자신을 포함하여 지금과는 완전히 다른 새로운 미래를 만들 수 있다는 것에 미래전략이 달려있습니다. 그냥 인구 소멸, 기술발전, 환경 악화라는 것이 외부에 존재하고 여기에 시달리는 인간이 미래의 모습이 아니라는 것입니다. 인간이 진리를 제대로 볼 때 미래는 새로운 가능성으로 떠오릅니다. 이 과정에서 인간과 공동체, 환경이 혁명적으로 바뀌게 됩니다.

의지하면서도 자립적인 인간

만일 인간이 외부 사물과 자신을 동일시하지 않고 외부 사물, 구체적으로는 공동체와 완전히 단절된다면 어떤 일이 벌어질까요? 그렇게 되면 외부 사물은 오로지 자신의 목적에만 이용되는 물건으로 변하게 됩니다. 외부 사물에는 다른 사람이 포함됩니다. 이때 외부 사물과 사람은 하나의 물건이 되기 때문에 마음대로 대해도 된다는 감정이 생깁니다. 자신과 같은 존재로 생각하지 않기 때문에 자신만큼 아끼지도 않고 친해지려고도 하지 않습니다. 마음대로 처분해도 되는 책상이나 책, 그릇과 같이 대합니다. 이러한 태도는 외부 사물이나 타인이 자신에게 조금이라도 적대적으로 바뀌면 바로 혐오 감정으로 발전합니다.

원래 외부의 사물이나 타인이 자신에게 호의적일 리가 없습니다. 대부분의 외부 사물과 타인은 인간의 생존에 위협적인 존재입니다. 자연재해는 항상 인간의 생존을 위협하고 직장 상사나 동료, 학교의 친구들은 모두 경쟁의 상대입니다. 타자에 대한 무관심은 타자에 대한 혐오 감정으로 발전하고 타자에 대한 혐오 감정은 생명에 대한 혐오 감정으로 발전합니다. 이 정도가 되면 아무 동정심이나 감정 없이 외부 사물을 파괴하는 지경에 도달할 수 있습니다. 이때 표현되는 폭력과 파괴행위가 사람들이 흔히 말하는 '원초적인 악'입니다. 즉 악이란 세계와 자기 자신에 대한 혐오가 외부로 표출되었을 때 나타나는 폭력과 파괴행위입니다(강상중, 2017b).

　폭력과 파괴행위는 자신을 대상으로 하기도 합니다. 모든 생명에 대한 경멸, 혐오는 자신에 대한 혐오로까지 발전합니다. 자신도 살아있는 생명일 뿐 아니라 다른 사람과 존재를 혐오스럽게 대하는 자신은 자신이 보기에도 혐오스럽기 때문입니다. 일부 사람들은 자신과 타인에 대한 혐오 감정에서 악한 행동을 저지르면서 자신에 대한 혐오에서 벗어나려고 합니다. 하지만 악행으로는 혐오에서 벗어날 수 없습니다. 이때 벌어지는 범죄가 바로 혐오 범죄이고 보통 사람들이 이해할 수 없는 잔인함과 폭력성이 동반됩니다. 이 혐오 감정과 잔인함을 이해하지 못하므로 일반인들은 공포에 떨게 됩니다. 범죄를 저지르면서도 혐오 감정에 사로잡혀 있기 때문에 자신이 잡혀서 이 감정에서 벗어나기를 바라기도 합니다. 복잡한 이중적인 혐오인 셈이지요.

　사람은 외부, 공동체와 좋은 관계를 형성하면 혐오 감정에서 벗어나고 악행을 저지르지 않게 됩니다. 그리고 이 과정에서 개인과 공동체의 관계를 받아들여 자신의 정체성을 형성합니다. 물론 개인과 공동체의 관계는 사회적 약자에게는 억압적인 경우가 많이 있습니다. 개인과 공동체의 관계를 무조건 받아들이는 것은 문제가 있습니다. 하지만 개인과 공동체의 관계를 받아들이게 되면 그만큼 혐오 감정을 벗어나고 자신의 정체성을 형성하는 데 도움이 됩니다.

　인간은 타인, 공동체에 의존하면서 자립하는 존재입니다. 아니 더 정확하게 말하면 자립하기 위해서는 의존해야 합니다(야스토미 아유무, 2018). 이 말은 역설적이지만 진실이라고 생각합니다. 공동체가 먼저 있고 개인이 있기 때문입니다. 위에서 살핀 바와 같이 개인의 정체성의 대부분은 공동체가 제공합니다. 공동체가 없다면 개인의 정체성은 사실 존재할 수도 없습니다. 개인이 모여 공동체가 만들어진다는 것도 사실이지만 공동체가 먼저 존재하고 개인은 공동체에 의하여 만들어진다는 것도 진실입니다. 종교 생활에서도 이를 확인할 수 있습니다. 가장 자립적인 존재인 사문들도 먹는 것, 입는 것, 자는 곳 등 생활을 재가자들에게 의존합니다. 재가자들도 진리를 깨닫기 위해서는 사문들로 구성된 승가에 의존합니다.

자립하기 위해서는 의존해야 한다는 말은 자신의 개성이 중시되는 현시대에 더욱 필요한 진리가 되었습니다. 자신의 가능성을 온전히 펼치기 위해서는 중요한 일이든 별로 중요하지 않은 일이든 많은 부분을 다른 사람에게 의존하지 않을 수 없습니다. 다른 사람에게 맡겨야 합니다. 먹는 것, 입는 것, 자는 곳을 모두 개인이 마련할 수는 없습니다. 인간이 인간답게 살아가려면 뭔가 곤란한 일이 생기면 누군가가 도와준다고 확신하는 게 매우 중요합니다(야스토미 아유무, 2018). 이 필요성은 인간으로서 서로 존중하는 관계에 있는 친구가 채워주는 것이 가장 좋고 그렇지 않다면 공동체가 채워주어야 합니다. 공동체의 복지 기능은 여기에서 유래합니다.

개인에게 자신과 공동체의 관계는 목숨을 바꿀 만큼 중요합니다. 공동체의 입장에서도 개인은 공동체의 존속을 좌우할 정도로 중요합니다. 여기에 바로 미래의 가능성이 있고 미래를 만들 인간의 자산이 있습니다. 만일 개인과 공동체가 관계가 없다면 개인은 개인의 미래만 설계하면 되고 공동체는 없어지게 될 것입니다. 하지만 공동체가 없으면 개인도 없고 좋은 공동체가 없으면 좋은 개인도 없습니다. 좋은 개인이 있어야 좋은 공동체가 있다는 그 역도 성립합니다. 다만 개인과 공동체가 완전히 같을 수는 없습니다. 개인은 자신의 행복과 이익, 평화와 안정을 위하여 타인을 행복하게 만들어야 합니다. 그래야만 행복한 세상이 되고 행복한 세상이 되는 과정에서 개인도 행복하게 됩니다. 불교는 6바라밀 중 보시바라밀을 가장 먼저 강조합니다. 타인의 존재를 인정하고 타인에게 베푼다는 생각 없이 베풀 것을 요구합니다. 보시를 통하여 보살행을 실천하게 되며 개인은 보살이 되고 부처가 됩니다. 이 과정에서 공동체는 아름다워집니다. 개인과 공동체 사이의 뗄래야 뗄 수 없는 관계, 이 관계 때문에 우리는 좋은 공동체를 만들어야 할 절박한 필요가 있습니다.

진리를 보면 자신과 타인, 공동체가 하나임을 알 수 있습니다. 모두가 분별되지 않고 하나이기 때문에 자신을 사랑하듯 타인을 사랑과 자비로 대할 수 있게 됩니다. 자신과 외부 세계와의 접촉은 인연에 따라 생기는 것이기 때문에 미리 정해진 것이 아니라 자신이 결정하는 대로 만들어집니다. 인간에게 가장 중요한 것은 행위의 가능성, 즉 자신이 자신의 주변을 만들어가는 과정입니다. 이 결론은 자신과 외부 세계를 과학적으로 관찰한 결과입니다. 인간과 공동체의 행복과 불행은 주어진 숙명도 아니고 누군가가 만들어주는 것도 아니고 바로 인간이 만들어가는 것입니다. 인간은 행위 가능성이 있기 때문에 미래를 만들 수 있습니다. 어떤 세계를 만들 것인가, 내가 어떻게 행동할 것인가를 정하면 그에 따라 나와 세상이 만들어집니다. 미래 설계의 힘은 전적으로 사람, 그중에서도 사람의 결심, 맹세, 서원, 행위 가능성에서 나옵니다.

chapter 3

공업화와 민주화를 경험한 한국 사회

공업화, 장인의 경지

　인간과 공동체의 관계가 보편적인 관계라면 한국인과 한국의 공동체는 특수한 관계입니다. 한국인의 특수성은 한국의 미래를 설계하는 데 가장 중요한 자산입니다. 한국인들이 무엇을 이루어왔고 그 성취의 동력이 무엇인지를 정확하게 알아야 미래의 계획을 세울 수 있습니다. 능력도 없으면서 거창한 계획을 세워서는 안되며 또 능력이 없다고 착각하여 너무 낮은 목표를 제시해서도 안됩니다. 인간의 가능성은 무한하지만 시간과 공간의 제약이 있습니다. 지금 현재 한국인의 가능성을 정확히 이해하는 것이 필요합니다. 따라서 이때의 특수성은 보편성을 무시하거나 보편성에 역행하는 특수성이어서는 아닙니다. 오히려 보편성을 강화하고 보편성을 다채롭게 만드는 특수성이어야 합니다. 보편성을 품은 특수성일 때 한국이 보편적인 가치를 기반으로 국제사회에서 자신의 역할을 다하는 국가가 될 수 있습니다.

　한국인의 특징 중 하나는 제2차 세계 대전 이후 거의 유일하게 가난한 나라에서 잘 사는 나라로 도약했다는 것, 즉 빠른 시일 안에 공업화에 성공했다는 점입니다. 다른 하나는 한국전쟁이라는 내전과 반공독재 시대를 거쳤으나 시민들의 투쟁으로 민주주의를 발전시켜 왔다는 것, 역시 빠른 시일 안에 민주화에 성공했다는 점입니다.

먼저 한국과 한국인의 특성으로 공업화의 성공이 있습니다. 한국의 공업화 성공은 세계적으로도 인정받는 일이며 스스로도 자랑할 만한 일입니다. 한국인의 집단적 자부심이며 정체성의 일부이기도 합니다.

물질적인 풍요는 참으로 극적으로 이루어졌습니다. 1950년 한국전쟁으로 폐허가 되었으나 한국인들은 부지런함과 악착같음, 창의성과 추진력, 집단성과 계획성으로 가난을 딛고 공업화에 성공하여 선진국의 대열에 들어섰습니다. 세계은행의 통계에 의하면 한국의 1인당 국내총생산(GDP)은 1961년 93.82달러였습니다. 2017년에는 29,742.84달러가 되었습니다. 2018년 1인당 국민총소득(GNI)는 31,349달러입니다. 놀라운 발전입니다. 50년 만에 300배 이상의 성장을 이루었습니다. 세계적으로 유례가 없는 발전입니다. 비록 그 과정에서 부의 양극화와 불공정이 발생한 것은 사실이지만 최소한 먹고사는 문제는 해결했습니다. 다른 나라와 비교해 보면 공업화 과정에서 계급적 갈등, 지역적 갈등도 비교적 적었습니다.

한국이 공업화에 성공하여 풍요로운 사회로 진입한 이유는 여러 가지가 있습니다. 자원 부족국가이면서 식민지 경험이 있는 나라, 내전까지 겪은 나라 중에서 공업화에 성공한 나라는 세계적으로 없기 때문에 여러 관점에서 여러 이유가 제시됩니다. 경제계획의 존재, 국가 중심의 개발정책, 관료들의 유능함, 국가와 자본의 협조, 관치금융, 대자본의 존재, 중화학공업의 발전, 벤처 붐, 우수한 노동력, 노동자의 성실함, 세계경제의 상황, 한미동맹의 존재, 미국·일본과의 교역, 중국과의 교역, 수출 중심 경제, 자유무역협정, 중요 산업의 활약, 약한 노동조직 등 여러 요인이 있을 수 있습니다. 한국 경제의 성장은 매우 복합적인 원인으로 이루어진 것이므로 어느 하나로 설명할 수 없습니다. 수많은 원인이 서로 복합적으로 작용했고 그 상호작용이 또한 시대의 흐름에 맞아 상승 곡선을 그렸기 때문에 가능했다고 추측할 수 있을 뿐입니다.

이들 여러 요인 중 가장 중요한 요인이었고 앞으로도 중요한 요인일 것으로 예상되지만 실제로는 과소평가된 것이 있습니다. 바로 우수한 노동력, 노동자의 성실함입니다. 다른 모든 요인은 변화무쌍했고 지금은 아예 있지도 않고 미래에는 오히려 악재가 될 수도 있습니다. 경제계획 은 공업화 초기에는 필수적이었지만 지금은 필요하지 않습니다. 관치금 융 역시 과거에는 긍정적인 역할을 했다고 평가할 수 있으나 지금은 오 히려 자본의 흐름을 왜곡합니다. 특정한 성질은 조건에 따라 좋은 성질 이 될 수도 있고 나쁜 성질이 될 수도 있습니다. 하지만 노동자의 성실함 만은 변함이 없었고 지금도 변함이 없고 앞으로도 변함이 없을 것입니 다. 한국인의 성실함은 세계적으로 유명합니다. 성실함은 단순히 장시 간 노동을 의미하지 않습니다. 장시간 노동을 배제하지는 않지만 일을 대할 때 보이는 고도의 집중력, 첨단까지 추구하는 노력, 장인의 수준까 지 오르려는 노력 등을 포함합니다. 실제로 한국의 제조업의 경쟁력은 세계 최고의 수준인데 이것은 노동자들의 성실함에 크게 의존합니다.

반도체, 자동차, 선박, 휴대폰, 철강 등 한국을 대표하는 산업을 예 로 살펴봅시다. 이들 산업의 특징으로는 첫째, 한국에서 먼저 시작한 것 이 아니라 한국이 후발주자로 진입한 산업이라는 것, 둘째, 한국이 단시 간 안에 선진국의 수준을 따라 잡았다는 것, 셋째, 세계 최고가 되어 지 금은 해당 산업의 지도를 재편할 정도로 첨단을 구가하고 있다는 것 등 이 있습니다. 이를 위해 국가는 많은 지원을 했고 자본은 많은 투자를 했습니다. 하지만 국가의 지원과 자본의 투자만으로는 이렇게 짧은 시간 안에 세계 최고 수준에 오르기는 어렵습니다. 노동자들의 성실함이 더해지지 않으면 이 현상을 설명할 수 없습니다.

한국의 노동자들은 일을 대하는 자세가 극히 진지합니다. 일을 하면 고도로 집중하고 최첨단을 추구하고 장인의 경지에 오르려고 합니다. 사실상의 노동자들인 자영업자들도 모두 장인의 경지에 오르려고 노력합니다. 장인이나 달인으로 공식적으로 불리는 사람들이 있지만 공식적인 장인, 달인보다 더 많은 사람들이 장인, 달인이고 또 되려고 노력합니다. 그래도 부족한지 헤어질 때 '더 열심히 살자'라는 다짐으로 인사말을 대신합니다. 하루 12시간 이상 일하지만, 이미 장인, 달인의 경지에 올랐는데도 더 열심히 하자고 서로 격려합니다.

한국 노동자의 장인화 현상을 어떻게 설명할 수 있을까요? 한국의 노동자에게는 일의 성공과 인생의 성공을 동일시하는 경향이 있습니다. 이를 위해 잔업과 야근 등 장시간 노동을 밥 먹듯이 합니다. 직장은 가정보다 더 밀접한 공동체이고 직장 동료는 가족보다 더 가까운 사이입니다. 물론 최근에는 이런 관계가 공식적으로는 깨졌지만 아직도 사회 곳곳에는 남아 있습니다.

일과 인생의 동일시 현상이 가장 많이 남아 있는 곳은 바로 자영업입니다. 한국의 자영업자들은 모두 장인의 경지에 이를 정도로 실력을 쌓습니다. 너무 경쟁이 심하기 때문이기도 하고 장인이 되기 위해 노력해 온 지난날의 습관이 남아 있기 때문이기도 합니다. 경쟁이 심한 것이 결정적인 이유이기는 하지만 이것은 강요된 장시간 노동민을 설명할 수 있을 뿐입니다. 살인적인 경쟁은 장인 정신, 한국 최고가 되겠다는 노력, 자발적인 장시간 노동은 설명할 수 없습니다. 모든 자영업자들이 장인이 되겠다는 것은 아니고 일부는 노력에도 불구하고 자영업에서도 탈락하는 것이 현실이지만 대부분의 자영업자들을 장인을 지향합니다.

장인 정신이 구조적으로 불가능한 곳도 있습니다. 비정규직이나 파견직 등 고용 안정형, 대체 가능형 노동분야가 그곳입니다. 이 분야에서는 노동자들이 하나의 부품처럼 필요하면 호출되었다가 불필요해지면 퇴출됩니다. 이런 상황에서는 일과 인생의 동일시 현상이 발생할 수는 없습니다. 하지만 이 분야에서도 열심히 노력하여 정규직이 되려는 노동자도 있습니다. 또 정시 출퇴근을 부담스러워 하는 유연한 노동 형태 하에서 장인이 되려고 노력하는 노동자들도 많이 있습니다. 비정규직도 제한된 노동시간을 가진 사람들에게는 하나의 선택지가 될 수 있습니다. 여건상 정시 출퇴근을 해야 하는 직장이 부담스러운 노동자들도 많이 있습니다.

일과 인생의 동일시 현상이 가장 많이 남아 있는 분야는 정규직과 공무원입니다. 정규직 노동자, 공무원이 되는 과정은 너무 어렵습니다. 노동 과정도 보면 최대한의 에너지를 동원하여 최대한 일을 해야 하는 구조입니다. 제대로 쉴 틈도 없습니다. 직장의 발전을 위해 아이디어를 내야 할 뿐 아니라 하청도 관리해야 합니다. 종합직, 일반직이라고 불러야 할 정도로 모든 분야에 뛰어난 능력을 발휘해야 합니다. 정규직에 대한 보상은 높습니다. 비정규직에 비하여 거의 2배에 가까운 보상이 기다립니다. 정규직이 돈을 많이 받는다면 그 만큼 더 많은 일을 한다는 것을 의미합니다. 비정규직도 힘든 것은 비슷하지만 그래도 회사나 조직에 대한 책임성에서는 차이가 있습니다. 불만은 정규직이나 비정규직 모두 비슷합니다. 세상에 자신이 받는 월급이 충분하다고 생각하는 노동자는 존재하지 않습니다. 아무리 좋은 정규직 자리이지만 이들도 구조조정, 정리해고의 불안에 떨면서 지냅니다. 구조조정, 정리해고를 기업노조가 막을 수는 없습니다.

일과 인생

일과 인생의 동일시 현상은 일이 인생에서 얼마나 중요한지 잘 보여줍니다. 일은 사회로 들어가는 '입장권'이자 '나다움'의 표현이라고 강상중은 보고 있습니다(강상중, 2017). 일이 없다면 사회에서 한 몫을 하는 사람으로 인정받지 못한다는 것입니다. 사람은 공동체와 관계를 맺는데 자신의 공동체 내의 역할로 관계를 만들어 갑니다. 공동체가 가정이라면 가족의 구성원으로서 관계를 맺고 공동체가 사회라면 사회 구성원으로서 관계를 맺고 공동체가 국가라면 국민으로서 관계를 맺습니다. 여기에서 자신의 역할을 다해야 하는 공동체 구성원으로서의 의무가 도출됩니다. 물론 권리도 함께 도출됩니다. 권리란 타인과 공동체에 대한 배타적인 자신의 이익 주장이므로 권리 역시 공동체를 전제로 합니다.

공동체 구성원으로서의 의무는 개인이 공동체에서 주어진 일을 충실히 할 때 다할 수 있습니다. 한 사람의 몫을 해야 공동체의 떳떳한 구성원이 됩니다. 가정이라면 가정을 유지하는 일을 해야 하고 사회라면 사회에서 필요로 하는 일을 해야 합니다. 사회라는 공동체에서 주어지는 의무가 일, 노동으로 표현됩니다. 따라서 일을 한다는 것, 노동을 한다는 것은 바로 사회가 개인을 구성원으로 인정한다는 것을 의미합니다. 개인의 존재 이유 중의 하나입니다. 물론 공동체의 구성원으로서 의무를 다하는 것이 개인의 존재 이유의 전부는 아니지만 중요한 부분임은 틀림없습니다.

개인의 관점에서 보면 일이란 개인이 사회의 당당한 구성원이라는 것을 선포하는 엄숙한 의식이기도 합니다. 한 사람의 몫을 하는 당당한 개인으로 공동체 속에서 우뚝 서게 되는 것입니다. 이런 이유로 직업이 없는 자에 대한 사회의 시선은 싸늘합니다. 본인도 불편하기 짝이 없습니다. 공동체에 대한 의무를 다하지 못하고 공동체로부터 하나의 완전한 인간으로 인정받지 못하기 때문입니다. 사회에서는 불필요한 잉여로 취급될 수도 있습니다.

나아가 일은 자신을 표현하는 가장 중요한 양식 중의 하나입니다. 일을 통하여 개인은 자신의 가능성을 발견하고 가능성을 발전시키고 자신을 완성합니다. 일이 없다면 자신이 무엇을 좋아하고 무엇을 싫어하는지를 알 수 없습니다. 그래서 일단 무슨 일이든 시작해 보라고 많은 사람들이 충고합니다. 실제로 많은 사람들은 자기가 좋아하는 일이 무엇인지, 잘하는 일이 무엇인지를 잘 모릅니다. 개인이 스스로 결정했다고 생각하는 '하고 싶은 일'은 사실 외부에서 강요된 것일 가능성이 매우 높습니다. 허위의식인 것이지요. 고등학생이나 대학생에게 '네가 하고 싶은 일을 해', '가장 자신 있는 일을 해'라고 충고하는 것은 아무런 도움이 안됩니다. 고등학생이나 대학생은 경험이 없기 때문에 자신이 하고 싶은 일이 무엇인지, 무엇을 잘 하는지 전혀 모릅니다. 자신이 하고 싶은 일은 실제로 해 보아야 알 수 있는 경우가 대부분입니다.

일을 통해서 그리고 숙련된 기술을 통하여 개인은 자신의 인생을 완성해 나갑니다. 이것은 일의 종류와는 상관이 없습니다. 수많은 사람들은 일을 통하여 방황을 끊고 인생의 방향을 찾습니다. 일을 예술의 경지까지 발전시키는 것을 통하여 개인은 하나의 한계를 돌파합니다. 그 최고 형태가 바로 장인인 것입니다.

일과 인생은 같을 수 없다

하지만 모든 것에는 정도가 있는 법, 일과 인생의 동일시 현상도 지나치면 개인에게 해를 끼칩니다. 첫째, 일과 인생의 동일시 현상은 일에서 벗어났을 때 해방감보다는 절망감을 줍니다. 일과 인생은 동일시되기도 하지만 실제로는 엄연히 다릅니다. 일에서 오는 만족감은 인생의 행복감의 일부일 뿐입니다. 그런데 이 둘을 같다고 봐 버리면 일에서 벗어날 수 없게 됩니다. 이렇게 되면 해고는 정신적 죽음이고 이직은 실패이며 은퇴는 육체적 죽음입니다. 직장을 벗어나는 것은 가족과의 이별보다 더 고통스럽습니다. 이것이 해고나 이직을 두고 한국에서 벌어지는 극한 투쟁의 이면에 존재하는 심리라고 생각됩니다.

둘째, 자본주의 사회에서 일은 고통이라는 측면을 가지고 있습니다. 일이 생계수단이기 때문입니다. 자본주의 사회에서 일은 즐겁게 자신의 존엄성과 가능성을 실현하는 성격보다는 생계수단인 돈을 버는 수단이라는 성격이 오히려 강합니다. 생계수단이라는 측면에 초점을 두면 일은 고된 노동이 되고 벗어나야 하는 고통이 됩니다. 더구나 저임금과 장시간 노동으로 노동환경이 좋지 않다면 노동은 고통입니다. 자본주의 사회는 저임금과 장시간 노동을 구조적으로 강요하고 있습니다. 이런 상태에서 일과 인생을 동일시하면 계속 고통을 받게 됩니다. 노동에서 벗어나는 노력, 구체적으로는 노동환경을 개선하는 작업이 함께 있어야 합니다. 저임금과 장시간 노동과 같은 구조적 문제는 개인이 해결할 수 없습니다. 개인이 아무리 장인이 되더라도 해결할 수 없습니다. 구조적인 문제이므로 집단적으로 해결해야 합니다. 일과 인생의 차이를 인정하지 않으면 안됩니다.

셋째, 일과 인생의 동일시 현상은 장시간 노동을 강요하는 기제가 될 수 있습니다. 일과 인생에서 성공하려면 장인의 수준에 올라야 합니다. 장인의 수준에 오르려면 장시간 노동이 불가피합니다. 장인에 오르려면 1만 시간의 법칙이 적용되기 때문입니다. 이쯤 되면 장시간 노동이 장인을 만드는 것인지, 장인이 장시간 노동을 합리화하는 것인지 헷갈리는 지경에 이릅니다.

일과 인생은 서로 긴밀하게 결합되어 있지만 서로 다른 것입니다. 미래에는 더욱 분리될 것입니다. 다양한 노동의 형태, 즉 재택근무나 출퇴근 유연근로라든가 단시간 노동 등이 등장하는 것은 바로 일과 인생이 서로 다르다는 것을 잘 보여주는 사례입니다. 개인의 중요성에 비례해 일을 인생과 분리시키려는 노력이 가속화될 것입니다.

민주화, 불퇴전의 기백

한국의 다른 특성은 민주주의에 대한 시민들의 헌신입니다. 가히 물러섬이 없는 불퇴전의 기백으로 민주주의를 추구하고 있는 시민들이 한국에는 있습니다. 최근에는 촛불혁명, 촛불시위에서 이를 확인했습니다. 박근혜, 최순실의 국정 농단 사태에 한국 시민들은 촛불로 저항했습니다. 시민의 힘이 대통령을 탄핵시켰고 새로운 정부를 탄생시켰습니다. 이 과정에서 국회로 대표되는 정치권은 민주시민의 요구에 마지못해 뒤따라오는 양상을 보였습니다. 한국에서는 시민들이 정치보다는 항상 앞서 있습니다.

2016년 10월 24일 언론이 최순실이 박근혜 전대통령의 연설문을 수정하는 등 대통령보다 더 한 권한을 행사했다는 보도를 했습니다. 국정 농단 사태의 시작이었습니다. 거리는 촛불을 든 시민들로 채워졌습니다. 시민들은 박근혜 최순실 게이트를 규탄하고 박근혜 전대통령의 탄핵을 외쳤습니다. 박근혜 전대통령은 2017년 3월 10일 헌법재판소의 결정으로 탄핵당했습니다. 스스로 물러나는 하야의 길도 있었으나 이를 거부하고 최악의 선택을 했습니다. 언론의 보도와 탄핵 결정까지 약 5개월 동안 1천5백만 이상의 시민들이 거리에서 민주주의를 외쳤습니다.

세계적으로 직접민주주의가 발전하고 있다고는 하지만 시민들이 촛불을 통하여 현재의 권력을 평화적으로 교체한 사례는 지금까지 없었습니다. 폭력과 충돌 없이 평화적인 방법으로 현직 대통령을 탄핵시킨 경우는 지금까지 그 어느 곳에도 없었습니다. 대통령이라는 최고의 권력, 대통령을 둘러싼 여당 권력이 탄핵을 거부하고 시민들의 요구를 거부했을 때 위기는 찾아왔습니다. 사태가 어떻게 발전할지 모를 상태가 되었습니다. 1961년과 1980년에 군이 정치에 개입한 역사가 한국에도 있었습니다. 그렇지만 한국의 시민들은 의연히 평화적인 방법을 선택했고 평화적인 방법으로 끝내 대통령의 탄핵을 관철시켰습니다. 민주주의의 새로운 단계를 열었습니다. 국가의 수준이 군부의 쿠데타 또는 친위세력의 쿠데타는 걱정하지 않을 정도로 높았던 것입니다.

촛불집회의 원인은 다양하고 중층적입니다. 단기적으로는 박근혜 정부의 국정 농단에 대한 분노가 원인입니다. 중장기적으로는 이명박, 박근혜 정부 10년 동안 쌓여온 적폐, 민주주의 위기에 대한 분노가 원인입니다. 더 장기적으로는 1987년 6월 민주 항쟁 이후 축적되어온 시민들의 민주역량과 IMF 이후 심각해진 빈부격차가 그 원인입니다.

시민들은 먼저 박근혜 정부의 부패와 무능에 분노했습니다. 박근혜 정부는 권력을 사유화했습니다. 검찰 등 사정기관을 행정기관 장악과 부패에 이용했고 이들 권력은 기꺼이 이에 편승했습니다. 행정부는 국

미래 정의의 출발점

민이 아닌 최순실 일당을 위해 일했습니다. 그 결과는 무능과 부패였습니다. 무능과 부패로 박근혜 정부는 국가 시스템의 마비를 초래했습니다. 세월호 사태는 국가기능이 마비되었음을 보여주는 결정적 증거였습니다.

촛불의 두 번째 원인은 이명박, 박근혜 정부 10년 동안 쌓아온 민주주의 위기에 대한 시민들의 분노입니다. 노무현 대통령의 참여정부 이후 광우병 사태, 한명숙 전총리 수사, 정연주 KBS 사장 수사, 미네르바 사건 수사, 전교조 법외노조 통보 사태, 통합진보당 해산, 서울시 공무원 간첩조작 사건 등 민주주의를 위협하는 사건들이 잇달아 발생했습니다. 정치적, 시민적 분야의 민주주의는 형식화되었고 실질적 내용은 실종되었습니다. 시민의 자유는 크게 침해 받았습니다. 인간답게 살아갈 수 있는 권리인 사회권 역시 부의 양극화로 인하여 위기에 빠졌습니다. 복지시스템은 확충되었으나 정부 정책이 기업, 특히 대기업을 중심으로 이루어짐으로써 실질적 평등은 점점 멀어졌습니다. 형식적 측면의 민주주의도, 실질적 측면의 민주주의도 위기에 처했습니다. 민주주의 위기는 시민들에게 깊은 실망을 안겨주었습니다. 한국의 민주주의는 시민들이 직접 쟁취한 것인데 이것이 일부 정치인에 의하여 훼손되는 것을 보고 깊은 상처를 입은 것입니다.

촛불의 세 번째 원인은 1997년 IMF 이후 진행된 공허한 경제성장입니다. 한국은 1997년 국가적 재난이었던 IMF를 가장 빨리 극복했습니다. 하지만 그 이후 성장하기는 했지만 경제성장의 혜택을 국민들이 골고루 누리지 못하는 사회가 되어버렸습니다. 국가와 기업은 잘 살게 되었지만 시민들 중 대다수가 성장의 혜택을 누리지 못하는 사회가 되었습니다. 불평등과 불공정은 확대되었고 기득권층의 횡포는 심각해졌습니다. 마치 새로운 계급이 탄생한 것처럼 사회는 계급사회로 변하고 있습니다. 최근 문제가 되는 갑질 횡포는 재산에 의한 새로운 계급의 탄생을 알리는 것입니다. 과거 계급이 혈통에 근거한 것이었다면 지금의 계급은 바로 화폐, 자본에 근거하고 있습니다. 불평등이 심각해지면 공동체와 국가는 분열되고 공동체와 국가가 분열되면 공동체와 국가는 망하게 됩니다. 불평등과 불공정의 심화는 한국 시민들의 삶을 근본적으로 바꾸었습니다. 공업화에 성공한 경험을 가진 시민들이 깊이 실망했고 이를 개혁할 필요성을 뼈저리게 느꼈습니다. 여전히 과거의 철학과 정책을 고집하는 국가를 바꾸어야 한다고 자각한 것입니다.

촛불혁명의 원인은 부패, 민주주의 위기, 경제 불평등이라는 세 가지로 집약됩니다. 이 요구는 결국 근본적인 국가의 방향, 비전 변화 요구로 나타납니다. 이를 다른 말로 시대정신, 시대의 요구라고 합니다.

민주의식의 뿌리

촛불혁명은 한국 시민들의 민주주의에 대한 불퇴전의 기백을 잘 보여줍니다. 한국 시민들의 물러서지 않는 기백은 과연 어디에서 비롯된 것일까요? 한국 시민들은 어디에서 이런 훈련을 한 것일까요?

한국의 시민 개념은 서구 국가에 비하여 매우 늦게 성립되었습니다. 일제강점기에는 민족해방투쟁, 독립운동이 중심이었기 때문에 시민사회를 전제로 한 시민의 개념은 성립할 겨를이 없었습니다. 이때에는 민족주의자와 사회주의자가 중심이 되어 근대 사회의 인간상을 체현했습니다. 해방 이후에도 군부독재와 권위주의 정부 하에서는 반독재 민주화투쟁이 중심이었기 때문에 시민 개념은 설 자리가 없었습니다. 대신 민주인사들이 현대 사회의 인간상을 체현했습니다. 식민시대와 독재 시대에는 시민사회가 성립할 여지가 없습니다. 그렇다면 도대체 어디에서 시민들은 준비되고 있었을까요? 한국의 시민 개념은 민족해방투쟁과 민주화 투쟁을 토대로 공업화와 함께 형성되었다고 생각합니다. 즉, 독립운동가와 민주인사가 근대 시민사회의 시민과 유사한 역할을 했고 이들의 전통을 이어받은 사람들이 공업화와 함께 시민사회가 등장하자 시민으로서의 정체성을 가지게 된 것으로 생각됩니다. 그러므로 한국 사회의 시민은 강한 민족주의적, 민주주의적 색채를 가지고 있습니다.

한국 시민의 민주역량이 처음 표출된 것은 1960년 4월 혁명입니다. 물론 이전에도 민족주의적 색채, 사회주의적 색채를 가진 인사들이 하나의 세력을 형성하고 있었으나 이들 세력은 모두 한국전쟁을 계기로 정리되었습니다. 분단과 전쟁의 경험은 민족주의와 사회주의에게 치명적이었습니다. 한국전쟁이 끝난 후 불과 7년 만에 일어난 4월 혁명은 민주주의 역사에서 위대한 성과로 기록됩니다. 부정선거에 분노한 시민들은 대통령의 하야를 이끌어냅니다. 유혈사태를 겪기는 했지만 대통령 하야와 정권교체까지 이끌어낸 4월 혁명은 이후 한국의 민주화투쟁의 하나의 모델로 자리잡습니다. 한국전쟁 후 7년 만에 4월 혁명이 일어난 것은 대단한 일입니다. 전쟁 이후 레드 콤플렉스가 창궐했음에도 7년이라는 단기간에 이를 극복해냈습니다. 민주주의에 대한 갈망이 그만큼 강했다고 할 수 있을 것입니다.

4월 혁명 이후 한국 시민들의 민주역량은 대폭발과 소폭발의 주기를 반복합니다. 대폭발의 주기는 대략 30년입니다. 4월 혁명 이후 대폭발은 1987년의 6월 민주 항쟁이었습니다. 이때 시민들은 거리의 투쟁을 통하여 군부독재를 끝내고 직선제 개헌을 이끌어냈습니다. 불완전하지만 평화적 정권교체를 이루어냈고 군부의 지배를 반쯤 끝냈습니다. 군부가 쿠데타를 통하여 정권을 탈취하는 것을 막고 국민의 선거에 의해 정부를 탄생시켰다는 점에서는 정권교체라고 할 수 있습니다. 하지만 전두환 다음에 5.18의 주역이었던 군인 노태우가 대통령으로 당선되었다는 점에서 군부독재를 완전히 청산하지는 못했다고 할 수 있습니다. 그럼에도 불구하고 민주시민의 대폭발인 6월 항쟁의 의의는 줄어들지 않습니다. 수백만명이 거리에서 민주주의를 외친 것은 4월 혁명 이후 처음입니다. 6월 항쟁을 준비하는 많은 투쟁이 있었기에 가능했던 일입니다.

6월 항쟁 이후의 대폭발은 30년이 지난 2017년의 촛불혁명입니다. 이때 한국 시민들은 대통령을 탄핵시키고 정권교체를 이룹니다. 촛불혁명은 평화적인 방식으로 수많은 시민들이 참여하여 이룩한 완전히 새로운 시위, 혁명의 모델입니다. 시민들의 요구는 분명했고 이를 중심으로 다양한 계층, 계급이 연대했습니다. 방법은 극히 평화적이었습니다. 시민들의 민주주의 요구, 평화적 집회에 경찰도 자제를 했습니다. 세계적으로 유례를 찾기 어려운 평화적 정권교체가 이때에도 이루어졌습니다. 마치 4월 혁명과 6월 민주 항쟁을 다시 보는 듯하지만 내용적으로는 더 발전하고 있었습니다.

대폭발에 비해 소폭발은 8년 내지 10년 단위로 발생합니다. 1960년 4월 혁명 이후 1969년 삼선개헌 반대투쟁이 있었습니다. 장기집권을 저지하기 위한 투쟁이었습니다. 그 다음 1979년 부마항쟁, 1980년 광주민주화운동이 있었습니다. 군부의 장기집권을 저지하기 위한 민주시민의 폭발이었습니다. 그리고 1987년 6월 항쟁이 있었습니다. 이후 1997년 문민정부가 수립되었고 2008년 광우병 촛불시위가 있었습니다. 다시 10년 후인 2017년 촛불혁명이 발생했습니다.

한국 시민들의 민주화 운동은 8년 내지 10년 단위로 발생합니다.

이는 대통령의 임기가 4년 또는 5년이라는 사실에 근거합니다. 임기를 두 번 할 때쯤이면 큰 변화가 준비되고 있었고 실제로 큰 투쟁이 발생했습니다. 임기 두 번은 허용하지만 세 번째 임기는 장기독재라고 생각하는 듯합니다. 실제로 한국 역사상 전형적인 독재였던 유신시대를 생각해보면 딱 8년 만에 끝이 납니다. 역시 대통령 임기가 4년이면 두 번의 임기는 허용되고 세 번째는 허용하지 않는 심리가 있다고 보여집니다. 1987년 선거 이후 5년 단임제가 되면서 1인 장기독재는 불가능하게 되었습니다. 하지만 역시 같은 정당에 의한 세 번째 집권은 허용하지 않는 경향을 보이고 있습니다. 1987년부터 1997년까지는 보수정부, 1997년부터 2007년까지는 민주정부, 2007년부터 2017년까지는 보수정부가 통치를 했습니다. 세 번째 임기는 허용되지 않고 변화를 구하는 것이 하나의 경향으로 보입니다. 이만큼 한국의 민주시민은 장기독재에 대해 아주 강한 저항의식을 가지고 있습니다. 민주주의에 대한 인식이 그만큼 투철하다는 뜻이기도 합니다.

그렇다면 다음 번의 소폭발은 언제쯤 될까요? 10년 주기설에 따르면 2027년 정도이지 않을까 싶습니다. 이때쯤 다시 한번 한국 시민들의 요구가 명확해질 것으로 보여집니다. 다가올 소폭발은 정부에 대한 평가, 정치권에 대한 심판, 기득권에 대한 저항 등을 모두 포함할 것으로 보입니다. 소폭발은 선거 주기와 관련이 있으므로 대통령 선거와 관련한 주요 이슈 또는 정권에 대한 심판 또는 새로운 방향 제시 등을 중심으로 일어날 가능성이 있습니다. 구체적으로 어떤 이슈가 계기가 되어 어떤 형식으로 진행될지는 지금으로서는 예측하기 어렵습니다. 이때 과연 지금의 지도자들이 어떤 지위에 있으며 어떤 입장을 취할 것인가가 한국의 미래에 매우 중요할 것입니다.

민주정부의 경험

시민의 민주역량은 민주정부 운영의 경험을 통하여 구체화됩니다. 민주정부를 운영한 경험은 민주역량 발전에 큰 자양분이 되며 향후 한국의 방향 설정에 이정표가 됩니다. 한국에서 민주정부 운영의 경험은 벌써 김대중 대통령, 노무현 대통령, 문재인 대통령 등 3번에 이릅니다. 불철저했지만 김영삼 대통령 역시 개혁이라는 측면에서 보면 민주정부라고 보아도 무방할 것입니다. 민주정부 운영경험은 구체적인 정책의 수립과 집행, 정치개혁, 사법개혁, 검찰개혁, 정부혁신, 경제개혁, 지방분권, 균형발전 등 각종 개혁작업, 새로운 시대정신의 발굴, 미래전략의 수립 등의 경험으로 구체화되면서 정책역량을 강화시킵니다. 새로운 인물을 정치로 영입하고 지도자로 훈련시킴으로써 미래를 인적인 측면에서 준비합니다. 정치가 개혁되지 않은 상태에서는 새로운 인물이 잘 영입되지도 않고 새로운 지도자도 나오기 어렵습니다. 정치개혁이 필요한 이유이기도 합니다.

민주정부는 그동안 개발독재국가 전략에서 벗어나 민주적 복지국가를 지향했습니다. 국가와 시민의 관계를 전면적으로 재편하는 정책을 발굴하고 집행했습니다. 민주정부의 경험 중 대표적인 3가지를 살펴봅시다. 이를 통해 민주정부의 경험이 미래에 얼마나 큰 영향을 줄 것인지 알 수 있습니다. 첫째, 복지정책, 둘째, 사법개혁과 공권력 개혁, 셋째, 과거사 정리입니다. 이 세 가지 분야를 선택한 이유는 이 분야가 모두 정의, 공정과 직접적인 관련이 있을 뿐 아니라 미래전략 수립에도 큰 의미를 지니기 때문입니다.

첫째, 민주정부의 복지정책의 확대 정책은 한국사회의 방향을 변경한 결정적인 경험입니다. 지금까지 한국사회를 바꾸어왔지만 앞으로도 더 많이 바꿀 것입니다. 민주정부는 복지정책을 대폭 강화했습니다. 그 정도는 국가의 방향을 바꿀 정도였습니다. 국민의 정부(김대중 대통령)는 한국의 복지시스템의 틀을 마련했고 참여정부(노무현 대통령)는 복지시스템을 확대하고 안정화시켰습니다. 문재인 정부는 복지시스템을 한 단계 발전시켜 포용 사회로 진입하려고 합니다. 시민들은 의료비 공포에서는 벗어났고 해고의 공포에서도 벗어나고 있는 단계입니다. 여전히 정리해고, 구조조정이 일어나고 있으나 사회안전망이 확충됨으로써 정리해고가 주는 충격은 서서히 줄어들고 있습니다. 이제는 아동이나 노인들에 대한 돌봄 노동을 도입하고 정착시키는 단계에 들어섰습니다. 국가가 돌봄 노동을 체계적으로 제공함으로서 개인의 삶의 질을 보장하는 새로운 단계로 진입하고 있습니다.

김대중, 노무현 대통령의 복지정책은 한국의 미래를 바꿀 정도로 선명했고 또 국민들의 지지도 받았습니다. 그래서 이후 보수정부인 이명박, 박근혜 정부에서도 복지정책은 계속 확대되어 왔습니다. 보수정부에서도 확대되어 온 역사를 보면 앞으로도 복지정책은 더욱 확대될 것으로 충분히 예상할 수 있습니다. 지금은 성장과 복지의 선순환 구조, 동반자적 관계라고 표현하지만 앞으로는 복지가 우선되고 성장이 이를 뒷받침하는 단계로 이행할 것입니다. 복지가 강조되면 정의와 공정 역시 강조됩니다. 복지 자체가 인간의 존엄성을 보장하는 역할을 하기 때문이기도 하고 복지 지출 자체가 공정해야 하는 특성도 있습니다.

둘째, 사법개혁과 공권력 개혁 경험은 정의와 공정을 제대로 세우는데 핵심적인 역할을 합니다. 법원인 사법부와 권력기관인 검찰, 경찰, 국정원은 재판, 수사, 정보를 담당하는 기관으로 국가 차원에서 직접 정의와 공정을 지키고 실천하는 기구입니다. 과거 이들 기구는 시민의 자유와 인권을 지키기보다는 정치권력의 편에 섰습니다. 이들 기구가 정치권력과 기득권층의 입장에 서서 정치권력과 권력을 나누는 이상, 시민의 자유와 인권은 보장되지 못합니다. 개인적으로는 인권이 침해당하고 공동체 차원에서는 정의와 공정, 평등이 실종됩니다. 특권층이 권력을 누리려고 하니 정의는 왜곡되고 불공정하고 불평등한 결정, 수사와 재판이 이루어집니다. 정의, 공정, 평등이 왜곡되면 국가가 왜곡되고 개인의 정체성도 왜곡됩니다.

군부독재와 권위주의 체제가 종식되고 민주정부가 들어서면 왜곡된 질서 속에서 길들여져 온 사법부와 권력기관은 개혁을 피할 수 없습니다. 정의와 공정을 실무의 차원에서 집행하는 사법부와 권력기관의 개혁은 정의와 공정 실현에서 매우 중요합니다. 민주사회에 걸맞는 정의, 공정, 평등의 가치를 세우고 개인의 자유와 인권을 지키기 위해서는 과도한 권력을 가지고 한국사회를 지배해 온 사법부와 권력기관을 개혁해야 합니다. 이들 기구를 국민의 감시와 견제를 통하여 통제해야 합니다. 견제 받지 않는 권력은 비록 법관의 독립이 중요한 사법부라고 하더라도 위험합니다.

민주정부는 모두 사법개혁과 검찰개혁, 경찰개혁, 국정원 개혁을 시도했습니다. 사법개혁은 김영삼 대통령, 김대중 대통령도 시도했습니다. 그러나 성과를 내지는 못했습니다. 한번 국가적 개혁과제가 된 대상은 개혁이 충분히 이루어지기 전까지는 국가적 과제에서 사라지지 않습니다. 사법개혁은 노무현 대통령의 참여정부에서도 시도합니다. 이전보다 훨씬 더 폭 넓게, 이전보다 훨씬 많은 주제로 개혁을 추진했습니다. 참여정부는 사법개혁을 통해 법학전문대학원 체제의 도입, 국민 참여 재판 실시, 법조일원화, 공판중심주의 형사절차 확립, 법조윤리 개혁 등의 성과를 만들어냈습니다. 검찰과 경찰의 개혁을 통해 정치적 중립을 보장하고 인권친화적 수사 절차가 정착되도록 노력했습니다. 참여정부는 사법개혁은 성공했다고 할 수 있으나 검찰개혁은 성공하지 못했습니다. 검찰개혁을 처음으로 국가 단위에서 시도했으나 본질적인 과제에서는 성과를 내지 못했습니다. 검찰개혁이 제대로 되지 않으면서 경찰, 국가정보원 개혁도 충분히 이루어지지 못했습니다. 권력기관은 서로 연결되어 있기 때문입니다.

문재인 정부는 노무현 대통령의 참여정부와 10년의 간격을 두고 출발했습니다. 문재인 정부는 민주정부로서 참여정부를 승계하고 있습니다. 문재인 정부는 검찰개혁, 경찰개혁, 국가정보원개혁 등 권력기관 개혁을 다시 시대적 과제로 제시하고 있습니다. 참여정부를 승계했다는 측면에서도 촛불혁명의 요구라는 측면에서도 검찰개혁 등 국가권력 개혁은 문재인 정부의 가장 중요한 과제입니다. 촛불혁명 당시 첫 번째 명령이 검찰개혁이었다는 점은 아직도 많은 사람들이 기억하고 있습니다.

문재인 정부의 검찰개혁은 수사권과 기소권의 분리, 고위공직자범죄수사처 신설, 법무부의 검찰 벗어나기, 검찰의 과거사 정리 등으로 추진되고 있습니다. 경찰개혁 역시 자치경찰제, 경찰위원회 확대 등을 중심으로 속도를 내고 있습니다. 국정원 개혁은 국내사찰 금지, 해외 및 대북정보기관화, 국회의 통제 강화 등을 중심으로 이루어지고 있습니다. 모두 민주정부가 하려고 했던 개혁과제들입니다. 그동안 부분적으로 시도되었던 개혁이 이제 집중적으로 본격적으로 시도되고 있습니다.

사법개혁을 제대로 하지 않으면 사법 농단과 같은 사태가 발생합니다. 사법부가 자신의 이익을 위하여 정치권력과 거래하고 법관의 독립을 침해하는 사태가 벌어집니다. 권력의 분산, 견제와 감시체제가 없기 때문입니다. 검찰개혁을 하지 않으면 검찰이 정치권력과 함께 국가를

정의의 미래 "공정"

지배하는 국가농단사태가 생겨납니다. 박근혜, 최순실 국가농단사태에서 검찰은 국가농단의 핵심으로 활약했습니다. 우병우 전민정수석은 검찰 역할을 상징적으로 보여주는 하나의 사례였습니다. 공무원들을 옥죄면서 검찰은 최고의 권력기관으로 부상했습니다. 검찰은 정치검찰이 되었고 검찰 조직에 몸담은 검사들은 부패의 길을 걸었습니다. 물론 모든 검사들이 정치검사이고 부패검사라는 것은 아닙니다. 일부이기는 하지만 주요 간부들이 정치검사이고 부패검사라는 사실은 전체 검찰의 역할과 이미지를 결정할 만큼 중요합니다.

사법개혁과 검찰개혁, 경찰개혁, 국정원 개혁은 완성될 때까지 계속 시도될 것입니다. 이들 기구는 정의와 공정을 상징하는 곳이며 정의와 공정을 마지막까지 지키고 실현해야 하는 조직이기 때문입니다. 정의와 공정의 시대에 이들 기구의 개혁은 멈출 수 없습니다. 사법개혁과 검찰 개혁 등은 민주주의 전통을 실현하는 민주정부가 할 수 있습니다.

셋째, 민주정부 운영의 경험 중 과거사 정리 경험은 정의와 공정이라는 측면에서 매우 중요합니다. 과거사 정리는 지난 군부독재 정부나 권위주의 체제 당시 억울하게 인권을 침해 당한 사람들의 억울함을 풀어주는 것을 목적으로 합니다. 이를 위해 당시 벌어진 사건의 진실을 밝히고 유죄판결 등 억울한 결과를 제거하여 피해자들의 인권과 명예를 회복시킵니다. 이 과정에서 공동체의 정의와 공정은 한 단계 더 발전합니다. 그리고 개인의 인권의 중요성이 공동체 차원에서 기억됩니다. 재발방지 대책을 마련함으로써 정의와 공정, 인권을 체계적으로 안정화시키는 역할을 합니다.

과거사 정리는 가해자의 처벌보다는 피해자의 해원, 억울함의 해소에 초점이 있습니다. 가해자의 처벌과 피해자의 해원은 동전의 양면과 같은 것으로 이해될 수도 있으나 어디에 중점을 두느냐는 차이가 큽니다. 만일 가해자의 처벌에 방점을 둔다면 가해자의 반발, 수사의 어려움, 과거회귀적인 복수와 응징 등의 결과가 나옵니다. 당시 불법적이기는 했지만 국가의 명령을 따랐던 가해자로서는 자신의 처벌을 쉽게 수긍할 수 없습니다. 그 결과 가해자와 피해자의 화해는 어렵게 되며 과거사 정리를 통한 새로운 단계 진입도 어렵게 됩니다. 이에 반해 피해자의 피해회복, 억울함 해소에 초점을 두면 진상도 제대로 밝힐 수 있고 사회도 피해자의 목소리에 귀를 기울일 수 있습니다. 진상규명에 대한 반발도 적습니다. 필요한 것은 개인의 인권을 침해한 과거사 사건에 대해 공동체가 관심을 가지고 공동체가 공식적으로 그 중요성을 인정하는 것입니다. 공동체가 공식적으로 과거사 사건이 존재한다는 사실, 개인의 인권이 침해되었다는 사실을 인정하는 것은 과거사 정리의 출발점이자 도달점입니다. 이런 입장에 설 때 미래지향적인 정의, 즉 재발방지 제도 도입과 인권 수준의 도약 등의 결과도 바랄 수 있습니다. 가해자가 반성하는 만큼, 또는 가해자가 처벌받는 만큼 피해자의 피해가 회복되는 것은 아닙니다. 가해자의 반성과 참회를 쥐어짜내고 이를 피해자와 공동체가 용서하는 모양은 굉장히 어색합니다. 사과를 용서와 교환하는 것은 사과와 용서의 속성에도 어울리지 않습니다. 사과가 먼저 있어야 용서가 등장하는 것은 아닙니다. 용서를 기대하고 사과를 하는 것도 이치에 맞지 않습니다. 가해자의 지위를 악화시킨다고 하여 피해자의 지위가 높아지는 것도 아닙니다. 가해자가 격렬하게 반발하는 경우 공동체 차원의 과거사 사건에 대한 공적인 인정은 더 늦어지게 됩니다.

한편 현재 진행형인 사건은 과거사 사건이 아닙니다. 현재 진행 중인 범죄 사건을 과거사 사건과 동일시해서는 안됩니다. 만일 이를 동일시한다면 가해자를 처벌하지 않을 수도 있다는 비이성적이고 부정의한 결론에 이릅니다. 현재 진행 중인 범죄사건은 현재의 법률로 처벌하면 충분합니다.

　과거사 정리는 김대중 대통령의 대통령 공약에서 시작되었고 이후 노무현 대통령의 참여정부에서 크게 발전했습니다. 더 거슬러 올라가면 김영삼 대통령 당시의 역사 바로 세우기 운동, 구체적으로 일제의 조선총독부 해체가 기점이 될 것입니다. 하지만 일제 청산과 해방 이후의 인권침해는 비슷하면서도 서로 다른 점이 많이 있습니다. 과거사 정리의 핵심은 국가가 과거 국가의 행위를 반성한다는 점에 있으므로 진정한 과거사 정리는 해방 이후의 과거사 정리라고 하겠습니다. 이 과정에서 많은 갈등도 있었습니다. 하지만 피해자의 피해 회복과 억울함 해소에 초점을 둔 과거사 정리는 많은 성과를 낳았습니다.

　억울하게 유죄판결을 받은 사람들은 재심을 통해 무죄판결을 받아 공식적으로 인권과 명예가 회복되었습니다. 지연된 정의가 겨우 회복된 것입니다. 20년, 30년이 지나도 풀리지 않던 피해자들의 억울함과 한을 푸는 계기가 되었습니다. 나아가 공동체 차원의 공식적인 인정이 이루어졌습니다. 국가를 대표한 대통령의 사과, 관계 부처 최고 책임자의 사과는 국가가 공식적으로 과거사 사건을 중요시하고 피해자의 아픔을 함께 하고 이를 기억하겠다는 것을 의미합니다. 국가의 공식적 사과는 피해자의 인권과 명예 회복의 출발점입니다.

　과거사 정리를 통해 권력기관 개혁과 사법개혁의 동력도 마련되었습니다. 과거사 사건에서 중앙정보부, 국가안전기획부, 국가정보원이라는 정보기관의 행태, 검찰·경찰의 권한남용과 불법행위, 사법부의 눈치보기와 야합 등 어두운 면이 드러났습니다. 이러한 문제를 그대로 두고는 정의와 공정을 제대로 세울 수 없습니다. 개혁의 필요성은 더욱 선명해졌습니다.

과거사 정리는 이명박, 박근혜 정부 동안 중단되었으나 문재인 정부 들어서서 다시 시작되고 있습니다. 다만 일부 과거사 사건이 적폐청산과 함께 진행되면서 과거지향적인 성격이 좀 더 강해진 것은 주의해야 합니다. 과거사 정리를 통하여 정의가 확립되고 한국의 인권상황이 획기적으로 개선된 것은 세계 인권차원에서도 높이 평가할 만한 사건입니다. 과거사 정리를 이렇게 오랜 기간 동안 성공적으로 해결한 나라는 거의 없습니다. 과거사 정리를 통해 확인된 한국의 정의와 인권 수준은 한국이 국제적으로, 구체적으로는 동아시아 차원에서 인권과 평화의 체제를 구상하고 실현하는데 큰 자산이 될 것입니다.

민주화 경험은 민주주의에 대한 한국 시민들의 헌신을 말합니다. 민주주의 실현을 위한 노력이 역사 속에 녹아 한국인의 정체성의 일부가 되었습니다. 이때 시민들이 보인 헌신과 열정은 개인을 초월한 공동체에 대한 헌신과 열정입니다. 민주주의에 대한 헌신과 열정은 개인의 이익을 한참 뛰어넘습니다. 개인이 자신이 가진 민주주의에 대한 관심을 공동체의 바구니에 담으니 공동체의 바구니는 훨씬 풍부해졌습니다. 국가적 자산이 되었습니다. 이 자산은 다시 개인에게 자부심, 정체성을 형성합니다. 비록 4월 혁명, 6월 민주 항쟁, 촛불혁명에 참여하지 않은 사람이라도 이에 영향을 받습니다. 개인의 정체성의 대부분을 공동체가 제공한다는 명제를 여기에서도 다시 확인할 수 있습니다. 공동체의 정체성 역시 개인들의 헌신에 의하여 형성된다는 점도 함께 기억되어야 할 것입니다.

미래의 정의 – 공정성

공정을 어떻게 확보할 것인가는 미래전략의 핵심입니다. 먼저 공정성이 미래의 정의에서 핵심적인 역할을 한다는 것을 명확히 인식해야 합니다. 그리고 이를 국가와 공동체의 기본철학으로 공유해야 합니다. 공정성을 확립하기 위해서는 공정성에 관한 철학을 공유하는 이외에 공정성을 보장하는 제도를 만들어야 합니다. 제도화되지 못한 정의, 공정은 강제력을 갖지 못하고 미래지향적으로 작용하지도 못합니다. 제도는 규칙과 기구로 구성됩니다. 공정성을 실현하려면 공정한 규칙을 만들어야 하고 공정성 실현 기구를 만들어야 합니다. 철학, 규칙, 기구를 통하여 공정성의 토대를 확보할 수 있습니다. 이를 바탕으로 일관된 정책과 판결을 계속해 나간다면 공정성에 대한 신뢰가 쌓이고 공정성 신뢰를 통하여 사회적 신뢰가 생겨납니다.

공정성 규칙을 마련하기 위하여 기존의 헌법, 법률, 규칙 등 모든 규범을 공정성이라는 잣대로 재검토할 필요가 있습니다. 그리고 공정성 기구 중 가장 중요한 사법부를 제대로 세워내야 합니다. 사법부는 공정성 그 자체를 상징하는 기관이면서 공정성을 실현하는 핵심 기관입니다. 사법개혁은 사법부를 바로 세우고 다른 기구들에게까지 영향을 미칩니다. 행정부의 공정성 기구와 권력기관 역시 공정성 원칙에 따라 개혁되어야 합니다. 공정성 확립과정에서 반드시 해결해야 할 과제는 부패입니다. 엘리트 부패 카르텔은 공정성을 가로막는 가장 큰 장애입니다. 국가적 차원의 대응이 필요합니다. 그 중의 하나가 바로 고위공직자범죄수사처입니다. 부패방지를 위해서는 공개, 분산, 견제의 3원칙이 적용되어야 합니다.

공정성은 미래전략의 가장 바탕에 있는 이념입니다. 인권, 자유, 민주주의, 안전, 사회적 신뢰, 윤리, 행복, 사람 중심의 세상 모두 공정에서 출발합니다. 공정성을 제대로 확립하지 않는 미래전략은 의미가 없다고까지 할 수 있겠습니다.

chapter 1

공정성

공정성, 정의의 미래

공정성은 공평하고 올바른 성질이라고 표준국어대사전은 말하고 있습니다. 공평은 어느 쪽에도 치우치지 않고 고름이라고 설명합니다. 이에 의하면 공평은 형식적으로 치우치지 않는 것을 말하고 공정은 여기에 올바른 성질이라는 개념이 추가된다는 것을 알 수 있습니다. 이를 통하여 우리는 다음과 같이 결론을 내릴 수 있습니다. 공정하다는 것은 어떤 문제 해결과정이 관계자 모두에게 기회를 준다는 측면에서 평등해야 하고 이러한 과정을 거쳐 나온 결과는 수용 가능할 정도로 올바른 경우라고 할 수 있습니다. 다만 공정성 가치는 결과보다는 과정에 좀 더 무게가 있습니다. 과정이 공평하다면 결과는 수용할 수 있을 정도로 올바를 가능성이 높기 때문입니다.

세상 모든 사물이 변화하듯 공정성 개념과 중요성 역시 변합니다. 현대 사회가 되면서 공정성은 기회의 평등이라는 측면이 강조되고 있으며 점점 더 중요해지고 있습니다. 개인의 힘과 영향력은 역사상 가장 높아졌으나 인간의 고통은 그 어느 때보다도 심각합니다. 개인의 힘과 영향력, 자유는 정보통신 혁명의 영향으로 비약적으로 발전했습니다. 개인이 보유하는 자산과 정보의 양은 국가를 좌우할 정도가 되었습니다. 이와 함께 개인의 고통도 한없이 커지고 있습니다. 육체적 고통, 심리적 고통, 정신적 고통, 물질적 고통은 더욱 심각해지고 있습니다. 이 과정에서 불평등은 심화되고 있고 혈통이 아닌 자본으로 무장한 새로운 계급이 탄생하여 사회를 지배하고 있고 나라는 분열되고 있습니다.

개인의 힘은 끝없이 커지고 있으나 공동체는 빠르게 사라지고 있습니다. 개인의 평화와 안전을 위한 공동체의 역할이 줄어들고 있으며 개인들도 공동체에 양보하지 않습니다. 사회적 신뢰, 사회적 통합 자본이라고 불리는 공동체의 공동자산은 급속히 사라지고 있습니다. 쾌적한 환경에 필요한 공원과 같은 환경 자산도 이제는 모두 민영화되었습니다. 국가가 제공할 수 있는 공원용지는 절대적으로 부족합니다. 공동체의 자산이 개인화되면서 공동체의 자산을 이용한 부의 축적이 새로운 시장 질서로 등장했습니다. 예를 들면 전파는 개인의 것이 아니라 공동체의 것이지만 소유권을 부여하여 개인에게 막대한 부를 줍니다. 정보도 같습니다. 정확하게는 누구의 소유도 아니지만 인위적으로 소유권을 만들어 개인에게 부를 분배해 버립니다.

개인에게 많은 선택지가 보장되어 있는 것처럼 보이지만 현실에서 실제 선택할 수 있는 선택지는 아르바이트와 비정규직 중의 선택, 명예퇴직과 식당개업 중의 선택과 같이 좋지 않은 선택만이 있습니다. 현대인에게 가장 좋은 상황은 선택을 하지 않아도 되는 상황입니다. 다행히 복지는 확대되어 암과 같은 중병에 걸리더라도 집을 팔 것인가를 고민해야 하는 극단적인 상황에서는 벗어났습니다. 이것은 참으로 다행스러운 일입니다. 그렇지만 불평등은 고착되고 있고 극복할 방법도 보이지 않습니다. 가장 자유로운 시대가 되었다고는 하지만 계층 상승의 사다리는 보이지 않게 되었고 새로운 계급이 등장하여 사회를 지배하고 있습니다. 공정을 이야기하는 사람은 많지만 실천하는 사람은 적습니다. 실천을 못하더라도 이야기하는 사람이 많아진 것은 그나마 다행스러운 현상입니다.

현대 사회는 다양성의 시대입니다. 개인의 다양성은 적극적으로 보장될 뿐 아니라 심지어 찬양되기도 합니다. 개인에 대한 존중은 개인의 공간을 기반으로 정치적 자유, 경제적 자유, 심리적 자유, 내밀한 공간의 자유를 모두 보장합니다. 역사가 시작한 이래 개인의 내밀한 세계에 대해 이렇게까지 자유를 보장한 적은 없었습니다. 개인의 내밀한 세계를 이렇게까지 찬양한 때는 없었습니다. 개인의 내밀한 세계는 항상 공동체를 위하여 희생되거나 봉인되었어야 했습니다. 찬양의 대상이 아니라 은밀하게 숨겨야 하는 대상이었고 최대한 존중을 하더라도 무관심의 대상이었습니다. 지금은 보장을 넘어 찬양의 시대가 되었습니다. 다양성이 폭발한 것입니다. 개인의 내밀한 세계는 사상과 양심의 자유, 개인의 사생활, 자기 몸에 대한 권리, 성적 취향 등 과거에는 용납되지 않았던 분야까지 확대되고 있습니다. 앞으로 개인의 내밀한 세계에 대한 자유 보장, 찬양은 더욱 확대될 것입니다.

개인의 다양성 증대는 상대적으로 차이와 불평등을 용인하는 것으로 나타납니다. 현대 사회에서 용납되지 않는 것은 합리적인 이유가 없는 차별이지 차이나 심하지 않은 불평등이 아닙니다. 차별 금지법을 만들어 극단적이고 비합리적인 차별은 추방할 것을 주장하지만 이와 함께 다양성, 차이는 적극적으로 찬양합니다. 대표적으로 성적 정체성의 차이가 이에 해당합니다. 차이는 어느 정도의 불평등을 포함합니다. 같지 않다는 것, 다양성을 인정한다는 것은 당연히 재능, 재산, 운, 생활,

직장, 가치관, 성적 취향 등 생활의 대부분의 면에서 불평등하다는 것을 인정하는 것입니다. 차이 인정은 곧 다양성 인정의 출발점이자 마음 안정의 출발점입니다.

다양성과 차이를 인정하고 찬양하면서 합리적인 이유가 없는 차별을 배제하기 위한 유일한 방법은 절차의 공정성을 확립하는 것입니다. 결과의 차이는 지나치지 않다면 용인해야 합니다. 과거에는 특정계급이 독점했던 성공을 이제는 나누어가지고 있는 것처럼 보입니다. 실제로 과거 특정 계급만이 가질 수 있었던 고가의 명품이나 특별한 제품을 이제는 누구나 가질 수 있게 되었습니다. 그만큼 대중적이 되었습니다. 수백 만원의 명품 핸드백과 백 만원이 넘는 스마트폰을 누구나 가지고 있는 것이 현실입니다. 텔레비전보다 더 비싼 스마트폰을 거의 모든 사람들이 손에 들고 다닌다는 것이 현실입니다. 불과 10년전에는 상상할 수 없었던 현실입니다. 물건도 매우 다양해졌습니다. 이러한 현상을 가능하게 한 것은 자본과 기업의 힘입니다. 초과잉 시대에 이제 물질적 풍요는 보장된 것으로 보입니다. 개인이 자신의 삶을 다른 사람과 다르게 꾸밀 수 있을 정도의 여유는 가지게 되었습니다. 스마트폰이나 차량, 집의 종류를 달리하는 수준이기는 하지만 말입니다.

그런데 누구나 자신의 노력으로 성공할 수 있다는 것이 현실일까요? 누구나 노력으로 성공할 수 있다는 것은 달리 말하면 실패 역시 개인의 책임이라는 것을 의미합니다. 신자유주의의 냉정한 결론입니다. 성공하는 사람과 실패하는 사람의 비율이 비슷하다면 이 결론은 받아들일 수 있습니다. 하지만 실제로 성공하는 사람은 극소수이고 실패하는 사람은 대다수입니다. 비정규직과 아르바이트를 하는 소위 교체 가능한 분야에 종사하는 사람들 역시 노력이나 열정이 부족한 것이 아닙니다. 구조적으로 소수, 그것도 극소수가 성공하고 절대다수는 실패하게 되어 있습니다. 이러한 구조를 신자유주의는 그냥 성공과 실패가 모두 개인의 책임이라고 호도하고 있을 뿐입니다. 그리고 성공한 사람들의 다수는 이미 어릴 때부터 성공한 집안, 계층에 속해 있는 사람들입니다. 성공이 예정된 사람들이 다수입니다.

이 문제를 해결하기 위해서는 두 가지 정책을 동시에 구현해야 합니다. 하나는 경쟁의 공정성을 확보하는 것이고 다른 하나는 실패자를 위한 복지체제를 완비하는 것입니다. 이중 복지체제의 정비와 확충은 민주정부에 들어서면서 계속 추진해왔습니다. 문재인 정부 역시 국가 비전의 핵심으로 제시하고 추진 중에 있습니다. 지극히 타당한 방향이고 앞으로 더 확대해야 할 것입니다. 대다수 국민들이 만족할 만한 수준은 아직 아니지만 건강보험 등 몇몇 분야는 세계적 수준에 올라섰고 국민들의 만족도도 높습니다. 장기계획도 충분히 좋아 보입니다.

남은 것은 경쟁의 공정성을 확보하는 과제입니다. 기회가 동등하게 주어졌는가 그리고 경쟁의 과정이 공정했는가 하는 것이 남은 과제입니다. 이 부분은 아직 충분히 미래비전에서 반영되어 있지 못합니다. 신자유주의는 최고점을 지났지만 여파는 남아 있습니다. 여전히 경쟁이 세상을 지배하고 있습니다. 차별과 불평등은 경쟁이라는 이름으로 더욱 심각해지고 있습니다. 공정성을 확보하는 것은 복지체제를 완비하는 것보다 더 시급한 일입니다.

기회의 평등과 과정의 공정은 결과의 차이를 어느 정도 합리화합니다. 공정성은 개인의 다양성을 충족시키면서 결과의 차이도 수용할 수 있도록 만드는 핵심 기제입니다. 물론 결과의 차이가 너무 크다면 다시 교정해야 합니다. 이 과제는 복지체제의 과제입니다.

한편 과정의 공정성을 확립하는 과정에서 구체적인 내용을 통제하려는 시도는 배격되어야 합니다. 도덕성이나 윤리성을 바탕으로 다른 사람의 내면의 세계를 통제하려는 시도는 하지 않아야 합니다. 이런 면에서 과정의 공정성은 형식적인 공정성에 일단 우선성을 두어야 합니다. 예를 들면 특정한 성적 도덕을 강요하거나 아니면 충과 효와 같은 봉건주의적 관념을 강요하거나 특정 종교를 강요하는 행위는 과정의 공정성 확립 과정에서 배격되어야 합니다. 사실 성적 도덕, 봉건 도덕, 종교의 강요 자체가 불공정한 것이기는 하지만 말입니다. 개인의 내밀한 세계의 자유를 침해하는 행위는 배격되어야 합니다. 과정의 공정도 중요하지만 개인의 자유는 더 중요합니다. 평등도 중요하지만 개인의 내밀한 세계는 더 중요합니다. 국가는 도덕적이어야 하지만 이 도덕이 차별의 구실이 되어서는 안됩니다.

국가의 철학

모든 국가는 일정한 철학을 바탕으로 구성되고 운영되고 평가됩니다. 그리고 국가의 철학은 시대의 흐름에 따라 변합니다. 한국은 지금 공정성이라는 시대적 요구를 안고 있습니다. 한국의 현 상황은 혼동 그 자체라고 할 수 있습니다. 한국은 많은 문제를 해결해 왔고 그래서 많은 성과가 있었으나 여전히 많은 문제를 안고 있습니다. 근대화, 공업화를 이루어 절대 빈곤으로부터 탈출했고 지금은 거의 선진국에 진입했습니다. 민주화의 성공으로 형식적 민주주의는 거의 완성했고 실질적 민주주의, 인간의 존엄성을 보장하는 민주주의로 나아가고 있습니다. 사람들의 생활 수준과 교양수준은 높아졌고 개인의 역량은 거의 세계 최고 수준입니다. 사회복지를 위한 기본 시스템은 완성되었고 이제는 그 내용을 더 발전시키는 단계로 도약하고 있습니다. 개인의 인권은 아시아 국가 중에서는 가장 높은 수준으로 보장되고 있고 치안 수준도 세계적으로 높습니다.

하지만 여전히 현실은 혼동과 갈등의 연속입니다. 특히 정치와 경제의 혼동은 가늠하기 힘든 정도입니다. 한국의 정치는 6월 항쟁과 촛불혁명으로 두 번이나 시민의 힘에 의한 정권교체를 할 정도로 발전했습니다. 거리의 민주주의, 직접민주주의는 평화적으로 진행되어 다른 나라의 부러움을 사고 있습니다. 시민들의 정치참여 의지는 높고 국가권력 횡포에 대한 저항의식도 강합니다. 한국인의 민주주의 의식은 세계 최고 수준입니다.

하지만 정당정치의 현실은 비참합니다. 국회를 여는 것도 어렵고 국회를 소집한다고 하더라도 당면한 예산과 법률 하나 처리하는 것도 사실상 불가능합니다. 국회는 이미 정쟁의 장이 되어버렸고 정당은 자신의 이익을 위해 가치도, 체면도, 수준도 모두 희생시키고 있습니다. 국회는 마땅히 열려야 하는 시기에도 문을 닫고 있으며 정당은 상대방 정당이 망하기를 바라면서 아무런 협조도 하지 않습니다. 대화와 협력이라는 민주주의 원리는 국회에서는 작동하지 않습니다.

국회의원 앞에서는 법 앞의 평등도 지켜지지 않습니다. 일반 시민이라면 마땅히 처벌받고 비난받아야 할 폭행, 협박, 무례, 욕설 등이 마치 권리인양 주장되고 용서됩니다. 수사기관의 수사, 정당한 국가권력의 행사를 무시하는 것도 예사입니다. 상대방에 대한 불신이 너무 높습니다. 정치가 문제를 해결하기는커녕 오히려 문제를 만들어 내고 더 악화시킵니다. 한국 정당정치에는 정치의 가장 기본적인 자산인 신뢰가 없습니다. 기회가 주어졌음에도 자신이 빠졌다는 이유로 절차를 무시합니다. 문제 해결의 절차가 무너졌고 문제 해결 방법도 잊은 듯합니다. 공정한 절차에 대한 공감대도 없습니다.

정의의 미래 "공정"

폭력이 선명한 투쟁으로, 무례가 강직함으로, 무식이 선명함으로 오해되는 것이 현실입니다. 폭력은 선명한 투쟁이 아니라 처벌받아야 할 범죄행위일 뿐입니다. 무례와 무식함은 자신의 허약한 지적 기반에 대한 자백일 뿐입니다. 한국의 정치는 실패하고 있습니다. 정치의 실패는 정치의 실패를 넘어 사회의 실패로 이어지고 있습니다.

정치의 폭력, 무례, 무식은 정치를 넘어 전 사회에 퍼지고 있습니다. 폭력, 무례, 무식은 규칙을 깨버립니다. 규칙에 기반한 절차를 모르겠다고 생고집을 부립니다. 국회의원들이 스스로 마련한 국회질서를 위반하는 것이 우리 국회의 모습입니다. 야당은 여당일 때 했던 말을 번복하고 있고 여당은 야당일 때 했던 말을 주워담기 바쁩니다. 그러면서 상대방을 비난합니다. 자신의 행위의 정당성을 자신의 내면에서 구하지 않고 상대방이 먼저 질서를 위반했다는 것에서 구합니다. 상대방의 잘못한 행위가 자기 자신의 행위를 정당화시켜 주지는 않습니다. 상대방이 거짓말을 했다고 해서 나의 거짓말이 정당화되지 않듯이 말입니다. 자기 행동의 정당성을 자신에게서 구하는 시도는 이미 사라져 버렸습니다.

절차와 규칙의 붕괴는 절차와 규칙에 의존하여 문제를 평화적, 제도적으로 해결하는 것을 불가능하게 만듭니다. 이렇게 되면 사회 내에 갈등이 발생해도 해결할 수 없고 작은 갈등이 오히려 큰 갈등을 불러일으키는 결과를 낳습니다. 공정성을 구현하고 있는 절차와 규칙이 붕괴하여 더 큰 갈등을 낳고 있는 것이 현재 한국의 모습입니다. 대립과 갈등이 없는 사회는 없습니다. 대화와 타협이 필요하다고 주장하는 것은 그만큼 대립과 갈등이 많이 있다는 것을 의미합니다. 문제는 이러한 대립과 갈등을 해결하는 절차입니다. 공정한 절차가 있을 때, 대립과 갈등은 상대에 대한 분노라는 감정없이 미래지향적으로 해소될 수 있습니다.

경제 역시 공정성이 무너져 흔들리고 있습니다. 경제계의 갑질이 이를 대표합니다. 갑질이라는 횡포는 경제계에서 비롯되었습니다. 경제계의 갑질 횡포는 자본의 힘에서 나옵니다. 대자본은 중자본을 핍박하고 중자본은 소자본에 갑질을 합니다. 자본은 노동에 갑질을 하지만 노동이 어느 자본에 속해 있느냐에 따라 갑질의 주체와 대상이 바뀌기도 합니다. 노동계급도 분열되어 일부 노동자들은 하위에 있다고 생각하는 노동자들에게 갑질을 합니다. 한국 사회에서 갑질이 아닌 경제 분야는 없다고 할 수 있습니다.

경제의 불공정성은 사회 각 분야로 확대됩니다. 신자유주의에 의한 불공정성 확대는 경제계에 머무르지 않고 사회 각 분야를 지배합니다. 한국의 재벌경제는 재벌의 이해관계를 가장 중요한 것으로 봅니다. 다른 사회적 권력은 재벌의 이해관계를 지키는 역할을 합니다. 한국 경제의 기득권 핵심에는 재벌이 있으며 이를 1차적으로 옹호하는 것이 정치권력입니다. 정치권력 바깥에는 법조권력과 관료권력이 있습니다. 경제와 정치를 법률과 정책으로 뒷받침하는 것이지요. 그 바깥에는 언론권력과 지식인 그룹이 있습니다. 언론권력과 지식인 그룹은 재벌 중심의 한국 사회를 유지, 확대하는 이론을 제공합니다. 재벌과 정치권력의 결합을 정당화시키는 역할을 합니다. 권력은 폭력으로만 유지될 수는 없습니다. 말을 타고 세상을 정복할 수는 있지만 말에 탄 채로 세상을 경영할 수는 없습니다. 이들은 재벌 없는 한국 경제를 상상할 수 없다고 하면서 재벌 중심의 경제시스템을 유지시켜야 한다고 주장합니다. 이 모든 권력은 하나가 되어 재벌개혁을 방해해 왔습니다. 그 힘이 너무 커 민주정부 들어서도 본격적인 재벌개혁은 하기 어려운 지경에 이르렀습니다. 계속해서 정경유착, 권력형 비리에 깊숙이 개입해 왔고 최근에는 국정 농단 사태에 주연으로까지 등장했던 재벌에 대한 재판이 지지부

진한 근본 이유는 여기에 있습니다.

경제의 불공정성은 재벌에서 시작됩니다. 지금도 계속되고 있는 정치권력과의 유착, 순환출자로 지배력 유지하기, 권한 남용행위, 일감몰아주기, 불공정거래행위, 중소기업 고유업종 잠식, 탈법적인 상속, 밀수나 폭행과 같은 범죄행위 등은 모두 재벌 그룹에서 시작한 것입니다. 다른 자본들은 자신도 재벌이 되고자 불공정행위, 범죄행위도 열심히 따라 하고 있습니다. 한국이 재벌중심의 경제라는 사실은 경제에도 공정성이 필요하다는 사실, 공정성을 지키기 위해서는 재벌개혁을 해야 한다는 사실을 잘 보여줍니다. 재벌을 중심으로 엘리트 부패 카르텔이 실제로 존재하고 이를 해소하는 것이 시대적 과제임을 보여줍니다.

정치와 경제 분야를 살펴보았지만 이것만으로도 한국 사회의 공정성이 위기에 처해있다는 사실을 알 수 있습니다. 다른 분야도 같습니다. 남녀평등의 문제도 공정성을 가장 필요로 합니다. 직장생활도 공정성이 필요하고 학교생활도 역시 그렇습니다. 사회 모든 분야에서 공정성이 필요하지 않는 곳은 없습니다. 특히 신자유주의의 여파로 경쟁의 논리가 퍼지고 공정의 가치가 위기에 처한 지금 공정한 규범과 절차가 절실합니다. 기본적인 의식주 생활이 해결되고 초과잉시대에 들어선 지금 생산보다는 분배가 중요하게 되었습니다. 분배가 중요해지는 순간 공정성은 핵심 과제로 떠오릅니다. 지금의 한국이 처한 상황은 공정성 가치를 국가의 철학으로 삼아야 한다는 점, 미래전략의 핵심으로 삼아야 한다는 점을 보여줍니다.

chapter 2

공정한 제도

공정성 구축

이제 한국에서 어떻게 공정성을 구축할 것인가라는 문제를 살펴볼 때입니다. 공정성 실현은 제도화를 통해 이루어집니다. 제도는 크게 규칙과 기구로 이루어집니다. 공정한 규칙이 만들어진 다음 이를 구현하는 공정한 기구가 필요합니다. 그 다음에는 공정한 규칙이 널리 받아들여지고 공정성을 실현하는 기구의 활동이 오랫동안 지속되어 사회에 정착되어야 합니다. 일관성과 정합성 있는 말과 행동, 정책과 판결, 결정과 집행이 지속되어야 합니다. 이렇게 문제 해결 절차가 정착하고 문화로까지 변해 광범위하게 신뢰를 받을 때 공정성은 실현됩니다. 제도 개혁, 즉 규칙과 기구의 개혁과 창설, 그리고 시간이 필요한 문화 변화가 요구됩니다.

공정성을 구현하려면 먼저 공정한 규칙이 있어야 합니다. 수사와 재판이라는 형사 절차를 중심으로 공정한 규칙의 의미를 살펴봅시다. 범죄가 발생했을 때에는 수사와 재판을 합니다. 이때 각 당사자에게는 절차에 참여할 권한이 부여됩니다. 피해자에게는 범죄를 신고할 수 있고 범죄 피해를 말할 수 있는 기회가 보장됩니다. 수사기관에게는 수사를 하는 권한과 함께 과도한 수사로 인하여 인권침해가 발생하지 않도록 할 의무가 부여됩니다. 피고인에게 충분한 변명의 기회, 방어의 기회를 부여해야 합니다. 피해자, 수사기관, 피고인이라는 각 이해관계자들에게 적절한 권한을 미리 법률로 나누어주어야 합니다. 각자에게 부여되는 권리는 한쪽이 다른 쪽을 압도할 정도로 불균형해서는 안됩니다. 모두가 적절하게 자신의 이익을 보호할 수 있도록 균형있게 권한을 나누어 가져야 합니다. 이것이 공정하고 공평한 권한 배분입니다. 이러한 내용은 모두 헌법, 형법, 형사소송법, 특별법 등 법률로 규정됩니다. 수사 절차와 재판 절차는 법률로 명확히 사전에 규정되어 있어야 합니다. 국민의 인권에 결정적인 영향을 미치기 때문입니다. 절차는 사전에 규정될 때 공정해질 수 있습니다. 헌법, 형법, 형사소송법 등은 모두 공정성을 체현하는 규칙들입니다.

수사와 재판 절차 중 결정적인 역할을 하는 것은 재판 절차입니다. 범죄가 실제로 발생했는지, 범죄가 어떤 범죄에 해당하는지, 범인이 범죄를 저지르기는 했는지, 어떻게 저질렀는지, 범인이 범죄를 저질렀다면 어떻게 처벌하는 것이 좋은 것인지 등을 정하는 재판 절차가 공정하게 구성되는 것이 무엇보다도 중요합니다. 수사 절차는 재판을 위한 사전준비절차입니다. 그래서 재판 절차와 완전히 같을 수는 없지만 수사 절차 역시 피고인의 인권을 침해하므로 재판 절차와 비슷한 정도로 공정하게 구성되어야 합니다. 현재 한국의 법률은 수사와 재판 과정에 등장하는 사람들에게 적절한 권한을 부여하고 있습니다. 피해자, 경찰, 피고인, 법원 등 수사와 재판의 주체들에게 적절한 권한을 부여한 것으로 평가할 수 있습니다. 다만 검찰에게는 과도한 권한이 부여되어 있습니다. 기본적으로 분리되어야 할 수사권과 기소권을 모두 가지고 있습니다. 수사권은 경찰에 대한 수사지휘권을 통하여 단독으로 행사하고 있습니다. 수사에 이어 기소권을 가지고 있어 수사과정의 위법이나 탈법, 무리한 수사를 스스로 견제할 방법이 없습니다. 검찰은 공소유지권을 통해 재판에도 관여할 권한을 가지고 있습니다. 과도한 권한입니다. 이러한 과도한 권한을 검찰만이 가지고 있다는 점은 문제입니다. 그 어떤 기관보다 더 많은 권한을 검찰이 가지고 있습니다. 검찰개혁이 주장되고 있는 근본 이유입니다.

현재 한국의 재판 절차는 몇 가지 점에서 개혁의 필요성은 있지만 전반적으로는 공정한 규칙과 기관을 갖추고 있는 것으로 평가할 수 있습니다. 재판 과정에서는 검찰의 권한이 법원에 의하여 견제됩니다. 그래서 재판 절차는 수사 절차보다는 상대적으로 더 공정합니다. 재판 절차가 공정한 것은 사법개혁의 결과입니다. 이처럼 사회 내에서 분쟁이 발생했을 때 갈등과 대립을 최소화하면서 평화적 방법으로 해결하려면 공정한 규칙이 우선 필요합니다.

규칙 다음으로 필요한 것은 공정한 규칙을 바탕으로 공정성을 실현하는 기구입니다. 아무리 훌륭한 헌법과 법률을 가지고 있다고 하더라도 이를 구현하는 사법부나 수사기관이 형편없다면 범죄를 제대로 처벌할 수도 없고 피고인을 포함한 시민들의 인권을 지킬 수도 없습니다. 법원이 귀족들로만 구성되거나 수사기관이 정치권력의 요구에 따라 야당이나 민주인사, 민주화 투쟁을 한 학생이나 민중들을 탄압하는데 집중한다면 이는 공정한 시스템이 아닙니다. 법률은 아무리 훌륭하더라도 종이에 적힌 글자에 지나지 않습니다. 현장에서 살아있는 실무가 제대로 공정하게 운영되어야 합니다. 구성부터 집행, 평가까지 말입니다.

기구의 활동이라는 실무가 현장의 공정성 수준을 정합니다. 대부분의 나라들이 법률로 사법부와 공정거래위원회를 두고 이들 기관의 독립성을 인정하고 있음에도 불구하고 실제 공정성 실현에서 많은 차이가 있는 것은 이들 기관의 기구의 실제 활동에 차이가 있기 때문입니다. 이들 기구가 역사와 전통, 문화와 신념을 가지고 공정성을 실현한다면 공정성은 문자 그대로 실현됩니다. 그렇지 않고 이들 기구가 정치권력이나 자본권력의 편에 선다면 공정성은 법전에 존재하는 말에 그치고 현실에서는 실종되어 버립니다. 선진국과 후진국의 차이는 바로 여기에 잇습니다.

규칙과 기구로 우선 공정성을 구현할 수 있습니다. 그런데 규칙과 기구만으로는 공정성을 완전히 정착시킬 수는 없습니다. 사회는 규칙과 기구만으로 운영되기에는 너무 복잡하고 공정성은 규칙과 기관을 훌쩍 뛰어넘어 존재하는 이념입니다. 공정성을 구현하는데 세 가지 점을 유의할 필요가 있습니다.

첫째, 공정성은 제도, 즉 규칙과 기관으로 구현되지만 본질적으로 추상적인 가치이기 때문에 하드웨어로만 생각해서는 안됩니다. 공정성은 소프트웨어로서 무형의 제도이자 가치입니다. 큰 건물을 짓거나 이벤트나 캠페인 등으로 달성할 수 없습니다. 이것은 다른 말로 공정성을 구축하는데 상당히 많은 시간과 자산이 소요된다는 것을 의미합니다. 인내를 가지고 꾸준히 공정성을 높이는 것이 필요합니다. 물론 단기간에 해야 할 개혁은 있습니다. 불공정한 법규와 예단과 편견을 가진 규칙은 당연히 당장 개정해야 합니다. 불공정한 인물로 구성된 기관은 당연히 새로 구성되어야 합니다. 한쪽으로 치우친 판단자, 심지어 자신의 이익을 우선으로 하는 판단자를 두고는 공정성을 실현할 수 없습니다. 이처럼 단기간의 개혁은 필요하지만 공정성은 역시 사회를 움직이는 소프트웨어이므로 전통과 역사, 문화와 사회적 감정 등을 두루 고려하지 않을 수 없습니다.

둘째, 공정성은 미래의 가치이기는 하지만 또한 오래된 개념이라는 점을 염두에 두어야 합니다. 공정성이 한국 사회와 시민의 미래를 결정할 중요 이념이기는 하지만 공정성 개념은 역사상 가장 오래된 개념 중의 하나입니다. 역사상 오래된 개념이라는 것은 어떻게 보면 진부한 개념이라는 것이며 새로운 내용이 없다고 배척될 수도 있다는 것을 의미합니다. 새로운 것이 넘쳐나는 지금 오래된 개념은 설자리를 잃고 있습니다. 오래된 개념은 오히려 개인의 해방을 방해하는 개념인 것처럼 인식되고 있습니다.

공정성은 오래된 개념이지만 현재와 미래에 반드시 필요한 개념입니다. 오래된 개념이라고 하여 모두 다 버릴 수는 없습니다. 오래된 개념 중 특히 오래된 개념은 그만큼 오래 검증을 견뎠다는 점에서 인간 생존에 절대적으로 필요한 개념, 근본 가치일 가능성이 높습니다. 다만 오래된 개념을 새로운 세상에 적용하려면 새롭게 다시 정의하고 새로운 사회현상과 새롭게 관계를 맺어야 합니다. 오래된 개념을 새롭게 정의하고 다른 새로운 현상과 어떤 관계에 있는가를 규정하는 것은 쉬운 일은 아닙니다.

셋째, 공정성 개념과 관련하여 중요한 것은 바로 사람이라는 점을 염두에 두어야 합니다. 공정성을 감각적으로 구현하는 것은 규칙과 기구이지만 이를 현실에서 실행하는 것은 사람입니다. 공정성을 실현하는 사람이 공정하지 않으면 아무리 공정한 규칙과 기구를 갖추고 있다고 하더라도 공정성은 작동하지 않습니다. 예를 들어 판사가 공정하게 재판하지 않으면 아무리 법률과 재판 절차가 공정하다 하더라도, 사법부의 독립이 보장되어 있다고 하더라도 공정성은 실현되지 않고 사람들에게 믿음을 주지 못합니다.

공정성은 또한 실제로 공정해야 할 뿐 아니라 공정하다는 외관과 신뢰를 주어야 합니다. 이 점은 근본 개념이 가지고 있는 장점이자 과제입니다. 정의와 공정과 같은 사회 운영의 바탕이 되는 근본적인 개념은 신뢰가 생명입니다. 신뢰가 중요하므로 실제로 공정해야 할 뿐 아니라 공정하다는 외관을 제공해야 합니다. 조금의 의심도 허용하지 않아야 합니다. 법원의 판결이 이에 해당합니다. 모든 사람들이 모든 판결을 일일이 추적하여 공정성 심사를 할 수는 없습니다. 공정성을 가장 잘 체현한다는 법원의 공정성 구현 과정도 공백이 발생할 수밖에 없습니다. 이 공백을 메우는 것이 바로 공정성을 체현한다는 신뢰입니다. 신뢰가 있을 때 일일이 공정성 심사를 거치지 않더라도 판결이 공정할 것이라는 평가를 받을 수 있습니다. 신뢰를 쌓으려면 공정성을 실제로 구현할 뿐 아니라 구현하고 있다는 외관을 제공해야 합니다. 공정성을 실현하고 있다는 외관을 제공하는 데에는 공정성을 체현하고 있는 인물이 필요합니다. 사법 농단 사태와 같이 공정성을 파괴하는 양승태 전 대법원장과 같은 인물이 등장하면 사법부의 공정성은 뿌리째 흔들립니다. 실제의 공정성과 외관상의 공정성 모두 흔들리게 됩니다.

공정한 규칙, 헌법과 법률

공정성은 공정한 규칙의 제정에서 출발합니다. 공정한 규칙이 제정되어야 절차의 공정성이 확보되고 기구 역시 공정하게 구성됩니다. 공정성 규칙은 헌법과 법률로 표현됩니다. 공정한 법률은 형식적으로 분쟁과 갈등의 당사자에게 공정한 참여의 기회를 주어야 합니다. 참여한 이후에는 충분하고 효과적인 공격과 방어의 기회가 부여되어야 합니다. 거의 기계적인 평등이 요구됩니다. 특히 국가가 개인을 재판하는 경우인 형사재판에서는 시민인 피고인에게 방어의 기회를 충분히 보장해야 합니다. 만일 피고인이 무지와 빈곤으로 자신을 방어할 수 없다면 국가가 피의자와 피고인을 위하여 변호인을 선임해줍니다.

나아가 법률은 내용적으로 인간의 존엄성, 인권을 보장해야 합니다. 분쟁 해결 절차, 재판 절차가 인간의 존엄성, 인권을 침해할 수 없도록 구성되어야 합니다. 누가 어떻게 부당한 행위를 했는지는 분쟁 해결 절차, 재판 절차가 끝나야 알 수 있습니다. 형사재판을 예로 들면 모든 사람은 유죄로 판결 받기 전에는 무죄로 추정된다는 '무죄 추정의 원칙'이 지켜져야 합니다. 유죄라고 미리 예단하고 재판에 임하면 그것은 공정성을 실현하는 재판이 아니라 재판을 핑계로 한 형벌 절차일 뿐입니다. 공정한 절차를 구현하는 법률은 내용적으로 예단과 편견이 없는 법률이어야 하며 절차 자체가 인권적이어야 합니다.

법률은 그 자체로 공정함을 상징합니다. 민주주의 국가에서 법률은 일반적, 추상적인 형식을 취합니다. 현대 사회에서 특별한 사람이나 특별한 사건을 대상으로 하는 법률, 즉 처분적 법률은 허용되지 않습니다. 따라서 아무리 최순실이 국정 농단 사태로 막대한 수익을 얻었다고 하더라도 최순실만을 겨냥해서『최순실 국정 농단 범죄수익 환수법』은 만들 수 없습니다. 특별한 사건을 대상으로 하는 처분적 법률이기 때문에 허용되지 않습니다. 대신 일반적으로 범죄자가 일정한 범위의 범죄를 저질러 이익을 얻은 경우에 범죄수익을 숨기는 것을 금지하고 범죄수익을 몰수 또는 추징한다는『범죄수익은닉의 규제 및 처벌 등에 관한 법률』을 제정할 수 있을 뿐입니다. 실제로 한국에서는 이러한 이름의 법률이 있습니다. 이 법률에 의하여 최순실 범죄수익을 환수하려고 합니다. 필요하다면 법률을 개정할 수는 있지만 이 역시 최순실만을 대상으로 해서는 안됩니다. 이렇게 법률은 모든 사람은 법 앞에 평등하다는 것을 형식논리적으로 구현하고 있습니다. 이것이 법률 제정 단계의 공정성입니다.

법률은 국가, 지방정부, 공공기관, 학교, 기업 등 모든 조직과 개인에게 공평하게 적용됩니다. 법 앞에는 어떤 특수계급, 계층, 집단도 인정될 수 없습니다. 혈통에 근거한 귀족이나 자본에 근거한 신흥계급도 법 앞에는 평등합니다. 박근혜 최순실 국정 농단 사태에서 확인할 수 있듯이 법은 대통령과 재벌 총수들을 구속할 정도로 모든 사람을 평등하게 취급합니다. 심지어 판사들의 최고이며 살아있는 법률이라고 할 수 있는 대법원장이나 대법관도 죄를 지었으면 구속됩니다. 지금 우리 눈앞에는 양승태 대법원장과 박병대, 고영한 대법관이 재판을 받는 모습이 벌어지고 있습니다. 이중 양승태 대법원장은 구속되기도 했습니다. 법 앞의 평등은 바로 이 단계에서 선명하게 드러납니다. 적용 단계의 공정성입니다.

법률의 공정성만이 아니라 법률의 하위에 있는 규범인 시행령, 시행규칙 역시 공정하게 마련되어야 합니다. 이들 하위 규정의 내용과 적용 역시 공정하고 평등해야 합니다. 모든 특혜와 편법을 없애고 모든 이가 공정하게 대우받을 수 있도록 법령이 마련되어야 합니다. 하위 법령으로 내려갈수록 현장 적용 가능성은 높아집니다. 그만큼 하위 법령의 공정성도 중요합니다. 법령 제정과 개정을 둘러싸고 사회 여러 세력들이 충돌하는 것은 바로 공정성이 보장되지 않는다면 일방이 정당한 이유 없이 피해를 보기 때문입니다.

법률의 공정성을 한 단계 높이기 위해서 지금 존재하는 모든 법률과 시행령, 시행규칙에 대한 공정성 심사를 거칠 필요가 있습니다. 새로 제정될 법률은 말할 것도 없습니다. 지금 당장 문제가 없다고 미루어서는 안됩니다. 지금도 그렇지만 앞으로 공정성 문제는 더욱 심각해질 것이기 때문입니다. 공정성 심사는 사회 개혁의 일환이기 때문에 더욱 필요합니다. 이 과제는 법무부와 법제처가 함께 담당하는 것이 좋아 보입니다. 법무부만으로도 가능할 수 있겠으나 아무래도 전문 인력은 법제처가 많이 확보하고 있으므로 두 부처가 함께 하면 시너지 효과가 날 것으로 보입니다.

공정성 문제를 해결하기 위한 법령 개편의 최고 형태는 개헌입니다. 현행 헌법은 1987년 민주 항쟁 이후 마련된 것으로 30년이나 지난 현재의 문제를 해결하고 미래를 준비하는데 부족합니다. 그동안 엄청난 변화와 발전이 있었습니다. 확대되고 있는 다양한 인권의 내용을 반영해야 하는 과제를 비롯하여 대통령과 국회의 관계, 중앙정부와 지방정부의 관계, 독립된 국가기구의 위상 문제 등을 해결해야 하는 문제가 개헌에 걸려있습니다. 개헌은 그 자체로 필요한 일입니다. 그래서 문재인 대통령도 2018년 대통령의 개헌안을 발의했습니다. 개헌은 공정성이라는 관점에서도 필요합니다. 개헌 과정에서 공정성 가치는 크게 부각될 것입니다. 헌법이 공정하게 개정되면 그에 근거하여 법률과 시행령, 시행규칙의 공정성 심사를 더 근본적으로 할 수 있습니다. 개헌을 계기로 법령 전체에 대한 공정성 심사를 할 수 있는 동력을 얻을 수 있습니다.

정의의 미래 "공정"

엄격하면서도 인간적인 법령 적용

법령이 공정성 심사를 거쳐 다시 재정립되면 이제는 법령을 적용하는 문제가 남게 됩니다. 법령 적용의 원칙은 엄격하되 잔혹하지 않은 것입니다. 먼저 법령 적용은 엄격해야 합니다. 규칙의 적용은 모든 이에게 평등해야 합니다. 법 앞의 평등은 모든 평등의 출발점입니다. 이것이 바로 엄격한 법의 집행입니다. 범죄를 저질렀다면 가해자는 모두 같은 형벌로 처벌되어야 합니다. 계급이 인정되지 않는 현대 사회에서 범죄자를 포함하여 모든 사람들을 다르게 처벌할 근거는 없습니다. 민사상, 행정상으로도 평등해야 합니다. 계약이 이행되지 않았다면 같은 처지에 있는 사람들은 모두 같은 손해배상을 받아야 합니다. 같은 처지에 있는 토지 소유주가 같은 건물의 신축을 신청했다면 그 신청은 모두 허가되어야 합니다.

과거 계급 사회에서는 수사와 재판, 형벌의 집행에서, 그리고 권리와 의무에서 신분에 따른 차이가 있었습니다. 과거에는 귀족이나 양반이 아니라면 사형을 당하더라도 자신의 신체를 온전히 유지할 수조차 없었습니다. 언덕을 천천히 올라갈 정도로 고통스럽게 사람을 죽인다는 뜻이지만 실제로는 사람을 기둥에 묶어놓고 살점을 칼로 조금씩 잘라내어 죽이는 능지처참형, 죄인의 다리를 두 개의 수레에 각각 묶은 후, 수레를 반대 방향으로 움직여 몸을 찢어 죽이는 거열형, 허리를 베어죽이는 요참형, 죄인의 목을 베어 높은 곳에 매달아 놓는 효수형, 이미죽은 사람의 시체에 다시 목을 매는 육시형, 사람의 목을 매어 죽이는 교수형 등이 동양에서는 시행되었습니다.

서양도 잔인하기는 마찬가지였습니다. 1535년 사형이 선고된 토마스 모어의 사형집행 방법은 기괴하기까지 합니다. 반쯤 죽인다는 것은 무엇을 의미하는 것일까요? 다행스럽게도 토머스 모어의 사형은 목을 자르는 것으로 끝났다고 합니다(레너드 케스터·사이먼정, 2014).

> 대역 죄인 토머스 모어를 사형에 처한다. 죄인은 런던시에서 티번까지 이송되어 그곳에서 반쯤 죽을 때까지 목이 매였다가, 다시 반쯤 죽을 때까지 물 속에 담긴 뒤, 아직 살아 있는 상태에서 사지를 자르고 배를 갈라 내장을 꺼내 불에 태우며 잘린 신체 조각들은 런던의 4대문에, 머리는 런던 다리 위에 효시한다.

사형집행 방법 중 가장 잔인한 방법은 아마 다미엥에 대한 사형집행일 것입니다. 미셸 푸코는 유명한 '감시와 처벌 – 감옥의 역사'라는 책의 서두에 사형집행 방법을 자세히 소개했습니다. 루이 15세를 살해하려다가 실패한 다미엥에 대한 유죄판결 내용입니다. 다미엥은 토머스 모어만큼 운이 좋지는 않아 유죄판결 내용대로 집행되었습니다(미셸 푸코, 2010).

> 손에 2파운드 무게의 뜨거운 밀랍으로 만든 횃불을 들고, 속옷 차림으로 파리의 노트르담 대성당의 정문 앞에 호송차로 실려와 공개적으로 사죄할 것. 호송차로 그레브 광장으로 옮겨간 다음, 그곳에 설치될 처형대 위에서 가슴, 팔, 넓적다리, 장딴지를 뜨겁게 달군 쇠 집게로 고문을 가하고 그 오른손은 국왕을 살해하려 했을 때의 단도를 잡게 한 채, 유황불로 태워야 한다. 계속해서 쇠 집게로 지진 곳에 불로 녹인 납, 펄펄 끓는 기름, 지글지글 끓는 송진, 밀랍과 유황의 용해물을 붓고 몸은 네 마리의 말이 잡아들여 사지를 절단하게 한 뒤, 손발과 몸은 불태워 없애고 그 재는 바람에 날려버린다.

사형을 당하더라도 신체를 온전히 보존하는 것은 왕의 큰 은혜였습니다. 사극에서 흔히 보는 장면, 사약을 받은 자가 왕에게 "성은이 망극합니다"라고 하는 것은 실제로 자신은 죽더라도 신체를 온전히 보존하여 자손들이 사체를 수습하고 제사를 지낼 수 있게 해 준 왕에 대한 고마움에서 표현한 말이었습니다. 사형을 피할 수 없다는 것은 서로 잘 알고 있었기 때문에 남은 관심사는 바로 사형의 집행 방법이었습니다.

신분사회, 계급사회가 붕괴된 이후 이러한 차별은 없어졌습니다. 그래서 길로틴은 잔인한 방법이지만 신분의 구분 없이 모두 같은 방법으로 처형하였기 때문에 평등함의 상징이 되었습니다. 그리고 이전의 사형 방법에 비하여 고통을 주는 순간이 극히 짧아 과학적, 인도적이라고까지 칭송되었습니다. 현대 시민들은 이해할 수 없는 이상한 감각입니다.

모든 범죄자는 모두 같은 형으로 처벌받아야 합니다. 이것이 법률의 엄격함입니다. 공정성에 관해서도 같습니다. 법 앞에서는 모두 같은 힘을 가져야 합니다. 실제로는 변호사를 고용하는 재력에 따라 힘의 차이가 발생하지만 그래도 법률은 평등을 고집합니다. 빈곤과 무지로 변호사를 고용하지 못한다면 국가가 이를 도와줍니다. 법률구조제도, 국선변호인제도가 그 역할을 합니다.

다른 한편, 법령의 적용은 엄격해야 하지만 잔혹해서는 안 됩니다. 법령의 적용은 인간적이어야 합니다. 문명국가의 수준에 맞는 수준이어야 합니다. 특히 형벌은 복수나 한풀이가 아니라는 점을 명심해야 합니다. 어디까지나 범죄인을 교화하고 일반인에게 범죄를 저지르면 안 된다는 것을 보여주기 위한 정도로만 형벌의 수준이 정해져야 합니다. 가혹하고 잔인한 형벌은 반인권적인 형벌로서 문명사회에 어울리지 않고 인간의 존엄성이라는 가장 기본적인 원칙에 저촉됩니다. 인간의 존엄성은 절대적으로 평등하기 때문에 범인이라고 하더라도 보장되고 존중되어야 합니다.

범죄를 예방하는 가장 효과적인 방법은 형벌의 잔혹성이 아니라 형벌의 확실성에 있습니다(체사레 베카리아, 2006). 베카리아가 말한 확실성은 바로 누구에게나 적용되는 엄격성을 의미합니다. 무시무시한 형벌이 범죄를 예방하는 것이 아니라 처벌의 확실함, 엄격한 법의 집행이 범죄를 예방하는데 훨씬 효과적입니다. 범죄, 법의 그물을 벗어나려는 욕망은 대부분 자신은 처벌받지 않을 수 있다는 심리에서 비롯됩니다. 범죄를 저지르면 모두 처벌받는다는 것이 확실해지면 범죄 예방의 효과는 높아집니다. 무시무시한 형벌은 좋은 형사정책이 될 수는 없습니다. 잔혹한 형벌이 있다면 오히려 잔혹한 형벌이 범죄자를 더욱 대담하게 만들 수 있습니다(체사레 베카리아, 2006). 예를 들어 절도도 사형, 강도도 사형, 살인도 사형이라면 집에 들어가 몰래 돈을 훔치던 도둑이 들키면 어떻게 처벌받아도 사형이므로 아예 목격자를 살인할 수도 있습니다. 후속 범죄를 저지르는 유혹에 빠지는 것입니다. 형벌이 잔혹해질수록 인간의 마음은 무감각해지고 따라서 더 잔혹한 형벌을 찾아 헤맵니다. 더 잔혹하게 처벌하고 처벌 과정을 공개함으로써 시민들을 협박하게 됩니다. 하지만 잔혹함은 인간의 마음을 황폐하게 만들 뿐이고 인간의 존엄성을 침해할 뿐입니다. 자신은 들키지 않을 수 있다는 심리가 있는 이상 아무리 처벌이 잔혹해도 범죄로 나아가는 경향을 막지 못합니다.

한편 너무 잔혹한 형벌은 형을 선고할 수 없게 만들기도 합니다. 절도도 사형, 폭행도 사형, 이성의 신체 촬영도 사형이라면 5만 원을 훔친 사람도, 가벼운 말다툼으로 상대방의 멱살을 잡아 흔든 사람도, 핸드폰으로 처음 이성의 신체를 촬영한 사람도 모두 사형에 처해야 합니다. 이것이 불합리한 것은 말할 것도 없습니다. 사형시킬 만한 범죄가 아니라는 것은 누구도 압니다. 만일 이런 사건을 재판한다면 배심원과 판사는 무죄를 선고할 것입니다. 5만 원을 훔친 사람의 목숨을 빼앗을 수는 없기 때문입니다. 사람을 사형시키는 결정을 내리는 것은 쉬운 일이 아닙니다. 가혹한 형벌만이 있다면 처벌한다면 양심이 허용하지 않고, 처벌하지 않는다면 정의를 세우고 범죄를 예방할 수 없는 모순에 빠지게 됩니다. 범죄를 예방하고 범죄를 처벌하기 위하여 잔혹한 형벌을 만들었는데 범죄를 처벌하지 못하는 경우가 발생하는 것입니다. 물론 인간의 심리란 예측하기 힘든 것이어서 자신이 처벌받을 것을 알면서도, 나아가 처벌받기를 원하면서 범죄를 저지르는 경우도 있습니다. 이러한 범죄자는 정신적으로 이상이 있는 범죄인이므로 일단 논외로 치고 따로 대책을 마련해야 합니다.

형법의 적용은 엄격하면서도 인간적이어야 합니다. 차가운 정의를 그나마 따뜻하게 만드는 것, 문명화하는 것은 인권, 인간적인 처우입니다. 이와 같이 공정성을 추구하는 법의 집행도 역시 엄격하면서도 인간적이어야 합니다.

법의 집행에서 엄격함과 인간다움의 균형이 필요한 이유는 사회적 약자를 보호할 수 있기 때문입니다. 법령의 적용이 엄격하면서 가혹하면 대체로 약자에게 불리합니다. 약자는 사건이 발생했을 때 자신을 방어할 수단이 없는 경우가 많습니다. 가혹하게 법령을 집행하면 사회적 약자는 더 약자가 될 가능성이 큽니다. 사회적 약자를 더 약자의 지위로 떨어뜨리는 법령의 적용은 과정도 결과도 공정하지 않습니다. 인간의 존엄성을 보장한다는 헌법의 정신, 법령의 기본 목적과도 어울리지 않습니다. 그렇다고 사회적 약자를 무조건 봐주자는 것은 아닙니다. 가혹한 형벌로 사회적 약자가 더 나쁜 처지에 빠져서는 안된다는 점을 강조하고 싶을 뿐입니다.

chapter 3

사법 개혁

공정성과 사법부

공정성을 실현하려면 공정한 규칙 제정 이후 규칙, 규범을 실행하는 공정한 기구가 필요합니다. 현대사회에서 공정성 실행 기구는 사법부로 대표됩니다. 물론 공정성을 실현하는 기구가 사법부에 한정되는 것은 아닙니다. 행정부도 있으며 다른 민간의 조정 기구도 있습니다. 하지만 현대 국가에서 공정성 가치를 가장 잘 실현하는 공적 기구는 역시 사법부입니다. '사회갈등의 최종적인 해결기관'이며 '인권의 최후의 보루'이기 때문입니다. 사회갈등의 공정한 해결은 사법부의 존재 이유이기도 합니다. 다른 행정부나 민간 조정 기구도 사법부를 따라갑니다. 사회가 사법부에 의존하는 정도에 비례하여 법치주의와 민주주의의 수준이 결정됩니다. 그렇다고 사법부에 모든 문제를 맡겨야 한다는 것은 아닙니다. 정치, 교육 등 각 단위에서 자율적으로 문제를 해결할 필요성은 여전히 남아 있고 다원화된 현대 사회에서 그 필요성은 더욱 높아지고 있습니다. 사법부에만 의존하게 되면 정치나 교육은 불필요하게 되고 정치의 사법예속, 교육의 사법 예속이 초래될 수 있습니다. 법관이 정치와 교육을 할 수는 없습니다. 법관의 임무에 그런 임무가 포함되어 있지도 않고 법관은 그 분야의 전문가도 아닙니다.

현재 한국 사법부는 진통을 겪고 있습니다. 사법 농단이라는 사법부 최대의 위기에 처해 있습니다. 양승태 전 대법원장 시절 벌어진 사법농단은 첫째, 사법부 최고위급 법관들이 정치권력과 손을 잡았다는 점, 둘째, 법관이 법관들의 독립성을 침해했다는 점, 셋째, 정치권력과 법관이 재판의 결과를 재판 이외의 다른 사유로 좌우하려고 했다는 점에 특징이 있습니다. 한마디로 사법부가 스스로 독립성을 침해했고, 공정해야 하는 법원의 재판을 사적 이익을 위하여 왜곡했습니다. 이 사태는 기존의 관념을 완전히 뒤엎는 것이었습니다. 기존의 통념은 정치권력이 사법부를 장악하기 위하여 사법부의 독립, 법관의 독립을 침해하고 사법부는 이에 저항하든지 아니면 최소한 소극적으로 정치권력의 요구를 수용한다는 것이었습니다. 이것만으로도 비참한 현실입니다. 과거 군부독재 시절 벌어졌던 일이고 그 잔재는 여전히 남아 있습니다. 그러나 현실은 드라마보다 더 막장이라는 말이 있듯이 실상은 더 비참했습니다. 대법원장과 대법관이 먼저 나서서 청와대와 손을 잡으려고 했습니다. 청와대와 손을 잡기 위해 재판 과정을 살펴보았고 법관에게 압력을 넣었고 재판 결과를 좌우하려고 했습니다. 나아가 재판 결과를 바탕으로 청와대와 정치적으로 거래를 하려고 했습니다. 인권의 최후의 보루라는 사법부가 인권을 팔아 정치권력과 거래를 하려고 한 것이었습니다.

정치권력과 사법부 고위직 판사들의 노골적인 결탁과 합작이 한국사회를 지배하고 있었던 현실을 우리는 법원 내부의 보고서와 법관들의 폭로에서 확인할 수 있었습니다. 고위직 법관들에게는 헌법에 보장된 사법부의 독립, 법관의 독립은 재판 거래를 위해서는 희생해도 되는 장식이었을 뿐입니다.

　사법 농단 사태로 붕괴된 것은 법관의 독립과 함께 재판에 대한 신뢰였습니다. 재판에 대한 신뢰는 재판의 공정성에서 출발하며, 재판의 공정성은 법관의 독립에 기초합니다. 예단과 편견이 없는 공정한 법관으로 구성된 재판부가 당사자들에게 같은 기회를 부여할 때 공정성은 시작합니다. 그래서 법관의 독립이 중요한데 이 법관의 독립을 사법부 고위직 판사들이 깡그리 무시한 것입니다. 사법 농단의 주체들은 법관의 독립을 침해함으로써 재판의 공정성과 사법부의 신뢰를 붕괴시켜 버렸습니다. 이들이 얻으려고 한 것은 정치권력과 함께 한국을 지배하는 힘과 사법부 자체의 이익이었습니다. 하지만 실체는 드러났고 이들이 얻은 것은 수갑과 피고인이라는 재판을 받는 신분이었습니다. 법정에 선 초라한 자신의 모습을 대면하는 대법원장과 대법관들은 아직도 자신의 권력을 위하여 사법부를 이용했다는 사실을 인정하지 않고 있습니다. 이들 대법원장과 대법관은 여전히 사법부 내에 영향력을 가지고 있습니다. 이들이 임명한 법관들이 아직도 재판을 하고 있습니다. 여전히 법관들에게 영향력이 있는 이들이 구속되지 않는 채 자유롭게 재판을 받을 때 벌어질 수 있는 재판 왜곡 현상이 걱정스럽습니다. 그만큼 법관들의 공정성이 의심받는 시대입니다.

　사법 농단 사태로 사법개혁이 필요하다는 것이 명백해졌습니다. 공정성을 물질적, 제도적으로 체현하는 사법부가 공정하지 못한 현실에서는 공정성이 사회에 퍼질 수 없습니다. 공정성은 사법부에서 시작하여 다른 곳으로 파생되어 나갑니다. 가장 공정해야 할 사법부가 공정하지 못하면 다른 기관은 말할 것도 없습니다. 행정부는 정치권력과 자본권력에 의하여 더 쉽게 좌우되며 민간의 중재 및 조정 기구는 다른 압력에 훨씬 많이 노출되어 있습니다.

사법 농단 사태는 법원 행정의 문제점을 드러냈습니다. 법원 행정이 대법원장 1인 체제의 관료제로 운영되면서 법관의 독립을 침해했다는 점이 밝혀졌습니다. 제도 개혁은 피할 수 없습니다. 물론 제도가 완벽하지 않더라도 전통과 문화의 힘으로 법관의 독립을 지킬 수도 있습니다. 이론적으로는 가능합니다. 하지만 현실은 냉정합니다. 우리에게는 법관의 독립을 지킬만한 전통과 문화가 없습니다. 정치권력과 법원 내부의 관료제를 견제할 만한 법관들의 용기도 부족합니다. 법원행정개혁을 통하여 사법 농단 사태의 재발을 막아야 합니다.

사법개혁과 사법부

사법개혁은 법원행정개혁만을 의미하지는 않습니다. 사법 농단 사태 재발 방지를 위한 법원행정개혁이 사법개혁의 주요 요구이기는 하지만 다른 사법개혁 과제도 있습니다. 다른 사법개혁 과제는 그동안 쌓아온 사법개혁의 역사와 사회개혁의 역사를 반영하는 것입니다.

한국의 사법부는 정치의 영향을 많이 받았습니다. 군부독재 시절 군부독재의 영향으로 나쁜 판결들을 많이 생산해냈습니다. '인권의 최후의 보루'라는 역할을 하지 못했습니다. 이 평가는 저의 평가가 아니라 이용훈 전 대법원장이 취임사에서 한 평가입니다. 법원 내부의 솔직한 평가라고 할 수 있겠지요. 6월 항쟁 이후 사회는 민주화되었지만 법원은 민주주의의 세례를 받지 못했습니다.

1987년 6월 민주 항쟁을 통하여 어느 정도 민주화가 이루어지자 사법개혁은 국가적 과제가 되기 시작합니다. 반쯤 민주정부였던 김영삼 대통령 시절부터 사법개혁은 여러 차례 시도되었습니다. 김영삼 대통령과 김대중 대통령의 사법개혁은 법조비리를 계기로 시작되었습니다. 전관예우, 검사와 판사의 유착 등 법조의 부패와 비리가 드러나자 국민은 분노했고 그 분노는 사법개혁을 요구했습니다. 하지만 김영삼, 김대중 대통령 당시의 사법개혁은 큰 성과 없이 종료되었습니다. 사법개혁을 감당할 만큼 법원이 준비되지 않았고, 전문가들도 부족했고, 대통령의 사법개혁에 대한 의지도 충분하지 않았습니다. 사법개혁을 위해 헌신하는 사람들도 부족했습니다. 이론도 충분히 발전하지 못했습니다. 시기적으로 사법개혁을 할 만한 분위기가 성숙되어 있지 않았다고 할 수 있습니다.

노무현 대통령의 참여정부가 들어선 후 대법관 임명 파동이 일어났고 다시 사법개혁이 시작되었습니다. 이때의 사법개혁은 대한민국 역사상 가장 많은 성과를 냈습니다. 이후에도 이만한 성과를 낸 정부는 없습니다. 국민 참여 재판, 법학전문대학원, 법조일원화, 공판중심주의 형사재판, 법조윤리 등에서 많은 성과를 낳았습니다.

국민 참여 재판으로 재판에 국민이 직접 배심원으로 참여하게 되었습니다. 대한민국 사법 역사상 처음으로 사법에서 국민주권주의를 실현했습니다. 법관만이 재판할 때 발생하는 법관의 전횡, 법관의 편견 등을 예방하고 국민의 건전한 상식을 반영하여 법원과 국민 사이의 거리를 크게 좁혔습니다. 국민이 직접 재판에 참여하고 판결에 관여함으로써 외부의 입김이 작용할 수 없도록 만들었습니다. 재판의 공정성이 획기적으로 증대되었습니다.

법학전문대학원 제도 도입으로 법률가들을 사법시험이라는 일회성의 시험으로 선발하는 것이 아니라 대학에서 교육으로 양성하는 시스템으로 바꾸었습니다. 판사, 검사, 변호사가 사법시험이라는 같은 시험,

사법연수원이라는 같은 학교 출신이어서 초래되는 법조사회의 폐쇄성을 극복할 수 있게 되었습니다. 판사, 검사, 변호사가 서로 봐주는 것이 아니라 견제할 수 있게 함으로써 재판의 공정성을 높였습니다.

공판중심주의 형사재판은 검사의 재판 지배를 방지하고 피고인의 방어권을 보장하며 나아가 법관들이 법정 재판에 집중하도록 함으로써 재판의 공정성을 확보했습니다. 검사가 작성한 조서로 유무죄가 결정되던 서류 재판, 조서 재판이 아니라 법정에서 증인들이 주고받는 공방에 의하여 진실이 밝혀지는 재판 절차가 확립되었습니다. 검사 우위의 재판이 아닌 공정한 재판이 가능하게 된 것입니다. 검찰개혁의 토대도 하나 더 마련되었습니다.

법조일원화 도입으로 경험이 적은 젊은 판사들이 재판을 하는 사태를 막고 경력 10년 이상인 법률가가 판사가 될 수 있게 되었습니다. 젊은 시절부터 관료제에 익숙한 판사가 아닌 관료제와 관계없이 법관의 독립을 지킬 수 있는 법관을 임명함으로써 역시 법원의 공정성을 높였습니다. 연소한 법관이 재판을 함으로써 발생하는 불신도 극복했습니다.

노무현 대통령의 참여정부 당시, 사법개혁 기구였던 사법개혁위원회와 사법제도개혁추진위원회는 사법개혁에 많은 성과를 냈습니다. 이 모든 과정은 법원과 법관의 독립을 높이고 이를 통하여 공정한 법원을 구성하고 공정한 재판이 되도록 하는 것이었습니다. 공정성은 사법부의 최고 가치이며 또한 사법개혁의 최종 목표입니다. 공정한 법원을 위한 개혁 과정은 민주주의를 법원 단위에서 실현하는 것이기도 합니다. 민주 항쟁이 성공하고 민주정부가 들어선 이후 사법개혁이 시작된 깃은 이를 간접적으로 증명해 줍니다.

참여정부의 사법개혁은 많은 성과가 있었지만 한계도 있습니다. 당시 이론과 현실이 사법개혁의 모든 과제를 감당할 만큼 발전하지 못한 시대적 한계가 있었습니다. 개혁과제가 너무 많아서 모두 다 실현하지 못한 것도 한계였습니다. 개혁 주체의 힘은 한정되어 있기 때문에 한꺼번에 모든 개혁과제를 실현할 수 없습니다. 선택과 집중 원칙에 따라 가장 중요한 개혁과제를 우선 실천할 수밖에 없습니다. 많은 과제들이 다음의 개혁으로 이전되었습니다. 그래도 다행스러운 것은 이후의 개혁과제들도 모두 이론적으로 검토를 하고 실무적으로 준비를 해 놓았다는 것입니다. 이후의 개혁과제는 사법개혁이 다시 시작되면 곧바로 입법할 수 있도록 법률안까지 거의 대부분 마련해 놓았습니다. 차후의 사법개혁은 사법제도개혁추진위원회에서 준비한 내용을 바탕으로 진행할 수 있도록 배려한 것입니다. 지금은 과거 달성하지 못했던 사법개혁 과제들을 더욱 발전시켜 완성해야 할 때입니다.

사법개혁 5대 과제

현 시기 사법개혁 과제는 사법개혁 5대 과제와 제도 개혁 4대 과제로 정리할 수 있습니다. 사법개혁 5대 과제는 국민 참여 재판 개혁, 사법부 과거사 정리, 대법원 구성의 다양화, 법원행정 개혁, 사법의 지방분권입니다. 제도 개혁 4대 과제는 공정성 강화, 법치주의 제고, 국민주권주의 확대, 군(軍) 사법제도 개혁입니다(김인회, 2018a).

사법개혁 과제 중 첫 번째인 국민 참여 재판 개혁 과제는 (1) 형사재판의 기본 형태로서 국민 참여 재판 위상 정립, (2) 배심원 권한 강화, (3) 검사의 항소 배제, (4) 피고인의 방어권 강화 등 4가지입니다. 이 중 국민 참여 재판이 형사재판의 기본 형태로 만드는 과제는 국민 참여 재판 대상 사건 확대만이 아니라 실제로 국민 참여 재판을 더 많이 더 자주 하는 것을 포함합니다. 현재 연 300건 정도 실시하는 국민 참여 재판을 10배 이상 늘려야 합니다. 국민 참여 재판을 많이 실시해야 재판의 기본 형태가 국민 참여 재판임을 피부로 느낄 수 있습니다. 모든 일은 자주 해야 거리감과 이질감이 없어집니다. 배심원 권한 강화를 위해서는 배심원의 최종 결정인 평결이 판사에게 강제력을 가져야 하며, 배심원의 수도 12명으로 늘려야 합니다. 배심원의 유죄 평결은 만장일치를 기본으로 해야 합니다. 배심원 평결의 강제력을 높이기 위해서는 검사가 배심원의 사실 결정에 대해서는 항소를 하지 못하도록 해야 하고 나아가 배심원 재판에서 무죄가 선고된 경우에도 항소를 배제할 필요가 있습니다. 피고인의 방어권 강화를 위해서는 국민 참여 재판이 결정된 이후에 국선변호인을 선임하는 것이 아니라 국민 참여 재판 결정 이전에 변호인의 도움을 받도록 해야 합니다. 국민 참여 재판을 받을 것인지를 결정하는 단계부터 변호인의 도움을 받도록 하는 것은 형사공공변호인제도를 도입하면 가능합니다.

사법개혁 과제 중 두 번째인 사법부 과거사 정리는 재판에서 무고하게 처벌받은 자의 억울함을 해소하고 명예와 인권을 회복시켜주는 것입니다. 억울하게 피해를 입은 피해자가 남아 있는 한, 그리고 의도적이든 의도적이지 않든 오판이 남아 있는 한 과거사 정리는 피할 수 없습니다. 국가적으로 과거사 정리가 필요한 것은 국가가 불행한 시기를 겪었기 때문입니다. 일제강점기를 거치면서 일제 청산이 필요한 것처럼 군부독재와 권위주의 시대를 겪으면서 벌어진 일에 대해서는 정리가 필요합니다. 과거사 정리는 피해자의 억울함을 해소하고 국가가 사과하고 적절히 배상하는 것이 되어야 합니다. 과거사 정리에서는 피해자의 인권과 명예가 가장 중요합니다.

먼저 국가와 공동체가 피해자의 인권이 침해된 사건에 대해 관심을 가지고 있다는 사실을 알려야 합니다. 그 다음 그 사건들이 개인과 공동체에 매우 중대한 사건이라는 점을 인정해야 합니다. 국가와 공동체의 관심 표명과 중대성 인정은 피해자의 피해 회복, 국가 사과, 배상, 기억으로 이어집니다. 이러한 조치가 선행되었을 때 미래지향적인 제도 개혁, 문화 개혁, 관행 개혁, 의식개혁을 이끌어 낼 수 있습니다. 가해자의 가해사실의 인정과 사과, 피해자의 용서와 화해 또는 가해자에 대한 처벌 등은 중요하지만 최우선의 과제가 아닙니다. 가해자의 반성이 없다고 하여 과거사를 정리하지 않을 것도 아니고 미래지향적인 제도 개혁, 문화 개혁을 늦출 수도 없습니다. 가해자들의 반성과 사과, 화해 신청이 있으면 더 좋겠지만 이것이 과거사 정리를 좌우하지 않고 또 좌우해서도 안됩니다. 가해자의 반성과 사과를 쥐어짜내는 것은 가해자의 거짓된 반성과 사과를 유도할 수도 있습니다. 가해자의 양심의 자유를 침해할 수도 있고요. 물론 가해자들이 반성하지도 않고 오히려 뻔뻔스럽게 대응하면 분노를 자아냅니다. 분노가 생기는 것은 당연하지만 분노가 과거사 정리의 운명과 방향을 정해서는 안됩니다. 과거사 사건의 한계도 분명히 있습니다. 시간과 공간의 차이를 인정하지 않을 수 없습니다. 과거사 정리에서 발생하는 공백, 구체적으로는 피해자와 가해자 사이의 감정의 문제는 공동체가 부담해야 합니다. 과거사 사건을 통하여 달성하려는 목적, 미래지향적인 정의를 잊어서는 안됩니다.

과거사 정리는 언젠가는 한 번은 해야 하는 일이지만 매번 할 수는 없는 일입니다. 과거사 정리를 할 정도의 심각한 위법은 자주 있는 것이 아닙니다. 민주정부 하에서 민주적인 사법부가 구성되었을 때 혼신의 힘을 기울여 외부와 함께 과거사를 일거에 정리할 필요가 있습니다. 친일청산이 일거에 필요했던 것처럼 말입니다.

　사법부도 군부독재와 권위주의 시대의 불행했던 과거를 정리해야 하는 것은 당연합니다. 그래야만 위법, 무효인 판결을 대법원 판례라고 시민과 법관들에게 강요하지 않을 수 있고, 사법부의 미래도 자유롭게 그릴 수 있습니다. 과거의 잘못된 판결을 여전히 적용해야 하는 법관들의 괴로움도 끝내야 합니다. 과거사가 남아 있는 한 사법부는 미래로 나가기 어렵습니다. 과거 무고한 자를 처벌한 판결을 판례라고 하여 계속 적용하는 한 사법부의 과거사는 과거사가 아니라 현재 진행형입니다.

　사법부의 과거사 정리를 위해서는 사법부의 과거사정리위원회가 필요합니다. 외부 인사들이 중심이 되어 과거사정리위원회를 구성하는 것이 바람직합니다. 사법부의 과거사를 정리하는데 사법부 구성원이 다수가 되면 아무래도 불충분한 과거사 정리가 될 가능성이 큽니다. 한편, 과거사정리위원회의 위원장은 과거사 정리의 특수성을 반영하여 화합과 사랑, 자비를 실천하는 종교인이 맡는 것이 좋을 것입니다. 과거사 정리가 가해자의 처벌과 사과가 아니라 피해자의 억울함을 해소하고 공동체가 사안의 중대성을 인정하는 것에 있는 이상 피해자와 가해자의 감정 사이에는 간극이 있기 마련입니다. 이 간극은 사회가, 구체적으로는 종교인이 감당하는 것이 타당합니다. 마음에 맺힌 억울함, 한은 사랑과 자비를 바탕으로 푸는 것이 바람직합니다. 법률가는 아무래도 범죄에 대한 처벌과 손해에 대한 배상을 일대일 대응 관계로 생각하기 때문에 처벌에 관심을 더 둡니다. 이렇게 되면 과거사 정리 과정이 또 하나의 갈등을 낳을 수 있습니다. 만일 종교인이 힘들다면 사회에서 존경받는, 넉넉한 인품을 지닌 사회 원로가 담당하는 것이 타당할 것입니다.

미래의 정의 — 공정성

사법개혁 과제 중 세 번째인 대법원 구성의 다양화는 사법부가 사회의 다양한 가치관을 반영하기 위한 과제입니다. 출신, 경력, 성별, 학력, 가치관 등 여러 측면에서 다양한 인사로 대법원을 구성할 때 국민주권주의가 사법부에서 제대로 실현될 수 있습니다. 대법원 구성이 다양화되면 법원의 관료주의도 약화됩니다. 이 과제는 민주정부 들어서서 서서히 실현되고 있습니다. 시간이 걸리겠지만 다양한 출신의 대법관들이 정착을 하고 대법원을 이끌어 나가면 성과가 날 것으로 보입니다. 다만 대법원 구성의 다양화는 의식적으로 노력해야만 겨우 달성할 수 있는 과제라는 점을 잊어서는 안됩니다. 마치 균형이 필요한 것처럼 생각하여 이번에는 외부 인사가 대법관이 되었으니 다음번은 법원 내부 인사가 해야 한다는 식으로 안이하게 생각해서는 안 됩니다. 법기술이라는 측면에서는 법원 내부 인사가 대법관 후보가 되는 것이 필요하다는 주장도 있지만 대법관에게 필요한 것은 법기술이 아니라 깊이 있는 가치관이라는 점을 명심해야 합니다. 최근 대법원이 일제 강점하 강제징용 피해자 손해배상 사건과 양심적 병역거부 사건에서 좋은 판결을 선고한 것은 대법원 구성이 다양화되어 사회의 다양한 가치관이 많이 반영되었기 때문입니다.

사법개혁 과제 중 네 번째인 법원행정 개혁은 사법 농단 사태를 계기로 가장 먼저 해결해야 할 과제로 떠올랐습니다. 법원행정 개혁의 핵심은 법원의 관료 시스템을 해체하는 것이고 목적은 법관 개개인의 독립을 보장하는 것입니다. 법원의 관료 시스템을 해체하기 위해서는 대법원장에게 집중되어있는 행정권한을 분산하고 견제해야 합니다. 가장 우선적인 과제는 법원행정의 중심인 법원행정처를 대법원장으로부터 분리시키고 축소하는 것입니다.

법원행정 개혁에서 특히 유의해야 할 것은 재판과 행정의 결합 현상입니다. 양승태 전 대법원장 시절 발생한 사법 농단 사태는 법원행정처 법관들이 재판에 개입했다는 점에서 중요한 문제가 있습니다. 법원행정의 힘으로 재판 경과를 확인하고 재판 결과를 바꾸려고 한 것입니다. 이렇게 행정과 재판이 결탁하게 되면 재판의 공정성, 재판의 독립성은 무너집니다. 행정과 재판이 만나면 행정이 압도적인 우위에 서게 됩니다. 법원 행정이 인사권을 가지고 있기 때문입니다. 행정적 목적으로 재판을 좌우하게 되고 행정의 편의를 위해 국민의 자유와 인권을 포기하는 사태가 벌어집니다. 사법부는 '인권의 최후의 보루'가 아니라 조직 이기주의로 무장한 보통의 조직과 같아집니다. 사법부의 공정성이 무너지면 국가의 공정성이 무너집니다. 법원행정 개혁을 위해서는 나아가 법관 인사의 이원화, 고등법원 부장판사 승진제도 폐지, 전국 법관 대표회의 권한 강화, 하급심 강화, 전문법원 설치 등이 필요합니다.

제도 개혁과 함께 법관들이 '명예로운 고립'을 선택하는 역사와 전통을 만들어 나가는 것 역시 매우 중요합니다. 법관들의 '명예로운 고립'은 사법부 공정성의 구성요소입니다. 일상사로부터 떨어져 초연한 입장을 취하는 것은 외관상으로도 실질적으로도 공정성을 구성하는 문화의 핵심입니다.

사법개혁 과제 중 다섯 번째인 사법의 지방분권은 지방분권 시대에 걸맞게 사법부 역시 지방으로 분산해야 한다는 것입니다. 여기에서 분산되는 것은 법원의 행정과 하급심 재판입니다. 전국을 행정단위로 전국 법관을 일시에 인사이동을 하는 중앙 집중형 법원행정은 지방의 사정을 무시하는 중앙 편의적인 발상입니다. 그리고 대법원장에게 모든 권한을 집중시킴으로써 법관의 독립을 위태롭게 합니다. 법관의 인사가 지방분권되면 하급심 재판 역시 분권적으로 이루어집니다. 지방의 사정에 밝은 지역 법관의 재판과 판결은 당사자들에 대한 설득력이 훨씬 높습니다.

지방분권은 단순히 지방에 있는 국민들에게 좀 더 많은 편의를 제공하는 것이 아닙니다. 지방정부와 지방의 국민들이 결정권을 가지고 있다는 점을 인정하고 이를 바탕으로 실제적인 권한을 부여하는 것입니다.

하급심 재판은 지방분권적이어야 하지만 대법원의 재판, 즉 최종적인 법률해석 권한은 중앙집권적으로 단일하게 존재해야 합니다. 법률과 법률의 해석은 모두 주권의 표현입니다. 법률의 해석인 판결이 분열된다면 곧 법률체계의 분열을 의미하고 법률체계의 분열은 주권의 분열, 국가의 분열을 의미합니다. 대법원의 최종적인 법률해석 권한은 국가의 통일성을 유지하는 법률적 기초입니다.

사법의 지방분권이 필요하다는 요청은 강력합니다. 하지만 현실은 만만하지 않습니다. 행정부와 달리 구성되어 있는 법원의 관할 문제와 검찰과 함께 지방분권을 해야 하는 문제 등이 선결과제로 남아 있습니다. 사법의 지방분권 과제는 필요성에 비하여 준비와 연구가 너무 부족한 것이 현실입니다. 당장 연구부터 시작해야 하는 주제입니다.

제도 개혁 4대 과제

사법개혁과제 중 제도 개혁 과제는 공정성 강화, 법치주의 제고, 국민주권주의 확대, 군(軍) 사법제도 개혁입니다. 모두 참여정부 사법개혁에서 논의되어 구체적으로 법안으로 성안되었거나 정부 제출 법률안으로 국회에 제출되었으나 입법화에는 실패한 과제들입니다. 사법개혁이 필요하다는 공감대가 형성된 지금 준비된 개혁과제를 추진하는 것이 바람직합니다.

제도 개혁으로서 공정성 강화 과제는 공권력 개혁과 자본권력 통제로 나뉩니다. 공권력 개혁은 사법부 개혁과 함께 공정성 강화의 핵심이므로 따로 살펴볼 것입니다. 자본권력 통제에서 중요한 것은 공정거래위원회 강화, 징벌배상제도, 집단소송제도 도입 등입니다. 이중 핵심적인 제도 개혁 과제는 징벌배상제도와 집단소송제도입니다. 징벌배상은 불공정, 불평등 심화로 발생하는 자본의 횡포를 민사소송의 방법으로 제한하는 제도입니다. 이 제도는 이미 2004년부터 검토되었고 법률안으로 구상되기까지 했습니다. 정치적인 이유가 아니라면 도입에 아무런 장애도 없습니다. 경제계는 반대하고 있으나 자본의 횡포가 극심한 지금 경제계의 반대는 설득력이 떨어집니다. 징벌배상제도는 특히 환경범죄, 화이트칼라 범죄, 불공정거래행위, 갑질행태에 대해 중요한 대책이 됩니다. 집단소송제도는 피해자들이 다수이고 개별 피해자들이 정보나 시간, 자금의 부족으로 소송을 하기 어려운 처지에 있을 때 이를 집단의 힘으로 극복하려는 제도입니다. 역시 2006년 법률안으로까지 구상되었던 제도입니다.

제도 개혁의 두 번째 과제인 법치주의 제고는 법률전문가를 행정, 입법, 기업에 배치하여 시전적으로 위법행위, 불법행위를 예방하는 제도입니다. 행정부는 법률전문가인 법무담당관이 필요하고, 입법부 역시 법률전문가인 보좌관이 필요합니다. 행정부가 잘못된 정책을 펼치면 그 피해는 매우 크고 광범위합니다. 행정부로서는 정책 시행 전 해당 정책이 법률의 규정을 충족시키고 있는지, 위법하거나 불법적인 정책이 아닌지 살펴볼 필요가 있습니다. 다른 정책과의 정합성도 법률적으로 따져보아야 합니다.

입법부가 잘못 법률을 만들어도 피해는 막심합니다. 국회에서는 최근 의원입법이 홍수처럼 많이 제안되고 있습니다. 하지만 완성도가 높은 법률안은 그렇게 많지 않습니다. 전문성이 떨어지고 다른 법률과의 정합성도 높지 않으며 인기영합적인 목적에서 법률안을 만드는 등 여러 문제를 낳고 있습니다. 의원입법안의 증가는 그 자체로는 문제가 없으나 법률로서의 기본 형식도 갖추지 못한 법률안이 제출되는 것은 국가에게도 국회의원 개인에게도 좋지 않습니다. 이를 예방하기 위하여 국회의원의 보좌진에 법률전문가가 필요합니다. 법률로서의 형식조차 갖추지 못하고 다른 법률과의 정합성도 떨어지는 법률안을 놓고 토론을 벌이는 희극적인 상태는 막아야 합니다.

기업의 위법행위, 윤리 위반행위를 예방하기 위하여 법률전문가가 필요합니다. 우리 법률은 이들 법률전문가를 준법감시인, 준법관리인으로 부르고 일정 규모 이상의 기업은 의무적으로 채용하도록 하고 있습니다. 법률을 지키고 범죄 및 부당행위를 저지르지 않는 것은 기업 윤리, 기업의 사회적 책임의 출발점입니다. 법률전문가가 기업에서 감시인으로서 역할을 하면 최소한 탈법 경영, 위법 경영, 범죄 경영을 막을 수 있습니다. 정경유착, 권력형 비리, 비자금, 뇌물, 분식회계, 주가 조작, 일감 몰아주기 등을 막는다면 기업에게도 사회에게도 모두 좋은 결과를 낳을 것입니다.

제도 개혁 과제 중 세 번째인 국민주권주의 확립은 국민소환제, 국민발안제, 국민소송제 등을 도입하여 직접참여민주주의를 활성화하는 것입니다. 국민소환제는 국회의원을 소환하는 제도입니다. 국회의 무능력과 실패로 국회의원이 제대로 일을 하지 않는 현실에서 국회의원에 대한 견제 방안은 절실합니다. 국회의원에 대한 견제 방안으로는 국민소환제 이외에 다른 마땅한 방안이 없습니다. 아무리 국회의원이 지역구나 정당의 대표가 아니라 국민의 대표라고 하더라도 특별한 견제 방안이 없는 것은 문제입니다. 한국은 대통령제 국가로서 국회 해산제도가 없습니다. 지금은 국회의원에 대한 견제 방안이 다음 번 선거 밖에 없습니다. 선거로 심판하는 것은 국회의 수준이 정상적일 때를 가정한 방안입니다. 현재 한국 사회에서 가장 문제가 많은 곳이 국회라는 점을 모르는 국민은 없을 것입니다. 문재인 대통령이 발의한 개헌안에 국민소환제가 제안된 것은 이러한 필요성에 근거한 것입니다. 실무적으로 국민소환제를 도입하는데 어려움이 있는 것은 사실입니다. 지역구와 비례대표가 함께 있는 현 시스템 하에서 국민소환제를 제대로 운용하려면 조심스러운 설계가 필요합니다.

국민발안제는 국민이 직접 법률안을 제출하는 제도입니다. 국민발안제 역시 직접참여민주주의를 활성화하는 제도로서 문재인 대통령의 개헌안에 반영되어 있습니다. 국민소송제는 국가 정책 전반에 대한 소송이 아니라 국가, 공공기관 등의 위법행위로 예산 낭비가 발생할 경우 이를 환수할 수 있도록 국민이 직접 소송을 제기할 수 있는 제도입니다. 2006년 지방자치단체 장의 예산 낭비에 대한 감시 제도로서 주민소송제도가 도입되었습니다. 국민소송제도는 주민소송제도를 국가의 단위로 확대하는 제도이므로 논리적으로 제도 도입에 문제가 없습니다. 다만 주민소송제도가 제대로 활성화되어 있지 않으므로 이를 감안하여 국민소송을 좀 더 쉽게 제기할 수 있는 제도 설계가 필요합니다. 국민소송제는 2006년 사법개혁 당시 법률안까지 마련한 바 있습니다.

제도 개혁 과제 중 네 번째는 군(軍) 사법제도 개혁입니다. 군은 대한민국의 조직이고 군인은 제복을 입은 시민입니다. 군대에도 법치주의는 적용되어야 하며 군인의 인권은 시민과 같은 수준으로 보호되어야 합니다. 방산비리와 같은 군의 비리는 없어야 하고 군의 안전사고도 예방되어야 할 뿐 아니라 만일 발생했다면 원인을 규명하고 책임자를 처벌해야 합니다. 군 사법개혁은 2006년 사법개혁 당시 정부 제출 법률안으로 국회에 제출되었지만 입법에는 성공하지 못했습니다. 상당히 높은 수준의 개혁 법안은 이미 2006년에 마련되어 있습니다. 그만큼 군 사법개혁이 필요하다는 것을 보여주는 증거이기도 합니다. 군 사법개혁의 주된 내용은 군사재판의 독립성과 공정성 강화, 군검찰의 독립성 및 군사법경찰에 대한 통제권 강화입니다. 군의 사법제도가 군인에 의하여 좌우되지 않고 법률에 의하여 지켜질 때 군의 법치주의와 군인의 인권은 지켜질 것입니다.

chapter 4

공정성 기구 개혁

---◆---

다양한 공정성 기구

공정성을 국가적 차원에서 제도적, 기구적으로 체현하는 것은 사법부입니다. 하지만 모든 문제를 사법부로 가져갈 필요는 없습니다. 이미 살펴본 바와 같이 사법부에 모든 문제를 맡기면 법률은 잘 적용되지만 많은 분야에서는 오히려 좋지 않은 결과를 낳을 수 있습니다. 친밀한 공동체 관계에서는 신뢰와 배려가 필요한데 법률은 이를 대신할 수 없습니다. 원칙적으로 자율적인 인간들이 만든 자율적인 조직의 자율적인 협약이 세상을 움직이는 근본 힘이라는 점을 잊어서는 안됩니다. 이를 무시하고 모든 것을 법률과 규칙에 의하여 처리하려고 한다면 세상은 경직되고 제대로 움직이지 않게 됩니다. 아무리 법률과 규칙이 좋다고 하더라도 외부에서 정해져서 강요하는 것은 저항이 생기기 마련입니다. 그리고 법률과 규정이 모든 것을 결정하는 세상은 실제로는 존재하지 않습니다. 법률과 규정은 아무리 많이 만들어도 세상 모든 것을 다 규정할 수는 없습니다.

과거 형사재판에는 증거법정주의가 있었습니다. 판사들이 마음대로 증거를 판단하는 것이 불안하여 증거마다 증명력, 사실을 인정하는 힘을 법률이 따로 부여했습니다. 피고인의 자백은 완전한 증거로서 자백이 있다면 피고인에게 유죄를 선고할 수 있었습니다. 자백이 없다면 성인 남자 2명의 증언이 있어야 유죄를 선고할 수 있었습니다. 성인 남자 2명은 피고인의 자백과 증명력이 같았던 것입니다. 그럼 성인 남자 1명만 증언한다면 어떻게 될까요? 이 정도로는 유죄를 선고할 수는 없습니다. 그러나 의심은 가니 고문을 할 근거는 되었습니다. 고문을 하면 재판은 진실을 밝히는 장소가 아니라 육체적 능력을 시험하는 장소로 변합니다. 진실에 관계없이 육체적으로 튼튼하고 정신적으로 독한 사람은 견디어 무죄를 받고 그렇지 않은 사람은 유죄가 됩니다. 결국 대부분의 사건에서 성인 남자 1명의 증언으로 유죄판결을 이끌어 낼 수 있었습니다. 그렇다면 여성의 증언은 법적 효력이 있었을까요? 여성의 증언은 아무런 법적 효력이 없었습니다. 가부장제, 남성중심주의가 정착된 이후 여성은 온전한 성인으로 취급 받지 못했습니다. 유대교에서는 여성은 증언할 수 없었을 뿐 아니라 증언하더라도 아무런 법적 효과가 없었습니다(티머시 켈러, 2014).

이것이 모든 것을 법률로 규정했을 때 벌어지는 일이었습니다. 정교하지만 까다롭고 배타적이고 차별적입니다. 무엇보다도 새로운 증거가 등장할 때마다 새로 법적 효과를 부여해야 한다는 것이 가장 큰 문제일 것입니다. 이 문제를 해결하기 위하여 등장한 것이 자유심증주의입니다. 판사나 배심원의 건전한 이성을 믿고 증거를 자유롭게 사용하여 유죄와 무죄를 결정할 수 있도록 하는 자유심증주의는 증거의 증명력을 결정하는 기본 원칙이 되었습니다. 자유심증주의가 도입된 배경에는 인간의 이성에 대한 신뢰도 있지만 새롭게 등장하는 모든 증거를 법률로 도저히 규정할 수 없다는 현실적인 한계도 있었습니다. 법률은 현실을 따라갈 수 없습니다. 법률은 진공을 싫어하지만 법률로부터 자유로운 공간이 없는 세계는 없습니다.

공정성을 실행하는 기구는 사법부만으로는 부족합니다. 사법부 이외의 자율적인 공정한 분쟁해결기구가 필요합니다. 먼저 행정부의 행정행위에 대해서 정당성을 다툴 수 있는 분쟁해결기구가 필요합니다. 행정부의 행정심판 기능이 그것입니다. 행정심판 기능을 공정성 관점에서 정비하고 활성화해야 합니다. 행정심판 기능은 이미 현실에서 왕성하게 활동 중입니다. 공정거래위원회의 심결, 국가인권위원회의 결정, 국민권익위원회의 결정, 중앙노동위원회와 지방노동위원회의 결정 등 많은 행정심판 기능이 있습니다. 이들 기능을 더 활성화해야 합니다.

행정부의 공정성 심사 기구 정비 이외에 특히 중요한 부문이 있습니다. 국회의원과 정치인의 윤리 심사입니다. 국회의원과 정치인의 윤리 심사는 다른 곳보다 더 공정하고 엄격하게 해야 합니다. 정치는 한국 사회를 좌우하는 근본 힘입니다. 신문이나 방송에서 정치기사가 중요 기사로 다루어지지 않는 경우는 없습니다. 국회의원과 정치인들이 사회에 미치는 영향은 정치나 정책에 한정되지 않고 사회 전반에 걸쳐 있습니다. 사회의 수준까지도 결정할 정도입니다. 국회에서 폭력사태가 벌어지면 그 어떤 곳의 폭력사태보다 신속하고 자세하게 알려집니다. 사회를 그만큼 거칠게 만들어 버립니다. 그런데 국회의원과 정치인들의 현재 윤리 수준은 매우 낮습니다. 국회 내에서 국회의원들의 폭력 및 협박행위, 무례한 행위 등 부당행위는 모두 국회의원이라는 이름으로 정당화됩니다. 국회의원과 정치인이라고 법이나 윤리 위에 있지 않습니다. 그렇지만 국회의원과 정치인 앞에서는 법률과 윤리가 마치 모세 앞에서 홍해 바다가 갈라지듯 피해갑니다. 같은 행위를 하더라도 구의원, 시의원이 하면 처벌을 받는데 국회의원이 하면 처벌도 받지 않고 윤리위원회에서 징계도 받지 않는 것이 현실입니다.

불평등하고 불공정한 법률 집행이고 윤리 현실입니다. 국회의원과 정치인들은 상대방 정당의 의원이 징계를 받지 않기 때문에 자기 당 의원도 처벌받지 않아야 공정하다고 주장합니다. 상대방 정당의 의원이 비윤리적인 행위를 하면 우리 정당 의원이 비윤리적인 행위를 해도 정당화된다고 주장합니다. 이렇게 서로가 서로의 좋지 않은 행동을 따라 배우며 서로 깊은 어둠 속으로 갑니다.

상대방이 이렇게 나왔기 때문에 나도 이와 같은 태도를 취한다는 것은 타당한 방법처럼 보입니다. 옛날부터 있어온 인류의 지혜라고 칭찬하는 사람도 있습니다. 직관적으로 올바르게 보입니다. 탈레오의 법칙이라고 정식화되기도 합니다. 그러나 상대방의 행위가 부당행위, 범죄행위, 반윤리행위일 때에는 이러한 탈레오 법칙이 적용되어서는 안 됩니다. 상대방의 부당행위, 범죄행위, 반윤리행위를 따라 하면 자신도 가해자, 범죄자, 반윤리행위자가 됩니다. 이러한 부작용을 예방하는 방법은 재판 절차 혹은 징계 절차를 거치는 것입니다. 인류는 서로 악의 심연으로 가지 않으려고 감정을 배제한 객관적인 재판 절차를 만들었습니다.

여야의 공평함, 공정성 주장은 작은 공정성이라는 점에도 주목해야 합니다. 여야의 공평함 주장은 자기편 정치인이 한 부당행위, 범죄행위, 반윤리행위를 정당화하기 위해 사용하는 주장입니다. 그렇게 해서 서로가 서로에게 변명이 되어 상대방 정당이 용서한다고 가정해 봅시다. 서로가 서로를 타락시키는 행위를 눈감아 준다고 가정해 봅시다. 그렇더라도 그 행위가 부당행위, 범죄행위, 반윤리행위인 것은 아무런 변함이 없습니다. 다만 국회의원과 정치인들 사이에서 용서가 될 뿐이지 시민들이 수용하는 것은 아닙니다. 결국 상대방 정당을 탓하는 것은 국회의원과 정치인 전체가 일반 시민과 다른 특권계급이 되어야 한다는 주장과 같습니다. 국회의원과 정치인 사이의 공정성을 지킨다고 하면서 국회의원과 시민들 사이의 공정성을 위반한 것이 됩니다. 큰 틀에서 불공정한 것이 작은 단위에서 공정하게 될 리 없습니다. 시민이라는 큰 바다는 이러한 작은 공정성을 용납하지 않습니다.

지금 한국은 국회의원과 정치인들의 윤리 수준을 높여야 하는 절박한 상황에 있습니다. 국회의원과 정치인의 자각이 필요한 시점입니다. 자기 정당 내부 혹은 여야의 비교라는 좁은 틀을 벗어나 시민들과의 관계에서 평등하고 공정한 상태를 회복해야 합니다. 어떤 주장을 하더라도 결국 국회의원과 정치인의 권한 강화로 귀결된다면 이는 공정성 원칙 위반입니다. 정당의 틀을 넘어, 정치의 틀을 넘어 전사회적인 차원의 공정성을 이야기할 필요가 있습니다. 보편적인 원칙, 보편적인 윤리가 필요합니다.

국회는 국회 윤리특별위원회를 활성화해야 합니다. 정부 역시 공직자 윤리를 활성화해야 합니다. 여야가 같이 기계적으로 공평하게 윤리 위반을 다루어야 한다는 이유로 윤리특별위원회 소집을 미루는 것은 국회의원의 특권을 인정하는 것일 뿐입니다. 이 과정에서 과거에는 문제가 되지 않았던 일이 윤리 위반으로 혹은 범죄행위로 징계를 받거나 처벌을 받을 수 있습니다. 당사자는 억울할 수도 있습니다. 현재 한국 사회는 큰 변화의 와중에 있어 사회 도처에서 이 같은 현상이 계속 발생하고 있습니다. 당장 여성해방운동과 관련하여 미투(ME-TOO) 현상은 대부분의 남자들과 일부의 여성들에게 성에 대한 자신의 행동과 감수성을 되돌아보게 만들고 있습니다. 일부 행위에 대해서는 엄격하게 책임을 묻고 있습니다. 과거 성에 대한 인식이 미약했을 때 벌어진 일이라도 책임을 묻고 있습니다. 국회의원, 정치인의 윤리도 이와 같습니다.

국회의원과 정치인의 부당행위, 범죄행위, 반윤리행위에 대해서도 엄격함과 관대함이 결합된 윤리위원회의 활동이 필요합니다. 국회의원, 정치인 자체가 특권화되고 있으므로 먼저 엄격한 집행이 필요합니다. 어떤 행위라도 문제의 소지가 있다면 빠짐없이 윤리특별위원회에 회부되어 그 행위의 윤리성을 검토해야 합니다. 이 과정은 국회의원, 정당인, 정치인, 그리고 정치인을 응원하는 사람들에게 괴로운 과정일 수 있습니다. 같은 정당 소속, 같은 편에 대해서도 엄격한 태도를 취해야 하기 때문입니다. 정의와 공정은 상대편과 우리 편을 구분하지 않습니다. 옳고 그름만을 따질 뿐입니다. 우리 편 국회의원, 정치인을 공격해야 하는 경우도 생깁니다. 하지만 이 괴로운 과정을 넘지 않으면 정치인의 윤리 수준을 높일 방법이 없습니다. 무조건적인 편들기는 윤리와 정치의 수준을 높이지 않고 오히려 떨어뜨립니다. 윤리 감각을 무디게 만들고 정치 수준을 후퇴시키는 퇴행적인 역할을 합니다. 보편적인 기준이 없기 때문입니다. 무조건 지지, 무조건 반대는 사회의 지적 공동체를 마비시키는 좋지 않은 태도입니다. 최소한 5년 이상, 국회의원과 정치인의 부당행위, 범죄행위, 반윤리행위에 대하여 무관용 정책을 취할 필요가 있습니다.

국회의원과 정치인에 대한 윤리정책은 엄격하되 너무 가혹한 처벌이 되지 않도록 해야 하는 일반 원칙이 여전히 적용됩니다. 당연히 변명의 기회, 주장의 기회는 주어져야 합니다. 나아가 과거의 자신을 극복하고 다시 시민을 위해 봉사하는 재기의 기회는 보장되어야 합니다. 한 번의 실수로 완전히 재기 불가능하게 만드는 가혹한 처벌은 하지 않아야 합니다.

행정부와 국회 이외에 공공기관이나 기업도 공정성을 확립하고 윤리위원회를 활성화해야 합니다. 공공기관과 기업의 사회적 책임을 위해서 공정성과 윤리는 강조되어야 합니다. 공공기관과 기업은 활동 과정에서 노동자, 협력업체, 주주, 소비자, 지역주민, 지역 공동체, 국가, 국제단체와 갈등 관계에 빠질 수 있으므로 이를 공정성과 윤리의 힘으로 극복하는 것이 필요합니다. 기업의 존재 목적이 이윤이라고 주장하는 기업은 더 이상 존재하지 않습니다. 속마음이야 어떻든 사회에 대한 책임을 다하고 소비자의 만족을 위해서 기업은 존재한다고 말합니다. 이를 실천하기 위해서는 우선 기업이 이해관계자들을 공정하게 대우해야 합니다.

권력기관 개혁과 공정성

공정성은 사법부나 공정거래위원회와 같은 공정성 기구 이외에 권력기관에서도 반드시 지켜져야 하는 이념입니다. 이를 위해서 권력기관 개혁을 공정성 실현이라는 관점에서 추진할 필요가 있습니다.

국가권력이 공정하게 행사되지 못하면 공동체의 공정성은 확보될 수 없습니다. 공정성은 가장 큰 공동체인 국가에서 시작하여 작은 공동체, 사회로 퍼져나갑니다. 이와 반대로 작은 공동체에서 개별적으로 공정성을 확보하여 상향식으로 확대해 나가는 방법도 상상할 수 있습니다. 하지만 현실에서는 상향식의 방법은 작동하지 않습니다. 가족 공동체는 공정한데 학교가 불공정한 경우를 생각해봅시다. 이렇게 되면 가족 공동체의 재화 분배 순위는 가족 공동체가 마련한 기준이 아니라 학교의 기준에 맞추게 됩니다. 공교육이 아무리 좋다고 가족들이 생각해도 가족 바깥에서 사교육이 이루어진다면 대부분의 가족들은 사교육을 선택합니다. 불공정함을 비판하고 공정성을 우뚝 세우는 것은 이론적으로 정당하지만 당장의 선택 기준이 될 수는 없습니다. 당장 필요한 것은 불공정에 희생되지 않고 살아남는 것, 생존입니다.

학교가 공정하더라도 직장이 불공정하다면 학교는 직장의 불공정성을 따라갑니다. '그래도 학생 때는 직장보다 훨씬 좋았다'는 말은 근거가 없는 것이 아닙니다. 여성은 이를 피부로 느낄 것입니다. 여성은 학교에서 남자들과 공정하게 경쟁하여 얼마든지 높은 성적을 기록할 수 있습니다. 실제 고등학교와 대학에서 벌어지는 현상입니다. 하지만 학교를 벗어나 직장에 들어가는 순간 불공정한 대우를 받습니다. 가정과 학교에서는 귀한 딸, 똑똑한 학생으로서 남자와 아무런 차별 없이 대우를 받습니다. 대학 진학률이 남자보다 높은 것은 최소한 가정과 학교에서는 여성의 지위에 차별이 없다는 것을 상징적으로 보여줍니다. 직장은 다릅니다. 직장은 아직까지 여성에게는 공정하지 못합니다. 이 때문에 여성들은 학과 선택에서 직장이 반드시 필요하지 않은 전문직에 쏠립니다. 여성들이 법학전문대학원을 통한 법률가나 공무원에 진출하는 것은 직장에서 차별을 받지 않기 때문입니다. 여성이 공대를 잘 선택하지 않는 것도 이러한 이유 때문입니다. 공대는 졸업하면 반드시 직장을 선택해야 하기 때문입니다. 여성의 자존감 상실은 집안이 아니라 직장과 사회에서 벌어지는 현실입니다. 직장과 사회, 국가에서 벌어지는 불공정성이 가족과 학교를 지배합니다. 그 역은 성립하지 않습니다.

직장이 공정하더라도 사회나 공직사회가 불공정하다면 직장은 불공정한 쪽으로 흘러갑니다. 사회에 부패가 흘러넘치면 직장, 기업 역시 부패에 적응합니다. 이처럼 작은 공동체의 공정성은 큰 공동체의 공정성에 영향을 받습니다. 가장 큰 공동체인 국가가 불공정하면 모든 사람들이 국가의 불공정성을 이용해 자신의 이익을 극대화하려고 합니다.

이를 반대로 해석하면 국가가 공정해지면 작은 공동체의 공정성은 상대적으로 쉽게 세울 수 있다는 결론에 도달합니다. 국가의 공정성, 큰 틀의 공정성이 무엇보다도 중요합니다.

국가의 공정성을 가장 잘 체현해야 하는 곳은 권력기관입니다. 권력기관인 검찰, 경찰, 국가정보원은 국가의 공권력, 즉 합법적인 폭력과 강제력을 행사하므로 시민들에게 엄청난 영향을 미칩니다. 사람을 체포, 구속하여 인신의 자유를 억압할 수 있고 나아가 재산도 몰수할 수 있습니다. 사람의 인생 자체를 바꾸어 버릴 수도 있습니다. 그래도 여기까지는 법관이 발부한 영장이 있으면 합법적으로 할 수 있습니다. 하지만 권력기관이 타락하면 고문, 가혹행위, 폭행, 협박 등 범죄행위도 감행합니다. 이미 우리 역사에서 많이 봐왔던 현상입니다.

공권력은 잘못 사용하면 시민들에게 파멸적인 결과를 초래합니다. 우리 역사에서 여러 번 확인한 일입니다. 고문은 육체를 파멸시킬 뿐 아니라 사회적으로도 완전히 매장시켜 버립니다. 간첩조작 사건은 특히 그렇습니다. 그래서 공권력은 극히 조심스럽게 다루어야 합니다. 권력기관이 공권력을 행사하기 위해서는 우선 합법적인 이유와 절차를 갖추어야 합니다. 그리고 행사하는 공권력의 정도는 행위에 비례해야 합니다. 배가 고파 과수원에서 사과를 하나 훔친 사람을 구속하거나 사형시킬 수는 없는 법입니다. 정당방위라고 농장주가 총으로 쏠 수는 더욱 없습니다. 결과 역시 공정해야 하고 만일 문제가 발생하면 엄격하게 책임을 물어야 합니다. 여러 번 말씀드리지만 엄격하게 책임을 묻되 가혹해서는 또 안됩니다. 이 원칙은 국가 공권력의 불법행위에 대해서도 똑같이 적용됩니다.

권력기관이 공정하지 않으면 공권력이 공정하지 않고 공권력이 공정하지 않으면 사람들은 생명, 신체, 자유, 재산에 큰 위험을 느낍니다. 시민들은 자신이 가지고 있는 생명, 신체, 자유, 재산을 보존하려고 공권력에 협조할 수밖에 없습니다. 이 과정에서 공정성이 희생됩니다. 국가는 특별한 이유 없이도 사람의 목숨을 빼앗을 수 있고 기업을 공중분해 시킬 정도의 힘을 가지고 있습니다. 국가가 1974년의 민청학련 사건처럼 사법살인을 저지르고 1985년의 국제그룹 해체와 같이 재벌그룹을 해체시켜버린다면 사회 전체의 공정성은 크게 흔들립니다. 권력기관이 공정성을 파괴하면 그 영향은 전 사회로 퍼져나갑니다.

권력기관의 공정성을 확립하기 위해서는 세 가지 원칙이 필요합니다. 첫째, 권력기관이 가지고 있는 권한을 분산하고 둘째, 나누어진 권력으로 서로 견제하게 하고 셋째, 권력 행사 과정을 투명하게 공개해야 합니다. 권한의 집중은 견제의 부실을 낳고, 견제의 부실은 투명과 공개를 거부하게 만듭니다. 이 모든 결과는 바로 부패이고 공정성의 파괴입니다. 권한의 집중과 견제의 부실과 비공개는 공정한 법의 집행을 가로막습니다.

한국의 권력기관은 권한의 초집중을 특징으로 합니다. 특히 검찰의 경우 형사 사건에 관한 거의 모든 권한을 가지고 있습니다. 수사 권한, 기소 권한, 수사지휘권, 수사개시권, 영장 청구권, 정보 수집권, 수사 방법 결정권, 수사 결과 발표권 등 형사절차에 관해서 재판 이외에 모든 권한을 가지고 있습니다. 이 모든 권한은 검찰이 수사를 넘어 재판을 지배하게 만들었고 나아가 재판을 넘어 한국을 실질적으로 지배하도록 만들었습니다.

국가정보원은 국내외 방첩 정보 수집 권한만이 아니라 국내 정치정보 수집 권한을 가지고 있고 나아가 대공 범죄에 대한 수사권도 가지고 있습니다. 국가정보원은 이러한 권한을 바탕으로 정치사찰과 여론 조작

등 한국 정치에서 핵심적 역할을 해 왔습니다. 국가정보원의 전신인 중앙정보부와 국가안전기획부는 국내 정치에 깊숙이 개입하여 공작정치를 일삼았습니다. 민주정부 들어서 국내 정보 수집은 중단되었지만 법률로 이를 금지시키지는 못했습니다. 그 결과 국정 농단 사태에서 국가정보원이 청와대를 도와 정치공작에 나서는 현상을 다시 목격하게 되었습니다. 정보기관의 무소불위 권력의 법률적 원천은 정보기관이 갖는 막강한 법률상 권한입니다. 국가정보원은 법률상의 권한을 바탕으로 불법적인 행위도 서슴지 않았습니다. 국가정보원법을 개정하여 법률상 권한을 축소하지 않는 이상 국가정보원 개혁은 완성될 수 없습니다.

경찰은 행정경찰과 수사경찰이 함께 공존하고 있으며 지방분권도 제대로 되어 있지 않은 초중앙집중형 국가경찰 체제입니다. 경찰위원회 등 문민통제도 제대로 되지 않습니다. 한국 경찰은 군을 대체하는 역할을 해 왔기 때문에 정치권력의 지휘에 따라 민주화 운동과 민중 생존권 투쟁을 탄압하는데 앞장서 온 역사가 있습니다. 민주정부가 들어서고 많은 변화가 있었지만 여전히 제도적 권한은 초중앙집권적입니다. 많은 권한을 가지고 있으면서 중앙집권적이니 권한의 남용이 자주 목격됩니다. 경찰 역시 법률 개정을 통해 개혁해야 합니다. 경찰개혁의 핵심은 초중앙집중형 국가경찰 체제를 자치경찰제로 바꾸는 것, 경찰에 대한 문민통제를 위해 경찰위원회를 도입하는 것, 경찰의 권력작용을 인권친화적으로 바꾸는 것 등이 있습니다.

한국의 권력기관 개혁은 사회개혁의 성격을 가지고 있습니다. 권력기관이 개혁되어야 시민들이 통치의 대상이 아니라 주권을 실현하는 정치의 주체로 등장할 수 있습니다. 시민들을 일방적으로 통치해온 권력기관을 개혁해 국민들에게 봉사하는 기관으로 만드는 것이 개혁의 궁극적인 목적입니다. 이렇게 될 때 시민들의 자유와 권리를 가로막는 여러 장애들을 해결할 수 있습니다.

　한편 권력기관이 개혁되더라도 당장 공정성이 확산되는 것은 아니라는 점은 유의해야 합니다. 신뢰 또한 즉시 회복되지 않습니다. 공정성과 이에 대한 신뢰는 상당히 오랜 기간 동안 누적되어야 확보될 수 있습니다. 신뢰란 자신의 생명이나 신체, 재산이나 귀중한 무엇을 남에게 맡기는 것을 의미합니다. 상당한 교류와 경험의 공유가 있어야 가능합니다. 시간과 경험이 절대적인 요소입니다.

정책의 정합성과 일관성

　정책과 판결의 정합성과 일관성, 말과 행동의 정합성과 일관성은 신뢰를 높이는 핵심적인 요소입니다. 신뢰는 정책과 판결이 일관되게 오랜 기간 계속될 때 형성됩니다. 상대방 행위에 대한 예측 가능성이 생겨야 자신의 중요한 그 무엇을 상대방의 처분에 맡길 수 있는 신뢰가 생겨납니다. 예측 가능성을 만드는 것이 정합성과 일관성입니다.

　정책의 정합성과 일관성은 먼저 한 부처 내 여러 정책의 정합성과 일관성을 요구합니다. 그다음 여러 부처, 기관의 다양한 정책 사이의 정합성과 일관성을 요구합니다. 검찰의 권한을 분산시키고 견제하는 정책을 취하면서 검사 파견직을 늘리는 것은 서로 상반됩니다. 검찰에 의한 행정부 지배 현상이 가속화되기 때문입니다. 검찰에게 독자적인 인사권을 부여하는 것 역시 검사들의 권한을 확대하는 것이므로 정합성과 일관성이 없는 정책입니다. 수사를 받는 피의자에게 국가에서 변호인을 선임해주는 형사 공공 변호인제도를 설계함에 있어 법무부가 이를 구성하거나 법무부 산하에 형사 공공 변호인담당 기관을 두는 것 역시 정

348

정의의 미래 "공정"

책의 정합성과 일관성에서 문제가 있습니다. 변호인은 국가기관인 법무부와 다른 관점에서 피의자를 변호해야 하기 때문입니다.

법원의 판결은 분쟁을 최종적으로 해결하여 사회에 안정성을 제공합니다. 이것을 법적 안정성이라고 표현합니다. 법의 목적, 존재 이유 중의 하나가 법적 안정성이라고 할 정도로 법은 분쟁을 해결하여 평화와 안정을 보장합니다. 법원의 판결은 불안정하고 유동적인 관계, 서로 다툼이 있는 사람과 사람 사이, 사람과 조직 사이, 조직과 조직 사이, 사람과 물건 사이, 물건과 물건 사이의 관계를 최종적으로 확정 짓습니다. 확정을 통하여 새로운 생활이 시작되도록 합니다. 확정된 판결을 다시 재판하는 재심은 어디까지나 예외적입니다. 재심이 극히 예외적으로 허용하는 이유는 재심이 너무 많으면 법적 안정성이 무너지기 때문입니다. 법적 안정성이 무너지면 새로운 미래의 인생을 계획할 수 없습니다. 언제나 판결을 뒤집을 수 있다고 생각하면 사람은 미래보다는 과거를 보게 됩니다. 그렇다고 허구의 사실에 기반한 법적 안정성을 강요할 수도 없습니다. 그래서 재심이라는 예외적인 제도를 통해 무고한 자의 억울함을 해소하려고 합니다. 어쨌든 재심은 어디까지나 예외적인 제도이고 사회에 평화와 안정을 가져다주는 법적 안정성은 법률의 본질적인 특징입니다. 법적 안정성은 판결을 통하여 확보됩니다. 법원의 수많은 판결들이 정합성과 일관성을 가지고 있을 때 법원 판결은 신뢰를 얻고 신뢰를 얻어야 법적 안정성을 확보할 수 있습니다.

정책과 판결의 정합성과 일관성, 말과 행동의 정합성과 일관성은 그 개념 내부에 시간이라는 요소를 포함하고 있습니다. 여러 정책이 순차적으로 이루어지는 과정에서, 여러 판결이 내려지는 과정에서 정합성과 일관성이 필요합니다. 최소 5년, 10년 정도 일관된 정책과 판결이 내려질 때 사람들은 신뢰를 갖게 됩니다. 이 문제는 이러저러한 절차를 통해 이렇게 결정되고 해결될 것이라는 예측을 할 수 있습니다. 예측이 가능할 때 사람들의 자신의 생명과 신체, 재산과 미래를 믿고 맡깁니다. 시민이 국가를 믿고 공동체를 믿고 동료 시민을 믿고 자신의 생명, 신체, 재산, 미래를 맡길 때 신뢰가 생겨납니다. 신뢰가 안정적으로 작동하면서 사회를 뒷받침하려면 정책의 정합성과 일관성이 오랜 기간 보장되어야 합니다.

사회적 자본으로서 신뢰는 근본적으로 시간이 필요한 것이지만 시간의 요소가 표면적으로 잘 보이지 않는 경우도 있습니다. 사회적 신뢰는 있는 것이 분명한데 축적의 시간이 보이지 않는 경우는 사람들의 심리에 신뢰가 축적된 경우입니다. 이런 현상은 촛불혁명에서 확인할 수 있습니다. 촛불시위 당시 나와 같은 생각을 가진 시민들이 거리로 나올 것이라는 믿음, 나의 주장이 다른 시민들에게 영향을 주고 다른 시민들의 주장과 함께 관철될 것이라는 믿음, 정치인들이 나의 믿음을 받아들일 것이라는 믿음, 헌법재판소가 시민들의 요구에 화답할 것이라는 믿음 등이 광범위하게 있었습니다. 당시 광범위하게 형성된 신뢰가 한겨울의 촛불혁명을 가능하게 했습니다. 경찰의 물리력도 무력화할 만큼 강한 신뢰였습니다. 이것이 가능했던 것은 보이지 않는 곳에서 축적된 신뢰 때문입니다. 민주주의에 대한 신념, 동료 민주시민에 대한 신뢰, 불안하지만 정치와 법률에 대한 최소한의 신뢰 등이 오랫동안 축적되어 왔기 때문에 가능했던 것입니다. 특히 동료 민주시민에 대한 신뢰는 민주주의에 대한 신념만큼 오랫동안 축적되어 왔습니다. 한국인들의 민주주의에 대한 입장은 일관성이 있고 정합성도 높습니다. 그렇기 때문에 촛불혁명이 가능했습니다. 정합성과 일관성에 근거한 신뢰는 사회적 자본 중에서도 가장 중요한 것 중의 하나입니다.

제도를 체현하는 사람

공정성을 확보하려면 제도만으로는 불충분합니다. 제도를 잘 설계하고 잘 설계된 제도를 잘 운영하는 것은 공정성 확보의 출발점입니다. 잘 운영하되 상당히 오랜 기간 동안 일관된 행동이 지속되어야 합니다. 혼동과 극심한 변화 중에는 평화나 안정, 신뢰는 찾아오지 않습니다. 이 모든 것은 제도의 문제이기도 하지만 제도만큼 아니 제도보다 더 중요한 것은 바로 문화이고 제도를 운용하는 사람입니다. 문화는 정합성과 일관성이 있는 정책을 꾸준히 실행할 때 형성됩니다. 역시 시간이 걸리는 문제입니다.

문화와 함께 공정성 실현에 핵심으로 작용하는 소프트웨어는 인물입니다. 공정성 그 자체라고 인식되는 사람이 필요합니다. 모든 가치와 이념에는 상징적인 인물이 있습니다. 가치와 이념은 추상적인 것으로 눈에 보이지 않습니다. 그런데 사람들은 감각적이고 구체적인 것을 추구합니다. 위대한 종교들이 가르침이 중요할 뿐, 종교의 창시자를 따로 숭배하지 말 것을 강조해도 사람들은 종교의 창시자를 몸으로 표현하려고 합니다. 불상을 만들고 십자가를 만듭니다. 부처님이 태어난 장소, 득도한 장소를 찾아갑니다. 예수님이 입었던 옷을 보려고 하고 성인들의 뼈를 직접 보려고 모여듭니다. 이러한 성향은 어쩌면 인간의 본성일지 모릅니다. 추상적인 가치와 이념을 상징하는 인물이 있다면 추상적인 가치와 이념은 더욱 선명하게 기억됩니다. 가치와 이념을 선명하게 보이기 위해서는 가치와 이념을 상징하는 사람, 구체화하는 사람, 가치와 이념 그 자체인 사람이 필요합니다.

한국의 대통령 중에서 박정희 대통령과 노무현 두 대통령이 자주

거론됩니다. 이것은 두 대통령이 각각 상징하는 가치가 있기 때문입니다. 단순하게 말하면 한쪽은 보수, 독재, 개발, 성장, 획일, 군인, 중앙 등을 상징한다면 다른 한쪽은 진보, 민주, 복지, 다양성, 시민, 지방 등의 가치를 상징합니다. 어떤 가치가 무슨 내용인지는 이 두 전직 대통령을 통해서 더욱 선명하게 이해할 수 있습니다.

한국의 사법부는 아직도 김병로 초대 대법원장의 영향을 받고 있습니다. 김병로 초대 대법원장 이후 수많은 대법원장과 대법관이 배출되었음에도 불구하고 아직 김병로 대법원장을 대신할 만한 인물을 배출하지 못했습니다. 사법부는 아직도 김병로 대법원장에게 빚을 지고 있습니다. 지금은 김병로를 이어받고 김병로를 뛰어넘는 인물이 등장할 때입니다.

인도 독립운동을 이끌었던 간디는 민족해방운동, 불복종운동을 완전히 다른 운동으로 만들었습니다. 정치인의 투쟁이 아니라 영적인 투쟁으로 만들어 세상의 흐름을 바꾸었습니다. 남아프리카 공화국 민주주의 수준을 한 단계 높인 사람은 넬슨 만델라 대통령입니다. 미국 인권 운동을 발전시킨 상징적인 사람은 마틴 루터 킹 목사와 말콤 엑스입니다. 이들이 없었다면 남아프리카 공화국의 민주주의와 미국 인권 운동은 다른 길을 갔을 것입니다. 이들이 있음으로 인하여 세계의 민주주의와 인권 운동의 모습이 결정되었습니다. 이처럼 한 조직이나 국가, 운동에서 상징적인 인물은 조직이나 국가의 성격까지 규정해 버립니다.

공정성을 체현하는 기구의 성격을 규정하는 요소 중 가장 중요한 것은 사람일 가능성이 높습니다. 제도를 아무리 잘 설계하더라도 결국 이를 운용하는 것은 사람이기 때문입니다. 해당 기구의 대표가 공정성을 상징하지 못하면 그 기구는 공정성을 상징하지 못합니다. 예를 들어

정의의 미래 "공정"

고위공직자범죄수사처(공수처)의 초대 처장이 어떤 인물인가에 따라 공수처의 성격이 규정될 가능성이 큽니다. 새로 만드는 기관인 경우 초대 기관장 성격에 따라 그 기관의 성격과 이미지가 결정됩니다. 한국 대법원의 성격이 김병로 대법원장에 의하여 결정되었듯이 말입니다. 이런 면에서 공수처 초대 처장의 임명은 너무 중요합니다. 공수처장의 철학과 의지, 능력과 인품, 윤리와 가치가 중요합니다. 공수처를 상징할 정도의 인물이어야 합니다.

법무부장관 역시 중요합니다. 검찰개혁을 하고 공정성에 기반한 법무행정을 하려면 법무부장관은 검찰개혁과 공정성을 상징하는 인물이어야 합니다. 공정거래위원회 역시 인물이 중요합니다. 공정거래를 상징하는 인물, 재벌개혁을 상징하는 인물, 경제계의 갑질을 척결할 수 있는 인물이 필요합니다. 정책의 집행은 역시 사람의 몫입니다.

공정성 확립 과정의 과도기

불공정을 바로잡는 공정성은 시간을 두고 천천히 시행할 수 있는 문제가 아닙니다. 당장 시행해야 합니다. 여러 사정을 감안하다 보면 아예 시작도 하지 못할 수 있습니다. 개혁의 일환이기 때문에 많은 저항이 예상되고 개혁을 추진하는 사람들도 희생될 가능성이 있습니다. 그렇다고 피할 수는 없습니다.

공정성을 바로 세우고 적용하기 시작하면 많은 이들이 불편해합니다. 공정성 실현 과정은 기득권층의 반발, 기존 체제 옹호자들의 반대, 실제 피해를 입는 자들의 저항 등을 불러일으킵니다. 공정성을 법률과 기구로 본격적으로 적용하면 무엇보다 기득권층이 반발할 가능성이 큽니다. 한국의 기득권층은 공정한 경쟁을 통하지 않고 반칙과 특권에 기생한 역사를 가지고 있습니다. 최고 기득권층은 많은 반칙과 특권의 역사를 가지고 있고 작은 기득권층은 약한 반칙과 특권의 역사가 있습니다. 보통 사람들에게도 반칙을 한 경험이 있습니다. 반칙과 특권이 가득한 세상에서 살아남기 위한 행동에는 반칙이 포함되어 있기 마련입니다. 하지만 이를 이유로 모든 사람이 반칙과 특권에 물들었고 모든 사람의 부패를 동시에 추방해야 한다는 결론에 도달해서는 안됩니다. 반칙과 특권, 부패에도 무거움과 가벼움의 차이, 영향력의 차이, 시급함의 차이가 있습니다. 이를 무시하면 무차별적, 무조건적 정책이 됩니다. 부패 중에서는 우선 기득권층, 엘리트층의 조직적인 부패 추방이 중요합니다. 우리 사회를 지배하는 부패이기 때문입니다. 이에 비해 생활상의 부패는 중요성, 영향력, 시급성에 차이가 있습니다. 반부패 정책에도 선택과 집중이 필요합니다.

기득권층은 공정성이 자신들의 역사적 정당성을 공격하고 현재의 지위와 부를 부정하는 것으로 생각합니다. 그러나 국제화되고 정보화된 현대사회, 보편적인 가치가 지배하는 현대사회에서 불공정성으로 현재의 지위를 유지할 수는 없습니다. 기득권층도 이 정도의 사실은 압니다. 적극적으로 변화를 시도하고 있는 곳도 있습니다. 개혁에 동참하는 사람은 함께 하되 개혁에 반대하는 자들도 배려하면서 신속하게 개혁해야 합니다.

공정성 개혁은 공정성을 지향하므로 과정도 공정해야 합니다. 공정성 관련 법령 등 규칙을 재정비하고 기구를 만드는 것에는 별다른 저항이 없을 것입니다. 여기까지는 다치는 사람이 없으니까요. 실제로 공정성 규칙을 적용하기 시작하면 반발하는 사람이 나타납니다. 자신의 이익을 침해한다고 생각하는 사람들의 반발입니다. 이들의 반발도 공정하게 다루어야 합니다. 공식적으로 참여의 기회, 충분한 방어 기회 및 증거 제출의 기회를 부여해야 합니다. 공정한 절차 보장 자체가 바로 공정성을 실현하는 과정이기도 합니다. 하지만 공정한 절차를 벗어난 의견 개진, 예를 들면 폭력적인 의견 표출이나 회의 진행 방해 등은 정당한 절차에 의하여 금지되어야 합니다.

공정성 개혁을 추진하는 과정에서 공정성 개혁을 찬성하는 쪽에서도 피해가 발생할 수도 있습니다. 개혁가의 개인 역사가 충분히 개혁적이지 못한 한계가 종종 목격됩니다. 공정성을 위반한 사례도 발견됩니다. 과거 역사의 한계는 충분히 감안해야 하겠지만 새로운 시대에 불공정한 경력을 그대로 안고 갈 수는 없습니다. 공정성을 확립하기 위하여 이런 불공정한 경력은 버리고 가야 합니다. 마치 여성차별 시대의 행위를 지금 정당화할 수 없듯이 말입니다. 공정성 확립 과정은 힘든 과정이지만 일단 확립되면 모두가 이익을 볼 수 있습니다.

chapter 5

엘리트 부패와 공정성

엘리트 부패 카르텔

정의와 긴밀하게 관련된 문제로 부패, 청렴의 문제가 있습니다. 부패는 일반적으로 "불법적이거나 부당한 방법으로 재물, 지위, 기회 등과 같은 물질적 혹은 사회적 이득을 얻거나 다른 사람으로 하여금 얻도록 하는 일체의 일탈행위"라고 정의됩니다. 딱히 틀렸다고 할 수는 없으나 구체적으로 무슨 말인지를 알 수 없을 정도로 넓고 추상적입니다. 이러한 넓은 의미의 부패는 인류의 역사 이래로 인류와 함께 해 왔으며 지금도 발생하고 있고 미래에도 당분간은 계속 발생할 것입니다. 문제는 이러한 추상적이고 넓은 의미의 부패가 아니라 '지금 현재' 이 땅의 사람들을 괴롭히는 부패가 무엇이고 이를 어떻게 처리할 것인가입니다.

현재 문제가 되고 있는 부패는 고위공직자가 포함된 대규모의 부패입니다. 구체적으로 정치권력을 중심으로 자본권력, 법조권력, 관료권력, 언론권력이 함께 저지르는 대규모의 권력형 비리, 정경유착이 문제입니다. 여기에는 교수나 전문가로 표현되는 지식권력도 포함됩니다. 이 부패는 엘리트 부패 카르텔의 부패라고 할 수 있습니다. 미국의 마이클 존스턴 교수에 의하면 엘리트 카르텔형 부패는 독재형 부패, 족벌형 부패, 시장 로비형 부패와 함께 부패의 한 유형입니다.

엘리트 부패 카르텔의 형성 배경에는 자본과 권력이 쉽게 결탁할 수 있는 사회구조가 있습니다. 고위공직자들의 관피아 형성은 자본과 권력의 결탁 사례입니다. 관피아는 공적 자산과 공적 정보를 사적으로 이용하는 경우입니다. 공직과 재벌, 법조 엘리트 사이의 회전문 인사는 사법 농단, 전관예우, 검찰 비리 등으로 이어지면서 사법 권력의 타락으로까지 발전합니다. 여기에 한국의 특수한 상황으로서 언론과 지식인이 권력의 일부를 차지함으로써 엘리트 부패 카르텔을 완성됩니다. 권력과 자본의 결탁을 견제하고 감시해야 할 사법권력, 언론권력과 지식권력이 권력의 일부가 됨으로써 엘리트 부패 카르텔은 폐쇄적인 자기중심의 체제를 완성합니다.

엘리트 부패 카르텔은 공적인 지위를 이용하여 사적인 이익을 취득합니다. 대표적인 예를 하나 살펴봅니다. 2011~16년 기간 중 금융회사 재직 임원의 16.3%가 공직 경력이 있으며, 이들 공직 경력자의 대다수(66.2%)가 금융당국, 즉, 기획재정부, 금융위원회, 금융감독원, 한국은행 출신 인사입니다(이기영·황순주, 2019). 금융당국 출신 인사가 민간 금융회사의 임원으로 취임하는 것이 이미 오래전부터 하나의 관행으로 굳어 왔습니다. 그렇다면 이러한 관행이 실제로 금융당국에 재직하면서 축적한 전문지식과 경험을 활용하여 금융회사의 위험관리 성과를 개선하는 결과를 낳고 있을까요? 이에 대한 실증적인 분석 결과는 이런 전문가 가설에 배치됩니다. 즉, 전직 금융감독원 출신 인사가 민간 금융회사의 임원으로 취임한 이후 위험관리 성과가 개선되는 모습은 관측되지 않는 반면, 금융회사가 제재를 받을 가능성은 감소했다고 분석되었습니다(이기영·황순주, 2019). 이것의 의미는 금융당국과 금융회사가 공직 출신자를 통하여 유착되어 있다는 것입니다. 이 구조는 세밀합니다. 금융회사는 금융당국 출신 인사를 임원으로 취임시키고 이들을 로비의 창구로 활용함으로써 제재의 가능성을 줄입니다. 금융당국의 담당자는 선배의 로비 또는 부탁을 받고 제재를 줄여줌으로써 선배의 자리를 공고히 합니다. 그리고 미래의 자신의 자리도 확보합니다. 미래의 자신의 자리를 확보한다는 것은 나중에 그 현직 담당자가 다시 금융회사의 임원으로 취임하는 것을 말합니다. 이것이 여러 번 반복되면 이제 후배는 금융회사의 임원 자리가 당연히 자신의 것이라고 생각합니다. 이렇게 금융회사와 금융당국은 하나가 되어 국가의 자산과 정책을 좌우합니다. 이 구조에는 누구도 쉽게 들어갈 수가 없습니다. 전문성이라는 이름으로 포장되어 있고 관료주의 구조가 이를 뒷받침합니다. 이것이 소위 관피아(관료집단과 마피아의 합성어), 모피아(경제당국과 마피아의 합성어), 교피아(교육당국과 마피아의 합성어), 법피아(법관 검사 등 법조권력과 마피아의 합성어) 등 관료와 자본이 결합하는 권력형 비리의 출발점입니다.

엘리트 부패 카르텔은 현대 사회에 치명적인 위험을 가합니다.

첫째, 엘리트 부패 카르텔은 국가의 부, 공적 자산과 공적 정보를 사적인 이익을 위해 사용함으로써 현대 사회를 위태롭게 합니다. 엘리트 부패 카르텔은 정치권력과 자본권력의 야합이 특징이고 출발점입니다. 정치권력과 자본권력은 야합하여 국가 예산을 사용하고 국가 정책을 좌우합니다. 이 과정에서 국가의 부를 전용해 버립니다. 최근에는 국가의 정보를 사적 이익을 위하여 사용하는 경우까지 발생하고 있습니다. 공정거래위원회, 국세청, 외교부 등 정부기관의 정보를 공무원이 빼돌려 재벌이나 로펌, 국회의원에 제공하는 일까지 발생하고 있습니다. 공정거래위원회에서 어제까지 사건을 담당하고 있던 공무원이 사직하고 곧바로 법률사무소에 취직한 다음 기업을 대리하여 공정거래위원회를 대상으로 변론을 하기도 합니다. 너무 노골적인 국가 정보의 사적 이용 행태입니다. 이들이 법률사무소에서 받는 보수는 국가 정보를 사적으로 이용하는 것에 대한 대가입니다. 국가의 부와 정책을 좌우함으로써 국가를 자본의 노예로 만들어 버립니다.

둘째, 엘리트 부패 카르텔은 규모가 크기 때문에 국가에 큰 위험이 됩니다. 국가의 예산과 중요 정책을 좌우하므로 그 규모가 엄청납니다. 이 부패로 인하여 국가 재정은 휘청거리고 세금으로 마련된 국가의 부가 자본에게 조직적, 체계적으로 흘러갑니다. 사소한 비리, 즉 업무의 편의를 위하여 급행료로 지급되는 일상적인 부패와는 규모 자체가 다릅니다. 일상적인 차원의 부패도 사회 관행상 그리고 윤리상 문제가 없는 소소한 선물인 경우를 제외하고는 당연히 근절되어야 합니다. 하지만 더 급한 것은 바로 엘리트 부패 카르텔입니다. 과거 IMF를 초래한 한국의 관치금융은 엘리트 부패 카르텔의 규모가 국가를 위기에 빠뜨릴 정도라는 것을 잘 보여줍니다.

셋째, 엘리트 부패 카르텔은 조직적, 체계적이어서 위험합니다. 정치권력, 자본권력, 법조권력, 관료권력, 언론권력, 지식권력 등 우리 사회의 기득권이 집결해 있어 부패가 조직적, 체계적으로 이루어집니다. 조직적, 체계적으로 이루어지는 만큼 화이트칼라 범죄의 일종으로서 부패라는 인식도 희박합니다. 모두가 다 연루되어 있으니 자신이 연루되어 있는 것은 당연하다고 생각합니다. 오히려 이런 카르텔에 들어가려고 노력합니다. 엘리트 부패 카르텔에서는 조직적, 체계적으로 부패가 일어나므로 언제 어떤 형식으로 국가의 부, 국민의 부가 흘러 들어가는지 외부에서는 알 수도 없습니다. 정당한 정책의 형식을 통해 부패가 이루어지기도 합니다. 그만큼 적발하기도 어렵고 추방하기도 어렵습니다.

넷째, 엘리트 부패 카르텔은 특정 계급, 계층만이 국가의 부를 독점하므로 구조적으로 불공정합니다. 엘리트 부패 카르텔은 누구나 저지를 수 있는 범죄가 아닙니다. 정치권력이 있어야 하며 관료는 일정한 지위 이상으로 올라야 하고 법조권력도 어느 정도 결정권을 행사할 정도가 되어야 합니다. 서로가 서로를 이용할 수 있을 정도의 지위와 권한을 가지고 있어야 카르텔이 형성됩니다. 특정 계급과 계층에 한정하여 벌어지는 일입니다. 모두가 이 카르텔에 들어가려고 합니다. 이 카르텔에 들어가지 않으면 성공하지 못했다고 생각할 정도입니다. 부패 카르텔, 범죄조직에 들어가는 것이 성공의 일종이라니 참으로 믿기 힘든 현실입니다. 폐쇄적이고 독립적인 구조이므로 불공정과 불평등을 확산시킵니다. 불공정으로 인한 불평등은 나아가 계급 분열을 낳고 국민 분열을 낳습니다. 종국적으로는 국가를 분열시켜 멸망에 이르게 할 수 있습니다. 주의하여야 합니다.

현재 세계를 괴롭히는 부패는 엘리트 카르텔의 부패입니다. 한국은 특히 심각합니다. 정경유착, 권력형 비리는 국가를 좀 먹는 수준을 벗어나 국가를 농단하는 지경에까지 이르렀습니다. 정치권력이 사적 자본과 손을 잡고 법조권력, 관료권력이 내부에서 이를 뒷받침하고 언론권력과 지식권력이 외부에서 응원하는 형식이 완성되어 있습니다. 엘리트 부패 카르텔로 인하여 시장은 왜곡되고 노동자와 서민의 부는 체계적, 조직적으로 기득권층으로 이전됩니다. 엘리트 부패 카르텔은 반칙과 특권을 이용해 국가와 사회를 분열시키고 불평등을 영속화합니다. 평등해야 할 모든 계약을 부당하게 갑과 을로 나누어 갑으로 하여금 횡포를 부릴 수 있게 만드는 현상도 여기에서 비롯됩니다.

엘리트 부패 카르텔에 비하면 일반인들의 부패는 그렇게까지 중요

정의의 미래 "공정"

하지는 않습니다. 일반 민간의 부패도 역시 추방해야 합니다. 다만 엘리트 부패 카르텔과 같은 정도로 국가적 역량을 총동원하여 초집중할 필요는 없습니다. 생활 적폐라고 부를 수 있는 일반 민간의 부패는 과거부터 있어왔고 지금도 있고 앞으로도 있을 것입니다. 일반 민간의 부패는 이미 오랜 기간 동안 형사정책의 대상이 되어 왔습니다. 그 결과 일반 민간의 부패에 대해서는 이를 통제하기 위한 법률과 기관이 완비되어 있습니다. 형사법체계, 수사 및 재판 절차, 정보의 공개, 시민의 참여 등 반부패 정책이 있습니다. 일반 민간의 부패에 대해서는 꾸준히 지속적으로 단속하고 처벌하고 교화함으로써 충분히 대응할 수 있습니다. 이 부분에 대해서는 지금까지 한국은 조금 느리기는 하지만 꾸준히 성과를 보이고 있습니다. 민간의 투명성은 사회적 신뢰가 형성될 수 있을 정도로 발전하고 있는 중입니다. 문제는 사회에 큰 영향을 미치는 거대한 부패, 권력형 비리입니다. 지금은 엘리트 부패 카르텔에 대한 대책을 수립하고 집행할 때입니다.

부패의 확대

부패 문제는 지금 해결하지 않으면 앞으로 더욱 심각해질 것입니다. 객관적으로는 부패의 사례 및 정도가 줄어들지 않고 오히려 늘어날 것입니다. 현대 사회가 구조적으로 불평등하고 불공정하기 때문에 부패는 더욱 확대될 것입니다. 주관적으로 대중들은 부패에 대해 더욱 민감하게 반응할 것입니다. 대중들은 부패가 많은 문제의 뿌리라고 생각합니다. 불평등, 불공정이 부패와 긴밀하게 관련되어 있다고 보고 있습니다.

현재와 같이 엘리트 부패 카르텔이 유지되면 객관적으로 부패 문제는 더욱 심각해질 것입니다. 부패 문제는 특정한 사건, 사고로 외부에 나타나는데 현대 사회에서는 사건, 사고의 규모가 엄청납니다. 사건, 사고 규모가 큰 만큼 부패의 규모도 크다고 생각됩니다.

　인간은 항상 자연재해나 인공재난을 겪으면서 살아왔습니다. 과거에는 자연재해가 주된 불행이었으나 최근에는 자연재해와 더불어 인공재난이 중요한 문제가 되었습니다. 현대의 자연재해 역시 기후변화에 의한 것이어서 인간이 초래한 측면이 있습니다. 현대의 재해는 그 규모와 파급력에서 과거의 재해와 비교할 수 없을 정도로 대규모입니다. 과거에는 일본의 발전소 하나가 폭발하더라도 한국에는 아무런 영향이 없었습니다. 하지만 지금은 일본의 원전 폭발사고가 한국에 직접적인 영향을 미칩니다. 방사능은 국경이 없으니까요. 수산물의 형태로도 영향을 미칩니다. 미세먼지와 같은 환경 재난도 중국과 한국을 가리지 않고 수천만 명, 수억 명의 생명을 위태롭게 합니다.

　현대 사회에서 재해의 규모와 파급력이 커진 것은 연결성 때문입니다. 현대 사회는 시간과 공간의 제약을 돌파하기 위하여 모든 것을 연결하고 있습니다. 초연결 사회를 통해 정보와 자본의 유통 속도를 극대화하고 있습니다. 모든 것이 연결된 초연결 사회에서 발생한 재해는 시간과 공간의 한계를 넘어 연결된 모든 곳에 피해를 미칩니다. 당장 중동에서 발생한 질병이나 바이러스가 그 다음 날 한국에서 확인될 정도입니다. 중동이라면 과거 같으면 완전히 다른 우주였는데 지금은 바로 이웃이라는 느낌입니다.

　문제는 자연재해나 인공재난이 모두 부패와 연결되어 있을 가능성이 높다는 점입니다. 재해의 뒷면에는 납품비리, 부실 자재 사용, 낡은 소프트웨어 사용 등의 부패가 있는 경우가 많이 있습니다. 설계대로 부품을 사용하고 관리하지 않는 경우가 대부분입니다. 여기까지는 구형 부패입니다. 구형 부패에 더해 신형 부패와 비리가 불안을 가중시킵니다. 전문성 없는 낙하산 인사, 정실인사, 전관예우, 채용비리 등의 비리와 구조적인 위험의 외주화는 현대 사회의 위험을 현실화합니다.

특히 위험의 외주화, 하청화는 단계를 거치면서 위험에 대한 인식이 약해지고, 안전에 대한 투자도 적어지고, 관련 인력도 적어지고, 안전 감시망도 줄어들고, 지침도 제대로 전달되지 않고, 매뉴얼은 실종되고, 안전점검 절차는 생략되는 등 사고 가능성이 기하급수적으로 증가하게 됩니다. 최근 안전사고가 주로 외부의 하청 노동자, 건설 노동자에게 집중적으로 발생하는 것은 바로 이 때문입니다.

일회적인 재난이 구조적인 부패와 만나면 파멸적인 결과를 부를 수 있습니다. 부패는 일상적으로 조금씩 시스템을 붕괴시켜 나중에 큰 재난을 부릅니다. 전관예우, 자기 식구 봐주기, 공적 자산의 사적 이용, 위험의 외주화 등의 불공정이 또 문제가 됩니다.

문제는 부패로 인한 시스템의 붕괴가 어느 지점에서 어떻게 발생하는지를 미리 예측할 수 없다는 것입니다. 워낙 많은 것들이 연결되어 있기 때문에 부패로 인하여 어디에서 문제가 발생하는지, 나아가 발생한 문제가 어떻게 재난에 영향을 미치는지 알 수 없는 상태에 이르렀습니다. 오로지 부패를 일소함으로써 재난의 가능성을 낮추는 것 이외에 다른 방법은 없어 보입니다. 사회 시스템 자체가 초연결로 인하여 불안정하므로 부패를 없앤다고 재난을 완전히 예방할 수는 없을 것입니다. 하지만 반부패가 가장 확실한 재난 방지 정책인 것은 틀림없습니다.

부패를 초래하는 두 번째 원인은 글로벌 경쟁의 격화입니다. 글로벌 단위의 극심한 경쟁은 기업에게 엄청난 압박입니다. 초과잉시대의 글로벌 경쟁은 남을 쓰러뜨리지 않으면 자신은 퇴출당하는 세상을 만들었습니다. 기업은 살아남기 위해 무엇이든 해야 하는 상황에까지 몰립니다. 최근의 경쟁은 단기주의에 몰입되어 단기간에 가장 많은 성과를 낼 것을 요구합니다. 단기 실적 요구는 기업의 이익, 이윤을 위해서 비윤리적 행위, 범죄행위도 강행하게 하는 힘이 있습니다. 당장 회사가 무너질 위험에 처해있고 CEO가 해고의 위험에 있다면 부패행위를 하더라도 성과를 내려고 할 것입니다. 이런 경향은 특히 후진국과의 거래, 반부패 시스템이 없는 국가와의 거래에서 자주 발생합니다. 지금도 벌어지는 일이지만 과거 거대한 초국적 기업들이 저지른 사례에서 이러한 경향을 확인할 수 있습니다. 대표적인 사례로는 1970년대 중반 일본의 다나까 수상을 물러나게 했던 록히드 마틴 사례가 있습니다.

글로벌 경쟁으로 인한 자본의 공격적인 행보가 엘리트 부패 카르텔과 만나면 체계적인 부패시스템으로 발전할 수 있습니다. 내부의 거래가 일상화되고 공적인 정보를 사적으로 이용합니다. 행정부의 고위직 인사가 재벌이나 대형 법률 사무소의 자문, 고문으로 취업하여 공적인 정보를 사적으로 이용하거나 인맥을 동원해 정부 정책의 방향을 좌우하는 것이 그 하나의 예입니다. 이러한 행위를 전관예우라고 부르고 있지만 이런 점잖은 표현으로는 본질을 표현할 수 없습니다. 엘리트 부패 카르텔에 의한 부패행위입니다. 재벌이나 로펌 출신 인사들이 공직에 진출하는 경우도 같습니다. 엄격한 검증과 공직자 윤리에 대한 학습이 선행되지 않으면 이것도 하나의 회전문 인사, 자본과 권력의 결합에 지나지 않습니다. 글로벌 차원의 심각한 경쟁은 엘리트 부패 카르텔과 만나면서 부패를 더욱 심각하게 만듭니다.

부패에 민감하게 반응하는 대중

대중들의 부패에 대한 주관적 인식의 변화는 부패를 현대 사회의 핵심적인 문제로 만드는 또 다른 원인입니다. 대중들의 부패 문제에 대한 인식은 갈수록 날카로워지고 있습니다. 대중들은 사회의 양극화가 부패, 불공정에서 비롯된다고 생각합니다. 실제로 부패는 대중들의 재산과 가치를 엘리트 부패 카르텔에게로 이전시킵니다. 부패 때문에 국가의 부, 대중들의 공적인 자산이 반칙과 특권을 행사하는 기득권층에게 이전됩니다. 대중들이 부패를 곧 반칙과 특권, 즉 불공정인 것으로 인식하는 것은 현실을 반영한 정확한 인식입니다. 대중들은 이러한 인식을 바탕으로 사회의 불공정, 반칙과 특권을 해결하기 위하여 부패 문제를 반드시 해결할 것을 강하게 요구합니다. 반부패 정책이 최우선의 과제가 되어야 한다고 보는 것입니다.

미래의 대중들은 훨씬 더 많은 부패 사건을 경험하게 될 것입니다. 부패에 대한 언론의 보도는 더 많아지고, 더 선정적이고, 더 공격적일 것입니다. 여기에 개인 미디어도 가세할 것입니다. 인터넷은 정보를 소비하면서도 생산하는 이중의 역할을 하는데 부패 문제에 대해서도 같은 역할을 하면서 정보를 엄청나게 생산하고 또 유통시킬 것입니다. 세계화의 영향으로 전세계의 부패 현황 및 부패 대책을 실시간으로 확인할 수 있게 된 것도 대중들이 부패 사건을 더 쉽게 접하는 계기가 될 것입니다. 여기에 더해 국가와 공공기관이 체계적으로 정보를 공개하는 것, 특히 부패 사건이 발생했을 때 정보공개 차원에서 대응과 방침을 공개하는 것 역시 대중의 부패에 대한 인식을 제고합니다.

미래 사회에서는 대중이 접근할 수 있는 부패 관련 정보는 폭발적으로 증가할 것입니다. 정보의 다양화는 부패를 새로운 관점에서 연구하게 되는 기폭제가 될 것이고 결국에는 부패 문제를 해결하는 데 도움이 될 것입니다. 하지만 단기적으로는 갈등 상황을 초래할 가능성이 큽니다. 부패의 존재와 대중의 관심 증대는 단기적으로는 부패를 즉시 해결할 수 없는 상황과 부딪히면서 갈등을 낳을 가능성이 있습니다. 당장 부패 문제와 관련하여 청원하거나 고발하는 대중의 수는 증가할 것입니다. 또한 국가가 부패를 해소하기 위해 충분한 노력을 했음에도 불구하고 정책의 집행과 효과 사이의 시간적 간극이 있으면 대중들은 그 결과를 직접 확인할 수 없기에 분노합니다.

개인 미디어의 폭발적 증가 역시 대중의 부패 인식을 확산시키고 심각하게 만드는 요인입니다. 개인 미디어는 개인에 대한 부당한 대우 혹은 불공정한 대우를 곧바로 사회 문제로 만들어 버립니다. 과거에는 특정 이슈가 곧바로 사회 문제화되지 않고 일정한 절차를 거쳐서 사회 문제화되었습니다. 신고, 고발과 같은 국가 공권력에 호소하는 공식적인 절차가 기본 형태였습니다. 내부고발자가 폭로하는 경우에도 시민단체의 지원을 받았습니다. 언론을 통한 폭로도 있었습니다. 이러한 과정은 개인에게는 지루하고 불필요하게 보이지만 해당 문제를 검증하고 실제로 사회문제로 삼을 만한 중대한 것인지를 판단하는 절차이기도 했습니다. 특히 시민단체와 언론은 해당 문제를 검증하고 상대방의 입장도 파악하기 때문에 문제를 객관적으로 바라보게 만드는 힘이 있었습니다. 이 과정을 통해 최소한 사회 문제화되는 이슈들은 공신력을 획득했습니다.

지금은 폭로 이전에 시민단체, 언론, 공적 기관을 거치는 신중한 절차가 사라졌습니다. 최근에는 개인들이 아무런 검증 없이 문제를 바로 폭로하고 있습니다. 1인 미디어를 가지고 있기 때문입니다. 최근 한국의 기획재정부 신재민 사무관의 폭로 사태는 중간의 검증 과정이 생략된 채 일어났습니다. 사실관계 확인도 어려웠고 폭로의 진정성도 확인할 수 없는 문제가 있었던 것이지요. 그래서 개인의 진지함과는 관련 없이 사회에 큰 영향을 미치지는 못했습니다. 형식적으로는 큰 문제인 것처럼 보여 순간 관심이 급증했지만 순식간에 사라졌습니다. 신중한 검증 절차가 없으니 진실성과 중요성을 확인할 수 없었기 때문입니다.

개인이 1인 미디어로 무장하여 정보를 검색하고 생산하고 유통시킬 수 있는 기술을 갖추고 있으면 개인의 문제를 곧바로 사회 문제로 만들 수 있습니다. 이 과정에서 검증은 생략되는데 이로 인하여 문제점이 제대로 평가되지 못하여 과장되거나 혹은 왜곡되는 사태가 생길 수 있습니다. 최근 한국 사회에서 등장하는 범죄현장의 CCTV 혹은 동영상 방송은 바로 이러한 문제점을 안고 있습니다. 같은 동영상을 보고 피해자와 가해자의 이야기가 서로 다릅니다.

개인 미디어는 일단 폭로되면 엄청난 영향력은 미칩니다. 나중에 동영상이 왜곡되었다거나 혹은 다른 영상이 있어 신빙성을 다툰다고 하더라도 사회적 소동은 이미 끝난 상태입니다. 새로운 동영상이 나오기 전에 이미 대중은 흥분하고 청와대에 청원을 하고 댓글을 달고 거리로 나옵니다. 정부, 언론, 시민단체가 사실관계를 바로잡으려고 해도 이미 사태는 종결된 상태인 경우가 많습니다. 대중들은 후속 보도에는 관심이 없고 언론도 후속 보도를 하지 않습니다. 심지어 기존 언론이 개인 미디어를 그대로 인용하는 경우도 있습니다.

부패에 대한 대중의 민감한 반응이 예상되는 근본 배경 중에는 중산층의 증가라는 현상이 있습니다. 한국의 중산층, 나아가 세계의 중산층이 과연 증가하고 있고 안정된 지위를 확보했는가는 의문이 있습니다만 과거에 비하여 중산층이 증가한 것은 사실입니다. 중산층은 부패 문제를 사회의 중대한 문제로 인식합니다. 중산층은 평온하고 안정된 삶,

공동체의 질서를 위태롭게 하는 요소로 부패를 인식합니다. 이러한 현상은 보수성이라기보다는 인간의 자연스러운 경향입니다. 현대 사회의 부패가 특정 계급, 계층에 의한 부패라는 사실은 사회의 평등성과 공정성을 심각하게 훼손하기 때문에 특히 중산층은 중대한 위험이라고 인식합니다. 중산층은 자신의 노력으로 빈곤층에서 상승했고 향후 노력 여하에 따라 상위층으로 이동할 수 있다고 믿는 사람들이기 때문입니다. 물론 언제든지 빈곤층으로 떨어질 공포를 안고 있기도 합니다.

반부패와 공정성

부패는 공정성을 위협하는 가장 큰 요인입니다. 부패는 반칙과 특권에서 태어나므로 공정성을 위협하는 가장 큰 요소입니다. 특히 정경유착, 권력형 비리 등 엘리트 계급의 부패는 공정성을 심각하게 위협합니다. 엘리트 부패 카르텔을 깨고 청렴한 사회를 만드는 것은 공정이라는 가치를 부활시키고 신뢰라는 사회적 통합 자본을 축적하는 출발점입니다. 부패추방은 기득권층의 횡포를 방지하여 사회적 약자를 보호하며, 국가와 약자들의 부가 기득권층으로 흘러나가는 것을 막습니다. 반부패시스템은 이 시대가 요구하는 필수 개혁과제 중 하나입니다.

기존의 시스템은 엘리트 부패 카르텔에 취약합니다. 정치권력, 자본권력, 법조권력, 관료권력, 언론권력, 지식권력이 엘리트 부패 카르텔의 핵심인데 부패 대책 기구 역시 이들을 중심으로 구성되어 있기 때문입니다. 부패 대책 기구는 엘리트 부패 카르텔과 독립하여 존재해야 합니다. 그리고 전문성을 가져야 합니다. 반부패 대책을 종합적으로 수립하고 실행할 수 있을 정도의 권한도 있어야 합니다. 과거 국가청렴위원회와 같이 반부패 정책을 독립하여 전문적으로 수립하고 집행하는 기구가 필요합니다.

참여정부의 경험에 의하면 국가청렴위원회를 창설하여 대통령 직속으로 두어 반부패 정책을 전담하도록 하는 것이 바람직합니다. 부패가 발전하고 은밀해질수록 반부패 정책 역시 전문적이고 충분한 권한이 부여된 기관이 담당해야 합니다. 반부패 정책에 수사와 처벌만이 있는 것이 아닙니다. 수사가 반부패 정책에서 핵심적인 것이기는 하지만 전부는 아닙니다. 반부패 정책은 전국가적 역량이 동원하여 이루어져야 하는 것입니다. 수사기관인 "고위공직자범죄수사처(공수처)"만으로는 부족하고 국가 전체를 대상으로 반부패 정책을 펴는 국가청렴위원회 구성이 필요합니다. 지금과 같이 국민권익위원회의 부패방지국에서 담당할 일은 아닙니다.

경제 부패를 척결하기 위해서는 공정거래위원회 활동이 중요합니다. 경제 분야의 불공정성은 부의 초집중과 불공정거래행위, 권한남용 행위에서 비롯됩니다. 바로 공정거래위원회의 활동 분야입니다. 공정거래위원회의 지위와 역할은 분명히 정해져 있습니다. 특별히 더 많은 권한이 필요한 것은 아닙니다. 지금 공정거래위원회에 필요한 것은 경제 분야의 불공정성을 해소하겠다는 자각과 의지입니다. 경제계로부터 독립하여 경제계를 감시하고 견제하는 기능을 회복해야 합니다. 다른 기관이나 경제계, 정치계의 눈치를 볼 필요는 없고 또 보아서도 안됩니다.

현재 공정거래위원회가 활동을 하지 않는 것은 아니지만 심각한 경제 분야의 불공정성을 타파하는데 많은 성과가 있는 것도 아닙니다. 이는 공정거래위원회가 경제계에 대한 본질적인 개혁은 하지 않고 주변부만 단속하고 있기 때문입니다. 재벌개혁과 같은 본질적인 개혁은 추진하지 않고 일부 자본의 행태만 단속할 뿐입니다. 그 결과 경제계의 공정성은 확립되지 않고 그에 따라 공정거래위원회에 대한 신뢰는 여전히 낮습니다.

공정거래위원회의 간부나 실무자들이 법률사무소나 대기업으로 이직하는 현상은 금지되어야 합니다. 일종의 전관예우인데다가 공정거래위원회의 공정성을 위태롭게 하는 행태입니다. 공정거래위원회는 이름부터 공정성을 체현하는 조직이어야 합니다. 공직에서 얻은 정보나 네트워크를 사적으로 이용하는 행태는 공정거래위원회의 신뢰를 떨어뜨리는 핵심 원인 중의 하나입니다.

고위공직자범죄수사처

부패를 추방하고 청렴사회를 위한 노력은 특히 한국과 같은 엘리트 카르텔형 부패에 시달리는 국가에 중요합니다. 이 형태의 부패를 추방하고 청렴사회를 만들면 좀 더 높은 단계로 진입할 수 있고 시민들의 삶의 질을 높일 수 있습니다. 이 문제를 해결하기 위하여 지금 한국에서 한창 논쟁 중인 과제가 바로 "고위공직자범죄수사처(공수처)"입니다.

공수처는 매우 효과적이고 근본적인 반부패 정책 중의 하나입니다. 고위공직자가 자본권력과 함께 벌이는 정경유착, 권력형 비리는 부패의 최고 형태이며 그만큼 다른 분야에 큰 영향을 미칩니다. 윗물이 맑아야 아랫물이 맑다는 말은 여전히 옳은 말이며 양극화가 심각한 지금 더 절실한 말이 되었습니다. 권력형 비리, 정경유착은 국가의 부를 사적으로 이용하고 치부하는 것이기 때문에 반드시 추방되어야 합니다. 또한 자본에 기초한 새로운 계급이 중산층과 노동자, 서민을 지배하는 새로운 방식이므로 극히 경계해야 합니다. 하지만 고위공직자들이 연루되어 있기 때문에 제대로 수사도, 처벌도 이루어지지 않았던 것 역시 엄연한 사실이었습니다. 정치권력이 개입된 정경유착은 경찰과 검찰이 아예 수사를 하지 않았고 수사를 하려고 하면 저지당했습니다. 이런 역사가 반복되다 보니 아예 수사기관 자체가 권력화되어 정경유착 사건을 좌우하기에 이르렀습니다. 검찰이나 경찰은 권력의 하수인에서 권력의 동반자, 파트너가 되었고 스스로 부패해갔습니다. 이들 기관은 수사권한이 자신에게 있다는 이유로 기관 구성원들의 부패와 비리에 미온적이었고 처벌에 관대했습니다. 이들 기관은 내부의 자정능력을 상실했습니다.

공수처 도입 전에 반부패 문제를 해결하기 위한 노력이 없었던 것은 아닙니다. 특별검사제를 통하여 권력형 비리, 정경유착 문제를 해결하려고 노력해 왔습니다. 이 과정에서 검찰의 문제점도 드러나 검찰개혁의 목소리도 높아졌습니다. 그런데 특별검사제는 정경유착, 권력형 비리 사건에 불충분한 대책이었습니다. 국회에서 법이 통과되어야 하므로 출범 자체가 정치 협상에 맡겨져 있었습니다. 그 결과 출범도 어려웠고 출발하더라도 충분한 권한, 인력, 기간을 갖추지 못하는 경우가 많았습니다. 일시적으로 설치된 비상설 기관의 한계도 안고 있었습니다. 공수처는 한시적이고 정치적 영향을 받는 특별검사제의 한계를 넘어 상설적, 전문적 반부패 기관의 성격을 갖습니다. 그리고 검찰개혁의 일환으로 검찰 권한의 일부 분산과 견제 역할도 담당합니다.

공수처의 연원은 오래되었습니다. 1996년 처음으로 참여연대의 국회 입법청원으로 시작된 역사는 2004년 노무현 대통령 시절 "공직부패수사처" 법안의 국회 제출로 한 획을 긋습니다. 참여정부의 공직부패수사처 법안은 정부 제출 법안으로서는 처음이자 마지막이었습니다. 공직부패수사처 법안은 노무현 대통령의 첫 번째 관심사였지만 아쉽게도 법안은 국회 통과를 하지 못했습니다. 이후 오랜 기간 잠복기에 들어갔다가 2019년 다시 정부 여당과 야당의 노력으로 국회에서 논의되고 있습니다. 2019년의 공수처 법안은 노무현 대통령의 공직부패수사처 법안과는 달리 의원 입법안으로 발의되어 논의 중에 있습니다

정경유착, 권력형 비리를 전문적으로 수사하는 고위공직자범죄수사처는 국가청렴위원회 산하에 두는 것이 바람직합니다. 공수처를 국가청렴위원회 산하에 두는 것은 정치권의 개입으로부터 독립하여 수사를 할 수 있도록 하기 위한 것입니다. 공수처의 정치적 독립은 임명권자인 대통령으로부터의 독립과 국회로부터의 독립을 포함합니다. 지금은 대통령의 정치적 간섭을 배제하는 데 관심을 가질 뿐, 국회의 간섭을 배제할 방법은 도외시하고 있습니다. 공수처장 자격요건과 임명 절차, 활동 방법, 견제 방법 등에서 정치권력, 구체적으로는 대통령의 간섭을 최대한 배제하려는 것에 우선적인 초점을 두고 있습니다. 대통령의 지배를 배제하려는 시도는 타당합니다. 정치권력이 공수처를 좌우하면 공수처가 제대로 된 기능을 할 수 없기 때문입니다. 지금 논의되는 법안에 의하면 대통령의 개입을 차단하는 장치는 충분합니다. 공수처장의 임명 과정을 보면 국회가 2명을 추천하고 대통령이 2명 중 1명을 지명하면 국회 인사청문회를 거쳐 대통령이 임명합니다. 공수처장은 임명 이후 법관, 검사와 같은 수준의 신분보장, 즉 독립성이 보장되며 공수처장을 마친 이후에도 대통령 비서실 등 정치권력과 가까운 곳으로 자리 이동은 할 수 없습니다. 이 정도로 4중 5중의 장치를 두고 있어 대통령의 개입은 충분히 차단될 것으로 평가됩니다.

그런데 공수처에 대한 정치적 지배, 간섭은 대통령만이 하는 것이 아닙니다. 공수처의 수사 대상이 되는 국회의원들도 할 수 있습니다. 국회

의 공수처 지배도 정치권력의 간섭에 해당하므로 배제해야 합니다. 공수처를 국가청렴위원회 산하기구가 아니라 완전 독립기구로 구성하면 정치적 책임을 지기 위하여 공수처장이 국회에 출석하여 국회의원들의 질문에 답변을 해야 하는 사태가 발생합니다. 모든 국가기관은 조직적, 정치적 책임에서 자유로울 수 없으므로 다른 국가기관, 특히 최종적으로는 국회로부터 견제를 받아야 합니다. 이런 이유로 수사와 재판에 대해서는 독립성이 보장되어 있음에도 불구하고 법무부장관이 국회에 나가 국회의원들의 질문에 답변하는 의무를 집니다. 검찰총장은 국회에 나가 국회의원들의 질문에 답변해야 하는 의무가 없습니다. 구체적인 사건에 대한 수사의 독립성을 지키기 위해서입니다. 검찰총장이 국회에 출석하여 답변해야 할 필요가 없듯이 공수처장 역시 국회에 출석하여 답변할 의무가 없어야 합니다. 만일 공수처장이 국회에 출석해 수사에 대해 답변해야 한다면 그 과정에서 수사의 내용이 누설될 수도 있고 수사진행에 압박을 받을 수도 있습니다. 이를 방지하기 위하여 국가청렴위원회 위원장이 국회에 출석하여 국회의원의 질문에 답변하는 것으로 하여야 합니다. 수사는 어디까지나 정치권의 압력으로부터 자유로워야 하기 때문입니다.

2019년 현재 논의는 공수처 설치에서 그치고 있습니다. 마땅히 국가청렴위원회 구성과 같은 큰 구상을 실현하는 것이 필요합니다. 국가청렴위원회가 없으니 공수처장이 국회에 출석하여 직접 국회의원들을 상대해야 하는 위험이 있습니다. 권력형 비리에 대한 수사에 정치권력이 개입할 수 있는 방법이 제도적으로 보장되어 있는 것은 현새 공수저 설치 구상에서 큰 단점입니다.

부패 방지 3원칙

공수처가 한국형 엘리트 부패 카르텔에 대한 훌륭한 대책인 것은 틀림없으나 모든 부패 문제를 공수처로 해결할 수는 없습니다. 근본 원인에 걸맞은 근본 대책이 필요합니다. 부패가 발생하는 토양 자체를 바꾸어 부패가 아예 발생하지 않도록 하는 구조적 개혁이 필요합니다.

부패 발생을 막는 근본 3원칙은 공개, 분산, 견제입니다. 민주주의의 기본 원칙인 견제와 균형이라는 원칙을 부패 대책으로 구체화한 것입니다.

공개는 부패에 대한 가장 효과적인 정책, 첫 번째 원칙입니다. 민주주의는 시민의 통치인데 시민들이 통치를 하려면 주요 정책에 대해서 알아야 합니다. 정책을 알면 참여를 할 수 있게 되고 참여를 하면 정책결정권자들의 자의가 줄어듭니다. 정책결정권자의 자의와 재량이 줄어들면 부패의 여지도 줄어듭니다. 부패라는 엄습한 범죄는 공개라는 태양이 비치면 사라지기 마련입니다.

현대 사회에서 정보는 거의 100% 공개됩니다. 거의 모든 정보가 실시간 공개되는 것을 전제로 국가기관의 조직과 활동을 설계하고 집행해야 합니다. 스노든의 위키리스크 사건을 계기로 확인되었지만 정부의 모든 정보는 실시간 거의 그대로 공개되는 것이 현실입니다. 최근 한국에서 한국과 미국 대통령의 통화 사실도 거의 실시간으로 공개되어 버렸습니다. 대통령 간의 통화 내용이라는 국가기밀이 누설될 정도이니 다른 정보는 말할 것도 없습니다. 정보통신 혁명으로 한번 생성된 디지털 정보는 절대 없어지지 않고 쉽게 찾을 수 있습니다. 객관적인 사실에 기반한 투명한 정책만이 대중의 검증을 견딜 수 있습니다. 자질구레한 정보의 일부 공개나 감추기, 변명으로 객관적인 사실을 감출 수 있는 시대는 저 멀리 지나갔습니다. 이 기회를 적극 살려야 합니다. 반부패, 청렴 요구는 국가기관만이 아니라 기업에게까지 투명성과 공개를 강제합니다. 기업에 요구되는 사외이사, 준법감시인, 준법지원인 제도 등은 가장 기본적인 제도일 뿐이고 대중의 투명성에 대한 요구는 이보다 훨씬 높습니다. 정보의 공개는 민간의 부패에도 큰 영향을 미칩니다.

분산은 부패 방지의 두 번째 원칙입니다. 정책에 대한 결정권은 분산되어야 합니다. 결정권이 분산되면 결정권이 남용되지 않고 결정권이 남용되지 않으면 부패하지 않습니다. 다른 기관, 다른 정책과 함께 정책이 결정되고 집행되기 때문에 자의적, 일방적인 결정을 막을 수 있습니다. 분산된 권한은 견제를 위한 중요한 토대입니다.

견제는 부패 방지를 위한 세 번째 원칙입니다. 분산된 국가기관, 분산된 결정권은 서로 협조하면서도 불법행위, 위법행위에 대해서는 엄격하게 견제해야 합니다. 국가기관 사이는 원래 상호 협력관계가 원칙입니다. 권력이 분산된 국가기관이 서로 협조를 해야 좋은 정책을 만들고 집행을 하고 사회서비스를 전달할 수 있습니다. 최근 국가기관의 권한 남용이 문제가 되면서 국가기관들이 상호 협력하기보다는 오히려 견제하고 다투는 것이 원칙인 것으로 보는 견해가 있습니다. 물론 공권력의 행사에서는 당연히 상호 견제가 필요합니다. 하지만 더 큰 틀에서는 국가기관은 상호 협력하면서 국가의 정책을 집행해야 합니다. 이때 협력은 정당한 정책집행에 대한 협력을 말합니다. 원래 국가기관은 모두 시민을 위해 존재하므로 정책집행을 위해서는 서로 협력해야 합니다. 상호 협력 관계는 상시적인 관계입니다. 서로 의견이 다르더라도 국가기관은 내부적으로 이견을 조정하여 최선의 정책을 도출하고 집행해야 합니다. 이견이 있다고 하여 이를 외부에 표출하고 서로의 권한을 주장하기만 하면 공적인 이익을 중시하는 국가기관이 아니라 사적 이익을 추구하는 민간 기관과 다를 바 없습니다. 내부적으로 이견을 조정하는 과정에서 최선의 정책을 찾아야 합니다.

하지만 국가기관들이 서로 협력만 하면 서로 봐주기가 되어 불법행위, 부패행위까지 저지를 가능성이 높아집니다. 불법행위, 부패행위를 막기 위해서는 서로 견제를 해야 합니다. 그렇다고 국가기관 상호 간의 견제가 따로 있는 것은 아닙니다. 협력과 함께 견제가 이루어집니다. 정책 수립과 집행 과정에서 협력하는 가운데 불법행위, 부패행위를 최소화하기 위한 견제 활동을 벌여야 합니다.

공개, 분산, 견제의 3원칙은 하나로 모아집니다. 목표는 권력과 자본의 초과 집중을 막는 것입니다. 이념은 공정성으로 수렴합니다. 공정성을 정착시킴으로써 권력과 자본의 초과 집중을 막고 이를 바탕으로 구조적인 부패와 유착을 막는 것이 3원칙의 내용입니다. 공개, 분산, 견제의 3원칙이 모든 분야에 창조적으로 적용되면 효과적인 반부패 정책이 도출될 수 있을 것입니다. 공수처는 3원칙의 대표적인 적용 사례 중의 하나입니다.

정의의 미래 "공정"

chapter 6

공정성과 인권

◆

인권의 확대

인권은 현대 사회를 규정하는 가장 강력한 가치 중의 하나입니다. 그리고 미래에는 더 큰 영향을 미칠 가치입니다. 형식적으로 보면 국내적이면서 국제적인 가치이고, 개인적이면서도 집단적인 가치입니다. 내용적으로도 자유권에서부터 생존권까지 인간의 모든 측면을 규정하는 가치입니다. 영향력으로 보면 국내 정책을 좌우할 뿐 아니라, 국제정치도 좌우할 정도의 힘이 있습니다. 인권은 다른 가치에도 큰 영향을 미칩니다. 인권은 정의와 공정의 개념을 다시 세울 수 있을 만한 힘을 가지고 있습니다. 지금까지 무시되어온 개인의 가치를 제대로 세움으로써 정의와 공정의 내용 을 새로 만들고 있습니다.

인권은 친숙하면서도 새로운 개념입니다. 동양과 서양의 고대 사상과 종교는 모두 인본주의 정신에 투철했고 그 결과 인권과 매우 친숙합니다. 지금도 고대의 생각은 많이 활용됩니다. 고대의 위대한 인물들은 인간이 과연 어떤 존재를 깊이 고민했고 그 결과 인간 중심의 사고방식을 정식화할 수 있었습니다. 고대 사상은 인간이 가장 중요한 존재이고 인간인 이상 대부분 평등하다는 것을 처음으로 밝혀냈습니다. 고대 사상의 인본주의 정신은 널리 수용되었고 인류의 소중한 가치가 되었습니다. 인권이 고대의 인본주의 사상에서 비롯되었다고 주장할 수 있을 정도로 고대 사상은 보편성을 가지고 있습니다.

하지만 고대 사상과 종교는 한계가 있습니다. 고대의 사상은 인간성을 존중하면서도 공동체를 그만큼 또는 그보다 더 중시했습니다. 바로 이 때문에 고대 사상은 공동체와 어울리지 않는 소수자, 사회적 약자에 대해서는 공동체에서 배제하는 냉혹한 자세를 취했습니다. 대부분의 고대 사상과 종교는 이런 면에서 이중의 잣대를 가지고 있었습니다. 과부와 어린이에 대해서는 관대한 입장을 취했지만 여성, 동성애자, 이방인, 이교도에 대해서는 철저히 무시하거나 배제하는 입장을 취한 고대 사상이 많습니다. 유일하게 불교는 개인의 깨달음을 중시하고 평등을 강조하는 입장을 일관했습니다.

고대의 사상은 근대 시민혁명을 거치면서 재정립됩니다. 개인의 등장으로 고대의 사상은 개인주의를 바탕으로 새롭게 해석되었고 이 과정에서 인권의 개념이 극적으로 등장합니다. 인권의 개념이 등장하려면 실로 개인이 등장해야 합니다. 개인이야말로 인권의 주체이기 때문입니다. 최근 인권의 주체로서 공동체가 등장하고 있지만 역시 인권의 고전적인 주체는 개인이고 개인의 인권 주체성이 명백히 된 다음에야 공동체의 권리가 논의될 수 있습니다. 개인이야말로 권리의 일차적이고 본원적인 주체이기 때문입니다. 권리의 주체가 된다는 것은 자주적이며 주체적인 인간이 등장했다는 것을 의미합니다. 권리의 주체라는 말은 개인이 과거 왕의 신하나 백성인 신민(臣民)이 아니라 통치자와 대등한 관계에서 직접 통치에 참여하는 시민으로 변화했다는 것을 말합니다.

정의의 미래 "공정"

이 관계의 변화는 질적인 변화로서 국가와 개인의 관계를 완전히 변경시켜 버립니다. 혈통과 종교에 기반한 독재체제가 평등한 시민으로 구성된 민주 사회로 바뀌게 됩니다. 민주주의가 정착되면서 개인은 등장했고 개인의 등장으로 인권 가치의 발전이 이루어지게 됩니다.

이 과정에서 큰 역할을 한 이론은 사회계약론입니다. 홉스에서 시작된 사회계약론은 로크를 거쳐 루소에 이르러 완성됩니다. 현대에는 존 롤스가 다시 사회계약론을 강조했습니다. 사회계약론은 국가의 구성을 개인 간의 계약에서 보는 혁명적인 발상이었습니다. 개인이 국가의 구성, 주권의 형성에 핵심이라는 점이 이론적으로 확립되었습니다. 개인이 이렇게까지 높이 평가된 적은 이전에는 없었습니다. 그러나 개인의 전면적인 독립은 근대 시민혁명 이후에도 충분히 이루어지지 않았습니다.

근대 시민혁명 이후의 시대는 계속되는 혁명의 시대였습니다. 혁명은 국가, 민족, 계급의 단위에서 이루어졌습니다. 시민혁명은 계속되었고 사회주의 혁명, 민족해방혁명이 이를 이었습니다. 혁명의 시대에는 개인보다는 국가, 민족, 계급이 중요합니다. 혁명은 집단 대 집단의 대결이기 때문입니다. 특히 민족해방혁명을 거쳐 독립한 식민지 국가는 국가 건설을 위해 국가주의, 민족주의 이념에 기초했으므로 개인보다는 집단이 중요했습니다. 개인은 국가 건설과 근대화 과정에서 집단의 일원으로서의 의미만 가지게 되었습니다. 우리가 국민이라는 용어는 쉽게 사용하면서 시민이라는 용어는 잘 사용하지 않는 이유는 여기에 있습니다. 민족해방과 국가 건설 과정에서 필요한 것은 국가와 건전한 관계를 맺는 국민입니다. 건국 과정에서 필요한 인재는 국가 구성원임을 강하게 자각하는 국민이지 국가로부터 상대적으로 자유로운 시민은 아닙니다. 여기에서 국가와 건전한 관계를 맺는다는 것은 국가에 충성하고 국가를 위해 희생하는 등 국가가 부여한 의무를 다하는 것을 말합니다.

현대적 의미의 인권 가치가 등장하게 된 것은 제2차 세계대전 이후입니다. 제2차 세계대전을 거치면서 인류는 유대인 학살, 침략적인 전쟁 범죄, 반인도범죄 등 수많은 인권침해를 목격했습니다. 참혹한 인권침해를 겪은 인류는 개인의 가치를 다시 생각하게 되었고 인권 가치를 공고화하기 위하여 유엔을 출범시켰습니다. 유엔은 세계인권선언을 발표했고 이를 기점으로 현대의 인권 가치가 확립되었습니다. 이를 2차 인권 혁명이라고 부릅니다. 유엔은 국제인권규약을 포함한 여러 국제인권법 체제를 발전시켰고 지금도 발전시키고 있습니다. 인권 체제가 주목하는 것은 인간의 존엄성, 개인 내면의 불가침성입니다.

현대적 의미의 인권은 과거 근대 시민혁명 시대의 인권과 달리 하나의 체제, 시스템으로 작동합니다. 법적으로 완비된 형태를 취하려고 하고 강제력을 동반하려고 하는 경향을 강하게 갖습니다. 평등주의의 확산으로 인권 개념이 폭발적으로 확대되는 경향을 보입니다. 이를 조효제는 인권의 토대, 평등주의, 인권의 패러다임, 인권의 이념적 성격, 인권 보호 의무의 주체, 개인주의의 퇴조, 인권의 국제화, 보편주의에 대한 비판 등으로 나누어 설명합니다(조효제, 2007).

첫째, 인권의 토대가 자연법이나 형이상학이 아니라 인간의 창조물로 보는 관점으로 이동했습니다. 물론 인간이기 때문에 당연히 누리는 권리, 인간이라면 누구나 갖는 존엄성 등과 같이 더 이상 설명을 필요로 하지 않는 단언적이고 선험적인 주장이 없어진 것은 아니지만 이런 설명으로는 현대의 인권이론을 설명할 수 없습니다. 인권은 인간의 의도적 구성물로 보는 관점이 굉장히 강해졌습니다. 이러한 관점의 변화는 소수자, 사회적 약자에게는 큰 의미가 있습니다. 전통적으로 배제되어 온 자신들의 이익을 인권이라는 관점에서 재정의할 수 있기 때문입니다. 또한 인권의 종류가 많아진다는 것, 개인의 사적 이익이 인권이라는

정의의 미래 "공정"

이름으로 등장할 수 있다는 것을 의미하기도 합니다. 많은 사람이 주장하고 동의하면 특수한 권리가 인권이 될 수도 있습니다. 물론 보편성 심사를 통과해야 하지만 말입니다. 이 결과 사회 내에서 인권의 개념을 두고 격렬한 논쟁이 벌어질 가능성이 높아집니다. 모든 사회집단, 개인이 자신의 이익을 인권으로 주장할 수 있기 때문입니다. 이러한 이익을 조정하는 공정한 절차가 다시 중요하게 됩니다.

둘째, 현대의 인권의 평등주의를 강조합니다. 자유와 소유의 강조에 비하여 평등은 극단적으로 강조되고 있습니다. 평등은 정의의 핵심 가치로 부상되었고 법 앞의 평등을 넘어서서 인간을 대우하는 원칙, 사회를 조직하는 원리, 법과 제도를 운용하는 방식, 정책을 집행하는 절차 등에 모두 적용하게 되었습니다. 평등은 법 앞의 평등을 주된 내용으로 하는 기본적 평등, 정치적 평등을 주된 내용으로 하는 자유주의적 평등, 사회경제적 평등을 주된 내용으로 하는 조건의 평등을 내용으로 합니다. 이중 현대 사회에서 중시하는 것은 조건의 평등입니다. 사회경제적 평등이 현대사회에서 가장 중요하기 때문입니다. 조건의 평등은 사회경제적 평등을 실현하는 것이므로 절차의 공정성을 강조하지 않을 수 없습니다. 그렇다고 자유의 중요성이 약해지는 것은 아닙니다. 자유는 여전히 중요합니다. 만일 자유와 평등이 부딪힌다면 현대인들은 자유를 선택할 것입니다. 현대 사회에서 이미 자유는 높은 수준에서 보장되고 있습니다. 인간의 가능성이 최대한 발휘되면서 다양성이 자유라는 이름을 활짝 핀 시대가 현대입니다.

셋째, 인권의 패러다임이 탄압 패러다임에서 웰빙 패러다임으로 바뀌고 있습니다. 과거에는 국가가 개인의 존엄성과 자유를 침해하는 것을 전제로 이를 방어하기 위하여 인권 개념을 동원했습니다. 현대에는 인간의 가능성을 실현하기 위하여 국가가 적극적으로 개인을 지원해야 한다는 의미로 인권 개념을 사용합니다. 복지국가의 등장이 대표적인 예입니다. 다만 인권 개념에도 부침이 있어 과거 10년 전에는 웰빙이 강조되었지만 지금은 헬조선 탈출이 강조되고 있는 등 변화는 있습니다. 과거는 발전이 중요했다면 지금은 생존이 더 중요한 시기이고 지금의 인권도 여기에 초점을 맞춥니다.

지금과 같은 헬조선이 계속된다면 사람들이 선택할 수 있는 것은 무엇일까요? 적응일까요? 아닙니다. 탈출입니다. 헬조선을 지탱하거나 재생산하는데 기여할 필요는 없습니다. 참고 견디는 것은 아무런 의미가 없습니다. 탈출이 해법입니다. 그러나 현실에서는 탈출을 할 수가 없습니다. 기껏해야 가상의 공간으로 탈출할 뿐이지요. 지금은 살아남는 것, 이것이 최고의 목적일 것입니다. 우울한 선택이지만 다른 선택이 보이지 않는 것도 현실입니다.

넷째, 인권의 이념은 과거 고전적 자유주의에 더하여 대거 사회주의적 요소가 포함되는 변화를 겪었습니다. 이를 사회주의적 자유주의, 자유주의적 사회주의로 표현할 수 있다고 조효제는 봅니다. 자유민주주의와 복지국가 이념이 함께 하는 인권의 이념이라고 할 수 있습니다. 이 이념은 자기중심적 인권 주장에 그쳐서는 안되고 타인을 존중하고 배려하는 사회기풍과 대중의 이타적 품성을 필요로 합니다. 서로에 대한 이해가 필요하고 나아가 나와 너를 서로 구분하는 분별심을 없애는 것이 필요합니다.

다섯째, 인권을 보호해야 하는 주체가 국가에서 기업이나 단체 등 비국가 단위, 심지어 개인에게까지 확대되고 있습니다. 공장이나 가정 등 사적 영역에서도 인권침해가 빈발하게 발생한다는 것이 확인되었기 때문입니다. 과거에 비하여 인권침해의 가능성이 훨씬 높아졌습니다. 여기에서도 개인의 영향력 확대, 자본의 지배 현상을 확인할 수 있습니다.

여섯째, 개인주의적 인권과 함께 집단의 권리 개념이 강조되고 있습니다. 즉 인권을 개인의 권리로만 규정하는 경향은 줄어들고 집단의 권리 개념이 상대적으로 중요해지고 있습니다. 이것은 개인의 등장과 함께 매우 중요한 변화입니다. 집단 권리의 이념적 출발점은 연대할 권리, 박애 정신이지만 현실적인 출발점은 제3세계의 민족주의와 결합한 민족자결권입니다. 민족자결권은 제3세계의 발전권으로 이어집니다. 연대권은 인권의 하나로 이미 자리를 잡았습니다. 평화권, 환경권, 인도적 구호권 등의 새로운 권리의 근거가 되고 있습니다. 집단의 권리 인정은 곧 체계적으로 소외되었던 여성, 아동, 소수 인종, 장애인, 성적 소수자 등 소수자의 권리 인정과 이들에 대한 적극적 차별 시정조치의 근거가 됩니다. 여성과 아동 등은 집단적, 조직적으로 차별을 받아왔기 때문에 이에 대한 차별 시정 조치는 집단적으로 이루어집니다. 집단이 시정 조치를 요구하는 것도 당연합니다. 그렇다고 개인의 중요성이 소멸되는 것은 아닙니다. 최근 제3세계가 발전하고 또 개인의 역량이 확대되면서 개인의 중요성은 다시 주목 받고 있습니다.

일곱째, 현대 인권은 뚜렷이 국제화 경향을 보입니다. 국제화가 되려면 보편성을 가지고 있어야 할 뿐 아니라 국제화를 추진하는 리더십이 필요합니다. 인권은 한 나라의 시민권에서 모든 인간의 권리로 이동되었습니다. 유엔을 중심으로 한 국제인권법 체제는 이를 강력하게 지지하고 있습니다. 특히 유럽인권재판소의 존재는 인권이 국제적으로 확대되었을 때 최종적으로 어떤 체제를 가질 것인가를 눈앞에서 보여줍니다.

여덟째, 현대 인권은 보편주의라는 이름 하에 소수자, 사회적 약자에 대해 무관심했던 과거 인권 개념을 비판합니다. 여기에서 페미니즘, 문화상대주의 등이 발생했고 이들 개념은 인권의 지평을 굉장히 넓혔습니다. 인권의 주체도 여성, 아동, 소수 인종, 장애인, 제3세계, 후진국 국민, 피지배계층, 성적 소수자 등으로 확대되었습니다. 인권의 종류와 주체가 확대되어 누구나 인권을 이야기하는 것이 자유로워진 세상이 되었습니다.

이 모든 경향은 인권의 세계적인 확대를 잘 보여줍니다. 인권의 확대가 평온하게 이루어진 것은 아닙니다. 인권의 발전을 위해서는 수많은 사람들의 희생과 노력이 있었습니다. 특히 사회운동과 인권이론의 발전은 인권 발전의 두 축이었습니다. 인권은 민주주의의 성립과 확대에 크게 의존하므로 인권 운동은 민주정체를 수립하는 투쟁과 함께 해왔습니다. 이 과정에서 많은 희생이 있었으나 인권 가치는 이론을 바탕으로 법률화, 제도화에 성공했습니다. 인권 중 인간의 존엄성과 직결된 일부 인권이 제도권 내에서 법률화, 제도화되자, 다른 인권들도 법률화, 제도화되기 시작했습니다. 인권은 제도권 밖에서 제도권 내로 진입했고 법률이라는 옷을 입고 민주 사회의 정식 시민이 되었습니다. 그리고 그 기반을 더 확대하고 있습니다.

인권과 개인화

인권은 개인의 등장을 배경으로 합니다. 개인이 없다면 인권이라는 개념 자체가 나오지 않습니다. 집단의 권리 개념도 개인의 인권을 배제하지 않고 개인의 인권을 바탕으로 합니다. 생명권, 자유권, 생존권, 참정권 등 기본적인 인권은 모두 개인에게 속해 있을 뿐, 국가, 민족, 계급의 것이 아닙니다. 근대 시민혁명으로 개인이 국가나 민족, 계급의 틀에서 벗어난 이후 인권이 등장했습니다. 그렇다면 근대 시민혁명 이전에 있었던 인권친화적인 사상과 종교는 어떤 의미를 가질까요? 근대 시민

정의의 미래 "공정"

혁명 이전의 사상과 종교는 인간을 중시하는 인본주의 사상이라 할 수 있습니다. 현대적 의미의 인권사상이라고 하기는 어렵습니다. 개인보다는 공동체를 중시했기 때문입니다. 공동체를 유지하기 위하여 개인의 다양성, 정체성을 억압했습니다.

최근에는 개인의 내밀한 세계를 적극적으로 인정하고 나아가 개인의 중요성, 개별 인간의 존엄성을 최대로 확대하는 경향을 보이고 있습니다. 위에서 살펴본 바와 같이 개인 공간의 확대, 개인 역량의 확대, 개인 영향력의 확대 등 개인의 해방의 결과이기도 하고 원인이기도 합니다. 개인의 해방은 인권 가치의 출발점이자 확대의 기반입니다. 인권의 발전은 개인의 해방을 돕습니다. 이 관계를 잘 보여주는 사례는 앞에서 살펴본 대법원의 양심적 병역거부 판결과 헌법재판소의 낙태죄 결정입니다. 개인의 내밀한 양심과 개인의 몸에 대한 자기 결정권을 철저히 보호함으로써 인간의 존엄성을 보장합니다. 이것은 인간의 존엄성이 개인의 양심과 개인의 육체에 속해 있다는 것을 전제로 합니다. 인간의 존엄성은 인간의 육체와 인간의 정신의 불가침성을 지지합니다. 인권 가치의 발전이 개인의 발전에 기초하고 있다면 향후 인권 가치는 더욱 발전할 것으로 충분히 예상할 수 있습니다. 앞에서 본 바와 같이 미래사회의 가장 중요한 요소 중의 하나는 개인화, 개인의 해방과 개인의 고통이기 때문입니다.

인권의 국제성

미래사회에 인권이 중요한 가치로 부각될 것이라고 보는 또 다른 이유는 인권의 국제성입니다. 인권은 참으로 국제적인 가치입니다. 출발부터 국제적이었고 발전 과정 역시 국제적입니다. 국제인권법의 발전이 없었다면 국내 인권의 발전도 없었을 것입니다. 한국의 인권 발전은 국제인권법을 수입하고 적용하는 단계를 거쳐 이루어졌습니다. 한국의 인권 발전 역시 세계 인권 발전에도 기여를 했습니다.

인권은 국적을 가리지 않습니다. 인권이 국적을 가리지 않는다는 것은 인권이 인간 개인을 대상으로 한다는 속성에서 비롯됩니다. 인권이 인간 개인을 대상으로 하는 것은 인권이 평등과 보편이라는 가치에 깊게 뿌리박고 있기 때문입니다. 인권의 출발점이라고 할 수 있는 인본주의 사상 역시 평등과 보편성을 중요시합니다. 위대한 종교와 사상이 모두 국경을 뛰어넘어 국제적 성격을 갖는 것은 보편적인 인간의 개별적 행복과 이익, 평화와 안전을 지향하기 때문입니다.

인권 이론만이 아니라 인권 체제의 성립과 발전 역시 국제적 성격을 가지고 있습니다. 제2차 세계대전 이후 시작된 인권 체제는 법률적으로는 세계인권선언을 출발점으로, 조직적으로는 유엔을 출발점으로 삼았습니다. 세계인권선언으로 출발된 인권 체제는 유엔 인권 규약으로 발전했고 각종 조약과 협정으로 결실을 맺게 됩니다. 이 과정은 모두 국제사회의 리더십에 의하여 이루어졌습니다. 국제사회의 리더십은 참혹한 전쟁과 그 속에서 벌어진 가혹한 인권침해를 깊이 반성하면서 전쟁과 인권침해를 방지할 체제를 출범시켰습니다. 따라서 이 체제는 처음부터 국내 체제가 아니라 국제체제였습니다. 국제체제가 아니면 국가 간의 전쟁과 세계적 규모의 인권침해를 막을 수 없기 때문입니다. 국제체제는 개별 국가들이 자신의 주권의 일부를 양도함으로써 이루어집니다. 각 국가들이 주권을 일부 양도하지 않으면 전쟁이나 대규모의 인권침해를 막을 수 없습니다.

인권 체제의 발전은 민주주의와 함께 합니다. 유럽의 경우 제2차 세

정의의 미래 "공정"

계대전 이후 국제 인권 체제는 신속히 확립되었으나 국내적인 정착과 발전은 6.8혁명이라는 민주주의의 질적 비약을 기다려야 했습니다. 6.8 혁명은 민주주의를 한 단계 더 발전시키고 민주주의를 정착시켰습니다. 이때를 계기로 인권도 폭발적으로 발전합니다. 유대인 학살 문제도 과거에는 나치에 의한 학살, 전쟁범죄라는 점에 초점을 맞추었다면 6.8혁명 이후 인간의 존엄성을 침해한 반인권 문제로 보게 되었습니다. 그 결과 나치만이 아니라 반나치 레지스탕스 활동을 한 인물도 유대인 학살에 개입되었다면 반인권 범죄를 저지르는 것으로 보고 재판을 하여 처벌합니다. 유대인 학살이 나치라는 반문명적인 조직이 유대인이라는 특별한 집단을 대상으로 저지른 학살이 아니라 인간이 인간을 대상으로 저지른 반인권적인 범죄라는 점이 명확하게 되었습니다. 이러한 인식의 전환은 민주주의의 발전의 결과입니다.

　　한국의 민주주의 경우에도 민주주의 경험, 즉 6월 민주 항쟁 이후 인권이 본격적으로 논의되고 발전하게 됩니다. 그렇지만 인권이 더 발전하기 위해서는 거리의 민주주의 경험만으로는 부족합니다. 인권의 제도화는 민주주의 경험에 더하여 민주정부를 필요로 합니다. 김대중 대통령의 국민의 정부는 국가인권위원회를 만들어 인권 체제를 제도화합니다. 제도화된 인권은 장점과 단점을 같이 가지고 있는데 인권의 확산이라는 측면에서 보면 장점이 더 크다고 생각됩니다. 국가인권위원회 구성 역시 인권의 제도화를 통한 인권의 확산에 기여합니다. 국가인권위원회의 구성을 포함한 한국 인권의 발전은 국제 인권 체제를 국내에 적용하고 발전시킨 경우에 해당합니다. 또한 국가인권위원회 구성으로 국제인권 발전에도 크게 기여합니다. 당장 일본이나 중국에는 없는 국가인권위원회의 존재로 한국은 동아시아에서는 인권 체제의 제도화에 앞선 국가로 평가되고 있습니다.

인권의 제도화가 몰고 오는 단점은 인권 가치가 가지고 있는 생생함, 박력, 위기감 등이 제대로 반영되지 않는다는 것입니다. 거리의 인권, 현장의 인권이 가지고 있는 위기의식과 절박함, 박진감은 제도화된 인권 체제에서는 경험하기 어렵습니다. 제도화된 인권은 국가체제의 일부이기 때문에 국가의 정책과 조화를 생각하지 않을 수 없습니다. 그렇게 되면 현장의 인권이 가지고 있는 날카로운 문제의식을 놓칠 가능성이 높습니다. 국가체제인 인권과 현장의 인권은 서로 협조하면서도 긴장하고 비판하는 관계라고 할 수 있습니다.

세계화는 미래사회에서 인권 가치가 더욱 발전하도록 만드는 하부토대입니다. 세계화의 확대는 국가 주권의 제한과 국제기구에 대한 주권의 양도를 의미합니다. 국가 주권의 제한 및 양도는 인권과 통상 분야에서 세계적 추세임을 확인할 수 있습니다. 인권과 관련해서는 유엔을 중심으로 한 국제 인권 체제가 존재하고 있습니다. 국제인권기구는 타국의 인권문제에 대하여 문제를 제기할 수 있습니다. 국제사회의 정상적인 국가로 활동하려면 자국민과 외국인의 인권을 국제수준으로 보장하지 않으면 안 됩니다. 유럽연합과 외교하고 통상하려면 유럽연합이 달성한 인권 수준을 자국 내에서도 보장하지 않으면 안 됩니다. 통상과 관련해서는 WTO와 같은 국제체제가 있습니다. 무역마찰은 양국 사이의 주권의 행사로 해결할 수 있는 것이 아니라 WTO와 같은 기구에서 해결해야 합니다. 이 역시 한 국가가 가지는 통상권이라는 주권을 제한하고 국제기구에 양도한 사례에 해당합니다.

하지만 주권의 제한과 양도는 자국민을 보호하는데 장애요소가 될 수도 있습니다. 예를 들어 한국인이 외국에서 억류될 경우 한국 정부는 한국인을 구해야 합니다. 그런데 주권을 제한하면 사용할 방법이 줄어듭니다. 해적과 같이 국가가 아닌 무장집단이 한국 선박을 나포하고 선원을 납치한 경우라면 국민의 안전보호 의무가 주권의 포기보다는 더 중요하므로 당연히 군사작전을 포함한 여러 대응 방안을 고려해야 합니다. 이렇게까지 극단적인 경우가 아니고 정상적인 국가 사이의 정상적인 관계라면 한국 정부는 주권이 제약된 상황을 인정하고 국제적으로 받아들여지는 보편적 가치에 따라 한국인을 구할 수밖에 없습니다. 이때 국제사회의 보편성에 근거한 시민 보호 가치 중 가장 강력한 가치가 인권입니다.

다른 한편 인권 가치의 국제성은 세계화를 더욱 가속화시키는 중요한 연료가 됩니다. 인권이 강조되면 강조될수록 세상 어디에 있던 인간의 존엄성이라는 가치로 개인을 보호할 수 있기 때문입니다. 다른 국가에 대하여 국제적인 수준의 인권보호를 요청하는 것도 세계화 과정의 하나입니다.

국제사회를 움직일 정도로 막강한 힘을 가진 개인들이 등장하는 시대가 되었습니다. 개인의 자유와 내밀한 세계가 가장 존중받는 시대가 되었습니다. 개인의 시대는 국제적으로도 개인들의 권리를 보장하는 제도를 원합니다. 현재까지 개인의 인권보호를 위한 가장 선진적인 제도는 국가 단위를 뛰어넘는 국제적인 인권재판소입니다. 아직 전세계를 대상으로 하는 국제인권재판소는 없습니다. 아시아를 제외하고는 모든 대륙에 인권협약과 인권재판소가 있다고 하지만 실제로 작동하고 있는 곳은 유럽인권재판소뿐입니다. 유럽인권재판소 관할에 속하는 개인은 유럽인권재판소에 권리 구제를 신청할 수 있습니다. 물론 인권재판소에 권리 구제를 하려면 국내적으로 사법절차를 모두 거쳐야 합니다. 이 과정에서 대부분 권리 구제를 받습니다. 유럽인권재판소는 국내에서 보호받지 못하는 사회적 약자를 국제 인권의 관점에서 보호해 줍니다. 존재만으로 유럽 각국의 법원에 대하여 압력이 됩니다. 유럽인권재판소의 결정에는 강제력이 있어 해당 국가는 이에 따라야 합니다. 개인의 인권 보호 수준이 한 단계 더 높아진 것을 알 수 있습니다.

유럽인권재판소와 같은 사례를 아시아로 확장하면 아시아 시민의 인권도 보호하고 국가 간의 관계도 잘 해결할 수 있습니다. 예를 들어 한일 간에 문제가 되는 위안부 문제와 강제징용 피해자 문제를 인권재판소를 통하여 해결할 수 있습니다. 만일 동아시아인권재판소가 있다면 강제징용 피해자가 일본 법원에서 패소한 다음 동아시아인권재판소에 다시 소송을 할 수 있게 됩니다. 여기에서 강제징용 피해자가 승소한다면 일본 정부도 당연히 따라야 합니다. 동아시아인권재판소가 일본의 법원보다는 최소한 더 공정하고 객관적일 것이라고 볼 수 있으므로 판결은 훨씬 설득력이 높을 것입니다. 내용적으로도 인권에 기초한 판결이므로 설득력은 더 높습니다. 이렇게 되면 한일 양국의 외교 마찰도 최소화될 수 있습니다. 제도화는 이처럼 다투는 당사자 사이를 평화적으로 해결하는 기능이 있습니다.

인권은 국제 환경의 특성상 아직 미완성이고 형성 중에 있습니다. 국제인권법 체제는 아직 초보적인 수준입니다. 국제 인권은 선진국과 민주국가를 중심으로 제한적으로 인정되고 있으며 강제력과 집행력도 미약합니다. 국제사회를 구성하는 국가의 차이가 워낙 크기 때문입니다. 한 국가의 인권 수준은 교도소에 수감된 수용자의 인권 수준에 의해 결정되듯이, 국제사회의 인권 수준은 인권 후진국의 시민들의 인권 수준에 의하여 결정됩니다. 국제인권법은 초보적이므로 더 발전해야 하고 더 제도화되어야 합니다.

국제인권법이 발전하려면 국제 인권 체제를 만드는 국제사회의 리더십이 올바로 세워져야 합니다. 국제 인권 체제의 리더십이 없거나 불충분하다면 인권 체제는 제대로 발전할 수 없습니다. 국가도 같습니다. 이명박, 박근혜 정부 동안 국가인권위원회가 제대로 활동하지 못하고 한국의 인권 수준이 발전하지 못한 것은 국가적 차원의 인권 리더십이 없었기 때문입니다.

현재 국제 인권 체제는 발전 중입니다. 이것은 곧 국제 인권 체제의 리더십이 완성되지 않았다는 것을 의미합니다. 국제 인권 체제의 리더십이 완전하지 않다는 것은 지금까지 인권을 발전시켜온 선진국 중심의 리더십이 불완전하다는 것을 의미합니다. 따라서 선진국이나 전통적인 인권 선도국가가 아니라고 하더라도 인권의식으로 무장하고 인권 가치를 중요시하는 국가가 있다면 국제사회의 리더십이 될 가능성이 얼마든지 있습니다. 경제규모에 관계없이 저개발국가도 국제사회의 리더십이 될 수 있습니다. 이 가능성은 넬슨 만델라 대통령이 이끌었던 남아프리카 공화국의 사례에서 확인할 수 있습니다.

한국 역시 동아시아와 세계에서 인권의 리더십으로 부상할 수 있습니다. 한국은 동아시아에서 유일한 사형 폐지 국가, 국가인권위원회 보유 국가, 과거사 정리 국가, 시민혁명으로 정부를 평화적으로 교체한 국가로서 이 부분 인권에 관한 한 동아시아에서 가장 앞서 있습니다. 중국이나 일본은 아직도 사형을 집행하고 있으며 국가인권위원회도 없습니다. 한국과 같은 인권 체제를 뒷받침하는 민주주의의 경험, 민주 정부 운영의 경험을 풍부하게 가지고 있지 못합니다. 한국에는 최근까지 촛불혁명으로 국정 농단 세력을 청산하고 새로운 민주주의를 만든 경험이 있습니다. 여기에 더해 한국은 민주주의를 바탕으로 민주정부를 구성했고 민주정부의 힘으로 과거의 인권침해 사건에 대해 과거사 정리까지 한 경험이 있습니다. 넬슨 만델라 대통령의 남아프리카 공화국처럼 과거사 정리를 통해 국제 인권의 수준을 한 단계 높인 경험이 있습니다. 이 과거사 정리 경험 역시 동아시아에서는 유일합니다. 최근 한일 관계의 악화의 뿌리에는 불철저한 과거사 정리가 있다는 점을 생각해보면 과거사 정리가 인권과 평화에 얼마나 중요한 것인지를 잘 알 수 있습니다.

기업과 인권

인권의 확대는 인권 종류의 증가, 인권 법률의 확대 이외에 인권보호 의무자 확대라는 형식으로도 나타납니다. 과거 인권보호 의무자는 국가였습니다. 지금도 국가가 가장 중요한 인권보호 의무자임은 틀림없습니다. 국가는 개인의 인권을 침해해서는 안 될 뿐 아니라 인권을 보장해야 하고 인권이 침해된 경우에 구제도 해 주어야 합니다.

국가가 개인의 인권을 침해하지 않아야 한다는 것은 적법한 절차를 거치지 않고는 개인에게 불리한 처분을 할 수 없다는 것을 말합니다. 예를 들면 구속영장이나 수색영장이 없으면 사람을 잡아 가두거나 개인의 집에 들어가면 안 됩니다. 개인의 인권을 보장한다는 것은 개인들에게 인간의 존엄성을 유지하기 위한 최소한의 생활 조건을 보장한다는 것을 말합니다. 예를 들면 아플 때 무상 혹은 적은 비용으로 치료를 할 수 있도록 해 주는 것입니다. 인권이 침해된 경우에 구제해 주는 것은 범죄가 발생했을 때 범인을 처벌하고 피해자를 지원하는 것을 말합니다. 이렇듯 국가는 인권과 관련하여 개인의 인권을 지키고 발전시키는 가장 중요한 행위자입니다.

인권 이론의 발전과 인권 현실은 인권보호 의무자를 확대시키고 있습니다. 최근 인권보호 의무자로 부각되고 있는 것은 기업 등 단체입니다. 현대 기업은 조직적, 체계적이며 노동자 등 직접적인 이해관계자를 거의 전부 지배하고 있습니다. 지역사회와 국가, 환경에도 큰 영향을 미칩니다. 이미 세계경제를 좌우할 정도의 힘을 가진 기업도 많이 있습니다. 몇몇 기업은 중소규모의 국가 예산보다 더 많은 매출과 이익을 기록하고 있습니다. 기업은 자신의 이해관계자인 노동자, 소비자, 지역 주민들에게 엄청난 영향을 미칩니다. 완전히 인생을 바꾸기도 합니다. 기업은 자기 목적 달성을 위해 노동자나 활동가, 인권운동가를 미행하기도 하고 또 여론조작을 하는 등 합법적인 행위의 틀을 뛰어넘기도 합니다. 비자금을 조성하고 분식회계를 하고 정치권력과 함께 부정을 저지르기도 합니다. 이런 행위는 범죄행위로서 법률상 엄격히 금지되지만 현실에서는 종종 발생합니다. 지금도 계속되는 국정농단 재판에서 하나의 단면을 확인할 수 있습니다. 범죄행위와 경계가 확실하지 않은 갑질 행위는 비일비재합니다. 기업윤리가 제대로 발전하지 않았던 것이 하나의 원인입니다. 기업 이외에 일반 단체에 의한 인권침해도 자주 발생합니다. 최근 공공기관에서 인권침해가 많이 보고되는 것은 그만큼 일반 단체의 힘이 커졌고 개인의 인권의식이 높아졌다는 것을 보여주는 것입니다.

인권보호 의무자가 확대된 또 다른 이유는 인권 침해 판단 기준이 변했기 때문입니다. 인권이 침해되었는가를 판단하는 기준은 외부의 행위에서 내면의 의사로 이동하고 있습니다. 과거의 인권 침해 판단 기준은 그 행위가 얼마나 폭력적, 강압적, 침해적이었는가 여부였습니다. 고문, 가혹행위, 폭행, 협박, 불법구금, 장기 구금, 기망, 갑질 등이 여기에 해당합니다.

지금은 여기에 더하여 개인의 내밀한 세계를 침해했는가 여부가 중요한 판단 기준이 됩니다. 통신비밀 보호법은 개인 간의 대화를 비밀리에 녹음하거나 도청하는 것을 금지합니다. 이때 방법은 은밀하고 기술적이어서 고문, 폭행, 협박 등 외부의 강압적인 범죄행위와는 관련이 없습니다. 하지만 비밀 녹음이나 도청은 개인의 내밀한 세계를 침해하는 것이기 때문에 인권침해 행위가 됩니다. 거의 성역화된 개인의 양심, 육체, 내밀한 세계를 비밀리에 침해하는 모든 행위는 인권침해행위가 됩니다.

인권 침해 기준이 이렇게 바뀌면 인권보호 의무자는 국가를 넘어 기업, 조직에까지 확대됩니다. 개인도 인권보호 의무자가 됩니다. 개인의 내밀한 세계에 대한 존중이 강조될수록 인권보호 의무자는 늘어납니다. 개인에 대한 존중이 무관심한 존중 혹은 소극적 존중이라고 하더라도 상관없습니다. 이러한 변화는 성폭력 범죄에 대해서 더욱 두드러집니다. 강압과 폭력이 없어도 상대방의 성적 자기 결정권을 침해하면 성폭력 범죄가 인정되게 되었습니다.

인권보호 의무자에 기업이 포함된다는 것은 이미 세계 인권 체제의 일부가 되었습니다. 유엔 글로벌 컴팩트(2000년)는 기업의 인권원칙을 천명하고 있습니다. 그 내용은 다음과 같습니다(국가인권위원회, 2013).

1. 인권 Human Rights
원칙 1 : 기업은 국제적으로 선언된 인권 보호를 지지하고 존중해야 한다.
원칙 2 : 기업은 인권 침해에 연루되지 않도록 적극 노력한다.

2. 노동 Labour Standards
원칙 3 : 기업은 결사의 자유와 단체교섭권의 실질적인 인정을 지지한다.
원칙 4 : 모든 형태의 강제노동을 배제한다.

원칙 5 : 아동노동을 효율적으로 철폐한다.

원칙 6 : 고용 및 업무에서 차별을 철폐한다.

3. 환경 Environment

원칙 7 : 기업은 환경문제에 대한 예방적 접근을 지지한다.

원칙 8 : 환경적 책임을 증진하는 조치를 수행한다.

원칙 9 : 환경친화적 기술의 개발과 확산을 촉진한다.

4. 반부패 Anti-Corruption

원칙 10 : 기업은 부당 취득 및 뇌물 등을 포함하는 모든 형태의 부패에
반대한다.

유엔 글로벌 컴팩트는 인권, 노동, 환경, 반부패를 중요 원칙으로 제
시합니다. 이중 인권이 가장 우선입니다. 노동, 환경, 반부패 역시 인권
과 깊은 관계를 갖는 것입니다. 이들 주제는 모두 국가의 관심사, 공동
체의 관심사입니다. 이제 그 주체, 의무 담지자가 기업으로까지 확대되
고 있습니다. 인권, 노동, 환경, 반부패는 또한 모두 국제적인 가치들입니
다. 이런 이유로 유엔 글로벌 컴팩트는 우선 초국적기업을 대상으로 합
니다. 그렇다고 국내의 문제에 소홀한 것은 아닙니다. 국내 인권 기준은
기업이 충실히 지키고 있다는 것을 전제로 합니다. 초국적기업은 국내
규제를 피하려고 외국에 진출합니다. 초국적기업이 출발한 국가에서는
인권, 노동, 환경, 반부패 등의 기준이 이미 확립된 경우가 많습니다. 기
업은 국내외를 불문하고 인권, 노동, 환경, 반부패를 중요시해야 합니다.
이들 가치는 모두 미래사회를 좌우할 핵심적인 가치들이고 확대될 가
치들입니다.

유엔은 나아가 기업의 인권보호 의무와 관련하여 "기업과 인권을 위한 프레임워크"를 채택했습니다. 유엔 인권이사회는 2008년 6월 "보호, 존중 그리고 구제 : 기업과 인권을 위한 프레임워크"를 채택했고 2011년 6월 "기업과 인권 이행지침"을 실천 기준안으로 채택했습니다. 기업이 인권을 존중하는 경영을 해야 한다는 점을 규범 차원에서 확인한 것입니다.

프레임워크는 ①기업을 포함한 제3자에 의해 이루어진 인권 침해로부터 보호해야 하는 국가의 의무, ②인권을 존중해야 하는 기업의 책임, ③구제책에 대한 효과적인 접근성을 높여야 하는 필요성을 강조합니다(국가인권위원회, 2013).

기업은 인권과 관련하여 실천 점검 의무(due diligence)를 지는데 실천 점검 의무(due diligence)는 '인권에 대한 위험을 회피하고 경감할 목적으로 기업 활동의 전체 수명 주기 동안 실제적이고 잠재적인 인권 위험을 발견하려는 포괄적이며 선행적인 시도'(국가인권위원회, 2013)를 말합니다. 구체적인 내용은 첫째, 기업은 인권정책을 채택해야 하고, 둘째, 선제적 접근 방식을 통해 기업 활동이 미치는 인권영향 평가를 실시해야 하며, 셋째, 기업 전체 구조에 이를 통합하여야 하며 넷째, 모니터링이나 감사를 통하여 진행과정을 파악하고 수정해야 한다는 것입니다(국가인권위원회, 2013).

인권의 가치는 이처럼 기업윤리와 결합하면서 확대되고 있습니다. 기업의 인권보호 의무는 더욱 확대될 것입니다. 기업의 팽창은 인권과 윤리라는 보완재가 없다면 인류 사회에 위험을 초래할 가능성이 높습니다. 기업 인권과 기업윤리의 확대는 기업의 이해관계자들, 즉 노동자, 협력업체, 지역주민, 소비자 등의 인권 확대에 영향을 받고 또 기여합니다.

정의의 미래 "공정"

인권과 공정성

공정성은 인권과 가장 친밀한 개념입니다. 인권의 출발점은 자유와 평등입니다. 이중 자유가 더 본질적이기는 하지만 정치적, 시민적 자유가 확립된 지금은 평등이 점점 더 중요해지고 있습니다. 헌법도 평등권을 기본권 중의 기본권으로서 가장 핵심적인 기본권으로 보고 있습니다. 앞으로도 평등권은 더욱 중요해질 것입니다. 다만 평등이라는 이름보다는 공정이라는 이름으로 가치판단의 기준이 될 것입니다. 공정성이라는 이름의 평등이 중요해지는 가장 큰 이유는 초과잉시대와 이에 따른 부의 불균등 배분 때문입니다. 초과잉시대를 맞아 기본 생활을 유지하는 것에서는 해방이 되었습니다. 물론 세계 곳곳에서는 의식주 기본생활에 어려움을 겪는 곳이 있기는 하지만 이 땅에서는 그 어려움은 없어졌거나 줄어들었습니다. 기본 생활을 보장하는 복지체제가 계속 확대되고 있기 때문입니다.

한편 부의 불균등 배분이 크게 문제가 되고 있습니다. 빈부격차가 심각해져서 불평등이 심화되고 사회는 분열되고 있습니다. 국가 내부에서 여러 의견이 나오는 것은 자연스러운 현상이지만 지나친 분열과 갈등은 위험신호입니다. 전세계적인 현상이지만 한국에서도 역시 두 개의 국민이 존재하는 것과 같은 정도로 갈등과 불안이 심각합니다. 갈등과 불안이 높아지면 사회에는 분열의 위험을, 개인에게는 비인간의 위험을 초래합니다. 이 과정에서 개인의 인권은 위험에 처합니다. 갈등과 불안으로 상대방의 인간의 존엄성을 인정하려고 하지 않기 때문입니다.

높아지는 갈등과 불안을 조정하는 것이 바로 공정성입니다. 갈등과 불안은 해소되어야 하는데 이를 폭력적으로 해소할 수는 없습니다. 평화적으로, 대화와 타협으로 해결해야 합니다. 평화적 분쟁 해결 과정이 절대적으로 필요한데 그 기준이 바로 공정성입니다. 서로가 서로를 인정하고 존중하는 공정성이 없다면 갈등과 불안은 평화적으로 해결되지 않습니다. 공정한 제도를 통해야 감정을 자제하고 분노나 복수가 아닌 미래지향적으로 문제를 해결할 수 있습니다. 이 과정에서 인간의 존엄성이 지켜질 수 있습니다. 인간의 기본적인 인권이 지켜질 수 있습니다. 인간의 존엄성에 기초할 때 공정성은 지켜질 수 있고 공정성이 지켜질 때 또한 인간의 존엄성이 보장됩니다. 이 연결고리는 바로 인권입니다. 인권이 제대로 지켜질 때 공정성이 안정적으로 정착됩니다.

현대 한국에서 다양성은 계속 증가합니다. 초과잉생산으로 입는 옷이나 먹는 음식, 사는 집, 직장, 학교, 여행 등 모든 생활공간에서 다양성이 증가합니다. 한국 사회의 다양성은 매우 동질적인 사람들 사이의 다양성이기 때문에 독특한 성격이 있습니다. 다양성을 다양성이라고 생각하지 않고 용납할 수 없는 차이나 차별이라고 생각하는 경향이 있습니다. 한국인들의 역사적 경험은 다양성을 용인하기 어렵게 만들고 있습니다. 특히 민족주의적 경향은 애국이라는 이름으로 다양성을 배척하는 기제로 작용합니다. 하지만 민족주의, 보호주의, 폐쇄주의, 동질주의에 기초하여 국가의 미래를 설계하는 것은 시대착오적입니다. 이미 한국은 충분히 다양화되어 있습니다. 계급, 계층, 지역, 성별, 연령, 세대, 학력, 직장 등 모든 부분에서 엄청나게 다른 생활을 하고 있습니다. 한국 사회의 다양성은 솔직하게 인정해야 합니다.

사회의 다양성은 불평등을 어느 정도 용인합니다. 다양성이 불평등임에도 용인할 수 있는 것은 공정성이 있기 때문입니다. 기회가 평등하고 과정이 공정할 때 불평등은 다양성이라는 이름으로 정당화됩니다. 인권 역시 다양성을 존중하는 방향으로 발전하고 있습니다. 그만큼 인권에서도 공정성은 중요해집니다. 공정성은 합리적 이유가 있는 불평등, 다양성을 포괄하므로 개인의 인권을 더욱 안전하게 보장할 것입니다.

chapter 7

공정성과 다른 가치

자유, 민주주의와 공정성

공정성은 인간과 사회의 최종 목적일까요? 인간으로서 도달할 수 있는 최고의 수준에 공정성이 있는 것일까요? 공정성은 인간이 도달할 수 있는 최고 수준의 가치까지는 아닌 것으로 이해됩니다. 인간으로서 도달할 수 있는 최고 수준의 가치는 사랑과 자비입니다. 세상사에 개입하면서도 영적이고 초월적인 세계를 지향하는 것이 바로 가치입니다. 이에 비하여 공정성은 정치 또는 인간사와 너무 밀접합니다. 공정성은 정의의 일종이기 때문에 정치와 법률의 단계에 해당합니다.

하지만 공정성을 끝까지 추구하면 세상을 정신적으로 풍요롭게 만드는 윤리와 가치에 접근할 수 있습니다. 그렇지만 공정성만으로는 가치가 될 수 없습니다. 공정성을 가치라고 하기에는 너무 논리적이고 차가운 느낌입니다. 여기에서는 공정성이 다른 여러 가치, 이념들과 어떤 관계를 맺는지 생각해봅니다.

정의의 미래 "공정"

공정성은 자유를 획기적으로 높입니다. 먼저 공정성의 확대는 평등의 확대를 통해 자유를 확대합니다. 과거 어느 때보다 훨씬 많은 사람들이 훨씬 많은 선택지를 가지고 있습니다. 이론적으로는 현대 인간이 가진 선택지는 거의 무한대입니다. 공정성은 가진 자와 가지지 못한 자 사이의 절대적인 불평등을 해소하므로 피지배계층도 지배계층의 선택지만큼 많은 선택지를 가지고 있습니다. 물론 실제로 선택할 수 있는 능력이 있는지는 다른 문제이지만 말입니다. 선택지는 많아지고 이를 선택할 수 있는 역량도 증가하고 있습니다.

공정성은 현실에서는 교육을 통하여 확대, 정착되었습니다. 공정한 교육은 개인의 역량을 강화하고 개인의 자유를 확대했습니다. 특히 가난한 자, 피지배계층에게 교육은 가난 탈출, 인간해방의 가장 강력한 무기입니다. 교육은 자유를 획기적으로 확대했습니다. 높은 역량을 가진 인간 앞에는 많은 선택지가 존재하기 마련입니다. 앞으로도 공정성은 자유를 확대하는 기능을 할 것입니다. 공정성이 자유와 자유를 선택할 수 있는 개인의 역량을 높이기 때문입니다.

둘째, 공정성은 민주주의 발전에도 기여합니다. 공정성은 확대된 기회와 공정한 경쟁을 보장합니다. 공정한 제도를 통하여 공동체 활동에 대한 참여를 확대하고 참여가 직접적인 보상으로 나타나도록 합니다. 특히 국가기관의 구성, 활동, 평가에 시민의 참여를 보장하는 것은 국가기관의 공정성을 보장하는 유력한 방안입니다. 시민의 참여를 통해 국가의 공정성도 높아지지만 참여민주주의, 숙의민주주의, 직접민주주의가 발전하게 됩니다. 민주주의의 발전단계에서 지금은 공정성을 보장하기 위한 시민의 적극적인 참여가 필요한 시기입니다.

시민의 참여는 단순한 구경이 아니라 충분한 정보를 바탕으로 한 결정권의 참여이어야 합니다. 단순히 의사결정과정을 구경하는 것만으로는 공정한 참여라고 볼 수 없습니다. 충분한 정보 제공과 결정권의 양도, 이것이 참여의 핵심입니다. 공정성을 보장하기 위한 핵심이기도 합니다. 특히 권력기관의 공정성은 시민들에 의한 외부 참여에 의하여 보장될 수 있습니다. 물론 시민들의 참여가 공정성의 전부는 아닙니다. 여전히 실무가와 전문가의 역할은 남아 있습니다. 실무가와 전문가가 시민들을 핑계 대고 자신의 역할을 방기하는 것은 허용되지 않습니다. 시민들의 참여가 높아질수록 그에 비례하여 실무가와 전문가의 수준 및 역할도 높아져야 합니다.

안전, 사회적 신뢰, 윤리

셋째, 공정성은 안전에도 직접 기여합니다. 현대 사회의 안전은 비리와 부패 때문에 위협받습니다. 자연재해도 많이 발생하지만 현대에서 더 중요한 것은 인공재난입니다. 자연재해도 사람의 실수로 더 커집니다. 인간은 유사 이래 시간과 공간의 한계를 돌파하려고 노력해 왔고 지금은 거의 성공했습니다. 모든 것을 인공적으로 연결함으로써 그 규모와 신속성은 우리의 상상을 뛰어넘었습니다. 이 놀라운 연결성은 인간에게 엄청난 효율성과 편리함, 신속성과 풍요로움을 가져다주었습니다. 그와 함께 수많은 불안과 공포도 안기고 있습니다. 지금처럼 연결성이 높지 않았다면 IS와 같은 조직은 탄생하지도 않았을 것이며 IS를 전 세계가 걱정할 필요도 없을 것입니다. 현대 사회의 불안과 공포는 테러 이외에도 빈번한 인공재해에서 잘 드러납니다. 자연재해 역시 인간이 제대로 대처하지 못하여 인공재난으로 발전하는 경우가 많습니다.

정의의 미래 "공정"

현대의 인공재난은 비리와 부패로 인하여 발생하는 경우가 많습니다. 재해를 막는 과학기술이 있음에도 과학기술이 적절하게 활용되지 못하는 경우가 많이 있습니다. 그 배후에는 비리와 부패가 있습니다. 비리와 부패는 불공정에서 비롯됩니다. 공정성을 확립하여 비리와 부패를 추방하면 인공재난 발생 가능성은 확실히 낮아집니다.

넷째, 공정성은 사회적 신뢰를 회복시킵니다. 사회의 신뢰는 사회의 문제나 갈등이 애초에 정해진 절차대로 투명하고 공개적으로 해결될 것이라는 믿음에서 나옵니다. 즉, 내가 어떤 행동을 했을 때 다른 사람이 그에 대한 예상되는 반응을 보여야 하고 만일 예상되는 반응을 보이지 않으면 공동체에 호소할 수 있고 최소한 공동체는 예상되는 행동을 해 줄 것이라는 점이 여러 사람에게 공유되어야 신뢰가 생깁니다. 이때 공동체는 개인의 문제를 공동체의 문제로 인식하고 그 해결을 위해 전력을 기울여야 합니다. 문제 해결 시스템이 갖추어져 있을 때 사회적 신뢰, 거래 상대방과의 신뢰는 확보되며 거래 비용 역시 줄어듭니다.

사람과 공동체를 신뢰한다는 것은 자신에게 중요한 것을 상대방이나 공동체의 처분에 맡기는 것을 의미합니다. 자신의 결정권을 양도하는 것입니다. 분쟁해결기구는 개인에게 중요한 내용을 양도받아야 하기 때문에 어느 쪽에도 치우치지 않아야 합니다. 공정성은 개인의 결정권을 양도받기 때문에 사회적 신뢰의 기초를 이룹니다. 구체적으로 공정성을 제도적으로 실현하는 기구가 그러한 역할을 합니다. 한국 사회에서 개인 간의 계약은 법대로 공정하게 처리되는 수준에 올라섰습니다. 하지만 집단 간의 갈등은 아직 법에 의하여 공정하게 처리되지 못하고 있습니다. 신뢰가 부족하기 때문입니다. 사회적 신뢰는 공정한 법과 공정한 기구, 공정한 절차를 통하여 확보될 수 있습니다.

다섯째, 공정성은 윤리를 강화합니다. 윤리는 인간관계, 즉 공동체 생활 과정에서 태어나고 변화, 발전합니다. 윤리는 공동체 속에서 태어나므로 두 사람 사이의 관계를 규정하는 지점에서 시작합니다. 윤리의 출발점인 사람 사이의 관계는 상호 존중과 배려처럼 주고받는 관계입니다. 부모는 자식을 사랑하고 자식은 부모를 존경하고, 부부와 친구는 서로 사랑과 우정을 주고받는 관계로 규정합니다. 이처럼 윤리는 서로 주고받는 관계를 규정하는데 이 주고받는 관계도 공정해야 합니다. 한쪽이 너무 치우치면 관계가 이상해집니다. 가족의 경우에도 한쪽으로 너무 치우치면 폭력적인 성향을 띱니다. 서로의 관계가 균형을 이룰 때 윤리도 정상적으로 발전합니다.

행복과 사람 중심

여섯째, 공정성은 행복의 전제조건입니다. 행복의 조건 중의 하나는 개인이 존중받는 것입니다. 공정성은 자신의 노력에 대한 정당한 결과를 요구할 수 있도록 지원하고 보장하기 때문에 개인에 대한 높은 존중을 포함합니다.

공정한 문제 해결 절차에 들어선다는 것은 개인이 문제 해결의 주체로서 등장하는 것을 의미합니다. 개인은 주체적인 인간이 될 때에만 문제 해결의 주체로 등장할 수 있습니다. 문제 해결의 주체로 등장하도록 법적으로 도와주는 도구는 권리입니다. 개인에게 권리가 있다는 것은 공동체가 개인의 권리 주장에 대하여 관심을 기울여야 한다는 것을 먼저 의미합니다. 그 다음 공동체, 국가는 개인이 권리를 주장하는 순간 개인의 권리 충족을 위하여 모든 힘을 동원하여 이를 도와야 한다는 것을 의미합니다. 개인이 권리를 주장하는 순간, 공동체는 권리 앞에서 겸손하게 무릎을 굽힙니다. 앞에서 본 바와 같이 국방의 의무가 중요하지만 개인의 양심의 자유, 양심의 권리 앞에서는 양보하지 않을 수 없습니다. 국방의 의무는 다른 형태로 관철해야 합니다. 공정성 절차는 개인의 권리를 눈에 보이게 하고 극대화합니다. 이를 통하여 개인이 진정으로 공동체로부터 존중받는다는 것을 보여줍니다. 행복의 전제조건 중의 하나를 충족시키는 것입니다.

일곱째, 공정성은 사람을 가장 중하게 여기는 가치입니다. 공정성에 대한 여러 설명을 모아 보면 공정성은 사람을 최우선으로 하는 가치임을 알 수 있습니다. 사람보다는 자본, 사람보다는 정치를 우선하는 시대와 싸우는 것이 공정성입니다. 자본은 확대재생산, 축적이 목적이기 때문에 사람을 고려하지 않습니다. 사람을 희생시키고 자본을 축적합니다. 자본은 자본 상호 간에는 공정성을 주장하지만 자본과 사람이 대립할 때에는 사람을 고려하지 않는 경향이 있습니다. 자본 상호 간에도 대자본은 소자본의 이익을 무시하는 경향이 있습니다. 최근 기업윤리, 기업의 사회적 책임 등이 강조되어 사람의 중요성을 인식하기 시작한 것은 바람직한 일입니다. 자본에 의하여 추진되는 과학기술 발전은 사람이 없는 생산을 지향하고 공동체 없는 개인 사회를 지향합니다. 과학기술 혁명은 개인의 해방이라는 목적을 위해 추진되었고 실제로 많은 성과를 낳았습니다. 그러나 한편으로는 공동체의 붕괴에 따른 개인의 붕괴 현상도 생겼습니다. 다만 과학기술은 가치중립적이기 때문에 정치적, 윤리적, 철학적으로 어떻게 통제하느냐에 따라 다른 효과를 낼 수 있다는 점이 자본과는 다른 점입니다.

공정성은 정치를 정상화시킵니다. 정치가 가진 자, 기득권층으로 기울여져 있을 때 공정성은 사회적 약자에게 권리와 기회를 부여해 이를 바로잡을 수 있도록 합니다. 공정성은 또한 국가가 직접 나서서 불평등과 부정의를 시정하도록 합니다. 공정성은 정치에 대하여 정치의 근본 목적이 무엇인지를 끊임없이 묻습니다. 공정성은 다수결에 의해서 모든 것이 결정될 수 없도록 만드는 사회의 방파제이며 사회적 약자를 지켜주는 방패이자 갑옷입니다. 정치를 정치인의 것이 아닌 시민의 것으로 만드는 토대 중의 하나입니다. 정치를 야수들의 투쟁의 장이 아니라 이성을 가진 인간들의 대화와 타협의 장으로 만드는 이념입니다.

공정성은 사람 중심의 가치입니다. 공정성은 인간의 자유와 평등을 넓히고 인권을 신장시키며 권리를 보장하므로 인간의 해방과 다양성에 기여합니다. 사람 중심의 경제, 사람 중심의 정치가 되도록 기반을 닦습니다. 결국 공정성은 현재를 바꾸어 미래를 사람 사는 사회로 만드는 결정적인 힘입니다.

참고문헌

Homi Kharas and Kristofer Hamel, A global tipping point: Half the world is now middle class or wealthier, 2018

강상중, 노수경 옮김, 나를 지키며 일하는 법, 사계절, 2017

강상중, 노수경 옮김, 악의 시대를 건너는 힘, 사계절, 2017 b

강성태, 4차 산업혁명과 노동 - 한국형 노동 4.0 녹서를 중심으로, 제5차 미래 비전포럼 발표문, 2019.2.14.

고바야시 유카, 이영미 옮김, 저지먼트, 예문아카이브, 2017

고익진 엮음, 한글 아함경, 담마아카데미, 2014

국가인권위원회, 기업과 인권에 관한 보고서, 국가인권위원회, 2013

기세춘, 묵점 기세춘 선생과 함께하는 장자, 바이북스, 2007

김민형, 수학이 필요한 순간, 인플루엔셜, 2018

김병섭, 『대학연의』, 모범국가의 리더십을 말하다, 진덕수, 김병섭 편집, 정재훈·오항녕·정호훈·김광일 역주, 『대학연의』, 서울대학교 출판 문화원, 2018

김신현경, 여자 아이돌/걸 그룹과 샤덴프로이데: 아이유의 《챗셔》 논란 다시 읽기, 더 나은 논쟁을 할 권리, 휴머니스트, 2018

김인회, 김인회의 사법개혁을 생각한다, 뿌리와 이파리, 2018a

김인회, 형사소송법(제2판), 피앤씨미디어, 2018b

김정년, 윤리경영이 글로벌 경쟁력이다, 율곡출판사, 2008

김태형, 가짜 자존감 권하는 사회, 갈매나무, 2018

김현진, 우리는 예쁨 받으려고 태어난 게 아니다, 이다북스, 2018

나카자와 신이치, 김옥희 옮김, 곰에서 왕으로 - 국가, 그리고 야만의 탄생, 동아시아, 2003

정의의 미래 "공정"

나카자와 신이치, 김옥희 옮김, 대칭성 인류학, 동아시아, 2005b

나카자와 신이치, 김옥희 옮김, 신의 발명 – 인류의 지와 종교의 기원, 동아시아, 2005a

나카자와 신이치, 김옥희 옮김, 신화 – 인류 최고의 철학, 동아시아, 2001

나카자와 신치치, 김옥희 옮김, 사랑과 경제의 로고스, 동아시아, 2004

너새니얼 브래든, 노지양 옮김, 자존감이 바닥일 때 보는 책, 프시케의 숲, 2018

노자, 장도연 옮김, 도덕경, 한솜미디어, 2012

누스바움, 강동혁 옮김, 분노와 용서 – 적개심, 아량, 정의, 뿌리와 이파리, 2018

누스바움, 강동혁 옮김, 혐오에서 인류애로 – 성적 지향과 헌법, 뿌리와 이파리, 2016

다케우치 미노루, 양억관 옮김, 절대지식 중국고전 – 4천년 중국문화의 원류를 읽는다, 이다미디어, 2015

대런 애쓰모글루·제임스 로빈스, 최환규 옮김, 국가는 왜 실패하는가, 시공사, 2012

데이비드 아이허, 최가영 옮김, 뉴코스모스 – 우주를 향한 새로운 질문, 예문 아카이브, 2017

레너드 게스터·사이먼정, 세계를 발칵 뒤집은 판결 31, 현암사, 2014

로버트 하틀리, 윤리경영, 21세기 북스, 2006

마오쩌둥, 노승영 옮김, 마오쩌둥 : 모순론, 실천론, 프레시안북, 2009

매일경제 세계지식포럼 사무국, 변곡점을 넘어 새로운 번영을 향해, 매일 경제신문사, 2018

매튜 버로스, 이미숙 옮김, 미래의 역습, 낯선 세상이 온다, 비즈니스북스, 2015

맹자, 박경환 옮김, 맹자, 홍익출판사, 2011

문국현, 제4차 산업혁명시대 한국경제의 재설계, 제5차 미래비전포럼 발표문,
　　　2019.2.14.

미셸 푸코, 감시와 처벌-감옥의 역사, 나남, 2010

미셸린 이샤이, 조효제 옮김, 세계인권사상사, 길, 2005

박상안·김헌·임효창·홍길표, 기업의 사회적 책임 중시 경영, 한국학술정보,
　　　2007

박상혁, 세계의 정의, 세계의 철학 – 2008년 세계철학대회 사회철학/윤리학
　　　분과 논의에 대한 반성적 고찰, 한국철학회, 철학 103호, 2010.5.

박진, 사회정의론과 시민사회 – 존 롤스의 정의론을 중심으로, 광주대학교
　　　인문과학연구소, 인문과학, 7권, 2002

박준혁·김기웅, 한국의 우울증 역학에 대한 고찰, 대한의사협회, 대한의사
　　　협회지, Vol 54, N4, 2011

백승영, 사회 정의에 대한 니체의 구상, 그 정치철학적 의미

백승호, 4차 산업혁명과 사회보장체계의 혁신, 제5차 미래비전포럼 발표문,
　　　2019.2.14.

보경 강설, 한권으로 읽는 법화경, 민족사, 2011

빌 브라이슨, 이덕환 옮김, 거의 모든 것의 역사, 까치, 2003

서양중세사학회, 서양중세사강의, 느티나무, 2003

송다영, 인구구조, 가족, 젠더관계의 변화, 제2차 미래비전포럼 발표문,
　　　2019.1.16.

송호근, 왜 기업시민인가 – 21세기 자본과 이중운동의 전위, 기업시민심포
　　　지움 발표문, 2019.4.18.

스티브 하이네, 이가영 옮김, 유전자는 우리를 어디까지 결정할 수 있나, 시그마 북스, 2018

신형덕, 경영학 입문을 위한 기업윤리와 사회적 책임, 시그마프레스, 2016

앙드레콩트 스퐁빌, 이현웅 옮김, 자본주의는 윤리적인가, 생각의 나무, 2010

앤드류 길리어, 박우성·이강성·이영면·조봉순 옮김, 윤리적으로 경영하라, 지필미디어, 2015

야스토미 아유무, 박동섭 옮김, 단단한 삶 - 자립하고 성장하는 사람이 되기 위하여, 유유, 2018

양난주, 인구변화와 저출산고령사회정책, 제2차 미래비전포럼 발표문, 2019.1.16.

오타니 노리오·가타히라 겐이치로, 정미애 옮김, 기적의 수면법, 덴스토리, 2015

우에노 지즈코, 박미옥 옮김, 여성은 어떻게 살아남을까 - 우에노 지즈코의 여성 생존전략서, 챕터하우스, 2018

우자와 히로후미, 차경숙 옮김, 경제학이 사람을 행복하게 할 수 있을까 - 경제적 불평등을 넘어, 파라북스, 2015

우치다 타츠루, 이지수 옮김, 거리의 현대사상 - 우리 주위에 만연한 허위 상식 뒤집기, 서커스, 2019

유발 하라리, 전병근 옮김, 21세기를 위한 21가지 제언, 김영사, 2018

윤순진, 미래환경의 변화, 제7차 미래비전포럼 발표문, 2019.2.28.

이기영·황순주, 금융당국 출신 인사의 금융회사 재취업에 따른 경제적 효과, KDI Focus, 2019.1.15(통권 제94호)

이상돈, 인구변화와 인력양성, 제2차 미래비전포럼 발표문, 2019.1.16.

이승규, 4차 산업혁명이 한국경제사회에 던지는 충격과 대응방안, 제5차
    미래비전포럼 발표문, 2019.2.14.

이인, 성에 대한 얕지 않은 지식, 을유문화사, 2017

이정훈, 참좋은 윤리(상), 미래아카데미 북이그잼, 2017

일아 편역, 한권으로 읽는 빠알리 경전, 민족사, 2013

장 지글러, 유영미 옮김, 왜 세계의 절반은 굶주리는가? 갈라파고스, 2007

조효제, 인권의 문법, 후마니타스, 2007

존 롤스, 황경식 옮김, 정의론, 이학사, 2003

진순신, 권순만 김태용·오정환·윤대균·진영보 옮김, 중국의 역사 4, 한길사,
    1995a

진순신, 권순만·김태용·오정환·윤대균·진영보 옮김, 중국의 역사 5, 한길사,
    1995b

체사레 베카리아, 한인섭 신역, 범죄와 형벌, 박영사, 2006

코이케 류노스케, 유윤한 옮김, 생각버리기 연습, 21세기 북스, 2010

타마나하, 이헌환 역, 법치주의란 무엇인가, 박영사, 2014

티모시 켈러, 전성호 옮김, 예수를 만나다, 베가북스, 2014

포스코, 포스코 기업시민보고서 2018, 2019

한상훈·안성조, 형법입문, 피앤씨미디어, 2018

홍선미, 국민의 삶을 지원하는 사회서비스 어떻게 전달할 것인가? 정책기획
    위원회, 열린정책 2호, 2019

정의의 미래 "공정"